Contraste insuffisant

NF Z 43-120-14

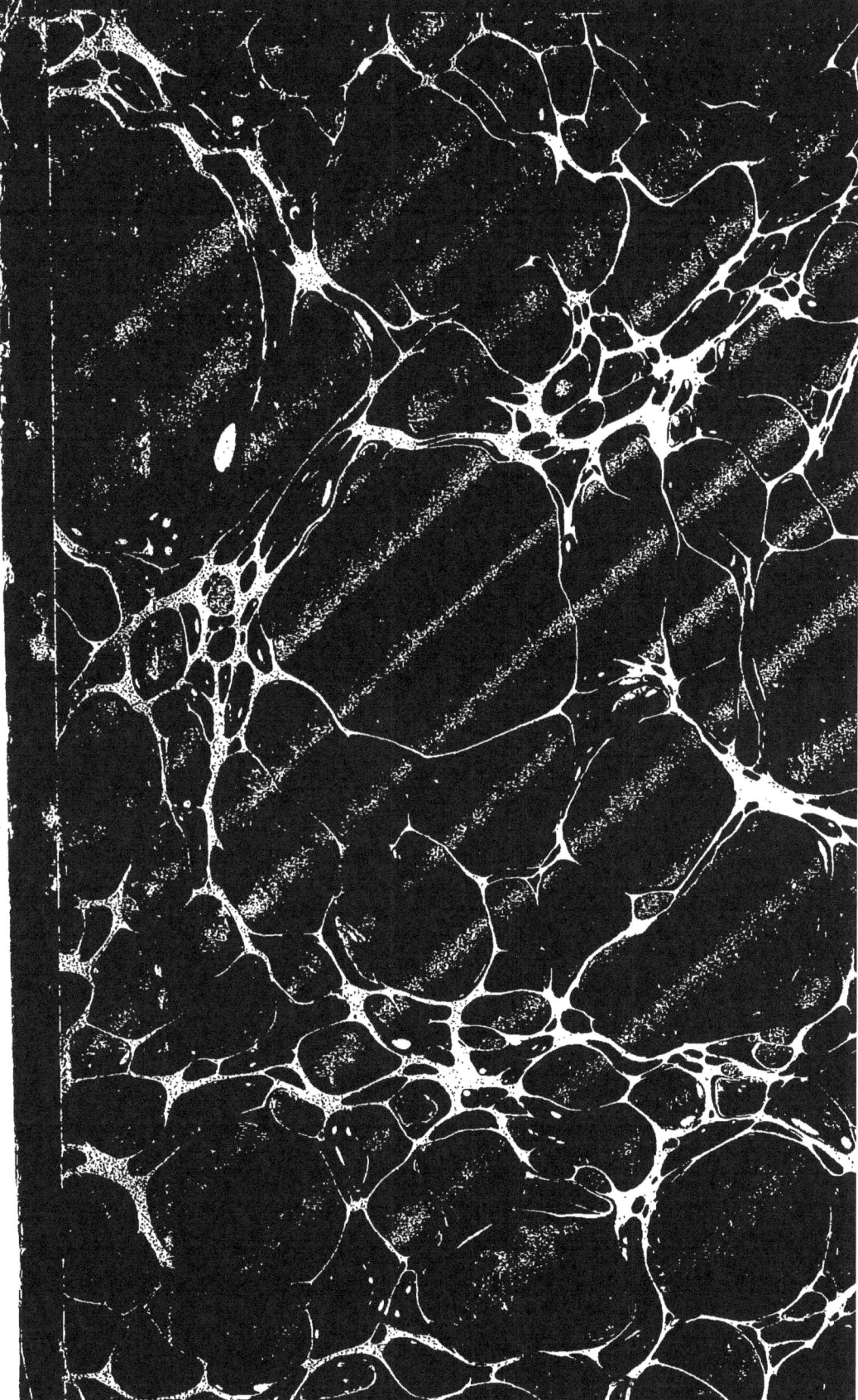

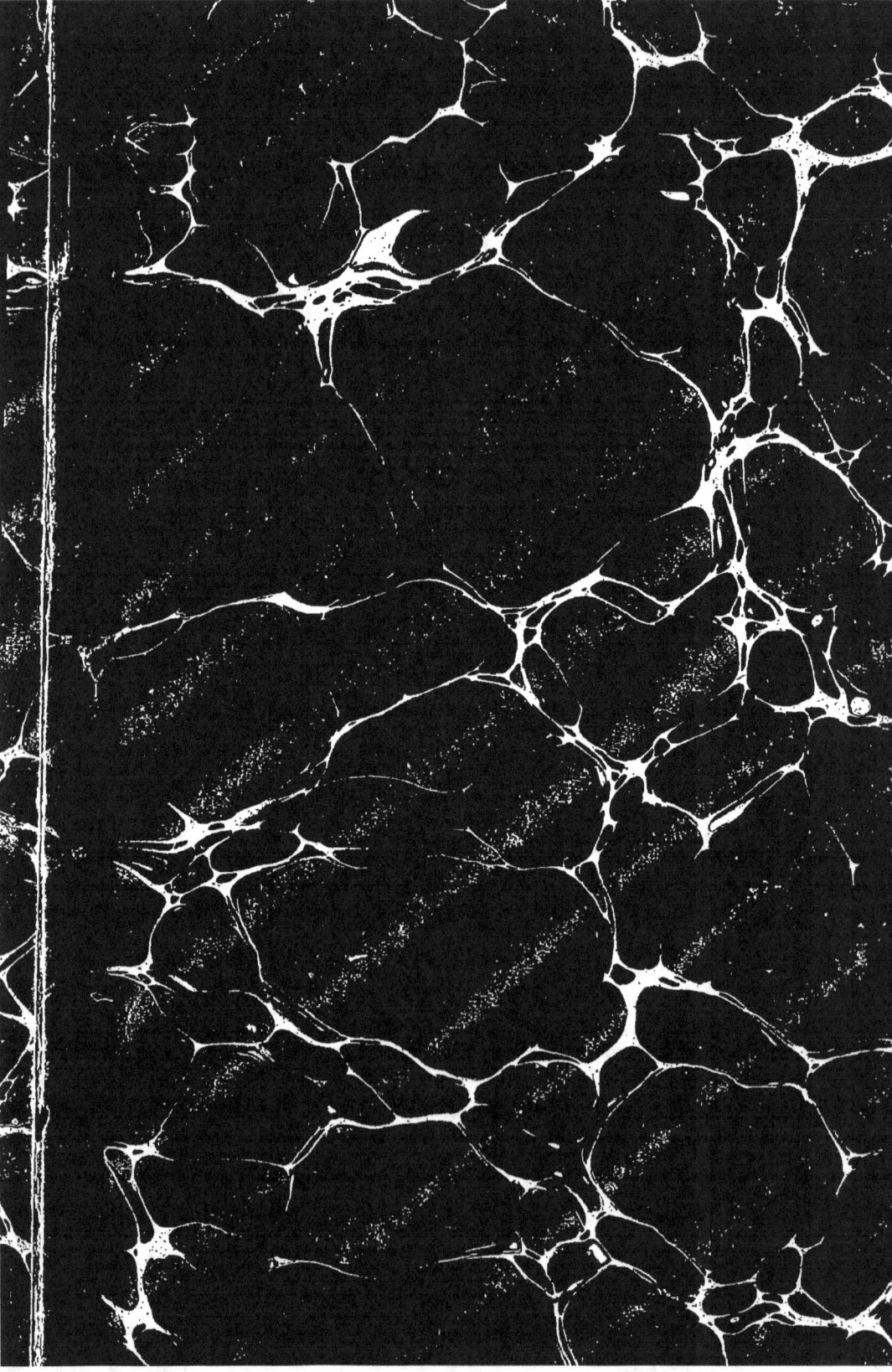

ÉTUDES
SUR
LA LITTÉRATURE ET LES MŒURS
DES
ANGLO-AMÉRICAINS
AU XIXᵉ SIÈCLE

DE L'IMPRIMERIE DE CRAPELET
RUE DE VAUGIRARD, 9.

ÉTUDES

SUR

LA LITTÉRATURE ET LES MŒURS

DES

ANGLO-AMÉRICAINS

AU XIXe SIÈCLE

PAR

M. PHILARÈTE-CHASLES

PROFESSEUR AU COLLÉGE DE FRANCE

Les Puritains
Littérature des États-Unis
Poésie de la Vengeance
Romanciers Anglo-Américains
Poëtes Anglo-Américains
Le Marchand d'horloges
La jeune Acadienne
Un Incident de la Guerre de l'Indépendance
Avenir des États-Unis

PARIS : AMYOT, RUE DE LA PAIX

Ce volume renferme diverses Études sur l'Amérique septentrionale et le développement de sa littérature, de sa politique et de ses mœurs. On n'y trouvera ni la prétention de régner sur le siècle, ni celle de fonder des doctrines inconnues; — modestie assez rare par le temps qui court.

Les Américains des États-Unis, derniers-nés de la grande race Anglo-Saxonne et fondateurs de la République fédérale des États-Unis, ont conquis dans le monde civilisé une place qui ne permet point à l'observateur de les passer sous silence.

Pour l'analyse scientifique de leurs institutions je renvoie le lecteur aux excellents ouvrages de M. de Tocqueville et de M. Michel Chevalier;

mon but n'a pas été celui-là. Je me suis attaché à résumer dans une série de tableaux fidèles les détails de mœurs, les traits de caractère, les phénomènes et les singularités observés sur place par les voyageurs étrangers ou relevés par les Américains eux-mêmes. Que ces phénomènes semblassent s'annuler mutuellement, c'est ce qui arrive dans toutes les choses humaines, qui sont composées de dissonnances ; — que les critiques des voyageurs anglais fussent exagérées, et les panégyriques américains excessifs, — je ne pouvais m'en étonner. Après avoir accepté ces contradictions sous bénéfice d'inventaire, j'ai dû en concilier les termes et en déterminer le sens.

C'est ce que j'ai tenté de faire dans une suite de chapitres dont le premier, sur l'Origine et le Progrès de la Littérature des États-Unis, et le dernier, sur l'Avenir et la tendance des Républiques Anglo-Américaines ferment le cercle de ces Études. Il m'a été impossible de ne pas reporter souvent ma pensée sur la patrie. Quelques accents douloureux ont dû m'échapper ; on m'excusera sans peine. J'ai dit depuis longtemps ce que je pense du défaut de force morale et de virilité d'âme qui perd l'Europe, surtout la France.

Dans quelques-unes des pages que je reproduis ici, je me sens heureux d'avoir, dès 1840, signalé le premier à la France les grandes maisons communes et économiques, destinées aux hommes de labeur, et dont Glascow venait de créer le modèle. C'est un titre peu littéraire, mais dont je suis fier au milieu d'une époque, où les ruses qui s'entrechoquent, les ambitions et les cupidités qui s'entredétruisent donnent le spectacle d'un ridicule chaos, — et, comme dirait Sterne dans son style burlesque, d'un *croc-en-jambe* universel.

On peut s'honorer en de telles époques de cette simplicité ou de cette franchise taxées de témérité et d'impudence par les uns, de misanthropie caustique par les autres. Cherchant la vérité avec plus d'ardeur que le bruit ou le profit de la renommée si, dans quelques chapitres de ce volume, comme dans le volume précédent (1), j'ai signalé avec une profonde douleur les vices et l'intrigue, l'envie et le marasme au sein desquels la France, le plus beau pays de l'Europe et le plus malheureux, continue de se dévorer elle-même; — si j'ai opposé à notre faiblesse morale, à notre débilité d'action la vie énergique des États-Unis, — personne ne me refusera l'honneur d'avoir conservé dans ces tristes temps un religieux respect pour la grande harmonie sociale et le plus ardent amour pour le développement de la liberté humaine et le bonheur de tous.

(1) ÉTUDES SUR LES MŒURS ET LES HOMMES DU XIXe SIÈCLE.

Institut, Paris, 1er février 1851.

PHILARÈTE CHASLES.

TABLE DES MATIÈRES.

ORIGINE ET PROGRÈS DE LA LITTÉRATURE ET DE L'ÉLOQUENCE AUX ÉTATS-UNIS.

                                                    PAGES.

§ Ier. *Fleur-de-Mai*. — Colons puritains. — Premiers efforts de la littérature Anglo-Américaine.................... 3

§ II. Qu'est-ce que l'Imagination? — Les États-Unis manquent de perspective, non de grandeur...................... 6

§ III. Benjamin Franklin. — Sir John Crèvecœur. — Lettres d'un cultivateur américain. — Jonathan Edwards......... 10

§ IV. Gouverneur-Morris. — L'aristocrate américain. — Paris observé de 1789 à 1792 par un fondateur de la fédération américaine. 13

§ V. L'Américain Gouverneur-Morris à Paris, de 1789 à 1792. — Préludes de la Révolution. — Opinion de Jefferson sur la Révolution française....................... 21

§ VI. M. de Lafayette. — Les Émigrés français............ 35

§ VII. Brockden Brown et Washington Irving............. 43

§ VIII. Le romancier Fenimore Cooper................... 50

§ IX. Paulding.— Le Frère Jonathan.— Le docteur Channing. 64

§ X. Naissance d'Audubon.— Ses voyages.— Les forêts d'Amérique. — Le Mississipi. — Les hommes de l'Ouest. — Combat de l'aigle et du cygne. 68

DE LA LITTÉRATURE DU PEUPLE ET DE LA LITTÉRATURE PSEUDO-POPULAIRE EN ANGLETERE ET AUX ÉTATS-UNIS.

§ Ier. Enfance et avenir de l'Amérique. — Vieillesse et désespoir de l'Europe. — Comment l'Amérique se peuple incessamment du trop-plein des populations européennes. — Émigration et colonisation. 109

§ II. Des mouvements populaires en France et en Angleterre. Éducation des masses. 119

§ III. Poésie de la Vengeance et de la Colère populaire en Europe. — Crabbe, Robert Burns. — Ebenezer Elliott. — Généalogie intellectuelle de ces poètes en Angleterre. 128

§ IV. Le Forgeron de Sheffield. — Panégyrique de ce poète par Thomas Carlyle. 130

§ V. Thomas Cooper. — Le Purgatoire des Suicides. — Ernest. Le Charpentier. — Le Tisserand. 153

§ VI. Autobiographies pseudo-populaires, publiées à Londres. — Marie-Anne Wellington. — Zamba. — Fictions populaires publiées aux États-Unis. — Pourquoi ces dernières sont plus instructives, plus humaines et moins anarchiques. 169

HERMANN MELVILLE.

§ Ier. Séjour de deux Américains dans l'île de Noukahiva.... 185

§ II. Les voyages de Melville sont-ils apocryphes? — Vie d'Hermann Melville. 213

§ III. Nouveaux voyages d'Hermann Melville. — Comment, n'ayant pas été mangé, il se jette dans la région des chimères. — *Mardi.* — Les Symboles. 220

LES AMÉRICAINS EN EUROPE ET LES EUROPÉENS AUX ÉTATS-UNIS.

§ Ier. Voyageurs anglo-américains. 239

§ II. Voyageurs anglais en Amérique. 247

§ III. Jugements des voyageurs anglais sur l'Amérique. — Situation de la femme. — Le *Code Bleu.* — Austérité puritaine. — Anecdotes judiciaires. 251

§ III. Politesse de la démocratie. — *Oui, Monsieur!!* — Con-

TABLE DES MATIÈRES. VII

ersation entre deux chapeaux.................. 263
. Critique exagérée des États-Unis par les voyageurs an-
lais. — Dialecte du pays. — Villes nouvelles........... 267
I. Superstition de l'opinion publique. — La presse amé-
icaine. — Ses excès. — Les *helps*.................. 274

DE QUELQUES POÈTES ANGLO-AMÉRICAINS.

er. Joël Barlow, Dwight, Colton. — Washington, poème
héroïque. — Robert Payne et Charles Sprague. — Dana,
Drake et Pierrepont.—Femmes-poètes.—Street et Halleck. 285
I. William Cullen Bryant. — Fragments de ses poésies. —
Ralph Waldo Emerson. — H. Wadsworth Longfellow..... 291

ÉVANGÉLINE, HISTOIRE ACADIENNE.

Ier. Histoire de la colonie acadienne.................. 303
II. Analyse du poème de Longfellow.................. 313

DE QUELQUES ROMANCIERS ET VOYAGEURS AMÉRICAINS.

Ier. Romans comiques. — Tom Stapleton. — Puffer Hopkins. — Réponse à Charles Dickens.................. 325
II. Journaux et voyages. — Ouvrières-poètes. — Archéologues.. 330

UN INCIDENT TRAGIQUE DE LA GUERRE DE L'INDÉPENDANCE.

LE GÉNÉRAL ARNOLD......... 343

SAMUEL SLICK, MARCHAND D'HORLOGES.
(MOEURS PRIVÉES DE L'AMÉRIQUE DU NORD.)

Ier. Ce que c'est que Samuel Slick. — M. Halliburton..... 391
II. Histoire d'Achab Meldrum, le Korkornaïte.......... 407

AVENIR DE L'AMÉRIQUE SEPTENTRIONALE ET DES ÉTATS-UNIS.

§ Ier. Résumé... 42?

§ II. L'Abeille américaine. — Formation d'un village américain... 42?

§ III. Accroissement des Républiques américaines.—Première et seconde ère de la civilisation américaine aux États-Unis.. 43?

§ IV. Troisième ère de l'Amérique septentrionale. — Vestiges du fanatisme puritain. — Les Mormons et les Millérites. — Le catholicisme dans la vallée du Mississipi.............. 44?

§ V. Système politique né de la tradition et des mœurs. — Harmonie fédérative. — Dangers. — Démocrates et Whigs; Séparatistes et Fédérés................................. 45?

§ VI. Mécanisme et stratégie des partis.................... 46?

§ VII. Les ouvrières de Lowell. — Boston. — Les noirs. — Orgueil du sang.. 471

§ VIII. Activité du pays. — Conquête du sol. — Rapidité des communications.. 48?

§ IX. Scènes de violence et de meurtre. — La tante Beck et ses fils. — La colonie astorienne. — Les Yankies......... 48?

§ X. L'interrogateur. — Scène de diligence. — L'Anglais..... 49?

§ XI. Les femmes aux États-Unis. — Éducation des enfants. — Progrès littéraires..................................... 49?

§ XII. Résumé. — Tendance actuelle des États-Unis. — Avenir des Républiques anglo-américaines.................... 50?

FIN DE LA TABLE DES MATIÈRES.

ORIGINE ET PROGRÈS

DE LA

LITTÉRATURE

ET DE L'ÉLOQUENCE AUX ÉTATS-UNIS.

DOCUMENTS BIBLIOGRAPHIQUES, RELATIFS A L'HISTOIRE LITTÉRAIRE DES ÉTATS-UNIS.

Consulter : — Griswold. — Les Poëtes Anglo-Américains.
Georges Channing. — Discours et Mélanges.
Histoire du théâtre dans l'Amérique septentrionale (Anonyme).
W. Mackay. — Le Monde de l'Ouest.
B. Franklin. — Posthumous Works.
Gouverneur-Morris. — Correspondance, etc.

ORIGINE ET PROGRÈS

DE LA

LITTÉRATURE ET DE L'ÉLOQUENCE

AUX ÉTATS-UNIS.

§ Ier.

Fleur-de-Mai. — Colons puritains. — Premiers efforts de la littérature Anglo-Américaine.

On voyait en 1630 dans le hâvre de la ville de Delft en Hollande, un petit navire de pauvre apparence et mal équipé qui se nommait *May-Flower*. Il était à l'ancre dans le port, attendant sa cargaison et les passagers, l'une très-mesquine, les autres de pauvres diables. *Fleur-de-Mai* mit à la voile, emportant à son bord douze puritains anglais, la plupart vieux, fatigués et tristes, en habit noir râpé, munis de leurs Bibles calvinistes, d'une provision de biscuit et d'un peu de jambon. Quand ils eurent traversé l'Atlantique, ces bonnes gens qui voulaient trouver un lieu paisible où prier Dieu selon leur méthode, se mirent à fonder des colonies, qui devinrent Philadelphie, New-York et Boston. Ils eurent, vous le savez, de graves embarras à combattre. Quand leurs cendres furent mêlées à la terre américaine, un très-bel empire en sortit.

C'est qu'ils avaient emmené avec eux quelque chose de plus puissant que le crédit, la richesse et les armées : ils possédaient la force morale; ils étaient dépositaires de l'étincelle sainte qui crée les empires; ils avaient la sincérité, la croyance, la persévérance, le courage. Rien ne prouve que ce fussent des gens très-spirituels ou même instruits; ils n'espéraient assurément pas la fortune, mais leur âme était forte. Supposez à leur place de braves gentilshommes de France ou d'Espagne, les plus coquets seigneurs de la cour de Charles Ier ou de Charles II; ils n'auraient pas tenu trois ans contre les sauvages, les ours et l'ennui de la solitude; la société américaine n'eût pas été fondée. Nos puritains croyaient; ils savaient attendre, combattre et souffrir, et ce sont de grandes qualités.

Un demi-siècle plus tard, Bayle cherchait asile dans une autre ville de cette même Hollande, refuge et atelier des révolutionnaires intellectuels pendant deux cents ans. C'était assurément un des plus rares esprits qui se puissent citer, et si l'on voulait choisir un homme à opposer à nos puritains, on ne trouverait pas mieux. Il vint se loger près de la statue d'Érasme; lorsqu'il allumait sa lampe du soir, cette clarté sceptique tombait sur la robe de bronze de son sceptique précurseur. Il passa là toute sa vie laborieuse, plus brillant, plus actif, plus influent qu'Érasme lui-même.

A quoi réussit-il, après tout? à fournir Voltaire et Diderot d'excellentes épigrammes. Les puritains avaient mieux fait : ils avaient déposé sur les sables d'Amérique l'œuf d'un empire colossal. Ce que peuvent la foi et le courage, même sans le génie, l'emporte singulièrement en fécondité et en grandeur sur toutes les ressources de l'esprit. Bayle, ce charmant penseur, « cet anecdotier de l'univers, » comme

M. Villemain le peint d'un trait ingénieux et profond, a livré au XVIII᷎ siècle un arsenal immense d'arguments, de faits, de doutes et de railleries : il a ébranlé en se jouant toute certitude, et mis en pièces la crédulité et la gloire ; voilà tout. Je ne veux point immoler l'indépendance et la grâce de l'esprit au courage de l'âme ; mais je dis que l'une fonde et que l'autre ébranle. Je dis que la force morale est surtout nécessaire à la création, au maintien, à la grandeur des sociétés.

Cette force morale existait au plus haut degré dans la petite colonie puritaine que portait la *Fleur-de-Mai*. Sa vraie originalité n'était ni la grâce chevaleresque, ni l'éclat de l'esprit. Les colons possédaient seulement cette énergie calviniste, cette vigueur de courage qui allaient se trouver en lutte avec la nature, cette force que l'auteur de *Robinson Crusoë* (1), Daniel de Foë, le vieux puritain, avait revêtue de couleurs épiques. Profonde rêverie, fictions colorées, élans tragiques, métaphysique raffinée, habileté de style, recherche harmonieuse du discours, rien de tout cela ne pouvait convenir à des colons farouches à force d'austérité, cruels à force de vertu. L'art répugnait à la dureté de leurs âmes.

Ce ne fut que tard, après les premiers efforts colonisateurs, lorsque les peaux-rouges eurent été forcés de reculer dans les bois, lorsqu'une bande de terrain assez considérable eut été défrichée sur les bords de l'Atlantique, qu'une sorte de littérature naquit en Amérique ; faible, timide, un peu imitatrice, ne prétendant à rien de sublime ou de passionné, étrangère à toute grandeur, demi-rustique, demi-bourgeoise ; — enfin inspirée du *Spectateur* et de *Robinson*.

(1) V. le XVIII᷎ SIÈCLE EN ANGLETERRE ; — Daniel de Foë.

Le premier initiateur de ce mode littéraire, aimable et subtil élève de de Foë et d'Addison, ce fut Benjamin Franklin. Il annonçait l'avènement d'une civilisation moins dure et plus indulgente. L'apologue d'Addison et sa finesse, surtout la populaire franchise de Daniel de Foë et de Bunyan, adoucies et fondues dans un heureux mélange, caractérisèrent ce premier essai littéraire de la colonie, essai remarquable par la sobriété du ton et l'absence totale du coloris. L'imagination, don magnifique et dangereux, manque aux œuvres de Franklin; nul de ses contemporains et de ses amis ne le possède, ni Washington, ni Jefferson, ni Gouverneur-Morris, ni Quincy Adams. A peine aujourd'hui même quelques étincelles de ce prisme ont-elles jailli des pages de Prescott et de Longfellow, de Washington Irving et de Cooper.

Quelle est la cause de ce phénomène intellectuel? en face des vertes savanes, des forêts vierges, des lacs qui sont des mers et des fleuves dont l'œil n'aperçoit pas les rives, les mâles vertus des héros puritains ont grandi, leur imagination est restée muette. Problème curieux à résoudre.

§ II.

Qu'est-ce que l'Imagination ? — Les États-Unis manquent de perspective historique, non de grandeur.

Qu'est-ce que l'Imagination ? C'est le souvenir idéalisé. De toutes les images éclatantes que l'esprit de l'homme évoque, en est-il une seule qui n'émane pas de la mémoire ? Réunissez les formes de l'homme et celles du cheval, celles du poisson et de la femme, celles de la chèvre et de l'adolescent ; vous créez le Centaure, la Syrène et le Faune ; si vous vous soumettez aux lois de la nature, et que dans cette combinaison nouvelle il y ait de l'harmonie et quelque proportion, votre chimère sera le fruit d'une imagination heureuse ; — que vos souvenirs mal liés, gauchement ajustés, ne parviennent point à composer un ensemble, vous enfantez des monstres. Dans l'une ou l'autre hypothèse, la source commune à laquelle où vous puisez, c'est la Mémoire. Doué d'une puissance de souvenir plus ou moins vive, plus ou moins ardente, vous aurez en partage ce que l'on nomme vulgairement la fécondité ou la stérilité de l'imagination ; mais dans vos livres, dans vos tableaux, dans vos chants, dans vos poèmes ou vos statues, ce que vous croirez inventer, fussiez-vous Dante, Phidias ou Raphaël, ce seront toujours les impressions de votre enfance et de votre jeunesse, ce que vous avez vu et senti : trésor de souvenirs, dont l'indigence constitue ce que l'on nomme la sottise, dont la confusion donne pour résultat l'extravagance, dont la richesse et la plénitude constituent le génie.

On abuse de l'élasticité du langage quand on ose parler d'*intelligences créatrices* ; en définitive, il n'y a pas de création ; reproduire, imiter, c'est assez pour nous. Si Homère, Cervantes, Arioste, Byron eussent vécu enfermés dans un cachot, qu'auraient-ils pu imaginer ? Quelle création eussent-ils donnée au monde ? Leur cerveau vide et leur pensée inerte n'eussent produit que des idées mesquines et grossières, celles qui se rapportent à la faim, à la soif, aux besoins matériels de l'homme. Ils ont mené une vie agitée ; mille impressions diverses se sont profondément

gravées dans leurs esprits que la nature avait doués d'une aptitude merveilleuse à les recevoir. Dante a vu Florence, il a créé son *Enfer*. Théologien, il a créé le *Paradis*. Amant, il a fait Béatrice. Manquait-il de cette qualité dont la désignation est fausse, mais qu'il faut appeler du nom vulgaire qu'elle porte, l'*imagination*, l'homme qui n'a pas introduit dans sa Comédie céleste, infernale ou expiatoire, un seul mot qui ne soit un souvenir, une seule idée qui ne soit un vol fait à la nature ou à l'histoire?

Les critiques, nés dans des époques telles que la nôtre, ne parlent jamais que de création, d'invention, d'imagination. C'est précisément lorsque toutes les images ont été reproduites, lorsque toutes les idées ont été mille fois rebattues, qu'ils demandent aux arts une fécondité et une originalité impossibles. De là ces monstres que les vieilles littératures font éclore, lorsqu'elles tombent dans la barbarie; de là ces personnages inouis qui peuplent nos romans.

On outre la nature, et l'on croit imaginer; on prodigue le faux, et l'on croit inventer; on bâtit sur des réalités vulgaires je ne sais quelles nouveautés baroques. L'expression devient aussi forcée que la pensée est exagérée et absurde. Mais, après tout, ces disproportions, ces monstres, ces couleurs strapassées, ce ne sont encore que des souvenirs mal employés, les rêves d'un malade, les fantômes incohérents du délire, une évocation confuse de faits et d'idées sans harmonie. L'imagination des hommes de génie reproduit les passions et les tableaux du monde, comme un miroir fidèle et brillant répète une belle campagne ou un visage régulier; l'imagination fausse ressemble à ces glaces contournées, que l'opticien dispose de manière à ne présenter aucun reflet exact; là tout vous apparaît ou raccourci ou allongé démesurément ; l'une est à l'autre ce que la caricature est au portrait.

De même qu'il serait impossible à un homme privé de souvenir d'avoir de l'imagination, cette qualité de l'intelligence ne peut appartenir à un peuple né hier, dont tout le passé date de la veille.

Les États-Unis d'Amérique, remarquables et grandioses à tant d'égards, sont essentiellement modernes ; leur génie est matériel et mécanique ; leur force gît dans leur bon sens, dans la patience de l'observation et de l'industrie. C'est (nous venons de le dire) un pays sans imagination parce qu'il est sans souvenirs. Les contrées vieillies dans le malheur, l'Irlande et l'Écosse, par exemple, prêtent beaucoup à l'imagination. Elles ont acheté cher cette faculté brillante : pas un château dont les pierres ne soient tachées de sang, dont la légende ne parle de meurtres ; pas une forteresse dont l'écho ne vous apporte un bruit lointain de violences ; l'atmosphère des montagnes galliques est peuplée de fantômes ; tous les lacs ont leur fée, toutes les cavernes leur enchanteur ; l'ombre de Bruce est errante dans ces chapelles sombres ; le nom de Wallace retentit avec le *sugh* du vent qui bruit dans les vieux arceaux.

Les États-Unis, par un phénomène que nous venons d'expliquer, manquent du crépuscule et de la pénombre que donne la perspective. La langue elle-même n'y est pas fille du sol ; elle a passé la mer et s'est naturalisée au-delà de l'Océan. Pour conserver la pureté de leur style, les écrivains américains sont forcés de tenir leur regard constamment fixé sur la mère-patrie où se trouvent leur type et leur modèle. S'ils innovent, ils craignent la vulgarité ou l'emphase. Ils ressemblent, sous ce rapport, à ces écrivains modernes qui, se servant d'une langue morte, ont cru pouvoir nous

1.

rendre Cicéron, Démosthène et Tite-Live; oubliant que c'est la vie sociale d'un peuple qui donne du prix et de l'énergie à son langage, qu'un idiôme détaché de la société et des mœurs nationales est un rameau détaché de son arbre et privé de sève. L'Écosse elle-même s'enorgueillit d'un dialecte; elle a son poète Burns, dont l'inspiration s'éteignait dès qu'il était infidèle au patois de sa province.

Les républicains des États-Unis, peuple vierge, plein de grandeur, dont la lutte contre la nature n'est pas encore terminée, dont toute l'énergie doit nécessairement se porter vers la fondation des villes et le développement de l'industrie; nation dont l'avenir est la patrie, et à laquelle le passé manque; — à peine éclose, et géant déjà; — qui n'a pas eu d'enfance ou de jeunesse et dont la maturité a précédé l'adolescence; — ne reconnaissent dans leur histoire aucune de ces transitions de la faiblesse à la virilité; nulle de ces époques dont la chaîne embellie par les traditions reçoit plus tard la consécration de la poésie. Voici ses soldats, ses législateurs et ses artisans, forte et noble race qui lui suffit; — les poètes naîtront plus tard.

Le premier de ses écrivains est un artisan législateur, c'est Franklin.

§ III.

Benjamin Franklin. — Sir John Crevecœur. — Lettres d'un cultivateur américain. — Jonathan Edwards.

J'ai déjà parlé de Franklin, type du génie national; politique consommé, dialecticien subtil, amoureux de l'utile. Son style a les qualités de sa pensée : bon sens, lucidité, bienveillance, onction fine et narquoise. Il ne s'adresse ni aux souvenirs ni même aux espérances, aucune nuance passionnée ne se mêle à son langage. C'est la raison rustique et avenante, la prudence qui sourit. Appelez-le prosaïque et vulgaire ; son ombre ne s'en courroucera pas. Sa charmante *Parabole contre la persécution*; son *Pauvre Robin*, manuel destiné à un peuple enfant, dont les lisières guident encore la marche incertaine ; son *Examen devant le conseil privé*, sont des chefs-d'œuvre de sagacité politique. On y reconnaît sous des formes ingénues et ingénieuses la souplesse de l'esprit le plus rare.

Peu de temps avant que la révolution américaine éclatât, un livre parut, livre peu connu aujourd'hui, mais dont le ton et le style sont caractéristiques ; les *Lettres d'un Cultivateur américain*. Sir John Crevecœur, auteur de cet ouvrage publié sous le pseudonyme d'Hector Saint-Jean, mérite une place honorable au nombre des écrivains modernes. Paysages, mœurs, langage, sentiments, tout y est essentiellement américain. L'existence du colon y apparaît reproduite avec énergie et simplicité ; l'exagération n'est jamais dans l'épithète ni dans la couleur. Vous retrouvez non les objets seulement, mais aussi les sensations et les idées d'une contrée encore neuve ; vous voyez l'auteur attacher à la charrue qu'il guide la chaise de son petit enfant, et promener à la fois sur les sillons que le soc creuse l'enfant et la charrue, pendant que sa femme, assise à l'autre bout du champ sous un arbre, tricote pour l'hiver le vêtement de laine. Ailleurs c'est un duel entre deux serpents, duel dont le récit est grave et solennel comme une des batailles d'Homère ; la forte impression que l'auteur en a reçue se révèle tout entière dans son style ; si l'un des héros était Hector et l'autre Patrocle, l'auteur ne trouverait pas des paroles plus nobles. Il a, pour tous les objets dont il est frappé, des nuances pleines de vie et de grâce; il ne peint pas la nature dans son cabinet et ne se fait pas poète descriptif; telle il la voit, telle il la répète. Il ne se préoccupe jamais de ce que les salons de Paris ou de Londres penseront de son œuvre, si un journal la critiquera. Comme il se mêle de bon cœur aux amusements du peuple de Nantucket; quelle alacrité, quelle puissance d'industrie et de travail respirent dans ses pages; comme son cœur bat à l'unisson de tous les cœurs; comme il nous force de nous associer aux dangers de la pêche de la baleine et de prendre intérêt aux fêtes joyeuses dont ces dangers sont couronnés! Sous toutes les latitudes, ne sont-ce pas choses excellentes que la force et la joie? Les peindre de manière à les faire partager, n'est-ce pas un talent remarquable et rare? Cet écrivain très-peu lu, atteint dans quelques parties de son œuvre un degré d'intérêt dramatique peu commun. La guerre d'Amérique va éclater; les sourds murmures de la tempête grondent au loin; les Indiens menacent de pousser le cri de guerre et d'inonder les plantations éloignées des côtes. La colonie à peine formée peut succomber. Ces présages vous attristent; et lorsque vous fermez le livre, vous avez besoin d'être rassuré par l'histoire et de bien vous convaincre que les terreurs du colon n'ont pas été réalisées, et que l'Hercule colonial a étouffé les serpents de son berceau.

Le troisième écrivain remarquable que nous rencontrons dans les annales littéraires de l'Amérique, est un logicien dont la célébrité ne semble pas s'être propagée en Europe, mais dont le mérite ne peut être contesté. *Jonathan Edwards*, ecclésiastique, né dans le Massachussets, a écrit un *Traité de la Volonté* qui le range au nombre des plus subtils écrivains. C'est un homme qui ne veut pas vous persuader, mais se convaincre. Chez lui pas un subterfuge, pas une évasion ni un paralogisme. Une objection se présente-t-elle, il n'essaie point de la déguiser ou de l'affaiblir. Lisez-le, vous trouverez ensuite Hobbes dogmatique et Priestley insolent. C'est avec une bonne foi parfaite qu'il tente d'éclaircir les difficultés inextricables où sa pensée se plonge dès qu'elle aborde les théories du libre arbitre.

Chez ces trois écrivains on admire une faconde naïve, une facilité heureuse, une raison mûre et sagace, — l'imagination fait défaut. Le Cultivateur américain est peut-être celui d'entre eux qui, par la fraîcheur de ses tableaux, a le plus d'attrait et se pare d'une sorte d'originalité. Franklin se rapproche de Fénelon, de Bunyan et d'Addison. Il y a chez Jonathan Edwards quelque chose du raisonnement ferme, net et pressant de Descartes; l'éloquence passionnée et l'imagination poétique manquent à tous les trois.

§ IV.

Gouverneur-Morris. — L'aristocrate américain. — Paris observé de 1789 à 1792 par un fondateur de la fédération américaine.

Cette qualité ne se trouve pas davantage chez un diplomate et un observateur distingué, Gouverneur-Morris, homme d'esprit et honnête homme, doué d'une assez vive sagacité, d'un jugement droit, d'un sang-froid qui le sauvait dans les moments de crise, et qui lui permit de traverser paisiblement la révolution française. Jamais Morris ne s'exposait en pure perte ; jamais il ne courait au-devant du danger ; mais s'il y avait nécessité, urgence, devoir, il faisait halte, montrait un front calme, et bravait le péril : c'est une des belles parties du caractère américain. Ses discours au Congrès et ses notes avaient puissamment contribué à la bonne organisation de la démocratie fédérative, et surtout à celle des finances américaines. Ami de Washington, il ne s'était lié qu'avec un seul des étrangers qui avaient offert leurs services à la république nouvelle pendant sa lutte ;—au marquis de Lafayette : « Les autres (dit » Washington dans une lettre à Morris) sont ou des aven- » turiers que l'épuisement de leurs ressources nous envoie, » ou des espions soldés par les cours étrangères pour sur- » veiller nos mouvements, ou des hommes dont l'âme » est livrée à un vain désir de gloire qui leur ferait sacri- » fier les plus saints intérêts à leur ambition person- » nelle. »

Quand cette grande et belle révolution d'Amérique, si peu tachée de sang innocent, si noble et si grave, fut terminée, et que Washington, au lieu de briguer le premier rang du nouvel Empire fédéral, chercha par tous les moyens honnêtes à fuir sa propre gloire et à se soustraire aux récompenses ordinaires de l'ambition, Gouverneur-Morris, dont la fortune était considérable et la position sociale excellente, voulut visiter l'Europe. Washington lui donna plusieurs lettres de recommandation pour ses amis, et le chargea, détail caractéristique, « de lui acheter à Paris une » montre plate, en or, sans aucun ornement, non pas (dit- » il dans sa lettre), quelque montre de fat et d'homme qui » veuille la faire briller aux yeux, mais dont l'exécution

» intérieure soit extrêmement soignée et l'aspect extérieur
» très-simple. »

Morris partit pour la France, d'où il écrivit à ses amis, entre les années 1789 et 1792, un grand nombre de lettres, que Jared Sparks, l'un des biographes les plus infatigables des États-Unis, a publiées en 1802 avec la Vie de Gouverneur-Morris (1), son compatriote. C'est quelque chose de peu amusant que la biographie traitée comme Jared Sparks l'a traitée : un paravent chinois, sans perspective, où tout est sur le même plan, où tous les accidents ont la même importance. J'aime encore mieux ce style sans style et cette bonne foi de l'homme d'affaires intègre, que les apprêts du biographe-rhéteur. — Voici les pièces du procès : débrouillez-le.

Les actes politiques de Morris, citoyen des États-Unis d'Amérique, furent honorables sans être brillants. Les qualités de son esprit étaient complétement américaines; un bon sens pénétrant, un grand goût pour l'ordre et l'économie; une sévérité douce et bienveillante dans sa manière de juger les hommes; quant aux soins de la fortune, une prudence consommée et une patience exemplaire. L'esprit d'à-propos et de saillie ne lui manquait pas, non plus qu'à Franklin avec lequel il avait plus d'un rapport de caractère : même froideur de tempérament, même coup d'œil socratique. Morris n'ayant pas eu à lutter contre la fortune, nourrissait des goûts plus épicuriens, et se résignait plus aisément à l'oisiveté brillante et causeuse des grandes villes. Il avait d'ailleurs quelques bons péchés d'habitude, la

(1) *The Life of Gouverneur-Morris, with selections from his correspondence and miscellaneous papers, detailing events in the american revolution, the french revolution, and in the political history of the United-States,* by Jared Sparks, in three volumes. Boston.

gastronomie par exemple, et l'amour du rien-faire, qui le mettaient de niveau avec la France de Louis XV, et l'associaient à son mouvement.

Morris est un observateur précieux ; jamais la révolution française ne fut jugée par un témoin aussi impartial, par un homme venu de l'autre monde pour assister à ce grand drame, par un Américain, membre du Congrès où siégèrent Franklin et Washington. Démocrate de fait, et non de théorie, il sait par expérience comment se fonde la liberté. Il n'en appelle pas au souvenir de Rome et d'Athènes ; ses propres souvenirs lui suffisent. Il a manipulé les intérêts d'une nation qui se faisait république en dépit de la métropole, et qui a eu aussi, elle, ses nobles combats, ses crises terribles, ses moments d'exaltation, ses révolutions violentes, ses martyrs, ses héros, ses obstacles à franchir.

Comment Gouverneur-Morris va-t-il apprécier la liberté nouvelle de la France? Les moteurs de ce grand changement passeront sous ses yeux, et déploieront devant lui toutes leurs ressources. Il est assurément curieux d'examiner leur portrait, fait par un homme si peu intéressé à mentir. Quel regard va-t-il jeter sur ces théories ardentes et ces vapeurs philosophiques, dont l'éruption continuelle dévorait la société pour la refondre? Considère-t-il cette véhémence comme un gage de durée, cette puissante ébullition comme une preuve de force? Nos Mirabeau, nos Camille Desmoulins, il les a contemplés à l'œuvre ; il a consigné ses réflexions dans un journal qu'on publie maintenant. Quelle a été sa prophétie? Vous ne l'accuserez pas d'avoir jugé après coup ou d'avoir cédé aux prédilections d'une naissance aristocratique. Sa sévérité, s'il en montre, ne peut être que la sévérité d'un ami. Quelle espèce de penchant pour la noblesse de France supposerez-vous à ce fils des colons d'Amérique? et cet ennemi de l'Angleterre, qui vient de se révolter contre la tyrannie de la métropole, ressemble-t-il à un partisan de Pitt et de Cobourg?

Suivons-le, écoutons-le.

C'était en 1789 : les esprits étaient émus en France, les têtes fermentaient. — Morris, en débarquant au Havre, y fait la connaissance d'un petit gentilhomme qui lui paraît un phénomène : c'était le premier échantillon de cette espèce qui se fût offert à lui : un réformateur universel ; un homme à plans et à systèmes ; un petit monsieur dont le cerveau bout de politique et de philanthropie et de philosophie ; un génie qui règlerait mieux que Lycurgue ou Alfred-le-Grand, les destinées de vingt Empires. Ce qui est excellent à observer, c'est, en face de notre gentilhomme législateur, la surprise du bon Morris qui vient lui-même d'être législateur et de fonder un État. Il note cette curieuse et remuante figure sur son carnet, et continue sa route.

Le 3 février 1789 il arrive à Paris, ville éclatante de luxe, pétillante d'esprit, saturée de plaisirs, où va s'ouvrir la terrible scène des États-Généraux.

Les premières personnes qu'il visite sont Jefferson, ministre plénipotentiaire des États-Unis en France, et M. de Lafayette, pour le caractère duquel il professe une haute estime, sans partager ses émotions et ses jugements. La physionomie de la France réformatrice l'étonne. L'impression produite sur son esprit par l'enthousiasme universel, par les mœurs de la cour, par la ferveur étourdie des avocats, des gens de loi, des gens de lettres, est loin d'être favorable. Il ne retrouve nulle part cette religieuse profondeur de sensations et de décisions qui sont un gage d'avenir pour les peuples. Au lieu d'admirer ce grand zèle pour une liberté purement théorique et de se laisser enflammer par la bruyante logomachie des orateurs et des écrivains; au lieu de s'associer à cette superstition populaire qui devait, six ans plus tard, devenir un ardent fanatisme, notre Américain qui va au fond des choses et cherche de bonne foi au milieu de ce chaos brûlant des germes de véritable indépendance, de liberté réelle, reconnaît avec douleur que ces germes manquent. Dès le premier jour, il prédit la chute inévitable et sanglante de la république française qui va s'établir.

Aussi ses opinions politiques ne s'accordèrent-elles jamais avec celles de M. de Lafayette son ami. La première fois que le nom de cet homme célèbre se trouve mentionné dans son journal, voici de quelle manière s'exprime Morris : *Lafayette is full of politics; he appears to be too republican for the genius of his country.* « Lafayette est absorbé par la politique, il semble être trop républicain pour son pays. » On a beau dire à Morris : « Nous voulons la liberté que vous avez conquise. » Il s'obstine à répondre : « Ce n'est pas là ma liberté d'Amérique. » M. de Lafayette lui communique le brouillon de la célèbre *Déclaration des Droits de l'Homme*, qu'il va lire à l'Assemblée Nationale. Morris, toujours homme de sens, prétend que des mots ne sont pas des choses, et que les assertions dogmatiques sont de peu d'importance quand il s'agit du bonheur des masses. *I gave him my opinions, and suggested several amendments tending to soften the high-coloured expressions of freedom. It is not by sounding words that revolutions are produced.* « Je lui dis ce que j'en pensais, et je

ui suggérai plusieurs amendements tendant à adoucir la
einte exagérée de ses expressions de liberté. Ce n'est pas
vec de grands mots qu'on fait des révolutions. »

Hélas! Morris touchait du doigt notre blessure. Il y
vait certes trop de grands mots dans tout cela ; l'homme
le lettres et le rhéteur dominaient trop notre première
évolution. On avait trop de foi aux paroles, on leur sa-
crifiait trop inconsidérément les choses. Le peuple croyait
aire de la liberté, comme Rousseau avait fait de la vertu,
en déclamant ; cela effrayait un étranger qui avait vu se
développer par la seule puissance des mœurs une liberté
véritable. Il ne pouvait pas oublier qu'il avait pris la part
la plus active, et joué un rôle essentiel dans une révolution
couronnée de succès, de fortune, de puissance. Comment
Morris ne craindrait-il pas l'avortement de toutes ces paroles spartiates, romaines et ampoulées? Fondateur d'une
démocratie, il n'a rien vu de ces souvenirs grecs dans le
berceau des institutions qu'il a concouru à former. Ce qui
lui semble incompatible avec l'établissement de la liberté,
c'est la fureur violente des rénovations ; c'est la confiance
aveugle et enfantine de ceux qui croient jeter des bases
d'institutions durables avec de l'enthousiasme et des phrases.

C'est dans les Mémoires de Morris, qu'il faut voir comment l'ami de Washington apprécie les politiques pape-
rassiers (*paper-politicians*) qui sortent du greffe et de la
Sorbonne pour régenter les royaumes. Le dédain de ce
républicain pour les républicains parleurs va quelquefois
jusqu'à l'injustice. Il n'a pas assez d'indulgence pour notre vieux pays civilisé, surchargé de colléges et d'académies, imprégné de souvenirs latins et grecs ; pour une capitale sur laquelle la régence et Louis XV ont passé ; pour

des hommes qui ont lu Jean-Jacques en sortant d'un petit souper, et qui tout pétris de monarchie, enivrés de désirs patriotiques, s'élancent avec une passion d'enfants vers le but idéal dont leurs habitudes et leurs désirs les éloignent. Morris a trop constamment sous les yeux l'Amérique, pays neuf, aux mœurs simples, aux intérêts peu complexes, aux idées sérieuses et fortes; — nation qui s'embarrassait peu d'imiter Épaminondas et d'avoir des Démosthènes, pourvu que le port de Boston fût libre, et que le droit du timbre ne diminuât pas ses profits. Comment Morris n'eût-il pas pris en pitié les discussions métaphysiques et les spéculations à perte de vue? La politique n'est pas une affaire de sentiment et de passion ; et Morris était effrayé autant que supris de ce qu'il voyait. « On ré-
» forme ici, dit-il, avec une étourderie sans pareille. Tout
» le monde s'en mêle. Chacun a son plan ; tout le monde
» apporte des théories. Les médecins du corps social pul-
» lulent. Il n'y a pas si petit avoué, si mince écolier de
» rhétorique, qui ne se fasse réformateur à son tour. Où
» donc est la force morale et intellectuelle qui seule pour-
» rait sauver la France? Un peu d'énergie et des mœurs
» meilleures lui seraient plus utiles que toutes ces paroles. »

Pendant les diverses crises de la Révolution française, de 1789 à 1794, Morris que ce spectacle rempli de leçons sanglantes affermissait dans son opinion, ne cessait pas de crier à tous les partis qu'ils se perdaient et qu'ils ruinaient la liberté de leur patrie. Enfin sa désapprobation devint si complète et si prononcée que les républicains français, mécontents d'avoir un censeur de ce genre, sollicitèrent son rappel en 1794. Morris avait été nommé chargé d'affaires des États-Unis, en remplacement de Jefferson. Rien de plus facile en apparence, pour un ministre de la république américaine, que de marcher de conserve et de bon accord avec les chefs de la république française. Mais ces derniers avaient fait tant de chemin en peu de temps, que Washington, Franklin et Morris étaient restés en arrière. Après avoir été deux ou trois fois inscrit sur la liste des Suspects, notre républicain retourna donc en Amérique, où il vécut paisible dans son établissement de *Morrisania*, et où il est mort il y a peu de temps.

§ V.

L'Américain Gouverneur-Morris à Paris, de 1789 à 1792. — Préludes de la Révolution. — Opinion de Jefferson sur la Révolution française.

Je ne sais si aucun observateur a été aussi heureusement placé que Morris pour bien voir notre révolution. Ministre plénipotentiaire d'une république amie, homme riche et indépendant, ses rapports avec les agens du pouvoir étaient fréquents, faciles et confidentiels. Comme Américain et membre du Congrès, il avait droit à la faveur et la prédilection des révolutionnaires exaltés. Homme instruit et bien élevé, lié avec M. de Lafayette, il avait accès dans les salons de la haute noblesse et dans les cabinets de la monarchie mourante. Tout en s'associant à l'élan du peuple vers la liberté, jamais il n'avait dissimulé sa pitié pour le sort d'une aristocratie longtemps florissante et tout-à-coup déracinée. Aussi toutes les portes lui étaient-elles ouvertes : celles des clubs où la révolution bouillonnaît; celles des hôtels où se réunissaient les débris frémissants du parti monarchique. Il y a mille petits traits curieux, mille lueurs anecdotiques consignés dans le carnet du voyageur; on y voit comment les marquis et les comtes s'amusaient à la veille de la redoutable catastrophe; comment jeunes et vieux seigneurs, dont la tête allait être menacée, attachaient, dans la chapelle et pendant la messe, une bougie allumée à la soutane d'un abbé à la mode; quelles discussions politico-romanesques s'agitaient chez les restaurateurs de Versailles; comment la monarchie qui s'en allait cherchait partout des avis, des conseils, des directions, et les prenait de toutes mains pour ne suivre que les pires. A côté de ces détails, l'observateur américain place ses réflexions qui sont toujours des présages : la date s'y trouve, et cette date est merveilleuse; Morris dicte d'avance les événements d'une ou deux années.

La république va s'établir et il nous l'annonce; la république doit se résoudre en dictature et en tyrannie; il nous l'apprend dès 1791. S'il apprécie un personnage, s'il prédit un résultat, le temps se charge de prouver que l'homme a été bien jugé, que le résultat était inévitable.

Voici comment il décrit *les matériaux de la révolution qui va éclater* :

« Ces matériaux, dit Morris, sont nombreux et ardents,
» mais sans valeur intrinsèque. Dans le pays où je me
» trouve, tout le monde convient que la moralité générale
» est tombée au degré le plus bas (*an utter prostration*).
» Aucune figure de rhétorique, aucune vigueur de langage
» ne pourrait donner l'idée de cette extrême licence. Il
» faudrait citer cent anecdotes, rappeler mille faits connus

» du public, pour donner une idée de cette dépravation.
» C'est une complète pourriture (*an extreme rottenness*).
» Je n'ignore pas qu'il y a ici des hommes et des femmes
» dont les vertus sont grandes et pures; j'ai même le bon-
» heur d'en compter plusieurs au nombre de mes amis.
» Mais on aurait tort de juger la France d'après ces excep-
» tions; ce sont des personnes hors de la règle commune,
» des êtres à part, qui ressortent avec éclat sur un fond
» de mœurs vicieuses dont l'aspect est vraiment désespé-
» rant. Et c'est avec ces matériaux vermoulus qu'on veut
» élever l'édifice de la liberté ! Vous ne le penserez pas,
» mon ami (c'est à Washington qu'il s'adresse). Il n'est
» pas absolument impossible que ces éléments insuffisants
» et fragiles acquièrent plus tard de la force et de la soli-
» dité. En attendant qu'ils durcissent à l'air, que de dan-
» gers à craindre ! Que de chances contre la durée de l'é-
» difice ! Comment ne pas voir que ce mauvais essai d'ar-
» chitecture sans base et sans ciment croulera de lui-même,
» et finira par écraser ceux qui l'auront construit ! »

On est tenté, par amour pour la France, d'accuser ici l'Américain d'injustice; cependant, quand on veut examiner sans prévention l'époque dont il parle, et qu'on a sous les yeux les *Mémoires de Bachaumont*, la *Correspondance de Grimm*, les *OEuvres de Laclos*, — les *Lettres de Madame d'Epinay*, cette rouée sentimentale, — les *Lettres de Mademoiselle de Lespinasse*, qui aimait avec une passion si naïvement philosophique trois hommes à la fois; et les facéties de M. de Caylus, et les gracieusetés de notre ami Crébillon le jeune; — on est bien forcé de penser avec Morris, qu'il n'y a pas beaucoup de république là-dedans; — que l'affaire du *Collier*, les procès de Beaumarchais, le scandale de madame d'Eon, les antécédents de

Mirabeau, la faveur de l'abbé-cardinal de Bernis sont d'étranges propylées pour conduire à une démocratie austère. Il faut excuser Morris, élevé dans le respect des lois, du mariage, du serment, de la sainteté des familles; lui qui a vu fleurir au sein de ce respect, au sein de ces mœurs, non pas une ombre de république, une fantasmagorie sanglante, mais une vraie république industrieuse et calme.

Quelques jours après avoir écrit cette lettre à Washington, il écrit à M. Jay :

« Quand je réfléchis combien peu cette nation est pré-
» parée par son éducation et ses habitudes à jouir de la li-
» berté complète, je tremble en vérité pour elle ; elle dé-
» passera le but ou plutôt je pense que le but est déjà dé-
» passé. On a senti pendant trop longtemps le poids acca-
» blant de l'autorité royale. Aujourd'hui l'on voit avec
» plaisir tout ce qui peut la restreindre ou la briser; on
» court à la république, et comment soutiendra-t-on cette
» république? La France ne connaît pas encore les maux
» auxquels l'exposerait nécessairement la faiblesse exagérée
» du pouvoir exécutif. Elle ne redoute que la tyrannie du
» pouvoir, tyrannie qui ne peut plus l'atteindre ; elle ne se
» prémunit pas assez contre l'anarchie, le plus grand,
» le plus fatal écueil qu'elle ait à redouter aujourd'hui. »

Cela fut écrit en 1789.

Nous avons déjà remarqué chez Morris un mélange de moralité sévère et de finesse sociale très-exercée. Il a juste assez de puritanisme américain pour ne pas excuser le moindre vice, et assez d'expérience du monde pour ne pas être dupe d'un seul faux-semblant. Ajoutez à cela qu'il ne fait point de portraits brillants dans l'intention d'être admiré ou de s'admirer lui-même; aussi son opinion, qui n'est ni exagérée ni dénigrante, est-elle singulièrement redoutable. Il ne fait grâce à aucune prétention. Une vanité se cache-t-elle sous une vertu; une faiblesse se dérobe-t-elle sous les plis d'une gloire, l'Américain est inexorable. Pénétrant sans malignité, sagace sans ambition, jeté dans une société orageuse qui marche en aveugle à sa ruine; s'il se fût trop identifié à elle, comme firent Anacharsis-Clootz et Thomas Payne, il ne l'eût pas jugée; s'il l'eût accablée de sa haine et de son mépris, comme Burke, il eût été injuste. Il devait à la fois marcher avec elle et rester en dehors de ses étourdissements, de ses fureurs, de ses ivresses; conserver un coup d'œil clair, une vue nette et une âme accessible aux nobles élans de la France.

La société française, si bien représentée par Voltaire, dans sa petitesse et sa grandeur; comme lui aimant l'humanité; comme lui *prime-sautière*, entraînée par son instinct et séduite par un bon mot; destructive, rouée, folâtre, capricieuse, violente; désirant le bien, faisant le mal; parleuse de vertu, pédante sans le savoir; marquis ivre qui, d'un pas chancelant, sous le brocard d'or et les manchettes en lambeaux, court en chantant vers l'abîme; — étonne et révolte Morris qui n'a jamais rien imaginé de pareil. Morris vient de quitter Washington. Les plus honnêtes gens de Paris lui semblent un peu fous. Quant aux plus fous, ce sont pour l'Américain des bêtes enragées.

Au milieu de ces mœurs et de ces hommes il ne se gêne pas, dit la vérité à tout le monde et joue le rôle du paysan du Danube. Au lieu de se fâcher de sa franchise, on est charmé de cette nouveauté; les duchesses lui sourient, les comtesses l'applaudissent, les ministres l'écoutent.

« J'ai osé, dit-il, prononcer ici des paroles très-dures,
» auxquelles on est assez peu accoutumé. J'ai dit de grosses
» vérités que l'on a entendues avec joie ; comme on est
» rassasié de douceurs et de flatterie, la vérité est un mets
» nouveau, singulier et qui plaît ; mon succès a été grand.
» C'était un contraste inattendu que l'on aimait. J'aurai
» soin, cependant (ajoute-t-il assez finement), de ne pas
» les blaser sur cette jouissance. »

Quant à lui, il ne rend pas à ses hôtes flatterie pour flatterie. Bien loin d'estimer au-dessus de sa valeur la politesse française, il voit d'un coup d'œil ce qu'il y a d'apprêté et de factice dans ce brillant et doux mensonge de la politesse. « Elle est agréable, dit-il, mais il faut être un sot pour y croire. » Toutefois il se laisse aller au charme de la conversation facile, prête à tout, qui caractérisait l'époque et qui commence à n'être qu'une tradition. Dès que les premiers symptômes de l'agitation se déclarent, l'avenir de la France se montre à lui clairement. — « La cour est extrêmement faible, dit-il, les mœurs sont très-relâchées, et le moindre effort de la nation renversera le trône. » Il assiste à l'ouverture des États-Généraux ; quelle que soit la solennité de cette scène, il y découvre un intérêt plus grand que l'intérêt frivole excité par une cérémonie d'apparat. Ce qu'il devine, c'est un changement total dans la vie de la France. Quand il voit la reine, déjà humiliée, abaisser son orgueil autrichien, dévorer ses larmes, et toute frémissante, saluer le public qui la dédaigne, lorsqu'il entend les nobles déclamer contre la tyrannie féodale, quand il observe l'énorme pouvoir usurpé par la facilité de l'élocution et la verve des mots, il pressent Robespierre, Thermidor et Bonaparte.

« J'ai vu, dit-il, le rideau tomber sur le premier acte
» d'un terrible drame. Le premier pas d'une grandeur qui
» descend vers la tombe s'est fait sous mes yeux. C'est une
» chose profondément triste et digne de plus de pitié et de
» réflexion que ne le sera la dernière catastrophe. » Quiconque se reportera au temps où ces paroles furent écrites, les trouvera prophétiques et belles.

Ses conversations avec Jefferson, dont les opinions républicaines étaient beaucoup plus ardentes et plus prononcées que celles de Morris, prouvent que Jefferson, alors ministre plénipotentiaire des États-Unis, portait sur la France un jugement absolument semblable à celui de son compatriote.
« Jefferson, dit Morris, croit qu'il n'y a rien à espérer ni à
» attendre des États-Généraux. On voudra marcher à la
» république inutilement et dangereusement. Les lit-
» térateurs qui dominent ici, et qui ont vu les abus nom-
» breux de la forme monarchique, pensent que tout ira
» d'autant mieux que l'on s'écartera davantage des institu-
» tions qui se rapportent au gouvernement d'un seul; c'est
» une erreur. Les mêmes réformateurs construisent au
» fond de leurs cabinets des théories admirables. Ils y font
» entrer les hommes comme un ébéniste ses morceaux de
» bois et ses pièces de marqueterie dans l'ouvrage qu'il
» achève. Malheureusement l'homme n'est pas fait ainsi.
» En France surtout où il y a plus de passions, de vices,
» de mobilité, de facultés variables que partout ailleurs,
» c'est folie de bâtir une Constitution sur des théories. Les
» meneurs veulent anéantir toutes les distinctions de rangs.
» Je ne crois pas qu'en thèse générale l'égalité complète
» soit possible, et je suis bien sûr que par rapport à la na-

» tion française c'est un essai malheureux, qui ne peut
» avoir que des résultats funestes. »

Tout cela, Morris ne se contentait pas de l'écrire sur son carnet; il le disait dans les salons. Jugez si la société française était surprise; la liberté avec laquelle l'Américain émettait de pareilles opinions semblait étrange dans un temps où tout était espérance, fougue, ardeur, entraînement vers la félicité sociale que l'on rêvait. Gens de bien et gens sans honneur, têtes faibles et intelligences capaces, Mirabeau et Marat, tous voyageaient en idée vers l'Eldorado de la politique. Morris prétendait suspendre ou ralentir cet essor; on lui reprochait donc d'être infidèle à sa propre cause et de trahir cette indépendance que son titre d'Américain lui faisait un devoir de propager.

« M. de Lafayette, dit-il, m'a entrepris ce soir et m'a re-
» proché de nuire aux intérêts du *bon parti*. Je ne dissi-
» mule pas assez, à ce que M. de Lafayette prétend, que
» je désapprouve les actes, les désirs et les espérances des
» patriotes. J'ai saisi avidement cette occasion de me jus-
» tifier à ses yeux :

» — Je suis, lui ai-je dit, ennemi de la démocratie, par
» amour pour la liberté. Vous allez tête baissée vous jeter
» dans un gouffre ; vous y courez en aveugles, et je voudrais
» vous arrêter alors qu'il est encore temps. Votre manière
» de voir et de juger la nation française, vos idées sur son
» bonheur et sa destinée n'ont aucun rapport avec les ma-
» tériaux réels dont elle se compose. Le plus grand mal-
» heur qui puisse vous arriver, c'est que vos plans se réali-
» sent, c'est que vos vœux s'accomplissent.

« — Je le sais, me répondit-il; les gens de mon parti
» sont fous ; mais je suis déterminé à mourir avec eux !

» —Vous feriez tout aussi bien de les ramener à la rai-
» son, et de vivre avec eux ! »

Les jugements que Morris porte sur les hommes et sur les caractères sont de la même espèce; austères comme la vérité, calmes et naïfs comme elle, armés de cette ironie sans épigramme, moins amère que la satire et dont le coup porte plus loin. Nous laisserons nos lecteurs juger si son opinion sur M. Necker, par exemple, semble conforme à celle que l'histoire devra définitivement adopter. Nous extrayons du *Diary* de Morris, recueil de simples *memoranda* sans prétention, souvent sans grammaire, le récit de sa première entrevue avec le ministre des finances, si diversement apprécié :

« 27 *mars* 1789.—J'ai dîné avec M. et madame Necker.
» Notre société se composait d'académiciens et de grands
» seigneurs. Si M. Necker était véritablement un grand
» homme, je me tromperais bien ; si ce n'était pas un grand
» travailleur, je me tromperais aussi.....

» . . . . . Les gens de cour, dans leurs angoisses, mau-
» dissent Necker et ses actes : au fait, il est moins la
» cause que l'instrument de leurs souffrances. Sa popula-
» rité n'est point réelle. La nation aime en lui l'homme
» que la cour déteste. Si les nobles n'essayaient pas de
» le renverser, le parti républicain cesserait de le soutenir ;
» sa position est factice, sa voix n'est déjà plus écou-
» tée. Dictateur il y a quinze jours, il a perdu sa prépon-
» dérance. Alors il décidait de tout; maintenant il ne peut
» rien. On le garde par terreur. On ne le renvoie pas, de
» peur que son renvoi ne serve de prétexte à une commo-
» tion populaire. Ce géant tombera bientôt........

» La réputation de Necker me semble fausse et *soufflée* ;
» rien de plus commun dans ce pays-ci. Ses ennemis pré-

» tendent que, comme banquier, il n'est pas exempt de re-
» proches; mais tous les jugements parisiens sont si exa-
» gérés qu'il ne faut pas y souscrire sans beaucoup de
» restriction et de prudence. Necker est un homme probe;
» dans l'administration des deniers publics il s'est toujours
» montré honnête et désintéressé. Selon l'apparence il
» est plus vain que vicieux; il se ruine pour remplir une
» place fort périlleuse et que d'autres ne recherchent que
» pour s'enrichir. Sa grande renommée en France vient
» d'une source qui paraîtrait bien singulière en Amérique,
» de cette emphase dont il a rempli ses écrits, de cet ap-
» pareil philosophique et de cette fausse sensibilité qui
» font la fortune des romans modernes et qu'il a semés dans
» ses pages sur les finances; cela plaît infiniment aux Fran-
» çais. Ici on aime à lire, pourvu que l'on soit dispensé de
» réfléchir. Il a du talent d'écrivain, et sa femme de la fi-
» nesse; ni l'un ni l'autre ne comprennent ce que c'est
» que d'être ministre. Son éducation financière lui a en-
» seigné l'économie; d'ailleurs il ne connaît de l'homme
» que ce qui se rapporte aux intérêts d'argent. Toutes
» nos autres passions lui échappent. »

Que ce portrait soit exact ou non, les prédictions de Morris se sont accomplies à la lettre : le géant est tombé peu de jours après son élévation ; sa popularité s'est *désenflée*, comme Morris l'annonçait, et sa réputation de probité s'est conservée intacte. La parole brillante de madame de Staël sa fille épouvantait Morris, qui ne la ménage guère dans son journal, bien qu'il rende justice à ses belles qualités d'esprit et d'âme ; on voit qu'elle agissait désagréablement sur ses nerfs et qu'il avait peine à s'accoutumer à cette nature qui n'avait de la femme que l'élan et la mobilité, mais qui empruntait à l'autre sexe l'audace, la force, l'impétuosité, l'éloquence; Morris était trop sévère pour cette femme extraordinaire :

« 26 *septembre* 1789, dîné chez madame de Tessé, j'y
» rencontre madame de Staël. Madame de Tessé lui a dit
» que j'étais un homme d'esprit et une jambe de bois
» (Morris avait été mutilé par suite d'une chute), cela ne
» l'effraie point. Elle m'attaque par la phrase suivante :
» — N'avez-vous pas écrit un volume sur la Constitu-
» tion d'Amérique?
» — Non, madame, mais j'ai fait mon devoir en con-
» courant à la formation de cette Constitution.
» — Mais, monsieur, votre conversation doit être fort
» intéressante; car je vous entends citer de toutes parts.
» — Ah! madame, je ne suis pas digne de cet éloge.
» Puis tout-à-coup et sans transition : — Comment avez-
» vous perdu la jambe?
» — Par un accident ordinaire; je regrette que ce ne
» soit pas au service de mon pays.
» — Monsieur, reprend-elle d'un ton grave, vous avez
» l'air très-imposant.
» — Je le crois, madame.
» — M. de Chastellux m'a souvent parlé de vous.
» Au moment où l'œil de madame de Staël s'animait de
» cette expression qu'un peu de fatuité de ma part eût pu
» interpréter favorablement, on lui apporte un paquet de
» lettres et entr'autres une lettre de son ami M. de Nar-
» bonne; ceci la rappelle à elle-même, pour le moment du
» moins. Madame de Tessé se rapproche d'elle. On parle
» politique; ces deux dames s'échauffent et ne tardent
» pas à oublier la politesse ordinaire. »

Les ridicules légers, la frivolité appliquée aux plus graves intérêts, le mélange de niaiserie qui se joignait à la grâce éclatante et facile de l'esprit à *talons rouges*, n'échappent pas à Morris :

« 1ᵉʳ *mars* 1789. — J'ai soupé avec madame de la Suze;
» on jouait au quinze et on était absorbé. M. de Boufflers,
» faute d'avoir rien de mieux à faire, me parle de l'Amé-
» rique; la négligence avec laquelle il m'écoute me prouve
» qu'il ne donne pas la moindre attention à ce qu'il me
» demande :

» — Mais comment feriez-vous pour vous garantir d'une
» invasion, sans flotte et sans armée ?

» — Rien ne serait plus difficile, lui répondis-je, que
» de subjuguer une nation dont tous les individus sont
» rois, et qui, si vous les regardiez avec dédain, vous ré-
» pondraient : *Je suis homme; êtes-vous quelque chose de
» plus ?*

» — C'est très-bien, reprit M. de Boufflers, tout cela
» est très-bien; mais comment voulez-vous que j'aille dire
» à un de vos *individus-rois :* « M. le roi, faites-moi, s'il
» vous plaît, une paire de souliers ? »

» — Mon compatriote n'hésiterait pas à vous répondre :
« Avec grand plaisir, monsieur. C'est mon devoir et ma
» vocation de faire des souliers, et je désire que chacun
» fasse son devoir dans ce monde. » M. de Boufflers ne ré-
» pondit rien. Cette manière de penser et de parler est trop
» mâle pour le pays où je me trouve. »

Il faut encore que je cite une scène qui en dit assez sur l'esprit religieux des grands et sur leurs occupations à la veille de la catastrophe.

« 11 *juin* 1789. Ce matin j'ai été au Raincy. A onze
» heures personne n'était visible. A près de midi on fait
» semblant de déjeuner. Comme j'avais eu soin de me mu-
» nir d'un premier déjeuner de précaution, je n'eus pas à

» me plaindre de ce simulacre de repas. Après déjeuner
» nous allons à la messe dans la chapelle. La tribune supé-
» rieure contient un évêque, un abbé, la duchesse, ses
» dames d'honneur et quelques amis. Madame de Chastel-
» lux est dans la nef, à genoux ; nous nous amusons d'une
» infinité de plaisanteries que M. de S.... et M. de Cu-
» bières font tour-à-tour. On met une chandelle dans la
» poche de côté de l'évêque, la mêche sortant de la poche,
» et on l'allume dans cet état. Tout le monde est d'une
» gaîté folle, on rit immodérément pendant que l'office
» continue ; la duchesse seule tâche de garder son sé-
» rieux. Voilà qui est très-édifiant pour les domestiques à
» genoux vis-à-vis de nous, et pour les villageois qui assis-
» tent à l'office, debout. Promenade après cette cérémonie
» *religieuse*. Nous montons en bateau, et les *Messieurs*
» rament sous un soleil brûlant, opération qui n'a rien de
» rafraîchissant ni de délassant pour eux. On dîne à cinq
» heures. Des fenêtres de la salle à manger nous aperce-
» vons une foule de peuple qui nous contemple. Hélas !
» combien leurs sentiments de vénération s'affaibliraient,
» s'ils savaient de quoi nous nous entretenons, combien
» nos amusements sont vulgaires, combien toutes ces âmes
« sont frivoles ! »

Trois ans après, le peuple avait découvert la nullité cachée sous ces murs ; et Morris, qui avait pris en pitié une vénération imbécile, la vit se changer en haine forcenée.

La Bastille est prise : Versailles reste calme et muette. « Il est de bon goût à la cour, dit Morris, de sembler
» croire que tout est tranquille. Demain peut-être, quand
» on verra les murs de la citadelle fumante, se résignera-
» t-on à convenir qu'il y a eu du bruit dans Paris. » Plein de mépris pour cette apathie des courtisans, qui conti-

nuent leurs mystifications et leurs petits soupers, Morris ne laisse pas que de s'intéresser à ces familles blasonnées de gloire ancienne. Il se moque des arts déchus et des artistes du temps, si peu associés au mouvement politique et qui s'occupent encore, en face de la révolution française, d'académies, de nymphes riantes et d'amours joufflus. Un peintre, pensionnaire du roi et admiré des connaisseurs, fait voir à Morris un bel Énée et son père Anchise qui couvrent une vaste toile. « Vous feriez » mieux, dit l'Américain, de peindre la prise de la Bas» tille. C'est moins héroïque, mais un peu plus intéressant » pour nous. »

La faiblesse de Louis XVI, son défaut total de décision et de courage intellectuel dans des grandes circonstances, inspirent à Morris une espèce de dédain : il ne se trompe pas un instant sur le sort du roi dont il estime la probité et plaint la situation, entre des amis perfides et des ennemis inexorables. Il reçoit un dépôt d'argent des mains du monarque, et, dans plusieurs notes fort remarquables, que Morris lui communique, il lui donne d'excellents conseils qui ne sont jamais suivis. Un plan de Constitution pour la France, rédigé par Morris, a cela de curieux, que, sauf quelques modifications et spécialement la fondation d'une pairie héréditaire qui semble nécessaire à Morris, le régime que l'Américain des États-Unis indiquait en 1790 comme devant sauver la France, est précisément celui sous lequel elle a essayé de vivre entre 1830 et 1848 : un régime mixte, très-peu aristocratique, accordant beaucoup à l'industrie, donnant peu de latitude aux volontés personnelles du souverain, assurant un contrôle étendu aux Chambres délibératives, et laissant au talent une grande facilité d'ascension vers le pouvoir. Ultra-fédéraliste dans n pays, Morris semblerait aujourd'hui à la plupart d'entre nous, soutenir des opinions ultra-monarchiques; comen ne devait-on pas se plaindre de lui quand la révoluon bouillonnait, lorsqu'on n'imaginait pas d'autre état ocial que l'égalité spartiate! Il lui est impossible de s'endre avec M. de Lafayette; leur amitié ne tarde pas à se efroidir; celle de Morris ne se ranime qu'au moment où, lacé dans une situation fausse et fatale entre le peuple ouverain et le roi déraciné, M. de Lafayette, incapable 'arrêter l'un et de sauver l'autre, broyé par leur collision, ombe maudit à la fois du pouvoir qu'il vient d'affaiblir et e la démocratie qu'il a servie sans la suivre.

§ VI.

M. de Lafayette. — Les Émigrés français.

Cet Américain Morris, que l'on accuse de froideur pour les utopies et d'indifférence pour les systèmes enthousiastes, fait sans aucun bruit plusieurs actions très-belles et très-généreuses; héros et dévoué avec prudence, il sauve la vie à madame de Lafayette et finit par devenir suspect aux républicains, qui le renvoient en 1793. Son journal avait cessé d'être détaillé: Morris, toujours circonspect, sentait qu'il serait ridicule de risquer sa tête pour le plaisir de griffonner quelques notes; à la date de janvier 1790, on lit les paroles suivantes, les dernières de son journal écrit en France :

« La situation des choses est telle, que je ne puis conti-

» nuer ce journal sans compromettre beaucoup de monde
» et moi-même. A moins de me contenter d'y inscrire des
» *memoranda* inutiles et insignifiants, je ne puis rien y
» consigner à présent. Je préfère donc m'arrêter tout-à-
» fait. »

Expulsé de France par les républicains, le républicain d'Amérique voyage en Angleterre, en Prusse, en Autriche. Il y avait alors en Europe une nation intéressante et éparse; nation malheureuse, noble, brillante, bizarre ; les émigrés. Nous n'avons nulle part le tableau complet de leurs fortunes, de leurs ridicules et de leur force d'âme. Morris qui reprend ses notes dès qu'il a quitté la France, jette quelque clarté sur ce sujet curieux. Sans insulter à aucun malheur, sans ajouter aucune réflexion dénigrante ou pénible aux observations de Morris, nous nous contenterons de copier quelques lignes relatives à la vie des émigrés à l'étranger.

« 15 *juillet* 1794, *Londres.* — Le comte Woronzoff me
» parle longtemps de l'étrange légèreté, des incroyables
» négociations du comte de....., et surtout de la folie
» d'un M. de S..., auquel il accorde toute sa confiance.
» Le comte pense qu'aussitôt après son arrivée en Vendée,
» M. le comte d'Artois s'entourera d'une foule de petits-
» maîtres et de petits esprits, dont les manières ne pour-
» ront manquer de dégoûter les chefs véritables du parti,
» les Puisaye, les Stofflet, les La Bourdonnaye. Il me prie
» d'en causer avec ses alentours : je lui réponds que cette
» démarche n'aurait d'autre effet que de déplaire au prince,
» que l'on ne manquerait pas d'en avertir.

» . . . . . . Le lendemain je dîne avec M. Pitt, qui
» me parle dans le même sens que M. de Woronzoff. Je
» lui dis qu'il vaudrait mieux placer auprès du prince

» quelque agent confidentiel, homme d'esprit, bien payé,
» et chargé de l'empêcher de faire *des bêtises* (ces mots
» sont en français). On peut se servir des fils de P....., en
» leur donnant 50 livres sterlings (1,200 fr.) à chacun.

» . . . . . . *Dresde, 19 août*. — Les rues sont pleines
» d'émigrés français, qui fuient devant la marche des ar-
» mées républicaines. Cela est curieux à observer. Leur
» gaîté, leur bon ton, leur bonne grâce ont quelque chose
» de frappant dans leur situation. L'on ne croirait assuré-
» ment pas que la fortune les persécute : leur front est
» serein et même gai ; une calamité si grande pèse sur
» eux sans les accabler ! On ne leur permet pas de rester
» plus de trois jours dans chaque ville. Ils tirent bon parti
» de ce temps limité, visitent les monuments, observent
» toutes les curiosités et au milieu des ruines de leurs
» espérances détruites montrent une philosophie prati-
» que et une force d'âme, mêlées sans doute de quelques-
» unes des faiblesses de l'humanité, étourderie, caquetage,
» médisance, légèreté ; mais, quoi ! ce sont des hom-
» mes ! »

Trois mois après, il revient sur le chapitre des émigrés, fait encore l'éloge de leurs excellentes manières et de leur courage dans l'adversité, mais ne néglige pas le revers de la médaille.

« *Vienne, 26 octobre, même année*. — J'ai rencontré
» ici madame d'A...., dont la première question a été de
» me demander si je ne venais pas à Vienne, de la part du
» Congrès d'Amérique, demander la liberté de Lafayette,
» détenu prisonnier à Olmutz. Là-dessus on commence de
» violentes déclamations contre Lafayette, déclamat*
» soutenues et commentées par le comte Dietric*   ...ons
» réponds de l'air le plus calme que je r*   ...nstein. Je
                                          ...garde la déten-

» tion de Lafayette comme une absurdité; mais que le
» Congrès n'est pas assez dénué de sens pour tenter une ré-
» clamation à laquelle il sait d'avance que l'on n'accèderait
» pas. La Vaupaillière entre et se montre plus acharné contre
» l'infortuné Lafayette que tous ceux qui avaient pris part
» à la conversation. Il le traite d'homme incapable et l'ac-
» cuse d'ingratitude envers le Roi. Je le défends, non-seu-
» lement parce que je le dois, mais pour savoir quels sont
» les prétextes de cette accusation d'ingratitude. La Vau-
» paillière, après m'avoir averti qu'il se flattait bien de
» voir Lafayette pendu l'un de ces jours, m'apprend
» que Lafayette a reçu deux faveurs de la cour; la pre-
» mière de ces faveurs est qu'on ne l'a pas envoyé à la
» potence à son retour d'Amérique; et la seconde, que la
» cour a donné du service dans l'armée à plusieurs de ses
» parents. Par conséquent, Lafayette est le plus ingrat des
» hommes. Je ne réponds rien à de tels raisonnements;
» mais quand M. de la Vaupaillière traite M. Lafayette de
» lâche, je crois devoir lui donner, aussi poliment que le
» bon ton le permet, un démenti complet et positif.

» Ces émigrés persécutés et que l'on ne peut s'empê-
» cher de plaindre, sont tous prêts à devenir persécu-
» teurs. Quand je cause avec eux, quand je vois ce qui
» leur reste des vertus de leurs ancêtres, je suis tenté d'ou-
» blier les crimes de la révolution et de me ranger de l'a-
» vis de leurs ennemis. Si les nobles eussent été vainqueurs
» dans la lutte, disent les jacobins, ils ne se fussent con-
» duits ni avec plus d'humanité, ni avec plus de prudence
» que nous; la fortune seule a décidé de quel côté devaient
» se trouver la défaite, la misère, l'exil, la mort. »

Pendant que les émigrés, repoussés du sol natal par la démocratie, formaient des vœux de haine et de vengeance contre le prisonnier d'Olmutz, les démocrates de France le frappaient de la même malédiction ; sa destinée vraiment affreuse était de ne trouver de pitié dans aucun parti. En 1796, madame de Staël, dont on connaît le cœur généreux et le noble enthousiasme, écrivait à Morris la lettre suivante, inédite même en Amérique avant la publication de la vie de Morris, et qu'on nous saura gré de conserver ici, comme un nouveau titre de cette femme illustre.

« *Coppet*, 21 *septembre* 1793. — Monsieur, je n'ai au-
» cun droit pour faire cette démarche et m'adresser à vous.
» J'ai pour vous la plus haute estime, mais qui ne l'aurait
» pas ? J'admire vos talents ; car je vous ai écouté ; mais je
» ne suis pas la seule. Toutefois ce que j'ai à vous deman-
» der est si bien d'accord avec vos propres sentiments,
» que ma lettre ne fera que répéter leur langage, en leur
» prêtant des expressions plus faibles. Vous voyagez en Al-
» lemagne ; et que vous soyez chargé ou non d'une mis-
» sion diplomatique, vous avez de l'influence. Ces gens-ci
» ne sont pas assez sots pour négliger de consulter un
» homme tel que vous. Ouvrez à M. de Lafayette les por-
» tes de sa prison. Vous avez arraché sa femme à la mort.
» Eh bien, soyez le sauveur de toute la famille ; payez la
» dette de votre patrie. Quel plus grand service un citoyen
» peut-il rendre à son pays que de remplir ces obligations
» de reconnaissance ? Peut-on imaginer un malheur plus
» grand que celui qui accable M. de Lafayette ? Une injus-
» tice plus éclatante peut-elle attirer l'attention de l'Eu-
» rope ? Je vous parle de gloire, et je n'ignore pas qu'un
» sentiment plus élevé est le mobile de votre conduite. La
» malheureuse femme de M. de Lafayette écrit à ses amis
» qu'elle les supplie d'avoir recours à celui qui l'a déjà

» sauvée. C'est vous, monsieur. Je n'ai pas eu de peine à
» vous reconnaître. Dans ces temps de troubles et de ter-
» reur, il y a mille vertus par lesquelles ceux qui redou-
» tent de prononcer votre nom peuvent vous distinguer.
» Quant à moi, plus affligée que personne, je crois, de la
» situation de M. de Lafayette, je n'aurais pas la présomp-
» tion de penser que ma recommandation soit d'un grand
» poids, et je me fie à votre cœur. »

Morris répondit très-froidement à cette épître brûlante, et se contenta d'agir prudemment, sans se presser, sans rien hasarder. Il fit remettre à l'empereur d'Autriche la lettre par laquelle Washington demandait la mise en liberté de M. de Lafayette. Madame de Staël récrivit à Morris :

« Coppet, 2 novembre 1796.

» Monsieur,

» Le lieu d'où votre lettre est datée suffit pour me don-
» ner quelques espérances. Il est impossible que vous soyez
» là sans réussir. Cette gloire vous est réservée ; et en est-
» il de plus brillante, de plus délicieuse pour vous, pour
» tout honnête homme ? Il est certain que la femme de
» cet infortuné a été bien accueillie par l'empereur, qu'elle
» a reçu la permission de lui écrire ; cependant jamais il
» n'a pu lire une de ses lettres. Quelle position ! quelle ré-
» compense d'un si noble dévouement ! Qu'attend-on ? Que
» les ennemis du prisonnier viennent demander sa mort ?
» Il me semble que si, pendant une heure seulement, vous
» parliez à ceux qui tiennent son sort entre leurs mains,
» tout irait mieux. Je connais votre influence et les opi-
» nions les plus opposées à vos opinions personnelles, et je
» suis tentée de me demander quel effet produirait cette

» influence, si, pour récompense de vos conseils que l'on
» désire toujours, vous réclamiez la libération de La-
» fayette.

» En un mot, la pensée que cette grande calamité peut
» avoir un terme, et que vos efforts doivent y contribuer, cette
» pensée m'émeut à tel point que, sans m'aveugler sur l'in-
» discrétion de cette seconde lettre, je n'ai pu m'empêcher
» de vous exprimer des espérances qui naissent à la fois de
» mon admiration pour vous et de ma pitié pour lui. »

Heureusement les armes de Bonaparte venaient au secours de l'éloquence de Coppet, de la diplomatie de Morris et des lettres de Washington. M. de Lafayette fut enfin rendu à la liberté; et l'une des plus absurdes, l'une des plus atroces injustices des temps modernes eut un terme. La plupart des historiens, Walter Scott entr'autres dans sa *Vie de Napoléon*, attribuent cette libération à la volonté de Bonaparte; les documents fournis par Morris, prouvent que la proposition vint de l'Autriche, sollicitée par Morris et le président des États-Unis.

Un autre débris de l'Europe, un autre fragment de la lave révolutionnaire, nom fameux, proscrit, victime, le général Moreau se retrouve tout-à-coup en présence de Morris qui retiré dans son établissement agricole ne s'occupe plus que de faire prospérer ses vergers et de bien planter son parc :

« 10 *novembre* 1807.—Le général Moreau est venu dé-
» jeuner chez moi. Nous nous promenons ensemble, et je
» cherche à le dissuader de faire un voyage à la Nouvelle-
» Orléans. Il y renoncerait, dit-il, si ses préparatifs n'é-
» taient pas faits depuis longtemps. Je suis certain que ce
» voyage donnera lieu à des soupçons qui lui seront défa-

» vorables. Il traite avec mépris ce qu'il appelle les bavards
» et leurs caquets.

» — Vous avez tort, lui dis-je, ces gens-là sont une puis-
» sance dans une république. Ne croyez pas que vous soyez
» ici aussi libre que vous pourriez l'être dans une monar-
» chie absolue. Parmi nous, tout homme qui a un nom
» est inféodé à l'opinion publique. Il y a mille choses que
» vous pourriez ailleurs faire avec impunité, et qui vous
» sont défendues ici. Un gouvernement despotique, en vous
» entourant d'espions, pourrait s'assurer de votre conduite
» et une fois que vous seriez bien en cour, vous vous mo-
» queriez des soupçons du vulgaire. Dans un pays tel que
» le nôtre, il n'y a pas de police, et comme il nous est im-
» possible de savoir tout ce que font les autres, nous pre-
» nons le parti de soupçonner nos voisins. Nous sommes
» Petite-Ville et Province. Nous jugeons sur de fausses ap-
» parences, et souvent il est impossible de déraciner les
» idées que nous avons adoptées sans motif et avec une
» étourderie ridicule. . . . .
. . . .

» — En cas de nécessité absolue, lui demandai-je en-
» suite, porteriez-vous les armes contre la France ?

» — Sans aucune répugnance ; la France m'a rejeté, je
» suis citoyen du pays que j'habite ; j'ai le droit d'y exer-
» cer mon métier comme tout le monde. Mon métier à
» moi c'est la guerre, je commande mes troupes comme
» un chapelier fait des chapeaux. Si Bonaparte bannissait
» un chapelier français, il lui serait permis d'ouvrir bou-
» tique ailleurs. Un général français banni doit jouir du
» même privilége.

» Je fis semblant d'accepter ce sophisme, et je gardai le
» silence. »

Ce qu'il y avait de faux et de trivial dans cette parole a été assez puni.

Contraire résultat de deux révolutions différentes ! Moreau, errant à travers le monde, renie sa patrie et meurt sous le canon français ; Gouverneur-Morris finit sa vieillesse honorée au sein de la liberté qu'il a fondée et du pays qu'il a servi.

§ VII.

Brockden Brown et Washington Irving.

Morris ressemble à s'y méprendre à quelque spirituel officier de la marine anglaise, mêlé à la bonne compagnie du xviiie siècle, et Jonatham Edwards à un théologien écossais du xviie ; Benjamin Franklin ne s'éloigne guère des qualités heureuses et fines qui distinguent Goldsmith et son charmant Vicaire. Chez tous trois l'originalité fait défaut.

Brockden Brown, Américain, résolut de briser le charme ; il chercha l'originalité ; malheureusement ce fut celle d'autrui. Lewis, auteur du Moine, chef de l'école funèbre et démoniaque, était alors en pleine vogue ; Brown se le proposa pour modèle.

Il comprenait la passion et savait l'exprimer. Au lieu de céder aux scrupules timides de ses compatriotes, on le vit braver la critique et ne chercher que l'effet ; effet factice et exagéré. Les démons de Brown sont de faux démons; ses monstres sont le résulttat d'un parti pris; ses efforts d'imagination sont les élans d'une intelligence qui veut créer et qui dans son impuissance enfante des chimères. Je ne sais quelle ridicule surexcitation se fait sentir dans ces productions où tout est forcé, violent et incohérent. Rien de spontané, de naturel et de simple ; toujours des convulsions, emphase perpétuelle, horreurs sur horreurs.

D'où vient cette exagération véhémente? pourquoi cette tension inouïe vers le pathétique, le gigantesque, le romanesque, le fantastique et le merveilleux ? De ce que la nouvelle société en Amérique n'a elle-même rien de fantastique ; le drame et le dithyrambe sont exotiques aux États-Unis. Brown y est déjà oublié ; c'est le sort inévitable de toute littérature outrée. Les teintes fausses s'éteignent bientôt : leur exagération les détruit.

Washington Irving, plus modeste et plus heureux, n'a pas prétendu à tant de grandeur ; il doit la renommée dont il s'environne, non à des saillies d'imagination, à une pensée créatrice, à une haute portée d'intelligence, mais à une imitation gracieuse de l'ancienne littérature anglaise. C'est un calque sur papier de soie, calque un peu timide d'Addison, de Steele et de Swift. Tout ce qu'il écrit brille de ce doux éclat qui chatoye à l'esprit comme la moire reluit à l'œil. Correct et agréable, il plaît sans émouvoir ; les sensations qu'il excite manquent de puissance. Vous diriez une demoiselle de bonne famille, bien élevée, esclave des convenances, ne forçant jamais sa voix, ne haussant jamais le ton, ne commettant jamais le péché d'éloquence, et se gardant bien d'avoir de la verve, la verve étant souvent vulgaire. Notre intention n'est pas de rabaisser un mérite fort réel, de déprécier un talent que nous aimons. Personne ne sent mieux que nous l'excellence de ce style sans prétention, sans emphase, et non sans grâce, dont le coloris est harmonieux et la forme pure; mais nous ne pouvons dissimuler que sous ces qualités même un peu de faiblesse se cache.

Ajoutons que le mérite caractéristique de M. Irving n'a rien d'absolument américain. Vers l'Angleterre seule toutes ses pensées se dirigent; à elle se rapportent ses vœux et ses souvenirs ; il lui rend un culte singulier, superstitieux, poétique et l'accepte telle que les écrivains de la reine Anne l'ont montrée. N'allez pas lui dire que cette Angleterre d'Addison est une idéalité embellie, il ne vous écoutera pas ; ne prétendez pas lui prouver que *sir Roger de Coverly* est une création comme *Don Quichotte*, un personnage à demi-symbolique, auquel l'homme de talent a prêté des actes, des paroles et un costume. Pour Washington Irving tout ce que les contemporains de Pope ont écrit est parole d'Évangile. Ce sont leurs tournures de phrases qu'il reproduit, c'est leur langage qu'il emprunte. Il aime jusqu'à l'hospitalité bruyante et ivre de ce temps-là. Cet écrivain qui trace ses lignes non loin des savanes de l'Ohio ou dans quelque maison carrée de Boston vit par par la pensée dans le Parc Saint-James ; sa rêverie l'égare sous les allées ombreuses de Kensington ; il cause avec Sterne ; il donne la main à Goldsmith. Tout-à-l'heure il va revêtir le bougran rose et le justaucorps du dix-septième siècle. Ne l'éveillez pas ; il croit dans un doux songe se perdre au fond des allées sinueuses de la vieille cité ; il entend le vent qui siffle dans les fenêtres à grands arceaux des familles féodales et agite ces énormes enseignes des marchands, contre lesquelles Addison s'éleva si fréquemment. Tout le passé poétique de Washington Irving se trouve là; c'est le charme qui s'attache à ses œuvres. Le songe velouté et doré qui l'enchante prête un délicieux prestige à la vie des temps anciens, et fait de lui le Wouvermans de la littérature anglo-américaine.

Ce charmant conteur est le fils d'un Écossais établi à New-York et d'une Anglaise. Sa jeunesse débile et son enfance délicate se passèrent aux environs de cette ville et dans cette ville même, qui « alors, dit un Américain, ne ressemblait guère ni à une métropole, ni à une ville d'Europe. Des mœurs ingénues régnaient encore dans cette cité naissante où tous les agréments d'une prospérité en progrès, toutes les jouissances du bien-être intérieur se combinaient avec la douce liberté et les faciles plaisirs d'une vie presque champêtre. La situation avantageuse du port faisait affluer des flots de piastres dans les coffres de ses marchands; car les habitants des autres parties de la province n'étaient pas encore accourus pour coloniser ce point fortuné de la côte et y demander leur part des profits. Les anciens de la ville, voyant tout-à-coup la manne commerciale tomber pour eux du ciel, s'occupaient bien plus de jouir du présent que de s'inquiéter de l'avenir; ils n'avaient pas reconnu la nécessité d'habituer leurs enfants à la discipline du travail et de la prudence. La cupidité qu'engendre le gain, l'égoïsme étroit des concurrences locales n'avaient pas desséché les cœurs. Vous observiez encore dans ces familles enrichies rapidement des mœurs patriarcales; on y croyait au bonheur domestique; on ne livrait pas ses enfants pendant dix heures du jour aux soins mercenaires d'un pédagogue; on redoutait pour eux l'atmosphère étouffante de l'école : on trouvait le temps de les élever soi-même puis on les envoyait au grand air des champs, et le voisinage de New-York se prêtait admirablement à ce système d'éducation. Quelques minutes de chemin conduisaient la jeunesse de la ville au milieu de vertes prairies, sous de frais ombrages, sur le bord de belles eaux qui, dans l'hiver, recouvertes d'un épais cristal de glace, invitaient les patineurs à rivaliser d'exploits avec leurs ancêtres de la Hollande. La ville de New-York était alors placée dans la situation la plus pittoresque : Édinbourg seule en Europe pouvait lui disputer l'avantage sous ce rapport. Ces environs agrestes n'existent plus aujourd'hui : des rues pavées, des bâtiments en brique ont remplacé la verdure, le maçon a chassé bien loin le jardinier, une route en fer a fait disparaître jusqu'aux fraîches grottes de Hoboken. » Ce qu'il y a de plus intime et de plus vrai dans le talent d'Irving, se rapporte à ces souvenirs presque hollandais de son enfance.

Ses courses n'allaient pas plus loin que l'île fleurie de Manhattan et les grèves voisines ; son imagination n'avait été bercée que de souvenirs bourgeois et paisibles. Jamais il n'avait rêvé ni la vie des forêts lointaines, ni la plume tombée des ailes du flamand au vêtement d'or, ni la fleur du désert ou les colonnes de rochers sauvages qui bordent le Mississipi. Ce qu'il y a chez lui de grâce et de noblesse n'appartient pas à cette sphère primitive et rude. Jeune, il avait vécu au milieu d'une population active et commerçante, sans regretter les sources vives, bruissant au sein des bois antiques, le daim qui les traverse, la hutte du colon, le lac aux lames d'eau resplendissantes. De bonne heure il avait vu s'agiter autour de lui les petites rivalités provinciales, et cette observation fine, digne de Teniers et de Wouvermans, qui le distingue s'était encore accrue.

« La ville, dit un contemporain, présentait, il y a cinquante ans, le singulier spectacle de diverses races distinctes par l'origine, le caractère, la physionomie, et qui luttaient entre elles pour une prééminence puérile. Le temps a fait justice de bien petites querelles qui mettaient en relief d'innocents ridicules : toutes les nuances des populations primitives ont fini par se fondre en une seule ; mais en ce temps-là l'Américain originaire de Hollande conservait comme un culte son jargon héréditaire, sa rancune de peuple vaincu, adoucie, il est vrai, par sa bonne humeur naturelle. Aux Hollandais s'amalgamaient les protestants français, les bannis de l'édit de Nantes qui tempéraient le flegme batave par la vivacité française. Puis venaient les gentilshommes et les Cavaliers de la vieille Angleterre, très-fiers de leur généalogie, citant sans cesse leurs aïeux venus dans l'état de New-York lorsque la colonie hollandaise fut transformée en province anglaise par la conquête et octroyée par Charles II à son frère le duc d'York. On remarquait ensuite le *New-Englander*, l'Américain proprement dit, se distinguant par son intelligente activité, et commençant avec les Bataves cette lutte qui s'est terminée par la disparition presque totale des noms patronymiques des vieux bourgmestres sur les écriteaux des rues commerciales. Enfin les derniers, les moins nombreux de cette population mêlée, mais en même temps les plus importants par leur richesse acquise et leur influence mercantile, les Écossais, formaient un clan d'hommes rusés, calculateurs, entreprenants, qui joignaient à leurs habitudes de savoir-faire et d'économie des mœurs hospitalières et le goût des longs repas. »

Les plus aimables ouvrages que Washington Irving ait produits sont ceux où les délicates observations de sa jeunesse apparaissent de la manière la plus naïve. La satirique

Histoire de New-York, par *Diedrick Knickerbocker*, parodie de la minutie hollandaise et de l'importance microscopique que réclament pour eux-mêmes les infiniment petits ; le *Livre d'Esquisses*, et le *Manoir de Bracebridge* ; enfin les *Contes d'un Voyageur*, — ouvrages qui resteront, et qui à proprement parler sont la continuation raffinée du genre d'Addison, — constituent ce que l'on peut nommer la première manière d'Irving. La critique l'avait accusé de quelque faiblesse. Il voulut s'élever plus haut et écrivit l'*Histoire de Christophe Colomb*, celle de ses *Compagnons*, celle de la *Conquête de Grenade*, enfin les *Contes de l'Alhambra*. On peut reprocher à cette seconde manière quelque enluminure et un peu d'emphase ; les recherches y sont consciencieuses et le style en est brillant.

De retour parmi ses compatriotes qui avaient fait de lui leur ambassadeur en Espagne et qui l'accueillirent avec enthousiasme, il entreprit un voyage dans les divers États de l'Union. Les chutes du Niagara, les lacs Champlain et Érié, les rives de l'Ohio, le cours majestueux du Mississipi furent le théâtre de ses premières excursions. Puis, en compagnie d'une troupe de défricheurs à cheval, on le vit pénétrer dans le territoire des tribus guerrières appelées Pawnies, explorer les prairies, les forêts, poursuivre les chevaux sauvages et les buffles, et dormir la nuit à la belle étoile auprès des feux du camp, ou sous les wigwams indiens. Cette expédition lui inspira un livre charmant, *la Prairie*. Nous ne faisons pas entrer en ligne de compte une récente *Vie de Mahomet et de ses Successeurs*, emploi assez peu habile de cet aimable et gracieux talent.

§ VIII.

Le romancier Fenimore Cooper.

Avec Washington Irving apparaît la première lueur de vive originalité dont la littérature américaine se couronne. Cette aube légère va grandir avec Fenimore Cooper.

Dans ses premiers romans, qui ont éveillé l'attention de l'Europe, tout est américain, descriptions, inspirations, idées, personnages; il ne copie que la nature transatlantique; sans doute il la reproduit minutieusement, longuement, sans s'arrêter, sans perspective; mais enfin il est vrai et toujours américain. Vous trouvez ses tableaux un peu secs, l'extrême fidélité de ses détails fatigue; la froideur de son coloris déplaît; vous accusez ses romans de prolixité; l'intrigue en semble assez maladroitement tissue, et le jeu des passions s'y révèle avec une sorte de ponctualité mécanique et de raideur scrupuleuse. Tous ces défauts calvinistes et américains ne sont pas sans intérêt; le quakerisme le plus rigide semble présider à la narration de Cooper; son style est celui du procès-verbal. D'autres prodiguent l'éclat du coloris et recouvrent de nuances hasardées des récits et des objets sans valeur; Cooper procède comme le plus consciencieux des notaires; il fait l'inventaire et l'état des lieux; un commissaire-priseur est moins exact.

Il décrit avec talent, et à ses tableaux si détaillés il ne manque souvent qu'une chose, la vie. Pendant qu'il suppute laborieusement les moindres circonstances d'une action, l'action ne marche pas : cette accumulation de petits faits particuliers, loin de concourir à l'effet général du tableau, loin d'en augmenter l'intérêt, ne sert qu'à le détruire ; l'esprit distrait et embarrassé se perd dans cette masse confuse de particularités minutieuses. Au lieu de disposer ses matériaux, de les coordonner, de leur commander en maître, il se laisse quelquefois dominer par eux ; il est leur esclave. L'auteur, comme s'il siégeait dans un jury, prétend vous dire toute la vérité, rien que la vérité. Si deux ennemis, sur le bord d'un précipice, luttent ensemble avec une rage acharnée, s'il y va pour eux de la vie ou de la mort, Cooper vous apprendra de quelle couleur était le rocher ; à combien de pieds il s'élève au-dessus du niveau de la mer ; s'il est de silex ou de granit ; quelles plantes s'y sont acclimatées ; quels oiseaux y font leur nid ; sous quelle latitude il se trouve. Un autre se contenterait de reproduire les vicissitudes du combat, les convulsions de la souffrance, le triomphe et l'agonie. Ce n'est pas assez pour Cooper. Chaque muscle des combattants fait saillie ; il donne non-seulement le nu, mais l'*écorché*.

Si un tel système prévalait, un grain de sable ou l'aile d'un papillon serviraient de texte à des volumes ; il n'y aurait aucune raison pour que les écrivains s'arrêtassent dans leurs descriptions. Un sauvage entre en scène ; vous avez à décrire sa carabine, son arc, ses flèches, sa massue, sa tabatière et sa pipe ; les sculptures grossières dont ces objets sont ornés rempliront plus d'une page ; si vous voulez ensuite donner au lecteur la biographie de l'enfant du désert et celle de ses aïeux, voyez où cela vous conduira. Qu'un peintre de genre, Holbein ou Mieris, soit fidèle jusqu'à la minutie, exact jusqu'au scrupule, je le comprends encore, son art ne peut saisir qu'un moment ; il est obligé de compenser ce défaut en ne négligeant aucune particularité. Le propre de la poésie au contraire c'est le mouvement ; elle s'empare d'une action, la décrit dans son cours, en reproduit la mobilité, en suit la marche rapide, en développe les causes et les résultats. Elle a ses grandes masses et ses circonstances de peu de valeur : une impulsion vive l'entraîne. Si elle voulait tout reproduire à la manière des peintres de nature morte, elle se priverait de ses plus précieuses ressources.

C'est ce qui arrive à Cooper. Au milieu de tableaux grandioses une certaine aridité se fait sentir ; la moitié de ce que le romancier nous apprend nous est tout-à-fait indifférent ; les contours sont raides et maniérés. L'auteur a l'air de s'embarrasser bien moins de ses personnages et des incidents où il les jette, que des circonstances qui les entourent et des petites particularités qui les accompagnent ; à des caractères nets et vrais, la fraîcheur et la grâce manquent souvent. Ils sont aux caractères que nous rencontrons dans le monde ce que les fleurs conservées dans un herbier sont aux fleurs de la prairie. Voici les pétales, la corolle, les feuilles, les étamines ; où sont la rosée du ciel, le souffle du matin et du soir qui embaume la fleur de ses parfums, la sève qui circule dans le plus mince de ses pistils et dans la petite colonne frêle qui la soutient ; tout cela, je le cherche en vain ; la nature, si vivante, si gaie, si animée, dans laquelle une âme si ardente respire, dans le silence de laquelle il y a tant d'éloquence, la nature avec sa puissance de vie éternelle et intarissable, apparaît morte et stérile dans les tableaux esquissés par Cooper. Plus ils devraient avoir de *sauvage* grandeur et d'énergie, plus on s'étonne de ce contraste entre sa manière et les objets qu'il décrit.

Tels sont les défauts que le talent puissant de Cooper

doit à cet excès de rigidité doctrinale et de sévérité calviniste inhérente aux colonies Anglo-Américaines. Néanmoins si Cooper est l'esclave des objets physiques, cet esclavage a sa puissance; il les répète et les reproduit avec une sécheresse sincère. S'il bavarde quelquefois, il ne ment jamais. S'il est prosaïque, il est vrai. Lisez son chef-d'œuvre, *le Pilote*, roman peu compris dont les deux héros sont la Mer et le Vaisseau; cette œuvre, admirable d'unité et de vigueur, toute parfumée encore d'une odeur marine, imprégnée d'écume et d'eau salée, apothéose de l'homme domptant l'Océan comme un cavalier le coursier rebelle, ne pouvait être écrite que par un Anglo-Américain passionné pour l'Océan, fanatique de l'industrie humaine et de ses plus rudes triomphes.

Avant Cooper nul écrivain américain n'avait poussé aussi loin la reproduction embellie de la pensée et de la vie américaines. Irving lui-même, en rajeunissant le style et la manière d'Addison, avait trop souvent puisé aux sources antiques et oubliées de la littérature anglaise. La touche de Cooper est plus vigoureuse; une fraîcheur transatlantique respire dans ses œuvres.

Voilà un honneur, une gloire, un bonheur dont peu d'auteurs ont pu jouir. Il est rare que l'on s'associe aussi intimement à la civilisation de sa contrée natale. Et quelle civilisation! quelle contrée! un si vaste et si sauvage aspect! une si gigantesque nature! quelque chose de si étrange dans la lutte de nos industries, de nos arts, de nos idées, transplantés sur un sol nouveau, forcés de s'entrechoquer avec la vie sauvage et de la dompter!

Le génie de l'artiste n'a pas encore pénétré dans les solitudes de l'Amérique : vainement le chercheriez-vous dans ses villes. C'est le génie de l'artisan qui a fondé cette civilisation et qui soutient cette république. Vous le retrouvez dans les romans de Cooper; il est empreint sur sa physionomie.

Examinez attentivement ce beau portrait que madame de Mirbel a peint d'après nature. Vous vous apercevez que cet homme, au regard sévère et vigilant, doit observer avec une attention et une persévérance redoutables les objets physiques. Une simplicité austère règne dans ses traits, dessinés avec dureté, animés par un mâle génie, et privés de mobilité. Si quelques lignes courbes en font partie, elles sont séparées les unes des autres par des enfoncements profonds et des sillons ou des rides profondément gravées : énergie, promptitude, décision, fermeté immuable, faculté d'attention, persévérance, tels sont les caractères de cette physionomie essentiellement américaine. Si vous appliquez à cet examen extérieur et physiognomonique les règles du docteur Gall, vous trouvez dans ce front élevé, singulier dans sa coupe, une vraie curiosité phrénologique. D'une part les organes de l'éventualité, de la localité, de l'individualité (ceux que le romancier exerce et met en œuvre le plus fréquemment) ressortent, pour ainsi dire, et se détachent en bosse : d'une autre, les organes supérieurs de la causalité, de la comparaison des objets et de la gaîté, — isolés des premiers par une ligne austère, — forment une saillie non moins prononcée. Cet œil inquiet et perçant paraît toujours en quête de quelque observation nouvelle; ce sourire bizarre, sardonique et sévère, annonce une faculté d'ironie que domine une raison inflexible. La compression des lèvres indique cette concentration silencieuse de la pensée, sans laquelle il n'y a pas de talent véritable. La taille de Cooper est élevée; ses manières sont franches et simples. La vigueur de son esprit et la puissance de sa conviction républicaine donnent à l'ensemble de sa figure et de son extérieur une expression mâle et forte qui s'accorde peu avec les idées de raffinement et de grâce recherchée que la civilisation attache communément à la profession d'homme de lettres.

Quand Robinson Crusoé aperçut la trace des pas de Vendredi sur la plage, il ne ressentit pas plus d'étonnement que le public d'Europe au moment où les romans américains de Cooper lui apprirent que l'on pouvait vivre à New-York, être né sur les bords de la Delaware, n'imiter personne et avoir du génie. Depuis longtemps les critiques avaient décidé que le talent et la qualité d'Américain étaient inconciliables. Une danseuse hollandaise, une Vénus de Médicis née parmi les Esquimaux n'eussent pas été accueillies avec une surprise plus profonde qu'un bon romancier ou un bon poète élevé aux États-Unis. Quoi! ce pays mercantile, cette nation insensible aux arts, donne à Walter Scott un rival!

Avant l'auteur des *Puritains*, on avait déjà mis en œuvre l'histoire d'Écosse; superstitions et coutumes écossaises avaient fourni le texte de recherches savantes et nombreuses. Mistriss Grant, Burns, Allan-Ramsay, Buchanan, Macpherson avaient précédé Walter Scott. Cooper n'a point de prédécesseur. Des sentiers non frayés se présentaient à lui de toutes parts. Une inépuisable variété de matériaux; des scènes qui demandaient un théâtre; des tableaux qui demandaient un cadre; des points de vue qui réclamaient un peintre : partout nouveauté, bizarrerie, merveilles; un intérêt tout moderne; un peuple à peine sorti de ses langes et déjà puissant ; une histoire dont les premières pages brillent de civilisation et parlent de conquête ; la singularité d'un héroïsme calme, pieux et persévérant ; les noms de Washington, de Penn, de Franklin ; pour fond du tableau les forêts séculaires ; pour acteurs, les apôtres du Nouveau-Monde s'entretenant avec les enfants du wigwam et du calumet ; les progrès de l'art européen au milieu de ces solitudes sans maître ; les combats des fils et des pères, des opprimés et des oppresseurs, les uns réclamant, les autres voulant étouffer la liberté et la tolérance ; — que sais-je ? peut-être une nouvelle ère sociale éclose pour le monde et prête à émaner de Philadelphie !

Cooper a saisi avec une franchise vigoureuse les éléments épars qui se trouvaient devant lui. Il s'est gardé d'en corrompre le charme et d'en altérer la candeur par l'imitation romaine ou grecque ; il a raconté, dans le langage même des États-Unis, les aventures extraordinaires dont leur vaste continent ou les mers environnantes ont été le théâtre. Ses personnages, pour venir poser et agir dans ses drames ont quitté la hutte du colon, la cabane du sauvage ou la boutique du marchand ; la nature gigantesque de ces contrées est venue s'y refléter comme dans un miroir.

Pour les compatriotes de Cooper, il était l'Homère de leur civilisation, le barde qui perpétuait leur gloire. Aux Européens il apportait des jouissances inconnues.

Je n'ai pas dissimulé les défauts de sa manière. On les pardonne, en raison de leur intime analogie avec l'auteur et sa race. Cooper est calviniste ; il raconte les faits avec sécheresse, mais avec une profondeur et une vérité qui fascinent l'auditeur. Dans ses descriptions il ne cherche pas l'éclat ; il ne procède pas par masses colorées ou sombres.

Il coordonne si bien l'ensemble et l'enrichit si exactement de tous ses éléments constitutifs, que vous croyez en distinguer chaque détail. Que ce soit une cabane dans les bois, un intérieur vulgaire, un débris flottant au loin,

« Sur le désert des flots cadavre de navire (1), »

il saura, par le seul prestige d'une exactitude parfaite, d'une extrême vérité, vous contraindre à le lire; et la description d'un objet trivial, dénué de charme pittoresque, deviendra pour vous plus intéressante que celle d'un site magnifique, ou d'un spectacle sublime, vaguement dessiné, strapassé de nuances tranchées et éclatantes. Les femmes, qui cherchent toujours dans un roman l'action et l'intérêt, n'ont pas le courage de passer par-dessus les descriptions de Cooper. Quand vous avez commencé à le lire, il faut tout dévorer. Cependant il se répète; il reprend fréquemment en sous-œuvre le portrait déjà esquissé par son crayon. Il ne vous fait grâce ni d'une planche de la frégate, ni d'un arbre de la forêt. Sa diction est lente, quelquefois laborieuse et embarrassée; mais elle reproduit tout; savanes verdoyantes, plaines de sables, chênes antiques, déserts sans bornes, lacs semblables à des océans, immenses ombres de ces forêts dont l'ombre est éternelle.

Laissez-le s'élancer sur la mer; son enthousiasme deviendra une sorte de passion religieuse. Vous diriez que les flots sont à lui, tant ses tableaux maritimes sont beaux dans leur terreur et sublimes dans leur vérité! Il ne vous montre pas le fantôme d'un vaisseau, sur le fantôme d'un océan; un navire peint, sur une mer peinte;

(1) Coleridge.

tout, sur ses navires et autour d'eux, est action et vie, caractère et poésie. Ennemi du vague, incapable de s'y complaire et de l'admettre dans ses peintures, il vous entoure d'accessoires si nombreux, si vrais, si bien détaillés, que leur insignifiance même concourt à la vérité de l'ensemble. Les voiles se meuvent, les câbles sifflent, les antennes crient, le goudron fume, les matelots chantent, le capitaine siffle, la vague blanchit, la lame frappe en mugissant le flanc du vaisseau. Plus de terre, rien qui la rappelle. Puis, quand la terre reparaît, vous vous trouvez jeté dans une région nouvelle, déserte, inconnue.

C'est le romancier le plus positif qui ait jamais existé. Il anatomise sans idéaliser. Ses portraits touchent quelquefois à la caricature ; son défaut le plus marquant est d'en exagérer, d'en approfondir trop curieusement leurs traits caractéristiques. Il ne tombe jamais dans le faux : mais il dissèque son modèle. Tel de ses personnages est grotesque, tel autre bizarre. Il y a de toutes les physionomies dans ses œuvres, depuis la bassesse jusqu'à l'héroïsme, depuis la gaîté jusqu'à la terreur ; toutes ressortent du tableau, parlent à l'imagination, et après avoir arrêté la curiosité, se font reconnaître comme des physionomies humaines qui ont été vivantes, et qui le seraient encore, si le romancier ne les avait analysées jusqu'à en faire disparaître la vie.

Ses portraits de femmes néanmoins attestent une délicatesse d'observation presque shakspearienne. Ce ne sont ni des femmes de cour, ni des femmes élégantes ; ce ne sont pas des êtres surhumains : ce sont des femmes. La bonté, la douceur, une grâce naturelle, une majesté naïve les entourent d'une charmante auréole. Leur beauté et leur dévouement éclairent et consolent les retraites les plus inaccessibles, soulagent les peines de l'homme, versent du baume sur ses plaies. Le sentiment moral, joint à la beauté physique, à la patience, à la sérénité de l'âme, constituent leur prestige. Une bonne ménagère, la femme d'Heathcote dans les *Borderers*, par exemple, a plus de charme que toutes les sylphides de l'Orient et les rayonnantes princesses de La Calprenède : son extérieur n'a point d'éclat; sa vie et paisible et humble; le bien-être et la paix vivent autour d'elle; des trésors de bienveillance et de charité sont enfermés dans son sein. C'est une femme, en un mot, telle que Wordsworth la voulait :

> Ce n'est pas Aphrodite ou la belle Égérie;
>   On ne lui dresse point d'autels.
>   Dans la coupe de notre vie
> Elle ne verse pas la divine ambroisie,
> Nectar digne du ciel et fatal aux mortels.
> C'est celle que de Dieu la bonté prophétique
> Créa pour consoler, échauffer et bénir,
> Pour régner sans rivale au foyer domestique;
> Pour veiller sur nos jours et pour les embellir.
> D'inutiles flatteurs lui disent qu'on l'adore,
> Que du séjour céleste un reflet la colore,
> Qu'elle est un ange... — Hélas ! conseillers dangereux,
> En voulant la vanter, vous brisez son prestige;
> Aux poètes menteurs, aux conteurs merveilleux
> Laissez le talisman, le rêve et le prodige.
> Compagne de nos jours, mère de nos enfants,
> Du berceau, du tombeau gardienne tutélaire,
> Guidant nos premiers pas, de la vieillesse amère
> Elle adoucit les maux et prolonge les ans.
> Laissez-lui sa candeur et sa frêle indulgence :
> Qu'elle soit femme, enfin... c'est toute sa puissance !

Parmi les nombreux romans que Cooper a publiés, celui qui s'isole par l'originalité la plus caractéristique, c'est le

Dernier des Mohicans. En vain chercheriez-vous dans toute la bibliothèque des romanciers un ouvrage que l'on pût mettre en parallèle avec celui-ci. Matelots de Smollett ou de Fielding et mendiants de Walter Scott ont disparu. L'éternelle famille de héros qui se perpétue de fiction en fiction s'évanouit enfin. Vous êtes dans un monde nouveau, où respire dans sa majesté le génie originel de la race humaine. L'enfant du désert s'élève et se dessine devant vous. Il n'a ni vêtements, ni parures. Il est seul, à part, étranger à toute civilisation ; il est maître de tout ce qui l'entoure, et ne reconnaît pas de maître. Roi de son désert, il n'a pas d'esclaves. Passions, vices, vertus de notre société lui sont inconnus. La nature qui l'environne est grande comme lui. Elle a pour lui des secrets et des plaisirs que le reste du monde ignore. Ce roman où respirent une magie et une fraîcheur merveilleuse nous fait vivre de la vie des solitudes primitives et nous associe à l'homme qu'elles ont nourri.

Combien les caractères qui se meuvent dans ce drame bizarre sont remarquables et vrais ! Tous portent l'empreinte de la main puissante qui les a tracés. Le vieil Indien et son fils offrent le symbole de la vie sauvage. J'admire davantage encore *Longue Carabine*, personnage placé entre la civilisation et le désert, anneau intermédiaire entre l'industrie sociale et l'indépendance primitive. Ce n'est pas encore un Européen, ce n'est déjà plus un Indien farouche. L'héroïsme réfléchi qui suit la civilisation tempère l'héroïsme violent qui la précède. S'il n'a pas abdiqué le besoin de vengeance et le stoïcisme de ses pères, il devine par instinct les scrupules du point d'honneur et s'élève jusqu'à une générosité dont il pressent la grandeur.

La *Prairie* contient des descriptions caractéristiques et détaillées ; c'est le plus beau portrait de ce genre qui soit sorti de sa plume. Vous croyez, après en avoir achevé la lecture, avoir vécu sur les bords de ces fleuves, traversé mille fois cette *Prairie*, interrogé les mystères de ces lieux pleins de charmes, et fait retentir ses échos de votre voix. Il est vrai d'ajouter que ce plaisir est acheté par l'ennui que causent des longueurs et des digressions, et que cette peinture si fidèle peut être accusée de prolixité.

L'*Espion* a ses partisans. *Harvey Birch* est une création dramatique : sacrifier à son pays non-seulement sa vie, mais son honneur, c'est le plus grand des sacrifices. Comment ne pas admirer ce héros du patriotisme qui se fait de son infamie une gloire et se console au fond de l'âme de l'opprobre qui le couvre, par le sentiment des services qu'il rend à son pays. Quant à Washington, Cooper a su l'idéaliser avec un rare talent : ce qui n'était point facile.

L'intérêt des *Borderers* est plus puissant : le *Corsaire rouge* et le *Pilote* l'emportent sur ce roman comme tableaux de la vie maritime. La *Sorcière des eaux* ne le cède pas à ces ouvrages. Tout y est pittoresque, énergique et cependant positif. Le réel y domine avec le grandiose. J'aime Tom Coffin, roi de la mer, homme qui ne vit pas sur terre, qui respire plus librement sur un lac, qui commence à jouir de l'existence sur la Méditerranée, et ne se trouve en possession de toutes ses facultés, de tout son bonheur, qu'en sillonnant de sa libre carène les flots immenses de l'Océan. Il n'y a pour cet homme de victoire que celle qui dompte les flots, d'héroïsme que dans la lutte contre leur colère, de bonheur que dans cette lutte. Grossier, barbare et vulgaire, il est grand, car il représente l'énergie de l'humanité combattant l'énergie de la nature.

Cooper a ses défauts, que nous n'avons pas oublié d'indiquer. Avant lui, le monde n'avait point vu paraître un auteur de romans qui fût manufacturier, industriel et artisan. Cooper est tout cela. Il matérialise l'intérêt de ses plus belles pages. Lance-t-il un navire en mer? vous allez lire un traité de la construction des vaisseaux. Un cordage vient-il à se briser? vous saurez comment les cordages se fabriquent, et par quels moyens mécaniques on aurait pu prévenir cet accident. Il dit tout et il dit trop. Il ne laissera pas un détail sans l'expliquer, pas une écoutille sans l'analyser, pas un coin du vaisseau sans vous apprendre de quel bois le vaisseau est fait. Ennemi de l'idéal, il procède en chimiste ou en mécanicien qui veut se rendre compte de tout. Les hommes eux-mêmes, c'est ainsi qu'il les observe, les soumettant à un laborieux et inexorable examen.

L'histoire de sa vie est courte. Sa famille, originaire du comté de Buckingham en Angleterre, vint s'établir en Amérique vers l'an 1679. Il naquit à Burlington en 1789, sur les bords de la Delaware, et son éducation fut commencée au collége d'Yale (New-Haven). A treize ans, il entra au service maritime. Ce fut à cet apprentissage qu'il dut la tournure de son esprit; il recueillit dans ses courses les éléments de ces tableaux que le monde admire. Il épousa la fille de Pierre de Lancey, quitta le service, et depuis cette époque se livra tout entier à la composition de ses livres.

Chaque année en vit paraître un nouveau. Traduits en allemand, en français, en italien, ils produisirent une vive sensation en Europe.

Il a passé sur le continent, et surtout à Paris, une grande partie de sa vie. En Angleterre, sa franchise, son austérité, les principes républicains dont il ne fait point mystère, son orgueil national qu'il ne déguise nullement, ont déplu à ses hôtes. En Amérique cette même sincérité puritaine, la réprobation dont il a frappé les vices de la démocratie, enfin le *plain-speaking* dont il s'honore et qu'il a poussé à l'excès, ne lui ont pas concilié davantage la faveur de ses compatriotes.

Inférieur sous le rapport de l'art et du style aux grands romanciers européens, un vif intérêt historique s'attache à ses œuvres que le philosophe ne lira jamais sans curiosité. La race saxonne pure y lutte contre les sauvages, la solitude, le désert, la faim et la nature. C'est le même sang, la même valeur froide et persévérante, le même amour du gain, la même industrie, la même audace, le même esprit d'entreprise qui ont marqué les anciennes conquêtes des Normands; c'est la même force sans vivacité, la même sagacité sans frivolité, la même férocité envers l'ennemi debout, le même pardon de l'ennemi vaincu, la même foi dans la puissance de l'homme.

Magnifique spectacle pour le philosophe que cette permanence indestructible des races, de leur âme et de leur génie! le Gaulois du temps de Brennus, le Canadien français sous Louis XIV, le marquis de Louis XIV sont reconnaissables à des caractères indélébiles; l'indomptable Caradoc, le Caractacus de Tacite, — Hastings dans l'Inde, — le puritain sous Cromwell se retrouvent tous dans le dernier des Saxons, — dans le Trapper des Alleghanis.

§ IX.

Paulding. — Le Frère Jonathan. — Le docteur Channing.

Nous venons d'examiner rapidement les titres de Franklin, de Morris, du *Cultivateur américain*, de Jonathan Edwards, de Washington Irving, de Brockden Brown et de Cooper à la gloire ou à la célébrité. Nous aurions pu citer encore Joël Barlow, auteur de la *Colombiade*, poème qui ne manque ni d'élégance, ni de vigueur ; — Paulding dont le *Coin du feu d'un Hollandais*, douce élégie, offre une imitation un peu molle et allanguie du *Vicaire de Wakefield* ; — le biographe du *Frère Jonathan*, écrivain spirituel et puéril, pour lequel une taupinière est une montagne et une jatte de lait l'océan. La vigueur de création, l'énergie et l'originalité de l'intelligence ne se font remarquer chez aucun de ces auteurs d'une manière assez éclatante pour qu'on les classe parmi les hommes de génie, Cooper excepté. Le docteur Channing, le plus éloquent des écrivains sacrés que l'Amérique ait produits, doit fixer quelque temps notre attention ; les caractères spéciaux de sa race et de son pays se retrouvent encore dans ses ouvrages.

Je ne sais s'il y a une éloquence tout-à-fait impartiale ; or c'est l'impartialité, l'équité, le balancement des opinions, la pondération des principes que le docteur Channing essaie d'établir. « Ceci est juste et raisonnable ; mais cela peut ne pas l'être moins ; ces théories sont soutenables, les opinions opposées ont leur côté probable et plausible. » Le docteur Channing recueille les axiômes contradictoires, qu'il tente de réunir et de former en république ; il applique à ce stérile labeur une tactique et une diplomatie sans égale; il condamne et il absout, il critique et il loue; il n'est pas seulement éclectique; son hospitalité s'ouvre à toutes les théories. Le préjugé de l'ancien temps a son mérite, le paradoxe a son avantage. On peut défendre l'une sans livrer la guerre à l'autre; on peut dérober à tous les partis une marque d'approbation, et, sans se ranger sous aucune bannière, escamoter ainsi la gloire.

Cette lâcheté de la pensée, cette faiblesse devant l'opinion s'effaceront à mesure que les États-Unis s'élèveront à une civilisation plus avancée. Dans le mode actuel des institutions américaines, dans ce jeu naturel et nécessaire d'un peuple qui tend tous les ressorts de son organisme vers la conquête matérielle de la nature et la création des industries, il faut que tout le monde marche en bataillon et se dirige vers le même but. Plus d'opinion libre, plus de hardiesse intellectuelle. Un ostracisme inexorable bannit tout ce qui dépasse un certain module. Anathème sur la pensée qui s'éloignerait de la ligne commune! De là une complaisance universelle pour les idées reçues, un jésuitisme souple et facile. Lorsque tout le monde doit être comme tout le monde, ce sont nécessairement les idées médiocres qui l'emportent; elles sont les plus répandues; et qui s'armerait contre elles, coupable d'outrages envers la communauté, l'insulterait tout entière dans chacun de ses membres : il serait traité comme un ennemi général. On ne veut pas commettre ce crime de *lèse-vulgaire*; on pense comme tout le monde, on étouffe les fantaisies de son esprit, on marche en rang et au pas; on ne veut point devenir la *bête noire* du troupeau : la liberté politique aboutit à la servitude de la pensée.

Ce ne peut être qu'une situation passagère. Dès que

4.

les intérêts matériels seront satisfaits, l'opposition qui ne tardera pas à se former servira de contre-poids à l'opinion. L'indépendance naîtra, les libres saillies de l'esprit ne seront plus un crime, les fourches caudines seront détruites ; l'inquisition populaire s'évanouira, et chaque père de famille cessera d'être, selon la singulière expression de Cooper, « un familier du Saint-Office républicain. »

Ce péché démocratique, ce besoin de capter le peuple et de plaire à tous, sont trop faciles à reconnaître dans les œuvres du docteur Channing. Le tombeau de Mahomet, suspendu entre ciel et terre, ne vacille pas dans une situation plus périlleuse. Le docteur aime la liberté, mais il ne nie point que le despotisme n'ait ses avantages. Il veut que l'Europe l'applaudisse ; mais il brigue aussi les éloges de l'Amérique ; le regard fixé sur les deux mondes à la fois, tremblant de manquer l'une des deux popularités qu'il convoite, faisant la révérence à tous les partis, décochant une phrase flatteuse pour toutes les sectes, se réservant un moyen de retraite et un asile dans toutes les opinions possibles ; unitaire sans exagération ; il excuse les torts de l'église romaine, en avouant le mérite et l'éloquence des philosophes français, souvent accusés d'athéisme ; il aime la République et défend les Bourbons ; ne repousse pas les jésuites et convient de leurs torts ; injurie Bonaparte sans révoquer en doute son génie ; il n'est hostile ni à l'imagination ni à l'esprit, pourvu que la modération leur serve de règle et que le sérieux les accompagne ; il estime infiniment la philosophie critique, lorsqu'elle s'unit à la religion ; et se montre dévoué aux intérêts de la foi quand elle ne dégénère pas en intolérance ; bref, il y a dans ses prédilections tant de réserves, dans ses opinions tant de modifications, de réticences, de nuances, de con-

ditions, d'amendements et de sous-amendements qu'il est difficile, en définitive, de savoir ce que pense et ce que veut cet esprit de républicain. Veut-il juger Milton ou Bonaparte, le courage lui manque. Devant ces géants, son pinceau tremble, il ne sait trouver que des lieux communs ambitieux. Quand, par exemple, le docteur tonne contre les conquérants et leurs triomphes et fait valoir la profession de l'homme de lettres, ne croit-on pas entendre un pédagogue vanter sa grammaire, élever son état au-dessus de toutes les professions humaines et se respecter lui-même à l'égal des héros? « J'ai connu, dit Fielding, un
» excellent homme, qui n'avait qu'un ridicule, c'était de
» regarder un maître-d'école comme le plus grand person-
» nage du monde, et de se considérer lui-même comme le
» plus grand des maîtres-d'école. Ces deux idées ne se-
» raient point sorties de sa tête quand même Alexandre, à
» la tête de son armée, eût tenté de les lui arracher. »

Il y a dans les œuvres de Channing de belles et fortes pages ; cette éloquence soutenue, élaborée et préparée pour l'effet, rappelle trop les déclamations de Sénèque le rhéteur et celles de l'académicien Thomas. Aussi le docteur Channing, malgré un talent réel et une solennité de ton puissante, n'a-t-il aucune place marquée parmi les écrivains originaux.

Les nations, comme les hommes, ne découvrent leur originalité propre qu'après de longues épreuves. La littérature des États-Unis, sous les puritains, n'est encore que la reproduction servile des sermons farouches du Covenant. Avec Franklin et le *cultivateur* du Kentucky, l'âme américaine trouve une voix et un accent agréables, gracieux, peu distincts. Ensuite chez Irving quelques tableaux de la nature américaine et quelques tableaux d'intérieur hollandais se détachent avec grâce et vigueur. Fenimore Cooper les suit de près et pousse plus loin qu'eux cette création lente d'une littérature nouvelle.

Chez Cooper, la nature domine l'homme. C'est sur elle, sur la mer et les prairies que l'intérêt de ses romans se concentre ; et souvent on regrette qu'il ait parlé d'autre chose que des flots et des bois, tant notre espèce disparaît dans ces vastes solitudes.

Un voyageur s'est trouvé, qui s'occupant exclusivement des oiseaux, des lacs, du daim sauvage, de l'aigle et de ses abris, et s'identifiant aux puissances de la nature, est devenu un grand écrivain, supérieur selon nous à l'aimable Irving et à son vigoureux successeur.

§ X.

Naissance d'Audubon. — Ses voyages. — Les forêts d'Amérique. — Le Mississipi. — Les hommes de l'Ouest. — Combat de l'aigle et du cygne.

Si vous avez visité les salons anglais vers 1832, vous aurez remarqué au milieu de cette foule philosophique, parlant un langage obscur, et coulant à fond sans pitié les plus hautes questions de métaphysique, un homme bien différent de ceux qui l'environnaient.

Le costume européen, mesquin et ridicule, ne pouvait déguiser entièrement cette dignité simple et presque sauvage, dont le génie prend le caractère au sein de la solitude qui le nourrit. Pendant que les gens de lettres, race vaniteuse et parlière, entraient dans cette arène de la conversation où ils se disputaient le prix de l'épigramme et le laurier du pédantisme, l'homme dont je veux parler restait debout, le front haut, l'œil libre et fier, silencieux, modeste, écoutant d'un air quelquefois dédaigneux, et non caustique, les prouesses esthétiques dont le tumulte semblait l'étonner. S'il prenait quelquefois la parole, c'était dans un intervalle de repos ; il relevait d'un mot une erreur ; il ramenait la discussion à son principe et à son but. Je ne sais quel bon sens sauvage et naïf animait ses discours rares et pleins de justesse, de modération et de feu. De longs cheveux noirs et ondés se partageaient naturellement sur des tempes lisses et blanches, sur un os frontal disposé pour contenir et protéger la flamme de la pensée. Il y avait dans toute sa parure une propreté singulière ; vous auriez dit que l'eau du ruisseau, traversant la forêt vierge et baignant les racines séculaires des chênes vieux comme le monde, lui avait servi de miroir. A sa longue chevelure, à son col découvert, à l'indépendance de ses manières, à la mâle élégance qui le caractérisait, vous n'eussiez pas manqué de dire : cet homme n'a pas vécu longtemps dans la vieille Europe ; notre civilisation, mère de la politesse affectée qui s'est répandue des cours dans les villes et des villes dans les villages, substituant de vains symboles à des sentiments réels, ne l'a pas marqué de son empreinte vulgaire. Il ne s'est pas effacé sous le poids de l'usage ; il a encore sa valeur et son poids. L'alliage, le mensonge de la société n'entrent pour rien dans son caractère et ses mœurs.

C'est plaisir de rencontrer un tel homme dans ces assemblées loquaces et scientifiques, où tous les talents et toutes les prétentions coalisés aboutissent à un ennui mortel! Ajoutez aux traits que nous venons d'indiquer une physionomie franche et calme, une coupe de visage hardie, un œil vif, ardent, pénétrant et fixe comme l'œil du faucon, un accent étranger, des expressions insolites, brièvement pittoresques, fortement colorées, spirituelles sans le paraître : vous aurez le portrait à peu près exact de l'historien des oiseaux, de l'Américain Audubon.

Il a quitté son nom et se nomme lui-même « l'homme des bois d'Amérique (1); » c'est le seul titre qui lui convienne. Ces solitudes ont été son cabinet de travail. Ces grands déserts peuplés d'animaux sauvages, il les a parcourus dans tous les sens. Il y a respiré, avec l'air chargé des émanations de la végétation primitive, ce respect de la dignité, cette conscience de l'énergie humaine qui ne l'ont jamais quitté.

L'amour de la nature a bercé Audubon dès le premier âge. Il a passé les nuits à la belle étoile, au pied de l'arbre qui logeait dans ses rameaux le peuple dont il venait étudier les mœurs et que jamais il n'a perdu de vue. Le sentier où l'oiseau voltigeait est celui qu'il a choisi. Le nid de l'aigle, dont le trône était la cime du rocher le plus inaccessible ne l'a pas effrayé. La patience d'un Bénédictin, la passion d'un artiste ont été consacrées par lui à cette étude : il a poursuivi son œuvre à travers tous les dangers et l'a recommencée avec une persévérance sans égale. Ses nuits n'avaient que rêves ailés et gazouillements mélodieux; les images de ses favoris hantaient sa pensée.

N'allez pas vous méprendre ni accuser de singularité cette

(1) « *American woodsman.* »

vocation qu'Audubon avait reçue de Dieu même. Il était ornithologiste à son berceau. Il lui fallait des races ailées à peindre, à observer, à détailler, à aimer ; des concerts à écouter dans les bocages ; des plumes brillantes à reproduire ; des ailes vagabondes à suivre dans leurs courbes et dans leurs spirales. Voici comment il analyse cet instinct d'observation solitaire, ce dévouement à une innocente étude, cette abnégation de tous les soins matériels, cette force intellectuelle d'un homme qui, sans maître, fait toute son éducation d'histoire naturelle au fond des bois, et complète seul une branche de la science, branche importante que l'on désespérait de compléter jamais.

« J'ai reçu, dit-il, la vie et la lumière dans le Nouveau-Monde. Mes aïeux étaient Français et protestants. Avant d'avoir des amis, les objets de la nature matérielle frappèrent mon attention et émurent mon cœur. Avant de connaître et de sentir les rapports de l'homme, je connus et je sentis les rapports de l'homme avec le monde. On me montrait la fleur, l'arbre, le gazon ; et non-seulement je m'en amusais comme font les autres enfants, mais je m'attachais à eux. Ce n'étaient pas mes jouets, c'étaient mes camarades. Dans mon ignorance je leur prêtais une vie supérieure à la mienne ; mon respect, mon amour pour ces choses inanimées datent d'une époque que je puis à peine me rappeler. C'est une singularité trop curieuse pour être tue ; elle a influé sur toutes mes idées, sur tous mes sentiments. Je répétais à peine les premiers mots qu'un enfant bégaie, et qui causent tant de joie à une mère ; je pouvais à peine me soutenir, quand le plaisir que me donnèrent les teintes diverses du feuillage et la nuance profonde du ciel azuré me pénétraient d'une joie enfantine. Mon intimité commençait à se former avec cette nature que j'ai tant aimée, et qui m'a payé mon culte par tant de vives jouissances : intimité qui ne s'est jamais interrompue ni affaiblie, et qui ne cessera que dans mon tombeau. Un observateur clairvoyant l'eût prédit dès cette époque ; et je suis persuadé que ces premières impressions ont ébauché ma carrière et préparé mes travaux.

» Je grandis, et ce besoin de converser pour ainsi dire avec la nature physique ne cessa pas de se développer en moi. Quand je ne voyais ni forêt, ni lac, ni mer aux vastes rivages, j'étais triste et ne jouissais de rien. Je cherchais à me rappeler mes promenades favorites en peuplant ma chambre d'oiseaux ; puis, dès qu'un moment de liberté me rendait à moi-même, je me hâtais d'aller chercher les roches creuses, les grottes couvertes de mousse, bizarres retraites de mouettes et des cormorans aux ailes noires (1). Je préférais ces abris solitaires aux plafonds dorés et aux alcôves élégantes. Mon père, dont j'étais le seul enfant, servait complaisamment mes goûts ; il aimait à me procurer des œufs, des fleurs, des oiseaux. C'était un homme doué du sentiment religieux et poétique, et qui par ses récits éveillait en moi l'instinct qui l'animait lui-même. Cette perfection des formes, cette délicatesse des détails, cette variété des teintes me charmaient. Il me présentait la science sous un point de vue coloré et plein d'intérêt, au lieu de la réduire à je ne sais quelle analyse anatomique et morte, qui fait de la nature un squelette.

» Mon père ébauchait aussi l'histoire des oiseaux, de leurs migrations et de leurs amours. Il me faisait remarquer les manifestations extérieures de leurs espérances ou leurs

---

(1) V., dans les Études sur les Hommes et les Mœurs au XIX* siècle, l'*Empire des Oiseaux*.

craintes. Rien ne m'étonnait plus que leur changement de costume; et dans cet ensemble de faits à peine indiqués je trouvais un roman infiniment varié, toujours nouveau, dont mon esprit suivait attentivement les détails.

» Aussi une joie pure et vive, une sorte de volupté paisible embellirent-elles les années de ma jeunesse, remplies de ces observations qui préludaient à de plus pénibles travaux, et qui me ravissaient. Pendant des heures entières mon attention charmée se fixait sur les œufs brillants et lustrés des oiseaux, sur le lit de mousse molle qui renfermait et protégeait leurs perles chatoyantes, sur les rameaux qui les soutenaient balancés et suspendus, sur les roches nues et battues des vents qui les préservaient des ardeurs du soleil. Je veillais avec une sorte d'extase secrète sur le développement qui suivait le moment de leur naissance : les uns étaient éclos les yeux ouverts; les autres ne les ouvraient que plusieurs jours après avoir brisé leur enveloppe. J'attachais mon esprit et mon âme à ces phénomènes dont la variété me surprenait. J'aimais à observer le progrès lent de quelques oiseaux vers la perfection de leur être, et à voir certaines espèces à peine écloses fuir à tire d'aile et secouer en volant les débris de leur coque transparente.

» J'avais dix ans; cette passion d'histoire naturelle augmentait à mesure que je grandissais. Tout ce que je voyais j'aurais voulu me l'approprier. Plus ambitieux que les conquérants, je désirais le monde et mes vœux n'avaient pas de bornes. Je me révoltais contre la mort, qui dépouillait de ses formes les plus belles et de ses plus aimables couleurs l'animal ou l'oiseau que j'étais parvenu à saisir. J'inventais mille moyens pour combattre ce monstre, la mort qui venait rendre tous mes travaux inutiles et détruire les objets de mes affections. J'essayais de lutter contre elle; et les constantes réparations qu'exigeaient mes oiseaux empaillés, la teinte fauve et terne qui décolorait leur beau plumage prouvaient que la mort était plus forte que moi. Je communiquai à mon excellent père le sujet de mon chagrin; ces essais qui disparaissaient entre mes mains, ces animaux si agiles et si frais pendant leur vie, et livrés après leur mort à une si triste métamorphose. Mon père voulut me consoler et m'apporta un volume de *Planches* coloriées représentant, avec assez d'exactitude, les mêmes oiseaux qui faisaient mes délices, et dont les momies décoraient mon petit appartement.

» Ce fut pour moi une vive et ardente joie. Je retrouvais donc enfin, non il est vrai les êtres que j'aimais, et dont j'avais fait les compagnons de ma première enfance, mais leur image ressemblante. Je pensai que le moyen de m'approprier la nature, c'était de la copier. Me voilà donc, dessinateur imberbe et inexpérimenté, copiant tout ce qui se présentait à mes yeux, et le copiant mal.

» Pendant des années, je fis et je refis des oiseaux. Ces oiseaux ressemblaient tour-à-tour à des quadrupèdes ou à des poissons. Moi qui avais obstinément blâmé les planches du livre que mon père m'avait donné; moi dont la critique avait relevé mille défauts dans ces portraits, combien je fus honteux quand mes patients efforts n'aboutirent qu'à des résultats si misérables, qu'à peine pouvais-je reconnaître moi-même l'oiseau que je venais de dessiner. Mon pinceau, père et créateur d'une race inouïe et disproportionnée, me faisait pitié à moi-même. Loin de me décourager, ce désappointement irrita ma passion. Plus mes oiseaux étaient mal dessinés et mal peints, plus les originaux me semblaient admirables. En copiant et recopiant leurs formes, leur plumage et leurs diverses particularités, je continuais sans le savoir l'étude la plus profonde et la plus minutieuse de l'ornithologie comparée. Tous les détails de l'organisation des oiseaux, je les connaissais d'autant mieux, que je cherchais avec une plus laborieuse patience à les reproduire exactement. Telle était l'intensité de cette passion puérile qui n'a pas diminué avec l'âge, que si l'on m'eût enlevé mes dessins, je crois que l'on m'eût donné la mort. Ce travail occupait mes nuits et mes jours. Chaque année produisait une immense quantité de détestables dessins, que je condamnais au feu, le jour de ma naissance ; et Dieu sait quel incendie ces monceaux de papier barbouillé allumaient dans le foyer paternel.

» Mon père crut découvrir dans ce penchant si vif une aptitude naturelle pour les arts du dessin. A quinze ans, il m'envoya à Paris, où j'étudiai les principes de l'art dans l'atelier de David. Des nez gigantesques, des bouches colossales, des têtes de chevaux antiques sortirent de mon crayon. Je m'ennuyais ; toute cette sculpture que l'on me faisait copier me semblait froide et dénuée d'intérêt. Je revins à mes forêts natales.

» A peine de retour en Amérique, je recommençai à me livrer avec ardeur, mais avec plus de succès, aux études qui avaient tant de charme pour moi.

» Je reçus de mon père un don qui me fut doublement agréable, et par la valeur même du cadeau, et par le charme d'une attention qui flattait mes goûts les plus prononcés. Il me fit présent d'une plantation magnifique située en Pensylvanie, arrosée par la rivière Schuylkil, et traversée par le ruisseau de Perkyoming. Je me mariai dans ce délicieux séjour, dont les hautes futaies, les champs onduleux, les collines boisées offrent au paysagiste de si pittoresques modèles. Dieu bénit mon union ; les soins du ménage, la tendresse que je ressentais pour ma femme et la naissance de deux enfants ne diminuèrent pas ma passion ornithologique. Mes amis la désapprouvaient.

» Mes recherches et mes études occasionnaient des dépenses assez considérables que rien ne compensait. Des revers de fortune survinrent. Mon enthousiasme me soutenait toujours ; et vingt années d'investigations et d'observations accrurent encore cette flamme secrète qui m'animait. C'était vers les bois antiques du continent américain qu'un invincible attrait me précipitait, malgré les conseils de tous ceux qui me connaissaient. Ils ne pouvaient s'associer à mes pensées, jouir de mon bonheur, ni savoir quelle volupté c'est pour moi d'observer de mes propres yeux les scènes vivantes de la nature. Pour eux j'étais un monomane, inaccessible à toute autre idée qu'à une idée dominante, un fou négligeant ses devoirs et sacrifiant ses intérêts à la folie qui le possède. J'entreprenais seul de longs et périlleux voyages ; je battais les bois, je m'égarais dans les solitudes séculaires ; les rives de nos lacs immenses, nos vastes prairies, et les plages de l'Atlantique me voyaient sans cesse errant dans leurs plus secrets asiles. Des années s'écoulèrent ainsi loin de ma famille.

» Lecteur ! ce n'était pas un désir de gloire qui me conduisait dans cet exil. Je voulais seulement jouir de la nature. Enfant, j'avais voulu la posséder tout entière ; homme fait, le même désir, la même ivresse vivaient dans mon cœur. Jamais alors je ne conçus l'espérance de devenir utile à mes semblables. Je ne cherchais que mon amusement et mon plaisir. Le prince de Musignano (Lucien Bonaparte), que je rencontrai à Philadelphie, m'engagea vivement à publier mes essais, et changea le cours de mes idées : c'était le premier encouragement que l'on me donnait. D'ailleurs Philadelphie et New-York, où je reçus un excellent accueil, ne m'offrirent aucun moyen pécuniaire de continuer mon entreprise. Je remontai le large courant de l'Hudson ; ma barque glissa de nouveau sur ces lacs qui semblent des océans, je m'enfonçai de nouveau dans mes solitudes chéries.

» Le nombre de mes dessins augmentait ; ma collection se complétait ; je commençai à rêver la gloire ; le burin d'un graveur européen ne pourrait-il pas éterniser l'œuvre de ma jeunesse, le résultat de ce labeur continu et de ce zèle persévérant ? Ces chimères caressèrent mon imagination, et je sentis mon courage redoubler, mon avenir s'agrandir.

» Après avoir habité pendant plusieurs années le village d'Henderson, dans le Kentucky, sur les rives de l'Ohio, je partis pour Philadelphie. Mes dessins, mon trésor, mon espoir étaient soigneusement emballés dans une malle que je fermai et que je confiai à l'un de mes parents, non sans le prier de veiller avec le plus grand soin sur ce dépôt si précieux pour moi. Mon absence dura six semaines. Aussitôt après mon retour, je demandai ce qu'était devenue ma malle. On me l'apporta ; je l'ouvris. Jugez de mon désespoir. Il n'y avait plus là que des lambeaux de papier déchiré, morcelé, presque en poussière ; lit commode et doux, sur lequel reposait toute une couvée de rats de Norwége. Un couple de ces animaux avait rongé le bois, s'était introduit dans la boîte, et y avait installé sa famille : voilà tout ce qui me restait de mes travaux ; près de deux mille habitants de l'air, dessinés et coloriés de ma main, étaient anéantis. Une flamme poignante traversa mon cerveau comme une flèche de feu ; tous mes nerfs ébranlés frémirent; j'eus la fièvre pendant plusieurs semaines. Enfin la force physique et la force morale se réveillèrent en moi. Je repris mon fusil, mon album, ma gibecière, mes crayons, et je me replongeai dans mes forêts, comme si rien ne fût arrivé. Me voilà recommençant mes dessins, et charmé de voir qu'ils réussissaient mieux qu'auparavant. Il me fallut trois années pour réparer le dommage causé par les rats de Norwége : ce furent trois années de bonheur.

» Plus mon catalogue grossissait, plus les lacunes qui s'y trouvaient encore me causaient de regret et de chagrin : je désirais vivement être en état de le compléter. Seul et sans secours, comment mettre à fin une si vaste entreprise ! Je me promis de ne rien négliger de ce que ma bourse, mon temps et mes peines pourraient accomplir. De jour en jour je m'éloignai davantage des lieux habités par les hommes ; dix-huit mois s'écoulèrent ; ma tâche était remplie ; j'avais exploré toutes les retraites de nos forêts. J'allai visiter ma famille qui habitait alors la Louisiane ; et, emportant avec moi tous les oiseaux du nouveau continent, je fis voile pour le vieux monde.

» Une traversée heureuse me conduisit en Angleterre. A l'aspect de ces côtes blanchissantes, en face de cette ville opulente dont le patronage pouvait me payer de tant de peines, dont l'indifférence pouvait aussi me laisser languir dans l'indigence et l'oubli, je ne pus m'empêcher de ressentir une terreur et une anxiété profondes. Je songeai à ma situation précaire, à mon isolement dans un pays où je n'avais pas un seul ami, à ce désert peuplé d'hommes inconnus, peut-être hostiles. Je regrettai mes bois, la dépense de ce long voyage ; et mon entreprise, qui m'avait **paru aventureuse jusqu'à l'héroïsme, me sembla folle** jusqu'à la démence. Dieu soit loué! A Liverpool, les Roscoe, les Rathbone, les Trail, les Chorley, les Mellie ; à Manchester, les Greeg, les Lloyd, les Sergeant, les Holme, les Blackwall, les Bentley m'accueillirent, me soutinrent, me protégèrent, et ma gratitude se plaît à leur offrir ici le tribut que mon cœur leur doit. Édinbourg ne m'a pas offert des patrons moins ardents ni moins généreux. »

Tel est le récit d'Audubon lui-même ; son amour ardent de la science, cette passion que l'on peut appeler héroïque, ont donné des fruits dignes d'immortaliser son nom. Nous avons admiré dans les salles de la Société Royale d'Édinbourg l'exposition publique de ses dessins originaux, coloriés à l'aquarelle. Une puissance magique nous transportait dans les forêts que cet homme de génie a si longtemps habitées. Savants et ignorants ont été également frappés de ce spectacle que nous ne tenterons pas de reproduire.

Imaginez un paysage tout américain, arbres, fleurs, gazon, jusqu'aux teintes du ciel et des eaux, animées d'une vie réelle, spéciale, transatlantique. Sur ces branches, dans ces rameaux, sur ces plages copiées par le pinceau le plus sévèrement fidèle, se jouent les races aériennes du Nouveau-Monde, grandes comme nature, avec leur attitude particulière, leur individualité, et leurs singularités. Tous les plumages étincèlent des nuances mêmes de la nature. Vous les voyez en mouvement ou en repos, dans leurs jeux et dans leurs guerres, dans leurs fureurs et dans leurs caresses, chantant, couvant, endormis, éveillés, fendant l'air, effleurant les ondes, s'entre-déchirant dans leurs combats. C'est une vision réelle et palpable du Nouveau-Monde, avec son atmosphère, sa végétation grandiose, et ses peuplades qui ne reconnaissent pas le joug de l'homme. Le soleil scintille à travers la clairière des bois; le cygne flotte suspendu entre un ciel sans nuage et une onde resplendissante; d'étranges et majestueuses figures arpentent le sol, étincelant du mica semé sur les rives de l'Océan Atlantique. Et cette réalisation d'un hémisphère entier, ce tableau d'une nature si puissante est sorti du pinceau d'un seul homme, obscur et ignoré; triomphe inouï de la patience et du génie, résultat de mille triomphes remportés sur d'innombrables obstacles.

Les amis des arts encouragèrent Audubon à faire graver et publier son grand ouvrage. C'était une témérité. Il s'agissait de quatre cents planches de format atlantique et de deux mille figures coloriées. Une seule contrée au monde pouvait offrir à son auteur le patronage nécessaire : la Grande-Bretagne. Enfin, grâce aux encouragements qu'il a reçus ce monument est achevé.

C'est la république des oiseaux, un monde inconnu qui respire dans ces belles gravures. Le texte est digne des planches; vous n'y trouvez pas une analyse froide ou une pompeuse description, mais le roman de ce peuple ailé que le naturaliste a étudié dans ses retraites. L'amour des oiseaux se communique au lecteur. Audubon mêle sa propre histoire à l'histoire de ses favoris; il vous associe à ses aventures; il rapporte avec gratitude les noms de tous ceux qui l'ont assisté dans ses travaux. On marche avec lui à travers ces vastes paysages américains. On suit le cours de ces fleuves gigantesques dont les nappes immenses recueillent sur leur route les ruisseaux du même continent, pour rouler jusqu'à la mer ces ondes réunies. Tantôt Audubon voyageait seul; tantôt sa femme et ses enfants l'accompagnaient. Écoutons-le encore, ou plutôt voyageons avec lui.

« Lorsque je quittai la Pensylvanie pour retourner dans le Kentucky, j'emmenai avec moi ma femme et mon fils aîné, alors en bas âge. Les eaux étaient très-basses. J'achetai un *skiff*, ou bateau plat, très-large et fort commode. Nous fîmes nos provisions d'avance ; deux nègres vigoureux nous accompagnèrent, et nous partîmes.

» C'était vers la fin d'octobre. L'Ohio, le roi des fleuves, reflétait dans ses eaux paisibles ces belles teintes automnales (1) qui dorent et bronzent les feuillages, à l'approche de l'hiver. Des festons de vignes, étincelantes comme de l'acier bruni, ou rouges comme l'airain frappé du soleil, suspendaient leurs guirlandes aux grands arbres de la rive. Les clartés du jour, frappant les ondes limpides, se réverbéraient sur le feuillage, mi-parti d'une verdure tenace et de cette couleur ardente et safranée, plus prestigieuse peut-être que les couleurs vives et pures du printemps. L'atmosphère était tiède ; le disque du soleil était couleur de feu. Rien ne ridait la surface de l'eau, que notre rame seule agitait. Paisibles et silencieux, nous avancions, contemplant la beauté des scènes qui nous environnaient de leur magnificence sauvage. Quelquefois une foule de petits poissons, poursuivis par le chat aquatique (2) s'élançaient hors du fleuve, comme des flèches, et retombaient en pluie d'argent ; la perche blanche battait de ses nageoires la quille de notre bateau et nous suivait par troupes bruyantes. J'ai rarement éprouvé une sensation plus dé-

---

(1) Mot anglais qui faisait partie de l'ancienne langue française et que nous croyons devoir rendre à notre idiome. Ronsard et Vauquelin de la Fresnaie l'ont employé.

(2) *Water-cat.*

licieusement, plus innocemment profonde. J'avais là tous les objets de mes affections, et cette belle nature nous souriait.

» D'un côté de l'Ohio s'élèvent de hautes collines aux croupes élégantes et aux pentes mollement inclinées : sur la gauche, de vastes plaines fertiles et boisées se prolongent jusqu'à l'horizon. Du sein du fleuve des îles de toutes les dimensions surgissent verdoyantes comme des corbeilles. Le fleuve serpente doucement autour de ses îles, dont les sinuosités et les courbes sont si bizarrement onduleuses, que souvent vous croiriez voguer sur un grand lac et non sur une rivière. Quelques défrichements commencés sur les rivages s'offrirent à nos regards ; ils menaçaient d'un envahissement prochain la beauté primitive de ces solitudes, et je ne pus les voir sans regret.

» A l'approche de la nuit, à mesure que l'ombre s'épandait sur le fleuve, une plus profonde émotion nous saisissait. La clochette des troupeaux tintait au loin ; le cornet du batelier, suivant les détours de la rivière, arrivait jusqu'à nous ; le long cri de guerre du grand hibou, le bruit sourd de ses ailes, fendant l'air silencieux ; tous ces bruits devenant plus distincts à mesure que le jour baissait, nous les écoutions avec un intérêt puissant et une curiosité indicible. Le soleil reparaissait enfin ; quelques notes éparses, échappées aux habitants des bois, nous annonçaient l'éveil de la nature ; le daim traversait le courant et nous apprenait que bientôt la neige couvrirait les champs ; çà et là le toit bas et l'habitation isolée du colon révélaient une civilisation naissante. Nous rencontrions de temps à autre quelques bateaux plats, chargés de bois ou de marchandises, et que nous ne tardions pas à dépasser ; d'autres nacelles plus petites étaient chargées d'émigrés de toutes les parties du monde, qui allaient chercher au loin un asile et planter leur tente dans ces solitudes.

» Les outardes et les pintades qui abondaient sur ces beaux rivages, et qui venaient sans défiance voltiger autour de nous, servaient à nos repas. D'un coup de fusil nous nous procurions un festin splendide. Nous choisissions pour salle à manger quelque buisson ombreux, tapissé d'une mousse verte et douce ; nous allumions du feu avec des branches sèches ; et je doute en vérité que jamais gastronome ait trouvé dans le luxe de sa table de plus exquises voluptés.

» Ces heureux jours s'écoulaient, et chaque moment nous rapprochait du foyer natal. Nous nous trouvions près du ruisseau des Pigeons qui se perd dans l'Ohio, quand un bruit étrange vint nous surprendre. C'étaient les dissonances les plus épouvantables ; des hurlements semblables au *whoup !* des Indiens, terrible cri de guerre que nous connaissions trop bien pour ne pas le redouter. Je ramai vigoureusement, pour échapper au péril qui nous menaçait. Il n'y avait pas huit jours que des peaux-rouges s'étaient répandus dans la campagne, avaient détruit les habitations des colons, massacré les enfants et les femmes, et couvert de sang leurs défrichements commencés. Pendant quelques minutes, une terreur profonde nous saisit. Les cris redoublaient. Enfin nous aperçûmes sous d'épais halliers, une troupe d'hommes et de femmes qui, les mains levées au ciel et la tête haute, poussaient en chœur et d'un air frénétique, ces gémissements, ces hurlements, ces hourras barbares. C'étaient des Méthodistes qui venaient accomplir dans cette solitude, loin des profanes et des sceptiques, leurs rites pieux : le tumulte discordant de leurs voix criardes était l'expression de leur enthousiasme. Nous arrivâmes à Henderson.

» Ce voyage de deux cents milles m'a laissé de délicieux souvenirs. Depuis vingt années ces rives désertes et charmantes ont changé de face. Leur grandeur native, leur primitive beauté se sont effacées. Plus de rameaux épais qui dessinent leur arcade verdoyante au-dessus du fleuve; les vieux arbres ont disparu; la hache éclaircit tous les jours ces belles forêts, qui décoraient d'un long feston mobile le sommet de tous les coteaux; le sang des indigènes et des nouveaux habitants s'est mêlé aux ondes du fleuve dont ils se disputaient la possession exclusive. Vous n'y rencontrerez plus ni l'Indien couronné de son diadème de plumes, ni ces troupeaux de buffles et de daims qui se frayaient passage en caravanes bruyantes, à travers les clairières des bois. Des villages, des hameaux et des villes ont envahi ces domaines (1). Le marteau y retentit; la scie y prépare en criant de nouvelles habitations. Quand les instruments du charpentier et du maçon se reposent et se taisent, l'incendie dévore des forêts tout entières; et la civilisation s'annonce par des ravages. Le sein calme de l'Ohio est sillonné par une foule de bateaux à vapeur, qui troublent ses ondes et obscurcissent l'air de leur trace de fumée. Le commerce vient s'asseoir sous ces rochers antiques; et l'Europe nous jette tous les ans le surplus de sa population, comme pour nous aider dans cet envahissement progressif, conquête inévitable.

» Les philosophes décideront la question de savoir si ce progrès de la civilisation doit être un objet de joie ou de mélancolie pour le penseur. Je l'ignore; mais à force de vivre sous ces ombrages et de diriger mon bateau sur ces

(1) En 1825.

rivières, un sentiment de tendresse presque passionnée, et dont plus d'un lecteur blâmera l'expression, m'avait attaché à eux. Je regrette que nul écrivain, aucun peintre de génie n'ait conservé l'image de ces beautés qui vont disparaître. Peut-être nos Irving et nos Cooper entreprendront-ils une tâche si digne d'eux. Ce tableau curieux d'une civilisation naissante, cette lutte de la société à son berceau avec la nature vierge, sont bien dignes d'être conservés. Page qui manquait à l'histoire de tous les peuples, elle complétera les annales du genre humain; on saura que des héros véritables, des aventuriers audacieux, ont, au péril de leur vie, au prix de travaux et de peines incroyables, élevé leur cabane assaillie par les indigènes, attaquée par les animaux des bois; qu'ils ont combattu pendant des années le climat, un sol rebelle à la charrue, et l'isolement de leur position. Ces braves colons, les Croghan, les Boon, les Clark, n'ont pas moins de droits à la renommée que les Romulus et les Cécrops. Nés dans une époque d'analyse et de science, ils ne s'environneront pas de voiles théurgiques; leur vie possède un intérêt plus puissant, celui de la réalité. »

Nous ne ferons pas au lecteur l'injure de commenter le mérite de ces belles pages; un sentiment vrai les anime; ce coloris pur et vif, ce ton simple et ardent, cette conviction inimitable appartiennent aux plus heureux génies; Audubon écrit, on le voit, sous la dictée de ses impressions personnelles. La fidélité du pinceau n'est pas moins remarquable dans cette description d'un ouragan dans l'Amérique septentrionale.

« Sur le continent américain l'ouragan ne passe point sans laisser de traces. Pour moi, qui fus témoin d'un de ces terribles phénomènes, j'en ai gardé un si vif souvenir, que l'on me soupçonnerait peut-être d'exagération si je retraçais la sensation pénible que j'éprouve encore lorsque j'essaie d'en rappeler les détails.

» Je voyageais à cheval. Je me trouvais entre Shawaney et la crique du Canot ; le temps était beau ; l'air était doux ; je chevauchais lentement. A peine fus-je entré dans la gorge ou vallée qui sépare la crique du Canot de celle d'Highland, le ciel s'obscurcit ; un brouillard dense simula la nuit la plus obscure. Je m'arrêtai plein d'étonnement ; je ressentais une ardente soif que j'étanchai dans le ruisseau voisin. Bientôt un long murmure se fit entendre. Une tache ovale et livide se dessina sur le fond ténébreux du ciel. Les branches supérieures des arbres tressaillirent ; puis ce mouvement se communiqua aux branches inférieures. Je vis bientôt les troncs voler en éclats, se déraciner, s'enlever, fuir devant le souffle du vent, et toute la forêt passer devant moi comme un torrent de gigantesques et effrayants fantômes. Ces troncs se heurtaient, se broyaient dans leur route. Au centre du courant tempétueux, les têtes des plus gros arbres se trouvaient forcées de prendre une direction oblique et de fléchir : au-dessous et au-dessus d'eux, une masse épaisse de branchages, de rameaux brisés et de poussière soulevée fuyait sous la même impulsion. L'espace occupé naguère par tous ces arbres n'était plus qu'une arène vide, semée de racines et de débris ; vous eussiez dit le lit du Meschacebé mis à nu. Les cataractes du Niagara ne hurlent pas avec plus de violence ; l'impétuosité de leur chute n'est pas plus terrible.

» Quand la première fureur de l'ouragan fut épuisée et comme assouvie, des millions de rameaux fracassés volaient encore dans l'air, et la marche de la colonne dense qui signalait le passage de la tempête dura encore quelques heures, comme déterminée par une force d'attraction. Le ciel s'était couvert d'un voile verdâtre et lugubre; une odeur de soufre très-désagréable imprégnait l'atmosphère. J'attendis en silence et dans la stupeur, que la nature bouleversée eût repris, sinon sa forme première, du moins son aspect accoutumé. Mes affaires m'appelaient à Morgantown. J'osai traverser le lit du torrent aérien, conduisant par la bride mon cheval, qu'effrayaient tous ces cadavres d'arbres dépouillés et renversés. Les ruines de la forêt détruite étaient entassées sur le sol, où elles formaient un si épais rempart, que souvent obligé de me frayer un sentier dans ce labyrinthe, et tantôt de me glisser sous les branches enlacées, tantôt de les franchir d'un élan, j'éprouvai, pendant le temps que je consacrai à ce travail, une mortelle fatigue.

» Cette bouffée de vent dont la colonne occupait environ un quart de mille emporta des maisons, souleva des toitures, força des troupeaux entiers d'émigrer violemment à travers les airs. On trouva une pauvre vache morte sur la cime d'un sapin où l'avait portée l'aile de l'ouragan. La vallée est encore aujourd'hui un lieu désolé, couvert de mousse et de ronces, inaccessible aux hommes; les bêtes de proie l'ont choisie pour asile. »

Pendant les longues excursions de notre naturaliste, des dangers d'une autre espèce vinrent aussi le menacer : le récit suivant ne serait pas déplacé dans un des romans de Cooper.

« Après avoir parcouru le Haut-Mississipi, dit-il, je fus obligé de traverser une de ces immenses prairies, steppes de verdure qui ressemblent à de océans de fleurs et de gazon. Le temps était magnifique. Tout était frais, verdoyant, étincelant de rosée autour de moi. Chaussé de bons mocassins (1), suivi d'un chien fidèle, armé de mon fusil et chargé de mon havresac, je cheminais lentement, ravi de l'éclat des fleurs, admirant les jeux des daims et des faons qui venaient danser devant moi. Je suivais un vieux sentier indien ; le soleil s'abaissa sous l'horizon, sans que j'aperçusse un toit, un abri, un asile que ma lassitude cherchait. Les oiseaux de nuit attirés par le bourdonnement des insectes dont ils se nourrissent, battaient des ailes au-dessus de ma tête, et me couronnaient de leurs cercles concentriques ; le gémissement des renards qui parvenait jusqu'à moi, semblait m'annoncer le voisinage des habitations autour desquelles ils rôdent la nuit.

» En effet j'entrevis une lumière vers laquelle je me dirigeai. Elle sortait d'une hutte isolée, dont la porte entr'ouverte laissait pénétrer mon regard jusqu'au foyer allumé; une figure d'homme ou de femme passait et repassait entre la flamme et moi. C'était une femme. Arrivé à la hutte, je demandai à cette femme si je pourrais trouver sous son toit une retraite pour la nuit.

« Oui, » répondit-elle sans me regarder.

» Sa voix était dure et son accent désagréable. Elle était à demi-nue. J'entrai, je m'assis sans cérémonie sur un vieil escabeau, près du foyer. Vis-à-vis de moi se trouvait un jeune Indien, dont les coudes s'appuyaient sur ses genoux, et dont les mains soutenaient la tête. Selon l'usage des indigènes de l'Amérique, il ne bougea pas à l'approche d'un homme civilisé. Les voyageurs n'ont pas manqué d'interpréter comme indice de paresse, de stupidité, d'apathie, ce silence né de l'orgueil le plus hautain. Un grand arc indien était appuyé contre la muraille ; beau-

(1) Espèce de brodequins fourrés très-usités dans l'Amérique du Nord.

coup de flèches et des oiseaux morts étaient semés par terre. L'Indien ne remuait pas; il ne paraissait pas respirer. Je lui adressai la parole en français, idiome dont la plupart des Indiens de ces contrées savent au moins quelques mots. Il leva la tête, me montra du doigt un de ses yeux sorti de son orbite, et le sang ruisselant sur son visage; puis de l'œil qui lui restait, il lança sur moi un regard singulièrement significatif. Je sus depuis que la flèche de son arc s'étant cassée au moment où la corde était tendue, un des morceaux de l'arme brisée était revenu frapper l'œil de l'Indien et l'avait crevé. Il souffrait en silence; ses traits, malgré la vive douleur qu'il éprouvait, conservaient leur dignité fière; il était bien fait, agile, dispos; sa physionomie intelligente et candide. J'admirais ce courage du sauvage, stoïque du désert et stoïque sans vanité.

» Point de lit dans la hutte. Quelques peaux d'ours et de buffles non tannées étaient empilées dans un coin. Je tirai de ma poche une belle montre à répétition, et je dis à cette femme :

« — Il est tard, je suis las : j'ai faim, pourriez-vous me donner à manger ? »

» Elle jeta sur la montre un regard ardent, avide, et se rapprocha de moi.

« — Oui, me dit-elle d'un ton singulier, si vous remuez un peu les cendres, vous y trouverez un gâteau qui doit être cuit; j'ai aussi de la chair de buffle salée et d'excellente venaison. Je vais vous apporter cela... Mais, que votre montre est belle et brillante! Prêtez-la-moi, je vous prie. »

» Je détachai la chaîne d'or qui suspendait la montre à mon col; elle prit la montre, la tourna, la retourna, l'examina dans tous les sens, et finit par passer la chaîne d'or à son col.

« —Je serais bien heureuse, s'écria-t-elle d'un air d'extase, si je possédais une montre pareille! »

» Je fis peu d'attention à ses paroles; je lui laissai sans défiance le bijou qu'elle semblait admirer si naïvement, et pressé d'un grand appétit, je me mis à souper; mon chien me tenait compagnie et partageait mon repas. J'avais souvent parcouru les solitudes américaines, sans rencontrer de voleurs, et la vieille femme, malgré sa physionomie dure et sa voix rauque, ne m'inspirait aucun soupçon.

» Tout-à-coup l'Indien se lève, passe devant moi, se promène dans la hutte : je crois que sa douleur devenue insupportable cause cette agitation qu'il laisse paraître. Mais il saisit l'instant où la vieille femme nous tourne le dos, s'approche, s'abaisse, fixe sur moi un regard si ardent, si sombre, si profond, que je ne puis m'empêcher de tressaillir. Étonné de ces mouvements et de ces signes, je le suis des yeux. Il me semble qu'il s'irrite de n'être pas compris. Après s'être assis de nouveau, il se lève encore, et passant tout à côté de moi, il me pince la côte assez vivement pour m'arracher un cri. La femme se retourne : il court reprendre sa place sur l'escabeau, examine son tomahawk (1), aiguise sur une pierre son couteau de chasse, en examine la pointe, puis se met à fumer tranquillement, toujours me jetant à la dérobée ces œillades singulières, dont l'éclat eût fait baisser le regard le plus hardi.

» Enfin j'avais deviné l'avertissement mystérieux que me donnait le sauvage : j'étais en danger. J'échangeai alors

(1) Espèce de massue indienne.

des regards d'intelligence avec mon protecteur et redemandai ma montre à l'hôtesse. Elle me la rendit ; je sortis de la cabane sous je ne sais quel prétexte, emportant mon fusil à deux coups. Je le chargeai de quatre balles, j'en examinai la détente, je le mis en état, j'en renouvelai les pierres et je rentrai. L'Indien me suivait de l'œil. Je m'étendis sur une peau de buffle, j'appelai mon chien, plaçai mon fusil près de moi, et fermant les yeux, je parus me livrer au sommeil le plus profond. L'Indien, appuyé sur son tomahawk, n'avait pas quitté sa place.

»Un bruit se fit entendre ; mes paupières s'ouvrirent ; je vis deux jeunes gens, d'une haute taille et d'une grande vigueur, entrer dans la hutte ; ils apportaient un cerf qu'ils venaient de tuer. La vieille femme, leur mère, leur donna de l'eau-de-vie ; ils en burent largement. Puis, jetant les yeux tour-à-tour sur l'Indien blessé et sur le coin où je reposais, ils demandèrent qui j'étais, et pourquoi *ce chien de sauvage* était entré dans la hutte. Ils parlaient anglais ; l'Indien ne comprenait pas un mot de cette langue. La mère les attira vers l'extrémité opposée de la hutte, me montra du doigt, et dans une longue conférence discuta sans doute avec ses dignes fils les moyens de se défaire de moi et de s'approprier la montre fatale qui avait tenté sa cupidité. Les jeunes gens recommencèrent à boire ; l'ivresse les gagna ; la vieille buvait avec eux ; j'espérais que ces libations fréquentes ne tarderaient pas à les mettre tous hors de combat. Je frappai doucement du plat de la main le dos de mon chien, et j'armai mon fusil. L'admirable sagacité de cet animal l'avertit du péril que je courais. Il agita sa queue, s'assit l'œil fixé sur mes ennemis, et prêt à s'élancer sur eux. L'Indien immobile, avait une main appuyée sur le manche de son couteau de chasse et l'autre sur son tomahawk. C'était une scène fort dramatique, et dont le silence augmentait l'intérêt.

» La vieille détacha de la paroi de la hutte un long couteau de cuisine, dont la lame devait m'envoyer dans l'autre monde. Une meule à repasser se trouvait dans un des coins; elle la fit tourner lentement, aiguisa soigneusement son arme; je vis l'eau tomber goutte à goutte sur la meule, et ne perdis pas un des mouvements de l'infernale créature; le foyer à demi-éteint éclairait ses traits décharnés, les jeunes gens ses complices chancelaient sur leurs jambes avinées, le sauvage toujours calme restait debout; sa main qui serrait le tomahawk fatal était prête à abattre le premier assaillant. Le canon de mon fusil était disposé de manière à frapper de mort celui qui s'approcherait de moi ; mon chien regardait alternativement son maître et ses agresseurs. Cette attente dura longtemps; une sueur froide couvrait mes membres.

« — Allons, dit tout bas la meurtrière à ses enfants. Il dort; je me charge de lui. Dépêchez cet Indien. »

» Elle s'avança doucement, d'un pas assuré mais prudent; son pied touchait à peine la terre. L'Indien s'était levé; le tomahawk que sa main brandissait allait tomber sur l'un des assassins, et j'allais presser la double détente de mon fusil, quand on entendit frapper à la porte.

» Je me levai, j'ouvris. C'étaient deux voyageurs canadiens, vrais Hercules, dont je bénis l'arrivée. L'Indien, d'un geste éloquent désigna les deux fils de la mégère, et s'écria en mauvais français à peine intelligible :

« — Eux vouloir tuer celui-là, l'homme blanc et moi l'homme rouge. Grand-Esprit! lui !... vous envoyer, hommes blancs ! »

» Je confirmai l'accusation du sauvage, et je racontai

aux voyageurs, tous deux armés de longues carabines, la scène qui venait de se passer. La vieille femme, stupéfaite, tenait encore en main son couteau. Les deux jeunes gens ivres ne nièrent pas leurs intentions d'assassinat; la vieille s'emporta en imprécations et en vociférations qui ne la sauvèrent pas. Nous garrottâmes les pieds et les mains de ces trois misérables; l'Indien se mit à exécuter une de ces danses burlesques et triomphales en usage parmi les tribus du désert. Nous passâmes la nuit dans la hutte; et l'aurore reparut vermeille et riante.

» Il s'agissait de châtier les assassins. Nous déliâmes leurs pieds, mais nous laissâmes leurs mains garrottées, et nous les forçâmes de nous suivre. Il y a dans ces contrées éloignées une singulière législation établie par les colons, et qui consiste à brûler l'habitation du meurtrier, à l'attacher à un arbre et à le faire passer par les verges; nous nous conformâmes à ce code, en vigueur aujourd'hui depuis les rives de l'Atlantique jusqu'aux chutes du Niagara. La hutte fut réduite en cendres. Le sauvage reçut pour sa récompense les ustensiles de ménage et le mobilier des coupables; la vieille et ses enfants furent soumis à cet ignominieux supplice, et après les avoir détachés, nous continuâmes notre voyage, accompagnés du jeune guerrier indien qui fumait gravement sur la route.

» Ce fut le seul danger de ce genre que je courus pendant mes longues tournées. Cependant les solitudes de l'Amérique se peuplent du rebut du monde: vous trouvez épars dans ces prairies sans limites, des assassins de Vienne et de Leipzick, des escrocs de Paris et de Londres, des aventuriers italiens, des mendiants écossais. Réduits à vivre du travail de leurs mains, leurs vices, qui n'ont plus d'aliments, s'amortissent et leurs mœurs s'améliorent,

Quand ils reviennent à leurs penchants criminels, on les chasse, on les refoule dans des solitudes plus éloignées ; on les rejette comme des bêtes fauves, dans d'impénétrables tanières. Des magistrats nommés *régulateurs* sont chargés de cet office ; voici comment ils procèdent :

» Lorsqu'un des membres des nouvelles colonies a violé les lois, commis un meurtre ou un larcin, outragé ouvertement la décence et la probité, les notables de l'endroit choisissent dans leur sein plusieurs personnes chargées d'examiner et de punir le coupable ; ce sont les *régulateurs*. Un premier délit est puni d'exil. Le criminel doit quitter, dans un laps de temps déterminé, le pays où le crime a eu lieu. S'il ose reparaître dans les environs et y commettre de nouvelles violences, malheur à lui. Les *régulateurs* le déclarent hors la loi. On brûle son habitation ; le délinquant, attaché à un arbre, est fouetté sans pitié ; meurtrier avec préméditation, on le fusille, on plante sur un pieu sa tête sanglante détachée du tronc. Cette sévérité, que l'on regardera peut-être comme barbare, est nécessaire à la sécurité de ces établissements naissants.

» Les navigateurs du Bas-Ohio et du Mississipi n'ont pas oublié le nom de Mason, le Rob-Roy de l'ouest de l'Amérique. C'était un homme gigantesque, adroit, courageux, infatigable, et qui, à la tête d'une bande armée et nombreuse, portait la terreur et le ravage dans toutes les contrées environnantes. Il s'était établi au confluent de l'Ohio et du Mississipi ; la plupart des bateaux plats qui descendaient l'un ou l'autre fleuve devenaient sa proie. Nègres, chevaux, provisions, armes et argent, tombaient entre ses mains. Tout l'ouest de l'Amérique retentissait de son nom redoutable. Il possédait une connaissance parfaite des localités, et de nombreux espions l'avertissaient du danger; aussi pendant longtemps échappa-t-il à toutes les recherches. Quelques *régulateurs* s'entendirent enfin et se liguèrent pour débarrasser le pays d'un hôte si redoutable.

» Ils parcoururent toute la contrée, en ayant soin de suivre des directions différentes. Enfin l'un d'entre eux rencontra Mason, qui montait un fort beau cheval. Il eut l'air de ne pas le reconnaître, continua sa route lentement, l'observa de loin, et au moment où Mason, tapi dans le creux d'un arbre, comptait y passer la nuit, il piqua des deux, alla chercher du renfort, et ramena d'un prochain village une troupe d'hommes déterminés. Mason était réveillé quand ils se présentèrent; les premiers qui l'attaquèrent furent tués; on ne put le prendre vivant; après un long et sanglant combat, son cadavre fut ramassé sur la terre, sa tête tranchée, sa maison brûlée, et ce trophée terrible indique seul aujourd'hui l'emplacement qu'elle avait occupé.

» J'ai assisté à plusieurs de ces exécutions, moins sanglantes il est vrai. C'était un singulier spectacle que de voir une quinzaine de *régulateurs*, à cheval, formant un cercle, la carabine sur l'épaule; et au milieu du cercle, le délinquant à demi-nu, soumis à une fustigation plus ou moins longue. Un jeune homme entre autres, qui n'était coupable ni de vol ni de meurtre, mais qui avait cherché à répandre, dans le canton, les habitudes de débauche infâme qu'il apportait d'Europe, ne reçut ni la mort, ni une correction bien sévère; mais le supplice que les *régulateurs*, à la fois juges, législateurs, bourreaux, geôliers et gendarmes, lui infligèrent, est assez bizarre pour être cité. On le mit nu, puis on lui fit parcourir un champ d'orties; cette promenade, sans lui causer aucun mal réel, le mit pour quelques jours hors d'état de faire aucun mouvement. Dès qu'il fut rétabli il quitta le pays, et sut ce qu'il en coûte de transplanter les vices du vieux monde dans les retraites du nouveau. »

Voilà comment ce philosophe des forêts, ce naturaliste à qui Dieu avait donné mission d'observer et de peindre ses œuvres, élargissant son cercle malgré lui, copie et fait vivre les mœurs, les paysages, les scènes de ce continent. Il ne nous avait promis que des oiseaux ; c'est l'Amérique Septentrionale que son panorama déroule ; il a compris que ces plaines, ces arbres, et ces rivières, créés pour servir d'asile à la race ailée, étaient le cadre nécessaire de son tableau. Quant à l'histoire des oiseaux mêmes, de leur vie privée, de leurs amours, de leurs guerres, de leurs usages, elle est charmante dans ses détails : nous choisissons au hasard la biographie de l'oiseau-moqueur, particulier à l'Amérique.

« Quand le chant d'amour de l'oiseau-moqueur perce les feuillages du magnolia de la Louisiane, au vaste tronc et à l'immense coupole toujours verte, l'Européen qui se rappelle l'hymne nocturne du rossignol tapi sous l'ombre des chênes, ressent un secret mépris pour ce qu'il admirait autrefois. La bignonia et les vignes rampantes s'enlacent autour des gros arbres, les dépassent, les couronnent, retombent en festons. Un parfum éthéré embaume l'air ; partout des fleurs, des grappes mûrissantes, des corymbes vermeils, une atmosphère tiède et enivrante. Vous diriez que la nature, embarrassée de ses richesses, s'est arrêtée un jour pour les répandre de son sein sur cet heureux pays. Levez les yeux, sur une branche du grand arbre repose l'oiseau femelle : le mâle, aussi léger que le papillon, décrit autour d'elle des cercles rapides, remonte, redescend, remonte encore, les yeux ardents et fixés sur elle, ses belles plumes un peu développées, saluant de la tête l'objet de son amour, et toutes les fois que son vol s'élance vers le ciel, recommençant cet hymne de joie, le plus brillant, le plus mélodieux des hymnes.

» Il ne débute pas comme le rossignol par de longs et mélancoliques soupirs; il attaque avec passion et vigueur le chant qu'il module ensuite, qu'il gradue et varie, avec un art incroyable : ayant soin de faire entrer dans la composition de son œuvre, l'imitation des plus doux bruits dont la nature lui a fourni le modèle, le murmure des feuilles, le chant de la linotte, le gazouillement du ruisseau. Ce chant accompagne son vol; mais ce n'est qu'un prélude encore. Lorsqu'il vient se poser sur le rameau qui soutient sa compagne, ses notes deviennent moins brillantes, plus moelleuses, plus exquises. Puis il repart, s'abaisse, remonte, parcourt de l'œil tous les environs, pour s'assurer que nul ennemi ne menace son repos; bat des ailes, semble, par ses mouvements cadencés, exécuter une danse folâtre au milieu de l'air; revient se percher près de la femelle; et, pour final de ce grand concerto, lui donne la parodie la plus exacte de toutes les mélodies, de tous les cris, de tous les sifflements, de tous les accents qui appartiennent à d'autres individus de la race ailée. C'est la linotte, la perdrix, le hibou; c'est le gloussement du canard et le caquet de la poule. Enfin une espèce de soupir, un son triste, étouffé, voluptueux, que la femelle laisse échapper, impose silence au moqueur et l'appelle auprès d'elle.

» Bientôt il s'agit de fixer l'établissement conjugal. Le couple voltige de conserve et finit toujours par s'arrêter à proximité de quelque maison habitée. Il sait qu'il amusera l'habitant de cette demeure, et nul oiseau n'est moins farouche. Bientôt l'oranger, le figuier, le poirier, ont fourni les matériaux nécessaires à la construction du nid. On y joint des branches sèches, des feuilles, du lin, du coton, du gazon, et le petit édifice est placé au point d'intersection de deux rameaux. Cinq œufs sont déposés dans cette molle couche ; le moqueur n'a d'autre occupation que de veiller à la sûreté des siens et de chanter. Il écarte de son domaine serpents, chats et oiseaux de proie : quinze jours se passent, et la couvée prend son vol, quitte ses parents et va pourvoir elle-même à sa propre existence. »

Nous avons beaucoup de livres sur l'histoire naturelle, les généralités et les descriptions vagues y abondent ; ici ce sont les coups de pinceau les plus fins, les plus délicats ; c'est une précision extrême dans les détails ; le journal complet de la vie des oiseaux. Audubon détruit plus d'un préjugé populaire. Telles sont, par exemple, ces opinions, ou plutôt ces métaphores lugubres qui flétrissent le *hibou* comme funèbre et stupide. On le place sur les tombeaux ; on le chasse à coups de pierres quand il ose se présenter aux clartés du jour ; on dit dans la conversation ordinaire : « triste comme un *hibou*, sombre comme un *hibou*. » Audubon nous apprend que parmi les nombreuses races du hibou, il n'en est qu'une, le hibou *au bec noir*, dont le tempérament et l'humeur mélancoliques méritent non ces reproches et ces injures, mais une pitié charitable ; le pauvre animal est presque aveugle, et il a reçu en partage un spleen héréditaire. Quant à ses frères, Shakspeare les connaissait bien, quand il les appelait « les oiseaux joyeux. » Les Athéniens les estimaient beaucoup ; Audubon en a porté un dans sa poche, de Philadelphie à New-York ; c'était un bouffon de la plus plaisante espèce.

« Le hibou barré, qui pousse de longs et étranges éclats de rire, venait souvent me visiter, dit le naturaliste, lorsque je campais au milieu des bois. Mon foyer ne lui faisait pas peur ; il approchait en sautillant, me regardait, balançait sa tête à droite et à gauche, et par la singularité anguleuse de ses mouvements, ressemblait à une de ces poupées de bois à ressort dont les mandibules, les pieds et les mains exécutent des gestes comiques. Si le temps venait à se couvrir, et que l'on fût menacé de pluie, les mouvements de l'oiseau se multipliaient ; les plumes de sa tête se hérissaient et l'enveloppaient comme d'une fraise ; il se mettait à rire plus fort que jamais ; son *whah ! whah !* pénétrant dans les retraites les plus profondes, éveillait l'attention de ses camarades, dont la voix lui répondait en écho. A ce tumulte discordant, à cette gaîté dissonante, vous eussiez cru que le royaume des hiboux célébrait quelque fête extraordinaire. »

Le portrait suivant de l'aigle à tête chauve, est aussi coloré et plus exact que les belles pages de Buffon.

« L'aigle est né sublime. Il flotte sur les bannières, il est le symbole du courage et de la grandeur. Il est le blason de la liberté d'Amérique ; il servit de type à Rome dans ses conquêtes, à Napoléon dans ses entreprises. La puissance de son élan, la hauteur et la rapidité de son essor, sa vigueur, son audace, la froideur de son courage justifient ce choix que l'assentiment de tous les peuples, consacre. C'est un héros et un tyran. Sa férocité égale sa bravoure. Il aime à plonger ses serres dans le sang ; le carnage fait ses délices, alors même qu'il n'a pas besoin d'une proie à dévorer.

» En automne, au moment où des milliers d'oiseaux fuient le nord et se rapprochent du soleil, laissez votre barque effleurer l'eau du Mississipi. Quand vous verrez deux arbres dont la cime dépasse toutes les autres cimes, s'élever en face l'un de l'autre, sur les deux bords du fleuve, levez les yeux. L'aigle est là, perché sur le faîte de l'un des arbres. Son œil étincelle dans son orbite, et paraît brûler comme la flamme. Il contemple attentivement toute l'étendue des eaux ; souvent son regard s'arrête sur le sol ; il observe, il attend ; tous les bruits qui se font entendre, il les écoute, il les recueille ; le daim, qui effleure à peine les feuillages, ne lui échappe pas. Sur l'arbre opposé, l'aigle femelle reste en sentinelle. De moment en moment, son cri semble exhorter le mâle à la patience. Il y répond par un battement d'ailes, par une inclination de tout son corps et par un glapissement dont la discordance et l'éclat ressemblent au rire d'un maniaque. Puis il se redresse ; à son immobilité, à son silence, vous diriez une statue. Les canards de toute espèce, les poules d'eau, les outardes fuient par bataillons serrés, que le cours de l'eau emporte ; proies que l'aigle dédaigne, et que ce mépris sauve de la mort. Un son, que le vent fait voler sur le courant, arrive enfin jusqu'à l'ouïe des deux aigles ; ce bruit a le retentissement et la raucité (1) d'un instrument de cuivre : c'est le chant du cygne. La femelle avertit le mâle, par un appel composé de deux notes ; tout le corps de l'aigle frémit ; deux ou trois coups de bec dont il frappe rapidement son plumage le préparent à son expédition. Il va partir.

»Le cygne vient, comme un vaisseau flottant dans l'air ; son col d'une blancheur de neige, étendu en avant ; l'œil étincelant d'inquiétude. Le mouvement précipité de ses deux

(1) Ce vieux *substantif*, qui sert de corrélatif au mot *rauque*, semble nécessaire quoique l'emploi en soit peu usité, et que plusieurs dictionnaires le condamnent.

ailes suffit à peine à soutenir la masse de son corps ; et ses pattes qui se reploient sous sa queue, disparaissent à l'œil. Il approche lentement, victime dévouée. Un cri de guerre se fait entendre. L'aigle part avec la rapidité de l'éclair qui file ou de l'éclair qui resplendit. Le cygne voit son bourreau, abaisse son col, décrit un demi-cercle, et manœuvre, dans l'agonie de sa crainte, pour échapper à la mort. Une seule chance de succès lui reste, c'est de plonger dans le courant : mais l'aigle prévoit la ruse ; il force sa proie à rester dans l'air, en se tenant sans relâche au-dessous d'elle, et en menaçant de la frapper au ventre et sous les ailes. Cette combinaison, que l'homme envierait à l'oiseau, ne manque jamais d'atteindre son but. Le cygne s'affaiblit, se lasse, et perd tout espoir de salut. Mais alors son ennemi craint encore qu'il n'aille tomber dans l'eau du fleuve. Un coup des serres de l'aigle frappe la victime sous l'aile, et la précipite obliquement sur le rivage.

» Tant de puissance, d'adresse, d'activité, de prudence ont achevé la conquête. Vous ne verriez pas sans effroi le triomphe de l'aigle. Il danse sur le cadavre ; il enfonce profondément ses armes d'airain dans le cœur du cygne mourant ; il bat des ailes, il hurle de joie, les dernières convulsions de l'oiseau l'enivrent. Il lève sa tête chauve vers le ciel, et ses yeux enflammés d'orgueil se colorent comme le sang. Sa femelle vient le rejoindre. Tous deux ils retournent le cygne, percent sa poitrine de leur bec, et se gorgent du sang encore chaud qui en jaillit. »

Audubon n'a pas oublié un seul détail des annales ornithologiques : il a surtout traité avec un soin particulier les amours des oiseaux. D'autres ont redit les amours des anges, histoire assurément apocryphe ; quelques-uns les amours des poètes, amours chimériques comme ceux de Pétrarque, symboliques comme ceux du Dante, ou insensés comme ceux du Tasse. On ne nous a pas fait grâce des mystères conjugaux de la floraison ; des amours des minéraux et de ceux des triangles (1). Qui ne préférerait à ces ridicules raffinements, les amours aériens que notre naturaliste a décrits avec tant de bonheur ?

La tourterelle de la Caroline lui a fourni le sujet de peintures délicieuses.

« Un luxe merveilleux de fleurs et de bourgeons blancs couvre les branches de la *stuartia*. Sur un des rameaux supérieurs de l'arbre, la tourterelle se tient, les ailes à demi-déployées, prête à fuir les caresses du mâle qui voltige autour d'elle et auquel elle oppose quelque temps une pruderie désespérante. Il vole vers elle ; elle s'élance sur un rameau plus élevé. Le mâle, battant des ailes, s'élève aussi haut qu'elles peuvent le porter ; puis, plongeant tout-à-coup, et décrivant un large cercle, la queue et les ailes déployées, il revient après cette navigation aérienne, se poser sur un rameau voisin. La femelle repart et entraîne dans quelque asile plus mystérieux et plus caché le mâle dont sa coquetterie repoussait l'hommage.

» Dès que la chaleur du printemps fait renaître les premiers bourgeons, le tourtereau de la Caroline commence à chanter. C'est un accent mélancolique et tendre, animé d'une douceur passionnée, prélude heureux et symbole de la sève ardente qui va circuler dans les veines de la nature. Quand l'oiseau vole, ses ailes produisent un singulier bruissement, murmure voluptueux que l'on entend de fort loin. Capable de s'élever au-dessus des plus hauts ar-

(1) Un poème bizarre a paru à Londres sous ce titre.

bres, il aime mieux en raser les branches inférieures, suivre la rive des lacs, et voguer paisiblement dans l'air, en y traçant une ligne directe et rapide. Lorsqu'il s'arrête sur un arbre, sa queue qu'il agite élégamment, correspond au mouvement de sa tête et de son cou. »

Tous les oiseaux sont jaloux dans leurs amours, excepté le pivert aux ailes d'or ; ce brillant gentilhomme de la forêt est le plus aimable et le plus éclatant des oiseaux.

« J'ai souvent, dit-il, passé des journées entières dans la société de ces petits êtres ailés. Rien n'est plus vif et plus joyeux ; du haut des vieux troncs et des arbres tombant de décrépitude, la voix du pivert se fait entendre, et tous ses camarades lui répondent. On voit plusieurs mâles attachés à la poursuite d'une seule femelle, voltiger, monter, descendre, exécuter mille évolutions étranges : espèce de ballet burlesque dont il est difficile d'être témoin sans rire. C'est ainsi que les prétendants témoignent à leur belle le désir de lui plaire et de l'amuser. Point de jalousie entre ces beaux, qui se disputent paisiblement et sans haine le prix des jeux, la compagne qui doit appartenir au vainqueur. D'arbre en arbre et de buisson en buisson, les mêmes cérémonies se répètent. Autour de la coquette qui semble indécise, vous voyez quelquefois douze ou treize danseurs voltigeant ; les jeux continuent jusqu'au moment où elle donne la préférence à l'un des rivaux, qu'elle attaque de son bec lorsqu'il passe près d'elle. Aussitôt tous les prétendants de s'envoler et de courir après une autre belle. Le couple reste tête-à-tête. Bientôt il s'agit de chercher une habitation commode pour le nouveau ménage. Ils partent ensemble et choisissent dans le bois un tronc d'arbre facile à creuser ; tour-à-tour le mari et la femme opèrent à coups de bec l'excavation qui doit contenir eux et leurs petits. A mesure qu'un débris de l'arbre vole dans l'air, sous le bec de l'un d'eux, l'autre le félicite par un petit cri aigu, écho de sa joie. Enfin, le nid s'achève, et c'est plaisir de voir les deux oiseaux monter et redescendre l'arbre dans tous les sens, aiguiser leurs becs sur tous les rameaux ; chasser inexorablement les rouges-gorges et les autres oiseaux ; aller en course lointaine à la recherche de fourmis, de larves et d'insectes. Deux semaines après, six œufs, blancs et transparents comme le cristal, sont déposés dans l'asile conjugal.

» Les piverts ont deux couvées par saison ; aussi cette race joyeuse pullule-t-elle dans les forêts de l'Amérique, et vous ne pouvez faire une promenade sans entendre leurs cris perçants et le retentissement de leur bec sur l'écorce des arbres. »

Telles sont les couleurs vives, variées, naïves, que la plume du naturaliste, aussi pittoresque que son pinceau, emploie pour commenter et expliquer les admirables planches qui composent son ouvrage. C'est ainsi que nous comprenons la science. Grâce au progrès de la civilisation, elle ne se contente plus d'une aride nomenclature : elle ne se renferme plus dans la poudre des vieux livres. Adieu pour toujours aux classifications symboliques et artificielles qui remplaçaient l'étude du monde et substituaient aux harmonies de la création je ne sais quel squelette, dont les ossements étiquetés servaient de jouet aux érudits. Lisez ces anciennes monographies. Qu'y trouverez-vous ? Des titres et des mots, des chiffres et un numérotage éternel, qui ne parle ni à l'âme ni à la pensée. Est-ce donc là, grand Dieu ! ton œuvre éternelle, ton œuvre vivante, animée dans toutes ses parties ? Quelles inventions puériles me donnez-vous à la place de ce grand tout ?

Voici un aigle sur la cime d'un roc : vous dissertez longuement sur une classe d'oiseaux, qui, dites-vous, ont le bec crochu et les pattes armées de serres. Que m'importe ? Cicérone insipide, pourquoi vous placer entre moi et le spectacle dont ma curiosité cherche les causes. Je veux savoir pourquoi cet aigle est là ; quel intérêt a-t-il à quitter la plaine qui lui offre une proie abondante ? d'où vient qu'il choisit pour trône et pour lieu de repos, ce rocher aigu, cet amas stérile de glaçons, qui ne peut lui fournir ni abri ni pâture ? Je vous demanderai aussi à quoi peut servir dans le plan général de l'univers, cette montagne aride et graniteuse que baigne la mer. Si vous m'apprenez que l'aigle, par l'envergure et la disposition de ses ailes, a besoin d'une cime très-élevée, d'où son essor est plus facile ; si vous prouvez par la conformation du globe, la nécessité des montagnes, où s'élaborent les métaux et où se trouvent les grands réservoirs qui alimentent les ruisseaux et les fleuves, je serai vraiment instruit ; je concevrai quelques-unes des harmonies de la nature, et je m'inclinerai avec respect devant ce vaste instrument aux mille cordes, fabriqué par l'éternel auteur.

Audubon non-seulement a compris ces harmonies au milieu desquelles il a vécu et qui ont retenti au fond de son âme, mais il les a reproduites dans un style admirable de simplicité, plein de saveur, de sève, d'éloquence et de sobriété. C'est sa gloire.

Plus varié qu'Irving, plus coloré et plus pur que Fenimore Cooper, avec lui s'arrête ce que l'on peut nommer la première époque littéraire des États-Unis.

DE LA

LITTÉRATURE DU PEUPLE

ET DE

LA LITTÉRATURE PSEUDO-POPULAIRE

EN ANGLETERRE ET AUX ÉTATS-UNIS.

DOCUMENTS BIBLIOGRAPHIQUES POUR SERVIR A L'HISTOIRE DE LA LITTÉRATURE POPULAIRE AUX ÉTATS-UNIS.

Consulter : — **Carlyle**. — Hero-Worship. — Chartism, etc.
Ralph Waldo Emerson. Characteristics.
Ebenezer Elliot. — Autobiography.
R. Southey. — Self-educated Pœts.

DE LA
LITTÉRATURE DU PEUPLE
ET DE
LA LITTÉRATURE PSEUDO-POPULAIRE
EN ANGLETERRE ET AUX ÉTATS-UNIS.

§ 1er.

Enfance et avenir de l'Amérique. — Vieillesse et désespoir de l'Europe. — Comment l'Amérique se peuple incessamment du trop-plein des populations européennes. — Émigration et colonisation.

C'est un spectacle sans égal que celui dont la pensée a le pressentiment aujourd'hui, et dont la certitude repose non sur des hypothèses, mais sur le développement inévitable des faits actuels, que cette Amérique, nouvelle Europe qui se trouvera occuper un espace immense, entre les deux mers d'une part, et d'une autre entre le Groënland et les Antilles. Vers ce déplacement des destinées humaines la civilisation gravite tout entière, et chacun des efforts que nous faisons pour nous soutenir et prolonger notre vie tourne au profit de cette grande héritière de nos richesses. La colonisation du Canada, dont une partie minime seulement est occupée par les débris des familles françaises, et dont le gouvernement britannique peuple les forêts et les déserts avec ses familles pauvres, importées de l'Irlande et de l'Écosse, concourra pour sa part à cette civilisation nouvelle. Il ne faudra pas un siècle pour que tous les colons de ces régions, parlant l'idiôme anglais, sentent qu'il y a entre eux et les habitants de Boston, de Washington ou de Philadelphie, plus d'affinités de voisinage, de commerce, de nécessité et de situation, qu'entre eux et les habitants de Londres. Tout ira se confondre, même les républiques du Midi, au sein du faisceau gigantesque dont Washington est aujourd'hui le centre. Les deux nations colonisatrices s'y trouveront représentées : l'Espagne catholique et l'Angleterre protestante; la France n'y aura point de représentant, si ce n'est peut-être dans un coin inaperçu du continent, vers Montréal et Québec.

Voilà le châtiment de cette légèreté foudroyante et de cette impétuosité sans arrêt qui nous a fait négliger nos colonies. Il y a même eu, quoi qu'on en dise, une faute politique grave dans l'appui que nous avons prêté aux Américains insurgés contre leur métropole. Les hommes d'État de cette époque ne songeaient qu'à se venger de leur ennemie et à satisfaire leurs rancunes anti-britanniques. Ils ne voyaient pas ce que l'on aperçoit à peine aujourd'hui : c'est que l'Europe elle-même commençait à être en question, et qu'il s'agissait bien plus (contre l'opinion universelle) d'un nouveau continent qui marchait à la prépondérance que d'une rébellion partielle contre une métropole injuste. Par son adhésion à la cause de l'Amérique, la France désertait la cause de l'Europe elle-même; et en jouant le second rôle dans la lutte, elle perdait ses colonies américaines, sans recueillir d'avantage personnel. Cet enchaînement singulier des choses humaines, que personne ne peut nier et dont la Providence s'est réservé l'intelligence complète, a fait que cette même guerre d'Amérique, sonnant la première fanfare de victoire pour le continent nouveau, sonna le premier glas de mort pour le continent ancien. On vit aussitôt les anciennes institutions de l'Europe crouler, les trônes se briser, sans que les peuples avec ces débris pussent se faire une habitation durable ; toutes les idées et les systèmes vaguer au hasard ; et un homme de génie, à force de coërcion et de conquêtes, parvenir à peine à resserrer quelque temps le faisceau rompu.

Ce qui est encore plus étrange, et ce qui prouve sans réplique la future et inévitable domination de cette Amérique pour laquelle nous serons un jour ce que l'Égypte pâlissante fut pour la Grèce radieuse, c'est que les idées américaines nous envahissent, nous pressent et usurpent chaque jour plus d'espace et de pouvoir. Elles ne nous vont guère. Elles sont sans analogie avec nos souvenirs, avec notre vie, avec l'entassement de nos populations et de nos cupidités rivales. Peu importe : nous cédons à la logique des choses et des antécédents, terrible *ananké* dont on ne brise pas le joug. C'est au moyen des idées américaines que nous espérons nous raviver, comme les Romains espérèrent un moment revivre par une infusion orientale qui acheva de les abattre. Ces réflexions, qui ne s'adressent qu'à l'avenir et qui ne pourraient changer le présent, n'empêchent pas que la résolution du gouvernement anglais et ses efforts pour peupler de familles pauvres le Canada supérieur, la nouvelle-Écosse, le cap Breton, le nouveau Brunswick, ne soient d'une très-bonne et utile politique. Il y a place dans ces régions, dont quelques-unes sont très-fertiles, pour quelques millions de travailleurs. La seule ville de Toronto entretient aujourd'hui quinze mille travailleurs qui reçoivent 2 livres sterling (44 francs) par mois, et qui sont nourris. Il faut avouer que la France n'en est pas encore là, et que ce grand remède de l'émigration ne lui offre pas encore la possibilité d'en faire aujourd'hui un utile emploi.

Si nous nous faisons Américains, ayons donc soin d'imiter leur énergie commerciale, leur esprit d'entreprise et leur opiniâtre activité. Si nous devenons Anglais, tâchons d'employer à leur exemple, la colonisation et l'émigration pour augmenter les ressources et guérir les blessures de la patrie.

On sait combien l'Angleterre est embarrassée du développement qu'elle a donné à l'industrie, de son commerce et de sa richesse. Ses forces pécuniaires et morales, sa population, son ambition et son luxe se sont accrus démesurément; enfermée dans l'île qu'elle occupe, elle n'a pu en élargir le diamètre et offrir à toutes ces avidités ardentes et affamées un théâtre de travail proportionné à leur désir. De là cette excessive compétition, cette rivalité furieuse et véhémente, cette foule qui encombre toutes les avenues du commerce et de la fortune, ce difficile emploi des capitaux, ce paupérisme épouvantable, ces lois des pauvres qui ne font qu'aggraver le mal; cette pléthore qui entretient une fièvre chaude permanente dans les veines d'un corps vigoureux. Les économistes cherchent mille moyens divers de contrebalancer ce mouvement et d'opposer une digue au progrès d'un mal qui n'est après tout que le progrès de l'industrie, de l'opulence et du commerce. M. Malthus se joint à miss Martineau pour engager les Anglais à ne plus se marier ou à se marier très-peu, par considération pour leur patrie, l'accroissement de la population étant la source évidente de ce fléau. D'autres philosophes conseillent l'exportation annuelle des pauvres dans les colonies américaines, australiennes et même africaines. Pendant qu'ils offrent une issue et un moyen d'écoulement à cette foule affamée, lui permettant d'aller travailler et mourir dans quelque pays sauvage, bien loin des souvenirs nationaux ; l'Angleterre elle-même sert de récipient à une foule mendiante qui lui tombe de l'Irlande, et qui non-seulement remplace les travailleurs expatriés, mais abaisse par sa misère et son extrême besoin le taux du salaire et le sort des travailleurs qui n'ont pas déserté le sol natal. L'Angleterre ressemble donc à un vase qui se vide d'un côté pour se remplir de l'autre. L'Irlande est une fabrique permanente de pauvres diables qui n'ont pas de culottes, qui ne savent aucun métier, et qui, trois pommes de terre à la main, passent le détroit et viennent demander aux Anglais du travail au plus bas prix possible. On leur en donne, et ils s'étendent endormis sur leurs haillons. Je voudrais que les philanthropes et les calculateurs réfléchissent à cet état de choses ; ils y verraient une des nombreuses preuves de l'impossibilité où est l'Europe de soutenir longtemps encore sa suprématie sur le globe, et l'un des symptômes les plus graves de ce changement qui s'annonce bien autrement intéressant que les révolutions de l'Empire romain, et qui livrera indubitablement le sceptre des destinées humaines à des régions aujourd'hui en apprentissage et qui vont s'émanciper.

Ces vues lointaines ne sont permises qu'aux philosophes. Les hommes d'État de l'Angleterre agissent raisonnablement en encourageant de toutes leurs forces l'émigration des familles pauvres, la fondation de nouvelles colonies, l'extension des colonies anciennes et l'emploi des facultés industrielles et des ambitions nationales en dehors du domaine très-resserré de la mère-patrie. Il y a aujourd'hui plus de dix *settlements* en ébauche, et qui commencent à fleurir sous la protection du gouvernement anglais. Je citerai ceux que l'on a formés dans les *Backwoods* du Canada, dans l'Australie du Sud et dans l'Australie de l'Ouest. Les États-Unis de l'Amérique septentrionale dévorent aussi, avec grand profit pour eux-mêmes, une quantité singulière de travailleurs irlandais, femmes, enfants et vieillards, qui, se jetant sur plusieurs vaisseaux, passent l'Atlantique, offrent la faiblesse ou la force de leurs bras, sont acceptés, et meurent au bout de peu de mois ou d'années, écrasés par le violent travail qu'on leur impose. Ils gagnent deux fois plus que dans leur pays, travaillent six fois davantage, et périssent six fois plus tôt. Les grands efforts sont comme les combats. Le peuple américain, monté sur le cheval de course de son progrès, ne s'embarrasse guère ni de sa fatigue, ni des existences qu'il peut absorber et dévorer. Il marche, ou plutôt il court; et soyez sûr qu'il ne s'arrêtera pas de sitôt. L'usurpation lui est facile, nécessaire, je dirais presque fatale, dans le sens de la destinée antique; on a vu avec quelle extrême facilité et par quelle pente irrésistible le Texas lui est arrivé.

Les hommes d'État anglais ont donc mille motifs pour jeter leurs populations indigentes dans les bois du Canada et se faire d'elles comme un rempart intermédiaire contre les envahissements de la fédération américaine. Ils s'arment contre deux ennemis à la fois; contre la vieille population française du Canada, population qui ne peut souffrir les Anglais, et contre les républicains des États-Unis, qui savent très-bien prendre leurs avantages. C'est afin de multiplier et de favoriser les émigrations au Canada, que le gouvernement anglais fait publier et répandre avec profusion les *lettres de quelques personnes indigentes qui ont émigré dans ce pays.* Elles contiennent la plus séduisante et la plus éclatante peinture du bonheur qui attend les émigrants futurs ; elle leur promet un pays de Cocagne, des rivières qui roulent de l'or, des fermes toutes bâties, des essaims de jeunes Canadiennes qui leur tendent les bras. Ce petit mensonge, *hoax* politique comme on en fait tant, est fort pardonnable. Il vaut mieux, pour les ouvriers pauvres de l'Angleterre, de l'Écosse et de l'Irlande, aller défricher à la sueur de leur front quelque sauvage domaine auprès des grands lacs canadiens, que de rester affamé et de devenir criminel dans les rues de Glascow, de Birmingham ou de Londres.

On a compté les victimes des anciens conquérants ; a-t-on pensé à celles de l'industrie moderne, générations étiolées, intelligences nouées et racornies; *canuts* de Lyon, *crazy-men* de Birmingham? Depuis l'année 1818, les tisserands et les fileurs à la main du nord de l'Écosse et de l'Angleterre pétitionnent incessamment pour qu'on leur donne le moyen de gagner leur vie. Tous les ans le Parlement les remet, comme Don Juan M. Dimanche, à l'année prochaine, et il n'en est plus question. Cependant le travail des machines, rival gigantesque du travail de l'homme, continue son progrès et écrase sur sa route tout ce qui résiste. — « Détruisez les machines ! » s'écrient quelques journaux et quelques pamphlétaires. Favorisez l'émigration, disent des publicistes plus sages ; c'est le seul remède à offrir aux populations exubérantes, aux bras qui n'ont pas d'emploi, aux professions encombrées. Fondez des colonies en des situations heureuses, fertiles, paisibles; l'argent que vous consacrerez à cela, vous le placerez à gros intérêts; plus vos colons seront satisfaits, plus ils attireront de nouveaux colons, plus vous soulagerez la métropole ; ces conseils sont excellents, bons à tout le monde. Les colonies sont des exutoires admirables, utiles à la métropole, même à l'heure où ils se détachent d'elle. Malheureusement la France n'a jamais su que découvrir pour les autres le territoire propre aux colonies, sans les fonder pour elle-même.

Nous ne reviendrons pas sur cette triste et vieille maladie de notre France, qui semble destinée à semer tous les germes du progrès sans les recueillir. L'Angleterre est au contraire essentiellement colonisatrice. C'est une nécessité pour elle de continuer cette œuvre qui a créé les États-Unis, et de la continuer avec un redoublement d'énergie, d'activité et de persévérance. Elle est avertie de cette nécessité par les faits les plus hideux et les plus avérés.

Il y a trois armées de pauvres en permanence, paysans d'Irlande (*cottiers*), laboureurs de Sussex et tisserands de Glascow; — qui forment, à elles trois, une masse de plus de trente mille hommes, sans moyens d'existence, lesquels ne savent pas comment ils se procureront le pain du lendemain. On voit sur les grandes routes, disent les rapports de la Chambre des Communes, des troupes de trente ou quarante ouvriers, qui vont d'un bout de l'Angleterre à l'autre chercher de l'ouvrage, demandant l'aumône sur la route, ramassés par les officiers de police, et heureux du pain bis que leur offre le *work-house*, où leur paroisse les confine. Si l'exagération guerrière de la conquête et de la discipline romaine finit autrefois, malgré les grandes qualités des conquérants, par retomber sur leurs propres têtes, et par livrer aux Héliogabales l'Empire languissant et déshonoré, il est facile de reconnaître que les excès de la civilisation commerciale donneront, sous d'autres formes, des résultats équivalents. Tous les documents publiés par les comités d'enquête attestent l'urgence du mal, et montrent des populations entières gagnant à peine du pain et de l'eau, en travaillant le jour et la nuit ; des mères réduites à la détresse et sacrifiant elles-mêmes leurs petits enfants au labeur des manufactures qui les anéantit avant la puberté ; des familles de laboureurs parqués et classés dans des asiles, où le gouvernement leur donne, à grands frais, une nourriture insuffisante ; en Irlande enfin, des districts entiers, dont tous les habitants vivent de quelques pommes séchées au four, sans viande, sans pain, sans bière et sans vin, jusqu'à ce que le sang de leurs veines ait perdu sa couleur et ses propriétés, de rouge devenu *jaune*, comme le prouvent les rapports des médecins envoyés dans le comté de Clare. C'est là ce que fait de ses paysans la contrée la plus riche et la plus éclairée du globe ; un pays qui exporte annuellement pour plusieurs millions sterling de produits. Quand les philosophes du XVIII° siècle ont crié contre la barbarie du vasselage, contre le moyen-âge, contre les seigneurs suzerains et contre les abbés ; lorsque l'abbé Raynal a hurlé contre l'esclavage ses déclamations impertinentes ; lorsque M. Dulaure a prouvé savamment que l'émancipation du genre humain date d'hier ; — aucun d'eux n'a prévu cette nouvelle immolation des masses humaines sur le champ de bataille de l'industrie, c'est-à-dire de l'intérêt.

Depuis 1829, il est parti d'Angleterre pour les États-Unis et le Canada, année commune et en prenant une moyenne entre les années les plus fortes et les moins chargées, cinquante mille émigrants par année, ce qui fait six cent mille émigrants. Malgré cette énorme saignée qui continue toujours, la Grande-Bretagne ne cesse point de se plaindre que sa population la tue. Un économiste moderne porte à trois cent mille âmes par an l'accroissement de cette population, à cent mille le nombre d'individus que l'industrie anglaise peut employer sur le sol britannique, et par conséquent à deux cent mille le nombre des bouches superflues et des personnes dont l'exportation serait indispensable. Pendant que les politiques et les économistes anglais luttent contre cette population qui aggrave la détresse, les Américains des États-Unis et les habitants du Canada demandent à grands cris les bras qui manquent à leur culture : « Tout le monde sait, disait récemment un journal canadien, que *population c'est richesse.* » Ainsi, pour les uns, la richesse est dans cette même population qui pour les autres constitue la pauvreté. On peut voir dans ces deux axiômes juxtaposés l'avenir de l'Europe et celui de l'Amérique ; — ici, rivalités, ambitions inassouvies, au sein d'une grande prospérité industrielle, cette décadence et cette presse d'individus affamés dont la Chine offre l'exemple ; — là, progrès continu, marche rapide, ascendante et inévitable.

Ces émigrations, que l'Angleterre et même la France doivent favoriser, augmentent et précipitent le progrès de l'Amérique septentrionale. Il n'est point probable que les colonies anglo-canadiennes et les diverses possessions britanniques voisines des républiques fédérées des États-Unis restent longtemps insensibles à cet exemple proche et contagieux de l'indépendance et de l'autonomie. Lorsque leurs villes seront construites, leurs champs défrichés, leurs forêts éclaircies, leurs relations commerciales établies, on les verra se détacher l'une après l'autre de la souche maternelle, et s'affilier à ce groupe formidable de républiques qui borde la mer Atlantique et va s'étendre jusqu'au grand Océan.

§ II.

Des mouvements populaires en France et en Angleterre. — Éducation des masses.

Le désespoir de la vieille Europe fatiguée de son labeur, usée par ses jouissances, énervée par ses désirs, se manifeste surtout en Angleterre, en France, en Allemagne. Les mouvements chartistes qui ont récemment effrayé la Grande-Bretagne ne sont autre chose que l'aspiration impuissante et forcenée vers un bien-être désiré; le rugissement du lion populaire s'agitant dans sa caverne. En France, il se mêle à ces mouvements plus d'amour-propre, d'envie et de haine jalouse; chez nos voisins, plus de faim, de soif et de douleur. L'insurrection des vanités n'est pas moins féroce que celle de la faim. Ici et de l'autre côté du détroit, les masses émancipées cherchent l'emploi de leur pouvoir. Il n'y a pas à s'opposer au fait ni à lutter contre ce qui existe. Toute bonne politique, digne de ce nom, accepte les situations et les dirige.

On agite maintenant en Angleterre une question difficile et redoutable : L'éducation populaire aurait-elle prévenu ces malheurs?

L'éducation populaire, son mode de distribution, le contrôle à exercer par elle et le choix des hommes auxquels elle doit être confiée, préoccupent aujourd'hui beaucoup les politiques de l'Angleterre, ou plutôt tous les esprits méditatifs en Europe. Ce n'est pas une question simple. On convient qu'il faut éclairer le peuple; on n'est d'accord ni sur le degré d'instruction, ni sur les moyens d'éducation, ni sur la proportion relative de l'éducation morale et de la tutelle religieuse. Le clergé soutient que la direction intellectuelle de l'humanité appartient à lui seul; les ennemis du clergé l'accusent de raviver le fanatisme à son profit. Quelques philosophes voient avec effroi une instruction sans moralité s'emparer des masses; d'autres affirment que la lumière morale accompagne toujours la lumière intellectuelle, et que l'on ne risque jamais rien en éclairant les hommes.

— « Hélas! Vous vous trompez, répondent à ces der-
» niers quelques observateurs plus clairvoyants; toutes les
» ambitions éveillées par une éducation à peu près égale
» rendront le gouvernement impossible. On se rue déjà sur
» les professions dites libérales, qui constituent la seule no-
» blesse du temps où nous sommes; vous aurez tout-à-
» l'heure vingt-cinq médecins pour un malade et soixante
» avocats pour un procès. Préparez les ouvriers à exercer
» les arts mécaniques, assurément aussi utiles que le ba-
» vardage de la langue et le babil de la plume; éloignez-les
» d'une éducation littéraire qui en fera de mauvais hommes
» de lettres et de pauvres artistes, peintres de paravents
» et d'horloges suisses. » A cela les partisans de l'égalité répondent qu'il est infâme d'établir une hiérarchie d'éducation et d'instruction; que l'Université est une institution féodale, arriérée, contraire au progrès, et qu'il faut la détruire. D'un autre côté, le clergé continue à remplir sa tâche, les philanthropes impriment de petits volumes, et l'on couronne tous les ans de jolis traités de morale populaire dont le peuple ne lit pas une ligne, mais qui profitent à deux personnes : à l'auteur et à l'imprimeur.

Nous venons de parler de la France. L'Angleterre est exposée à des dangers plus grands : forcée de continuer sa route d'industrie colossale, de commerce universel et d'exportation gigantesque, elle assemble sur certains points de son territoire des milliers d'hommes voués aux travaux manuels que nécessite cette industrie. Ce sont les desservants du temple. Pauvres gens! Ils en sont les holocaustes. Toutes les fois qu'une invention nouvelle fait avancer le char, comme parlent les poètes, il y a des milliers d'existences broyées sous les roues de cette autre idole de Jaggernaut. Je ne dis point cela pour calomnier l'industrie, mais parce que j'ai le malheur d'aimer la vérité et de l'écrire. Pendant les époques calmes, lorsqu'il n'y a pas de révolution, pas d'émeute, pas de machine nouvelle qui remplace deux cents bras d'hommes par un piston de cuivre; lorsque tout va bien pour l'ouvrier, voici quelle est sa vie, à Manchester, Birmingham, Liverpool, Sheffield, Leeds, Wolverhampton, Nottingham, Londres ou Édinbourg (1). Il se lève de bonne heure et sa femme aussi, parce qu'il faut arriver avant les autres ou aussitôt que les autres. Les ouvriers sont si nombreux sur le marché et la concurrence est si redoutable, que pour un peu de paresse, on s'expose à perdre sa place et son pain. La femme confie à une garde payée qui n'en prend aucun soin un enfant noir, chétif, maigre ou rachitique, un de ces horribles enfants que l'on ne trouve qu'à Lyon ou à Liverpool, et qui deviendra ouvrier lui-même. Puis le mari et la femme se rendent à leur travail, chacun de son côté. Plus de devoirs et de plaisirs domestiques, nul mouvement d'intelligence, rien qui réveille chez ces êtres matérialisés l'âme et l'esprit, l'étincelle divine. Il faut, en parlant de cet horrible emploi de l'humanité, se contenir et ne point donner place à la déclamation. Comme la vie est chère dans les grands centres d'industrie, un enfant, à peine

(1) Écrit en 1837.

élevé, devient utile en raison de sa force. On se sert de son petit bras dès qu'il peut mouvoir une bobine et soulever un marteau. Il n'a pas un instant de libre pour l'instruction ou le plaisir : toutes ses minutes sont prises. La grande affaire est de vivre : un mouvement de moins, c'est une bouchée de pain perdue. Quand le jour et tous les jours, les heures et toutes les heures se sont ainsi écoulés, que fera-t-on du dimanche? Et du lundi? Ceux qui connaissent l'homme et les lois éternelles de son organisation savent d'avance qu'il faut du plaisir et une distraction violente à ces malheureux esclaves (1). Ils ne s'en font pas faute. Les membres, fatigués de labeur ou raidis par l'immobilité d'une semaine, se détentent et se baignent dans l'ivresse et la grosse joie. A cette abominable torpeur, à cette affreuse lassitude succèdent vingt-quatre ou quarante-huit heures d'orgie. Puis l'homme devenu bête de somme reprend son joug hebdomadaire et recommence jusqu'à ce qu'il meure.

Vous en conviendrez, il n'y a pas d'être au monde auquel l'éducation soit plus nécessaire qu'à ce malheureux : comment la lui donner? Et quelle éducation lui donner?

L'ouvrier des manufactures n'est pas adulte, qu'on l'emploie déjà. Sa vigueur physique, à mesure qu'elle s'accroît, étouffe sa force intellectuelle. Il n'a jamais le temps de penser; il ne sait et ne peut que deux choses : agir et jouir. Les facultés de la brute se développent en lui, sans qu'il possède ces heureux instincts de sagesse conservatrice, que la Providence a donnés aux animaux pour perpétuer leur race. Il fait tous les jours la même œuvre, de

---

(1) V. notre volume d'ÉTUDES SUR LES MŒURS ET LES HOMMES DU XIXᵉ SIÈCLE. — *Causeries avec un Socialiste*, etc.

la même manière; il agit comme s'il était un levier, une poulie, un marteau; il perd sa qualité d'homme; il se croit morceau de cuivre ou de fer. Ces observations sont-elles une attaque calomnieuse contre l'industrie? non. Nous cherchons avec un désintéressement complet, la vérité, la réalité, les faits, les maux et les remèdes. Le père de l'économie politique, Adam Smith, homme réellement éloquent, comme tous les écrivains profonds et sincères, avait prévu ces résultats; il avait affirmé que la division du travail amènerait nécessairement et fatalement une époque où l'adresse et la puissance de chaque ouvrier se concentreraient sur une opération très-simple et toute matérielle. Aucune idée ne peut germer dans la tête d'un homme qui, trois cent cinquante jours par an, et deux mille fois par jour, a coupé une ficelle, tourné une bobine ou dévissé un écrou. L'ouvrier compositeur d'imprimerie, forcé de réfléchir en agissant, et d'accomplir diverses opérations compliquées et délicates, est presque toujours un garçon spirituel et vif; « mais (dit Adam Smith) la plu-
» part des ouvriers des manufactures n'ont aucune occa-
» sion de faire agir leur intelligence. Ils perdent l'habitude
» de penser et deviennent stupides et ignorants. La tor-
» peur de leur esprit les empêche, non-seulement de pren-
» dre part à une conversation raisonnable, mais de com-
» prendre les sentiments généreux ou tendres, et par con-
» séquent de porter un jugement équitable et solide sur les
» devoirs de la vie privée. Quant aux grands intérêts de la
» patrie, comment un tel homme pourrait-il s'y associer?
» L'uniformité de sa vie stationnaire corrompt le courage
» de son esprit, et jusqu'à l'activité de son corps. Sa
» dextérité partielle, il l'achète au prix de toutes ses ver-
» tus intellectuelles, sociales, morales. Si les gouverne-

» ments ne prennent pas des mesures pour corriger cette
» dégradation, tel sera l'état misérable auquel seront né-
» cessairement réduits les travailleurs pauvres de toutes les
» sociétés civilisées, c'est-à-dire la grande majorité des po-
» pulations. »

Que le grand économiste avait raison, les mouvements récents des chartistes sont venus le prouver. Des masses sans éducation, fatiguées de travail, fatiguées de misère, se sont tout-à-coup ébranlées. A la voix de quelques meneurs, elles ont pris la bêche et la pioche et sont descendues comme des avalanches sur les cités paisibles. Il a fallu livrer combat à ces Cyclopes; et quand on les battait d'un côté, on n'était pas sûr qu'ils n'allaient pas se relever d'un autre. Ils disposent d'un pouvoir physique immense; ils n'ont pas de principes, de lumières ni de frein; ils sont habitués à toutes les fatigues et à toutes les privations; ils veulent plus de pain, plus de loisir et moins de travail. Que leur répondre? Une nouvelle loi Agraire ne les satisferait même pas. Ne comprenant aucune économie, aucune modération, aucune vertu, ils auraient dissipé en peu de jours les richesses des provinces pillées par eux; l'affreux résultat d'une existence brutale et matérielle, c'est l'incapacité de mettre à profit le bien-être et le repos. Ainsi la civilisation a créé des fléaux inconnus; l'industrie a donné naissance à des monstres inouis. Les utopistes ont beau s'endormir au sein de leurs rêves, les prometteurs de destinées ont beau bercer l'humanité dans leur hamac tissu de phrases soyeuses; notre misère originelle se représente toujours, exigeant de nous un soin vigilant, une prudence attentive, et nous forçant à réparer sans cesse le vaisseau de cette civilisation, triomphante sans doute, et triomphante seulement à force de courage et de labeur. Montrer la face brillante des choses; cacher toujours l'envers et le revers; fabriquer à l'usage du peuple des bulletins de victoire aussi menteurs que ceux des conquérants; affirmer que certains mots magiques suffisent au bonheur de la société; duper ainsi les oreilles et les hommes par ce refrain flatteur qui chatouille agréablement toutes les faiblesses de l'espérance, c'est peut-être un métier lucratif, c'est assurément un métier dangereux et funeste. Ne séduisons point par une misérable et perpétuelle caresse une civilisation vieillie; ne ressemblons pas à la courtisane qui tourne à son profit les passions honteuses et s'enrichit des profusions et des folies qu'elle encourage.

Chaque époque a ses maladies, toute époque nouvelle recèle des maladies inconnues qu'il faut deviner plutôt qu'étudier. On n'est point pessimiste, parce que l'on est médecin; on n'assassine pas l'homme dont on sonde la plaie. Il y a des esprits méditatifs à la fois et pratiques qui embrassent les conséquences d'une situation; gardez-vous de les flétrir du nom de misanthropes. Misanthropes ! Bacon, Montesquieu, Machiavel ou William Pitt, gens de la même race, esprits de la même famille, ne voulaient pas que leur siècle les prît pour dupes, et ils avaient raison. Ils prévoyaient les inconvénients d'un avantage et les dangers d'une conquête; ils avaient raison. Ils vous eussent dit tout le péril de l'énorme accroissement (1) donné aux forces matérielles de la société; ils vous eussent recommandé surtout d'élever la condition morale et intellectuelle de ces masses qui servent d'instruments aveugles à la civilisation nouvelle; ils eussent répété que c'est toujours du sein de l'élément de force et de vie que se développe l'élé-

(1) Ce passage a été inséré dans le *Journal des Débats*; — Août 1835.

ment de mort ; que Rome a eu pour ennemie la guerre ; que la féodalité a péri par l'inégalité des pouvoirs qui en était la base : — enfin qu'au lieu de s'adorer elle-même, l'Industrie aujourd'hui régnante doit se précautionner et se garantir contre les résultats de sa conquête. A l'abri des grands noms que j'ai cités, ces utiles conseils obtiendraient quelque attention ; ils échapperaient du moins à l'accusation banale de pessimisme et de fâcheuse humeur.

La crise sociale où nous vivons, où l'Europe entière est plongée à différents degrés, est tout simplement un mouvement ascensionnel des classes inférieures convoitant la puissance et la richesse des classes immédiatement supérieures. Ce mouvement et cette convoitise se font surtout sentir dans les grandes villes où les intérêts et les hommes se pressent, où les passions fermentent, où une atmosphère à la fois lumineuse et ardente enveloppe toutes choses, où l'ambition circule avec l'air respirable, où l'on a sans cesse sous les yeux un luxe éblouissant, les voluptés du riche et les délices que la civilisation réserve à ses favoris. L'ouvrier de Birmingham, manquant de pain, si le travail lui manque une semaine; emprisonné dans un grenier de six pieds carrés; enflammé par les prédications de quelques orateurs des rues, ne deviendra certainement ni plus content, ni plus paisible si une demi-éducation lui permet de lire les pamphlets de Cobbett et même de traduire les théories de Rousseau. La lumière que vous lui apporterez lui fera prendre les armes, en lui montrant le hideux de sa misère et l'iniquité de sa position.

D'après les derniers résumés statistiques, il y a dans les seules villes de Manchester, Salford, Liverpool, Bury et York, 80,000 enfants qui s'élèvent pour devenir des chartistes. Les premières mesures à prendre sont à la fois les plus simples et les plus difficiles ; il s'agit d'assurer le pain et le bien-être de ces hommes. Je ne sais si une législation sage et bien entendue ne s'opposerait pas à toute agglomération excessive d'ouvriers et de manufactures sur le même point. Le bien-être d'abord, la moralité ensuite ; l'instruction viendrait après. L'instruction populaire achèverait de léguer aux générations ouvrières le respect d'elles-mêmes et l'attachement pour la société dont elles se sentiraient les appuis estimés et non les victimes.

Ce que fera l'Angleterre sera une leçon pour toute l'Europe ; l'Europe entière marche dans la même voie. L'Europe entière devra combattre à son tour les mêmes dangers nés du progrès de l'industrie et des forces aveugles qu'elle met en jeu, qu'elle enflamme et qu'elle exalte. Selon nous, le devoir d'une prudente politique sera d'abord de pourvoir aux nécessités urgentes de ces populations infortunées (1) ; puis d'élever par degré le niveau moral de leurs esprits, et enfin de les faire participer à cette instruction qui sera le dernier et le plus grand bienfait et éclairera pour elles tous les autres. Ce qui préoccupe maintenant les chartistes, c'est le salaire, le pain, le boire et le couvert : le problème actuel est d'assurer, d'augmenter leurs salaires et non d'accroître leurs lumière. Que l'éducation s'adresse à leurs enfants, et que les pères assez intelligents et assez moraux pour envoyer leurs fils aux écoles soient encouragés par l'État. L'Angleterre, toujours prudente dans ses améliorations, fidèle à ses traditions personnelles, et toujours contraire aux expériences scabreuses d'une politique empirique, suivra sans doute, dans cette circonstance, la voie la plus douce et non la plus violente ; non la plus bruyante, mais la plus sûre ; non la plus démo-

(1) Écrit en 1835.

cratique et la plus flatteuse pour les passions vulgaires ; mais la plus bienfaisante, la plus utile à ceux qui souffrent aujourd'hui comme à ceux qui demain paieraient les souffrances de leurs semblables.

§ III.

Poésie de la Vengeance et de la Colère populaire en Europe. — Crabbe, Robert Burns. — Ebenezer Elliott. — Généalogie intellectuelle de ces poètes en Angleterre.

Une telle situation devait trouver son expression poétique.

Le premier en date, le chef de ces poètes, c'est Crabbe. Avant lui déjà les tendances saxonnes et domestiques, le *homely* des Anglais, le *heimweh* des Germains, s'étaient révélés, mais avec moins de violence et d'âpreté. Il est facile de remonter de Crabbe et de Burns le laboureur, jusqu'à Goldsmith dont le *Village abandonné* n'est qu'une élégie populaire et sociale, et jusqu'à Gray, l'auteur du *Cimetière du Hameau*. Cette veine populaire date de loin dans les pays germains ; longtemps interrompue par le puritanisme et les influences italienne ou française, elle se retrouve au fond même du moyen-âge, et apparaît tout entière dans la *Vision de Pierre-le-Laboureur (Pierce Plowman)*, réclamation roturière et saxonne d'un homme des champs contre les abus de la suzeraineté normande.

En Amérique, la poésie de la vengeance ne pouvait naître. La primitive liberté de la nature et la forte lutte des puritains contre les puissances élémentaires, les flots, le sol et les vents ne permirent point à la muse domestique de prendre cet essor redoutable et amer, de devenir haineuse et violente. Les premiers initiateurs de la littérature américaine, Franklin, Audubon, Cooper sont des écrivains aimables et humains, c'est-à-dire populaires dans le sens réel de ce mot. Ils écrivent pour tout le monde, comme Shakspeare, Montaigne et Cervantes. C'est en Angleterre, au sein d'une société usée et raffinée qu'est éclose une autre littérature pseudo-populaire, vindicative et furieuse, destinée exclusivement aux ouvriers, aux pâtres et aux prolétaires. Chose étrange! Pendant que l'Amérique démocratique protégeait une littérature gracieuse et élégante, aristocratique et élevée comme la nature, remplie de nuances douces et fines, la vieille Europe ennuyée faisait naître de son côté une couvée de poètes tragiques, dithyrambiques et académiques sous le costume du prolétaire, — faux hommes du peuple qui grossissent leur voix et se parent d'une rudesse menteuse.

L'Angleterre hiérarchique et féodale a la première donné l'impulsion à ce mouvement. Crabbe (1) en a été l'instigateur primitif. Robert Burns, vrai paysan, l'a suivi de près. Robert Bloomfield et Southey dans sa jeunesse ont suivi la même trace.

Entre ces prosateurs ouvriers et poètes, quelques-uns sont sortis en réalité des rangs inférieurs; beaucoup, nous le verrons tout-à-l'heure, ne sont que des rhéteurs manqués. Deux hommes de génie apparaissent sur cette liste :

---

(1) V. ÉTUDES SUR LA LITTÉRATURE CONTEMPORAINE, *Études anglaises*, T. I.

le paysan écossais Robert Burns et le *Forgeron de Sheffield*. Celui-ci, Ebenezer Elliot, est de race saxonne et puritaine, comme son nom de baptême l'indique assez. Parlons de lui, ou plutôt laissons son admirateur enthousiaste, Thomas Carlyle analyser et exalter un talent remarquable, bien moins naïf que ne l'affirme Carlyle.

§ IV.

Le Forgeron de Sheffield. — Panégyrique de ce poète par Thomas Carlyle.

« Un forgeron (dit l'éloquent Thomas Carlyle), tout noir encore de ses travaux cyclopéens, bronzé par les vapeurs ardentes qui émanent de son foyer, teint de suie, orné le dimanche d'un gros habit de drap gris-de-fer, a fait retentir sa voix terrible, immédiatement après lord Byron.

» Ni Montgomery, ni Moore, ni mistriss Hemans, ni M. Polwhele, ni M. Bulwer n'ont produit autant d'effet. Le forgeron a chanté d'un ton assez rude, sur une corde d'airain, les misères du peuple, le paupérisme qui devient colosse, le fléau des mauvaises lois enfantant les mauvaises mœurs; il a prophétisé comme l'âne de Balaam, et beaucoup mieux que son maître. Du fond des ateliers fuligineux de Sheffield, où le travail armé de mille marteaux se bat avec la nécessité et transforme à la fois le fer en acier et l'acier en pain, cette voix pleine de raison et de force, mâle, vigoureuse, nullement caressante, a fait le tour de l'Angleterre.

« Vers sur les lois des céréales (1) ! » Quel titre ! C'était le seul possible. Notre poète chante en effet le pain, la cherté du pain, l'horrible détresse des classes forcées de s'en passer quand les législateurs ne mettent pas le pain à leur portée. C'est le poète de la famine, non du peuple.

» Vous ne trouverez pas là le génie poétique dans tout son développement, un Homère, un Tasse, même un lord Byron ; ces météores intellectuels sont rares, surtout aujourd'hui que la menue poésie pleut de toutes parts, que le ciel en est obscurci, que les vers médiocres tombent sur vous en larges gouttes et que l'horizon entier est devenu leur conquête. Ce qu'on nous offre maintenant chez les libraires sous le beau titre de *Poésies*, c'est je ne sais quoi : un songe, un rêve, un fantôme de livre, enfermé entre deux couvertures de papier ou de carton, un *rien*, qu'il faut payer de bon argent. Ici, au contraire, l'auteur a quelque chose à dire au public, sait ce qu'il veut dire, articule sa pensée et ne jargonne pas, bien qu'il écrive en vers. Quelle nouveauté ! Un poète qui a une âme : un écrivain qui s'est consulté, qui s'écoute, qui croit, qui cherche à communiquer sa croyance !

» Ce qui étonnera surtout le vulgaire, c'est que le forgeron ou chaudronnier de Sheffield (je ne sais trop lequel) n'a pas fait ses études et ne possède pas un denier de capital : cet étonnement me semble insensé. Je n'aime pas cette fatuité intolérable qui, pour avoir été élevée à Oxford, se croit en possession exclusive du génie et s'émerveille d'en trouver ailleurs que chez elle. Vous la voyez, trônant sur un amas de lexicons, de grammaires, de billets de Banque et de parchemins, jeter au loin les yeux et s'écrier : « Mais ceci n'est pas mal pour un poète du peuple !

(1) *Corn-law-rhymes.*

cela est très-surprenant pour un homme sans éducation! »
Comme si l'on ne pouvait parler et penser qu'après avoir
fait ses classes ; comme si, dans le temps étrange où nous
vivons, d'autres écoles plus instructives ne s'ouvraient pas
devant nous.

» Telle est l'éducation absurde qui règne depuis le
XVIIIe siècle sur l'Europe, que moins on reste soumis à
son influence, plus on a de chances pour conserver son jugement sain et sa pensée active. Au lieu de ne voir le
jour qu'à travers des lunettes de toutes formes et de toutes
couleurs, à facettes, à prismes, rouges, vertes, violettes,
convexes et concaves, l'homme sans éducation se sert
de ses yeux. Sont-ils naturellement sains, ils vaudront
infiniment mieux sans le secours factice qu'on leur prêterait et dont on les surchargerait inutilement. Myopes,
employez ces remèdes, mettez des lunettes ; laissez-nous
vivre, le front nu et l'œil au ciel, nous que la nature a
mieux doués.

» Prenez deux hommes médiocres ; soumettez l'un à la
routine ordinaire des gens comme il faut. Donnez-lui des
professeurs, des maîtres de danse, des maîtres de musique
et d'escrime, des complaisants et des maîtresses. Laissez
l'autre dans sa stupidité native ; qu'il soit ouvrier, artisan,
commissionnaire. A son entrée dans le monde, le gentilhomme sans esprit paraîtra fort supérieur au manœuvre
imbécille ; vous reconnaîtrez chez le premier plus de
grâce, plus d'élégance, une meilleure et plus aimable
manière de dire et de faire des sottises, un nombre infini
de connaissances superficielles qui manquent à l'autre,
enfin un avantage manifeste. Mais qu'il s'agisse, au contraire, d'un de ces caractères rares, dans lesquels un
germe de puissance cachée doit se développer tôt ou tard,

Dieu qui lui a fait ce présent, lui donnera aussi la volonté, la force, l'occasion d'en user, à moins qu'une aveugle destinée n'écrase sur sa route et ne tue ce génie, comme la foudre frappe un enfant. La question est donc de savoir si, pour une chance contraire que vous offrent les caprices du sort, les maladresses de l'éducation n'en présenteraient pas mille toutes également funestes au développement des capacités; si l'homme supérieur qu'une mauvaise culture rabaisse au niveau de la médiocrité, n'eût pas conquis son rang assigné par la nature, sans les soins dangereux que vous avez pris et la peine que vous avez dépensée pour altérer ses qualités naturelles.

» Les Rousseau, les Shakspeare, les Cervantes, ont-ils eu beaucoup à se louer de leur éducation? Leur véritable école, leurs études les plus réelles n'ont-elles pas été la peine, la misère, l'isolement, la calomnie, la faim et la douleur? N'est-ce pas dans ce sol ingrat qu'ils ont prospéré et fleuri, comme ces grands arbres des forêts, dont la semence, jetée au hasard sur le granit, brave les saisons et le temps, lutte, souffre, s'ouvre un passage dans les interstices du roc, croît au milieu des tempêtes, oppose à la bise et à la chaleur un tissu qui devient plus serré et plus puissant, en proportion de la résistance qu'il doit offrir et de la stérilité de la sève, se développe enfin, renverse de sa racine triomphante le berceau qui l'a nourri, et devient chêne? « Il n'y a, comme le dit très-bien un homme qui a écrit sur l'agriculture, il n'y a que l'artichaut qu'on ne puisse faire pousser ailleurs que dans un jardin; le chêne pousse seul, en tout lieu, et trouve sa substance dans le plus maigre sol. Si vous l'ensevelissez sous l'engrais, il dépérit; abandonnez-le à lui-même, vous le verrez croître et s'élancer, son tronc noueux faire jaillir mille rameaux et sa tête royale se couvrir d'une couronne de feuillage. » De même, si j'avais besoin d'un homme de cœur et de résolution, d'une tête saine et forte, d'un jugement dégagé de préjugés, d'un ami qui connût les hommes et le monde, dont l'utilité fût réelle et qui fût fréquemment, facilement applicable ; ce serait un homme sain et simple que je choisirais, quelqu'un de ces êtres forts, dont l'éducation s'est achevée en voyageant à travers l'Europe et l'Asie, qui ont appris à comparer les individus entre eux et à juger les événements ; non un de ces esprits débilités et contournés par le luxe du savoir et des jouissances, pleins de rêveries inapplicables et dangereuses, de petites ruses inventées par la vanité, d'adresse à simuler les vertus, de babil sans grandeur d'âme et de vanité sans courage. Oui, celui-là en sait plus que le sot bien élevé qui court de concert en concert et de salons en salons. Les ressources sans nombre dont notre siècle abonde apportent à l'homme trop de jouissances, sont trop complaisantes pour la sensualité, trop faciles au vice, pour ne pas favoriser les mauvais penchants : ce que l'éducation semble faire, la mollesse, le luxe, les habitudes sociales le détruisent ; et tandis que le voyageur, l'apprenti, le matelot, le soldat, le colon conservent l'énergie de la pensée avec la puissance du corps, le jeune indolent classique auquel toutes les jouissances intellectuelles sont prodiguées devient incapable de les sentir : en dernier résultat, l'homme le mieux élevé des deux est celui qui n'a pas reçu d'éducation.

» Il est faux que l'éducation n'existe pas pour le peuple. Les livres sont partout, les livres où se trouve le grand mystère du passé, où la pensée de l'homme se déploie avec les mille conquêtes dont elle s'est rendue maîtresse. La plus étroite hutte est un lieu d'éducation, pourvu qu'il s'y trouve un livre. La civilisation est tout entière dans l'alphabet, symbole universel et impérissable de ce que notre race a inventé, appris, deviné, fondé, transmuté, senti, accompli, imaginé depuis qu'elle est au monde. Où est l'expérience des siècles ? comment les découvertes et les instructions des temps passés arrivent-elles jusqu'à nous ? De mille manières ; dans les livres, les tableaux, les traditions, les mœurs et le langage. La roue d'une machine à vapeur communique au paysan un savoir plus profond que celui de Socrate. La force des temps antiques se survit et se perpétue, embaumée pour ainsi dire, non-seulement dans les écrits, mais dans les usages.

» *Savoir*, comme le disaient admirablement nos ancêtres, c'est *pouvoir*. *To ken* (1), connaître, n'était qu'un seul et même mot, identique avec *to can*, pouvoir. Que serait-ce donc qu'une science sans puissance et sans utilité, science de lettre morte, science de mots et de formes, que vous préconisez si haut et qui n'embrasse point la nature, ne la pénètre et ne l'approfondit pas, ne dévoile pas un mystère de la vie, et que cependant vous osez, téméraires et pédantesques trompeurs, appeler exclusivement et emphatiquement la *science*? Il y a bien plus de science dans une machine à filer le coton, résultat de tant de combinaisons et de découvertes nécessaires ; le vrai maître d'école c'est la pratique, et le savoir appartient à tous.

» Le pouvoir n'est plus le savoir aujourd'hui ; toute la culture factice de l'humanité repose sur cette fausse distinction, et le monde a oublié la vérité fondamentale : c'est qu'avant tout l'homme est né pour agir ; c'est qu'il

(1) Mot encore usité en Écosse.

doit *faire* quelque chose. De là cette supériorité incontestable des laborieux sur les oisifs.

» Le travail ! quelles sources incalculables de progrès et de science sont renfermées dans ce mot, dans cet acte, dans cet effort ! Le travail, qui s'empare de l'homme tout entier, non de son raisonnement seul et de ses facultés argumentatives, mais de toutes ses facultés d'action, de souffrance, de persévérance et d'entreprise ; le travail qui, à chaque pas, éveille une force endormie et déracine une erreur. Qui n'a rien fait ne sait rien. Inutiles sont les théories imaginaires et les hypothèses plausibles. Debout ! A l'œuvre ! Si ton savoir est réel, déploie-le ; lutte avec la nature, essaie la force de tes théories, vois si elles soutiendront l'épreuve. Agis ! A peine auras-tu *fait* une chose, mille clartés jailliront autour de toi. En vérité le sens de ce mot *travail* est immense. Il donne au plus humble chrétien des ressources que la plus haute intelligence n'atteindrait pas sans la pratique. Dans le creuset de l'expérience, la vérité se sépare de l'erreur. Grâce à vos systèmes, vous avez pour résultat une impossibilité, une chimère, ce que l'algébriste appellerait la *racine carrée d'une quantité négative* ; essayez donc d'extraire cette racine, reconnaissez la base solide de votre argumentation (si elle a une base), ou le vide sur lequel elle est suspendue. Comment s'évanouiront toutes les apparences illusoires ? Par la pratique.

» Deux hommes qui, dans le cours de leur vie, auront pour moteurs, l'un le principe théorique et spéculatif, l'autre le principe du travail et de la pratique, atteindront les résultats les plus différents. La distance qui doit les séparer, s'élargira sans cesse. L'un se payera volontiers de mots ; l'autre pour obtenir les premières nécessités de l'existence sera forcé d'agir continuellement, de beaucoup travailler et de beaucoup apprendre. L'homme de génie né dans le luxe et élevé pour l'inaction triomphera des obstacles, et le paysan privé de toute instruction classique vaincra aussi sa situation. Burns né sous le coutre d'une charrue et Byron dont le berceau portait d'antiques armoiries n'ont-ils pas été les premiers poëtes de leur temps? Choisissez deux intelligences moins hautes, moins éclatantes : deux hommes doués de talent. Voici Franklin dans une mauvaise imprimerie, où on le bat et où il travaille de huit heures du matin jusqu'à huit heures du soir. Voici Parr dans l'enceinte d'un collége, de Cambridge ou d'Oxford, avec leurs dotations, leurs professeurs célèbres et leurs belles bibliothèques; l'un de ces hommes restera Franklin, l'autre sera toujours Parr.

» Notre forgeron de Sheffield sait ce qu'il vaut. Armé de son instrument de fer, déjà endurci lui-même et bronzé par une longue épreuve de la vie et du travail, il s'estime à sa valeur, et pour dire ce qu'il pense, il ne prend ni précautions ni circonlocutions timides. Nulle préface préparatoire et suppliante ne sert d'exorde à sa poésie. Il ne vous prie pas, lecteurs, de lui pardonner ses vers et de considérer que l'auteur est un pauvre homme qui n'a pas fait ses classes. Il est là devant vous, parlant comme il sent, disant ce qu'il pense, donnant l'essor à sa pensée, et cette pensée est douloureuse. Il n'a pas besoin de vous; et vos éloges ou vos critiques ne changeront rien à l'état réel de la question. Ce qu'il dit en sera-t-il moins vrai si vous le blâmez? moins faux si vous le louez?

» Soit que l'on partage ou que l'on réprouve ses idées, il faut écouter cet homme, dont les opinions sont senties, dont les paroles jaillissent de son expérience, qui a vu avec ses propres yeux et non par l'entremise de ses maîtres ; qui n'est ni sentimental ni romanesque, ni romantique ni kantiste, ni puritain attaché à une secte quelconque ; — un penseur sérieux, un de ces gens rares, qui ne croient qu'à ce qu'ils savent et qui disent tout ce qu'ils croient. Vous êtes las enfin, ainsi que moi, de ces demi-penseurs, demi-raisonneurs et demi-poètes, qui poursuivent l'ombre d'un système, n'ont que des fractions de croyance et des scintillations de foi, tantôt mystique, tantôt philosophique ; sont portés à croire le pour et le contre, et vous laissent plongés dans une atmosphère de sophismes, de contradictions, de conjectures, de déclamations et d'hallucinations vaines.

» Il y a dans cette demi-philosophie, dans cette production incomplète de la pensée, plus de mensonge et d'improbité qu'on ne le suppose communément ; plus de lâcheté qu'on ne le croit. Il faut du courage pour avoir une foi et pour la professer sans crainte. On n'est pas un homme ordinaire, quand on sait approfondir ses idées, quand on ose être sincère envers soi et les autres. C'est ce caractère que nous remarquons avec joie chez le forgeron de Sheffield. Sans croire aveuglément à la vérité de ses doctrines, nous sommes persuadés de la sincérité de son langage et de l'honnêteté de ses intentions : une inspiration de colère, mais aussi de probité, anime sa poésie. On y retrouve l'homme assez énergique pour n'attendre de secours que de lui-même et de son labeur : élevé au milieu de la détresse, pour une vie de peine, de sueur et d'anxiété ; sensible cependant, accessible aux affections, connaissant des passions humaines ce qu'elles ont de plus tendre et de plus viril ; courageux, entreprenant, il ne s'arrête pas à l'apparence et à la surface, mais pénètre dans la réalité des choses. Aussi est-ce un poète.

» Toutefois si vous le jugez bien, vous trouverez que sa donnée principale est fausse. Hérault de la vengeance et de la faim, il ne conçoit qu'une sorte de fléau politique, il ne prévoit qu'un danger, c'est de manquer de pain. « *Du pain pour ses enfants! Du pain à bon marché!* » donnez-lui-en ; et il ne vous poursuivra plus de ses clameurs. Toute l'âpreté de son dithyrambe est dirigée contre les *Lois sur les céréales.* Il ne voit pas que ces lois sont la fraction infiniment petite d'un système immense ; et qu'alors même que l'on parviendrait à les corriger, à cicatriser cette plaie, à guérir cette blessure, mille autres plaies saigneraient encore. Il n'est frappé que de ces mesures législatives qui, entravant l'importation des grains et leur exportation, lui semblent menacer de disette sa pauvre famille. Erreur naturelle! Il ne voit pas que ce motif de plainte une fois supprimé, la sève amère et bouillante du mécontentement et de la révolte sociales trouvera encore des milliers d'issues, s'échappera et jaillira par tous les pores, soit qu'elle attaque les lois relatives au paupérisme ou aux élections, ou à la dîme, ou aux taxes locales, ou aux taxes sur la bière. Le mal est plus profond, hélas ! Il est plus fortement enraciné, il s'étend plus loin. Quand nous lui opposons un palliatif ou un remède, il change de forme et se présente d'un autre côté. Nous ressemblons à ce bon M. *Shandy* (1), qui se *reboutonnait à gauche pour se déboutonner à droite.* Et quel régime suivre, quelle panacée choisir, quel docteur consulter, pour guérir l'atrophie universelle du corps social, sa paralysie, sa désorganisation, sa fièvre irrégulière ; pour porter remède à la

(1) *Tristram Shandy,* de Sterne.

maladie d'un temps de décadence, où les principes privés et publics ont croulé ; où l'intérêt personnel, le manque de foi et les contradictions de doctrine s'enveniment avec les années ; où les riches qui voient la tempête approcher, sont prêts à quitter le gouvernail ; où les pauvres qui encombrent le navire et voient les provisions sur le point de manquer, s'apprêtent à débarrasser le pont de toutes ces bouches inutiles : moment critique, fatal, épouvantable ! d'un côté les puissants, assiégés par une multitude mécontente, d'un autre, les classes inférieures, assiégées par ses besoins, restent en face les uns des autres, pleines de défiance, de crainte et d'irritation mutuelles !

» Le poète populaire sur lequel notre attention s'est fixée, et qui la mérite à plus d'un titre, n'est pas un radical pur, un républicain forcené ; c'est ce qui le rend vénérable. Il ne veut pas détruire ; il croit encore, il y a de la loyauté dans son accent. Ennemi des abus de l'Église, il conserve intact ce sentiment religieux sans lequel il n'y a point de poésie. Rien n'est plus beau que sa description du dimanche de l'ouvrier ; comme ce pauvre homme est heureux de sentir la fraîcheur de l'air ! Qu'il jouit pleinement et fortement de sa liberté d'un jour ! Quelle piété profonde dans cette action de grâces ! Il serait difficile de trouver dans les sermonnaires, de morceau où la piété se montre plus éloquente, dans les poètes, de fragment plus énergique. On voit que notre forgeron croit à quelque chose, respecte quelque chose au monde, et que le mal qu'il aperçoit, celui qu'il souffre, ne le rendent pas inaccessible à cette admiration du beau, à cette vénération tendre sans lesquelles il n'y a pas de génie.

» Elliott se rapproche de Crabbe par la sévérité, l'âpreté, la réalité bilieuse des portraits ; il a plus d'énergie, de passion, de flamme native. Il écrit comme un artisan plein de verve ; Crabbe écrivait comme un vicaire mécontent. Seulement il est trop littéraire ; il y a des cabinets de lecture à Sheffield. Il a lu les ballades de mistriss Hemans et imité mistriss Hemans. Il a lu Byron et imité Byron ; il n'a pu s'empêcher de copier de temps à autre les vociférations passionnées de ce fat sublime, énervé par le jeu, les femmes, la vanité, l'ennui et les voyages. Le forgeron a tort. Il a tort aussi de répéter sans cesse qu'il est homme du peuple, ignorant, prolétaire, né dans la fange, et qu'il s'estime en dépit de tous ses désavantages. C'est à nous de l'estimer, à nous de le placer à son rang, à nous de railler l'impertinence de ces gens qui ont encore la naïveté de croire que le forgeron est moins qu'eux.

» Mais c'est à lui de conserver avec les hommes cette politesse naturelle que les hommes se doivent réciproquement. Il ne s'agit pas des convenances d'un salon ; il s'agit de ne pas croire que l'insolence soit de bon goût ; il faut se souvenir que les égards pour nos semblables, sont, dans quelque rang que le sort nous ait placés, un hommage rendu à notre propre dignité.

» En définitive il marquera dans son époque. Une seule chose lui reste à faire, c'est d'apprendre à moins déclamer et à ne pas se contenter d'invectives véhémentes empruntées à Raynal ou à Cobbett. Quant à ses peintures, elles sont vraies, fortes, heureuses. Le paysage choisi par notre forgeron n'est pas une Arcadie, c'est tout bonnement le comté de Sheffield ; des coteaux décharnés, des bruyères à perte de vue, le genêt semé sur le désert, et la fumée de la forge tourbillonnant çà et là ; au milieu de cette scène, les fils de Tubalcaïn se meuvent et s'agitent. La population rurale qui se mêle aux forgerons n'est pas plus douce, plus pastorale, plus civilisée qu'eux. C'est le braconnier, le petit fermier dont les produits soutiennent l'existence ; l'artisan attaché à la forge, soit pour réparer, soit pour fabriquer les outils. Quelques-uns de ces métiers sont si pénibles, que l'homme qui les exerce est certain d'avance de ne pas vivre au-delà d'un petit nombre d'années. Écoutez le poète : il décrit l'habitation de l'un de ces artisans dévoués à la mort par le métier qu'ils exercent.

— « C'est là qu'il demeure, dans ce moulin que les vieilles forêts embrassent de leur étreinte, au milieu de ces arbres qui semblent s'admirer dans l'eau murmurante. Dirigez-vous vers cet endroit où la roue tourne couronnée d'une écume mobile, où l'acier siffle plongé dans le feu. Vous entendez l'haleine pénible du maître de ce pauvre logis, et sa toux mortelle, symptômes d'une fin prochaine et d'une santé détruite. Il travaille pourtant, il achève sa tâche, et prédestiné à mourir jeune, dédaigneux de l'avenir, dépensant tout ce qu'il a gagné, voué à la débauche, il marche vers sa tombe, sans craindre ni les hommes ni la mort. A-t-il des vertus ? Oui certes. Il estime la dignité humaine ; il se sent libre et n'ignore pas ce que peuvent les volontés fermes. La menace du riche ne le force pas d'abaisser sa paupière. Mauvais sujet sans doute ; mais ce n'est pas un mendiant, la paroisse ne fait rien pour lui. Il se hâte de vivre, de travailler, de boire, de mourir ; et, vieux à trente-deux ans, il succombe. »

» Le portrait du braconnier Jem n'est pas moins vivement tracé :

— « C'est un héros que Jem ! l'aristocrate du canton, le chevalier errant de ces parages ! Jem croit au droit du plus fort et les doctrines sauvages n'ont pas de plus zélé défenseur. Son état est sublime; le fusil sous le bras, il sort vers la brune, ne mendie jamais, vole le mendiant qui passe, a le coup d'œil juste et la main assurée, boit comme un seigneur, abat une hirondelle au vol aussi bien que lui, et comme lui se nourrit de perdreaux, parce que le pain est cher. Père de six enfants que son exemple instruit et qu'il élève pour le gibet et la prison, avec eux il s'enivre, avec eux il conspire le pillage d'un poulailler et la dévastation d'une forêt. Admirez la majesté de sa démarche, la gravité de son ton, la noblesse de son encolure; avec quelle audace il vous toise, combien son sourire et son dédain ressemblent à ceux du seigneur suzerain! Dès que la lune est levée, il paraît sur l'horizon. Dès qu'elle se retire, il s'éclipse, les poches gonflées de ses larcins; Jem ne lit pas, ne pense pas, ne sent rien, ne prévoit rien. Il vole; c'est sa gloire et sa vie; le produit de ses vols est l'aliment des vices qui le poussent à des vols nouveaux. Tristes résultats d'une civilisation excessive et d'une société mal pondérée; Jem le braconnier vit plus heureux et plus libre que l'artisan modeste et laborieux. »

» Ce dernier, lorsque la nourriture de sa famille est assurée, lorsque pendant six jours il a poursuivi sa pénible conquête sur la matière brute, trouve enfin un jour de repos. Il a son dimanche; il sort de son antre et revoit la lumière.

» La lumière! si douce, si pure! Preuve de la bonté de Dieu, toujours la même, toujours bienfaisante, elle sourit aux vices et aux fragilités de l'homme; draperie détachée du trône éternel, enveloppant de ses plis des mondes innombrables jetés dans l'océan de l'espace; elle ne change pas ; elle ne changera jamais : consolante et magique elle étincelle même dans les journées d'hiver.

» Qu'elle semble charmante, surtout lorsque vient le jour du repos, quand la cloche qui rappelle Dieu au peuple, fait retentir sa voix du sein de cette tour que le doigt du temps a touchée ! Une douceur solennelle se glisse dans l'âme : un sentiment religieux vous pénètre, vous tous qui savez que l'homme est une poussière vivante, que Dieu c'est l'amour, que cette terre est son jouet passager ; que, riches et pauvres, nous sommes frères dans ce rapide pèlerinage, et que rien n'a de prix dans ce monde, si ce n'est la vertu, l'obéissance aux lois du grand maître, et la charité pour ses enfants.

» Salut donc, jour du repos ! jour de bonheur et de paix ! Les villes se taisent ; le marteau, la roue, la scie, la lime, ne fatiguent plus l'oreille, le commerce n'a plus de combats ni de clameurs ; fatigué d'une semaine laborieuse, l'homme de la ville cherche la campagne. Il est donc libre ! Pas une odeur qui émanée de la fleur des champs ne soit un délice pour lui. Il porte envie au vautour lointain, qui se balance sur les nuages et est libre comme eux. Il aime ces aspects du ciel, dont les vapeurs changeantes ouvrent un Éden à ses regards. Ses petits enfants sont avec lui, cherchant des fleurs et chassant devant eux le papillon aux ailes d'or. Il renoue alliance avec la nature, il retrouve une joie dans les bourgeons de ces arbres, une volupté dans ces fleurs épanouies, un bonheur profond dans le regard de ses enfants heureux. Puis il offre sur cet autel sublime, au milieu du vrai temple de Dieu, sa joyeuse reconnaissance à l'Être éternel, créateur de cette harmonie, conservateur de cet univers ; et les larmes dans les yeux, il oublie que l'homme, à force d'injustice, a changé ce paradis en enfer ! »

» Tels sont les accents du forgeron de Sheffield. L'énergie, la simplicité, la grandeur, la beauté ne leur manquent pas. Au lieu d'un athéisme vulgaire, vous trouvez là une noble croyance. Le pauvre cyclope qui fait entendre cette voix sage, pieuse, mâle et résolue.

» On ne peut méconnaître dans ces poésies un double symptôme : l'un chargé de terreurs, l'autre rempli d'espérances. La situation des classes pauvres et industrielles en Angleterre et en Europe s'y révèle manifestement. L'auteur les a écrites, l'œil fixé sur cet asile de désolation, sur cet enfer du prolétaire anglais, la *Maison de travail* (1), objet d'épouvante, pays d'où l'on ne revient jamais dès que l'on y a mis le pied, région d'infortunes et de douleurs. Les trois quarts des Anglais passent leur vie et épuisent leur force dans une lutte qui n'a pour but que d'éloigner ce fléau qui les menace toujours. Certes il est affreux que dans la contrée la plus civilisée de l'Europe, un homme laborieux ne soit jamais sûr d'avoir du pain : que des bras vigoureux, une âme honnête, un esprit industrieux ne l'empêchent pas de mendier sa vie ; qu'un cheval, en travaillant, gagne son avoine ; et que nos semblables, en travaillant, ne puissent la gagner. O jeunes imitateurs de Byron, dédaigneux, orgueilleux et prétentieux misanthropes, réfléchissez donc un peu, dans votre soie et votre velours, sous votre costume de fête et de bal ; vous qui trouvez la vie mauvaise et le ciel injuste, voilà ce que c'est que du malheur !

(1) *Work-house*, maison de travail, de réclusion et de correction.

» Et remarquez que les années en s'écoulant l'aggravent. L'accroissement de la population jette dans les ateliers une foule affamée ; chaque nouveau co-partageant de la masse industrielle est une calamité pour ses camarades. Chaque nouvelle boutique abaisse le prix de la main-d'œuvre. Des cœurs se brisent, des familles s'éteignent, de nobles êtres tombent, le vice s'accroît, et la population la plus active, la plus courageuse de la terre, se transforme en une armée de pauvres couverts de haillons, prêts à broyer sous leurs massues sanglantes toute la machine sociale qu'ils accusent et détestent !

» Que faire donc ? quelle digue opposer à ce torrent funeste ? imprimer à cette foule malheureuse toute la vertu et toute la force dont elle a besoin : apprendre à ces parias à être hommes, à réclamer leurs droits sans fureur, à soutenir leur dignité sans meurtre, à ne répudier la servilité et l'hypocrisie que pour se montrer plus grands, plus braves, plus actifs, plus raisonnablement pieux. De la moralité ou de l'immoralité des classes inférieures dépendent aujourd'hui les destinées des royaumes et des républiques. L'Amérique n'est heureuse que parce qu'elle n'a pas de *canaille*. Effaçons-la donc s'il est possible. En des circonstances telles que le sont celles qui nous pressent, le peuple ne saurait avoir trop de résolution, d'héroïsme et de persévérance. A quoi servirait une réforme purement politique, une réforme matérielle qui se contenterait de nettoyer le terrain, si les mêmes germes s'y trouvaient tous réunis, si la réforme morale et intellectuelle ne venait pas rajeunir le sol et lui confier des semences d'héroïsme et de vertu ? Les lois ne font pas les hommes. C'est l'exemple, c'est le sentiment moral, c'est la contagion d'un bon principe qui les créent. Tout homme vertueux est un centre mystique autour duquel viennent se grouper les âmes prédestinées à la vertu : son œuvre est incalculable ; une seule de ses actions est douée d'une influence sans limite. Elle donne la vie à des millions d'autres vertus ; elle est créatrice, elle est divine. Telle est la grande leçon de la philosophie pratique, leçon trop négligée. Homme, tu n'as de pouvoir que sur un seul être, sur toi. Ta vie est courte ; le temps ne t'appartient pas ; Dieu ne t'a pas donné de sauver le monde. Mais tu t'appartiens ; ce sera beaucoup faire que de te racheter.

» Les hommes du peuple, qui, semblables au forgeron de Sheffield, n'ont pas perdu le sentiment du bien, l'amour de la vertu, la foi en Dieu, sont ceux sur lesquels toute l'espérance de l'Europe repose. Le germe de la régénération est dans ces hommes rares. »

Ainsi parle, et avec une admirable éloquence, le philosophe Carlyle.

Néanmoins, sous le rapport de l'art, l'écrivain qui nous occupe est incomplet. Épique sans le savoir, il voudrait être lyrique et n'y réussit pas toujours. Ses poésies sont l'exagération de Crabbe, de Wordsworth et de Cowper. Son énergie aurait plus de valeur si elle était plus contenue, si sa flamme ne se mêlait pas de tourbillons de fumée comme celle qui plane au-dessus des fournaises de Birmingham. Il jette sa poésie par bouffées ardentes, à peu près comme Savage contemporain de Johnson ; et l'incohérence de ses œuvres, mêlée d'un cri perpétuel de fureur, de douleur et de faim, produit une sensation pénible. De temps à autre il oublie sa mission politique, cesse de parler contre la taxe, la cherté du pain et les propriétaires, s'enfonce dans l'ombre de la forêt, gravit ses montagnes, et trouve alors des accents qui pénètrent, nés surtout de la profondeur du sentiment religieux et de l'aspect de la nature. Quelquefois encore il prévoit les reproches qui lui seront faits et s'excuse ou accuse ses ennemis avec une verve magnifique.

« Le pauvre se plaint, dit-il, et qui l'écoutera? Qui voudra entendre un récit de misères véritables? Malheur à la muse de la souffrance et du besoin ! Personne ne voudra l'accueillir. Ces pauvres si dédaignés, n'écrivez pas leur affreuse histoire; l'orgueil et la vanité mépriseraient vos labeurs. —Quel est-il, je vous prie, cet artisan qui prend la plume? et de quel droit l'ose-t-il? Rimeur absurde, retire-toi, quitte ce pupitre, racornis tes doigts (1), laisse-là cette industrie qui n'est pas faite pour toi. Tu ne prononces que des anathèmes, et tu n'es qu'un rude ouvrier de poésie !

» Oh ! si je le pouvais, si ma poésie était l'enfant naïf et frais cueillant les marguerites blanches sur les pelouses de mai, et babillant avec plus de grâce que les oiseaux du bois voisin ! J'apprendrais à mes frères les pauvres à être gais comme la nature, comme les fleurs et les oiseaux, comme les vents et les rivières, comme les nuages qui passent et se jouent brillamment dans le ciel. Ma sagesse alors serait joyeuse; mais, hélas! mon cœur est malade, et je vis de poison. J'aurais honte de rire ; je veux l'ombre et la tristesse, je les cherche comme ces plantes qui se cachent dans l'obscurité. Il y eut un temps où mon cœur était limpide et doux comme la larme d'une femme; à force de rêver aux maux que je ne puis guérir, il s'est endurci, et je n'ai plus, comme le Florentin d'autrefois,

(1) *Rehoof my finger*, etc.

comme celui dont l'harmonie était un sifflement et un tonnerre, je n'ai plus d'espoir et de plaisir que dans le combat; je me ceins les reins pour lutter et souffrir. Ne me lisez donc pas, vous qui aimez l'élégance et la grâce. Ne venez pas, mouches folles, déchirer sur ces épines et ces roches brûlées du soleil, battues de la tempête, la gaze de vos ailes. Mais vous qui honorez la vérité, suivez-moi ; je vous apporte des fleurs de bruyères cueillies sur le précipice, au milieu de la bise qui glace et de l'orage qui dévore! »

Le poëme d'Ebenezer Elliott intitulé le *Patriarche du Village* est une imitation vigoureuse et déclamatoire du poëme de Wordsworth, *the Wanderer*, colporteur philosophe, qui traite en métaphysicien consommé de Dieu et de l'homme, de la nature et de l'âme. Les tableaux vulgaires et les plus humbles paysages reproduits par le poëte se relèvent et s'embellissent d'une auréole et d'une transformation idéales. Elliott abuse de la réalité qu'il exagère. *The Ranter* (le déclamateur) d'Elliott, pièce très-courte d'une grande éloquence, est ce qu'il a écrit de plus complet et de plus achevé. Ses odes et ses chansons sur la taxe, les impôts et la faim, sur les chartistes, les enfants des manufactures et les émeutes de 1837-38, curieux témoignages historiques, laissent dans l'âme une impression profondément douloureuse. Citons la chanson des enfants de Preston :

« Il faisait beau ; le canon grondait, le vent du nord soufflait et donnait de la vigueur à l'homme. Par milliers sortaient des moulins de Preston les petits prisonniers.

» Leur procession s'avançait dans la rue ; ils avaient leurs beaux habits, et se réjouissaient d'être libres ;

ils chantaient de leurs douces voix un chant de liberté.

» Leurs lèvres étaient pâles ; ils souriaient tristement : c'était la mort à l'entrée de la vie, et chacun, les voyant passer, disait : Hélas ! est-ce là un enfant ?

» Les bannières flottaient ; les hommes, armée de fantômes hâves, marchaient avec eux, se donnant la main, torrent vivant et redoutable.

» Des milliers et des milliers, tous en blanc, les yeux ternes et sombres, ô Dieu ! c'était un spectacle lugubre et magnifique !

» Ils chantaient ensemble, toujours en souriant, et mon âme poussa un long gémissement. Mon Dieu ! qui voudrait avoir un de ces enfants, et qui voudrait l'être ? quelle mère voudrait en être la mère ? »

La principale figure de ses poëmes est un personnage vraiment épique, un de ces personnages qui révèlent un monde : un *vieillard aveugle*, « Enoch Wray, » débris d'un autre siècle, entouré lui-même de ruines : création malheureusement inachevée.

Ce pauvre Enoch Wray, symbole d'un passé poétique que l'on aperçoit à l'horizon, ce patriarche du village, qui a vu tout un siècle finir et s'ensevelir devant lui ; ancien témoin d'une situation où le labeur n'était pas payé par la misère ; chronique vivante de ces générations industrieuses et disparues ; cet Enoch Wray est largement conçu. Il parle peu et agit peu ; son front blanchi s'élève sur la scène comme la tour en ruines des temps féodaux au milieu des constructions nouvelles. « Nestor de cette autre Iliade ; sage, brave, éloquent, il n'a pas renversé ou construit de villes ; le moulin du village, le pont rustique jeté sur le torrent, l'école maintenant fréquentée par une foule de petits villageois, voilà ses œuvres. Et lui aussi, il a forcé le désordre à faire place à l'ordre ; il a détruit une portion du vieux chaos ; il a servi les grands desseins de Dieu sur les hommes. Voilà pourquoi le poète a fait vivre son souvenir. N'était-ce pas Enoch que tout le monde s'empressait de consulter sur les matières difficiles? N'était-ce pas lui qui conservait les traditions du hameau et gravait sur la pierre des tombes le nom de ses camarades morts? Héros obscur, armé non comme Achille et Énée, de glaives et de cuirasses fabriqués par les Dieux, mais de quelques instruments vulgaires et méprisés, de la pioche, de la bêche et du marteau; dans la simplicité de sa vie, il n'a pas cessé de livrer la guerre à ces mortels ennemis de notre bonheur, l'ignorance et l'orgueil. »

Une conception de ce genre aurait pu entraîner le poète dans plusieurs dangers. La muse lacrymale des uns, la muse philosophique des autres auraient donné à l'ensemble du poème un tour, ou sentimental et faux, ou pédant et sentencieux, dont l'effet eût été déplorable. Le forgeron de Sheffield a su éviter ce ridicule, jeter dans son œuvre un pathétique vrai, relevé d'une gaîté naïve et un peu rude, et accomplir, non sans doute un tableau parfait, mais une esquisse franche, un peu décousue, où se retrouvent la suie, la vapeur et l'horizon triste des grandes plaines de Sheffield.

Le forgeron aurait pu exprimer en prose ce qu'il a exprimé en vers; la leçon n'aurait pas été moins frappante. Ne vit-on pas en prose? Le Coran et la moitié des ouvrages de Goëthe, l'Émile de Jean-Jacques et les romans de Scott sont en prose. Peut-être même la pensée d'Elliott se serait-elle développée avec une vigueur plus complète, s'il n'avait voulu être un versificateur consommé, s'il n'avait pas monté cette jument souvent boiteuse, souvent rétive, que les anciens appelaient Pégase, et qui pour nous n'est autre que la *Rime*. En se débarrassant d'elle, il aurait peut-être suivi une route plus utile : il aurait adressé des conseils et des prières plus faciles à comprendre à ces deux classes dont Carlyle a parlé, l'une composée des gens qui se croient nés pour jouir, l'autre des gens qui se croient nés pour haïr.

Les premiers, les mauvais riches, s'épouvanteront : un artisan qui parle ainsi doit jeter l'alarme dans leurs rangs. Les seconds, en Angleterre, ont déjà reçu avec joie le message de charité et de réhabilitation. Ils voient avec bonheur que la vieille barrière élevée entre l'intelligence et la force physique peut enfin s'abaisser. Ils interprètent sans colère ce document curieux, témoignage d'une émancipation imprévue. Ils cherchent à corriger et à adoucir ce qu'il y a d'âpre et de violent dans l'expression de sentiments douloureux; ils encouragent et développent avec soin l'amour de l'ordre, du bien, de la vertu, du travail, qui respire dans ces accents. Pour eux cet homme aux mains calleuses, au front noirci, aux cheveux brûlés, à la voix rude est l'ambassadeur de millions d'hommes, endurcis et bronzés comme lui par le travail, et demandant, par son entremise, à sortir de cette haine, de cette douleur, de ces ténèbres, de cette ignorance, où les masses languissent aujourd'hui. C'est aux hommes honnêtes de la classe élevée, qu'il appartient de cultiver les germes populaires. C'est aux hommes populaires, de quitter l'œuvre de destruction pour embrasser enfin le travail de régénération et d'amour.

Qu'ils pensent que des hommes méprisables pourraient

tout aussi bien qu'eux déclamer et haïr; ravager et tuer;
— mais que les plus nobles âmes, les plus belles intelligences peuvent seules prendre en main la cause de l'ordre et de la vertu dans des temps difficiles, et répandre aujourd'hui la foi, la persévérance et la charité parmi les hommes.

§ V.

Thomas Cooper. — Le Purgatoire des Suicides. — Ernest. — Le Charpentier. — Le Tisserand.

« Je me croyais embarqué sur une chaloupe, et c'était la Mort qui la dirigeait. L'océan qui nous portait n'avait pas de ciel, et les passagers qui se trouvaient avec moi n'avaient pas de souffle. Je voyais partout des prunelles enflammées et étranges fixer leurs regards, animés d'une vitalité de fantôme, d'abord sur moi, puis sur le pilote. De sa main qui n'avait pas de chair, la Mort faisait signe aux flots insurgés et rauques qui battaient son navire, puis semblaient tomber et s'abattre à ce signal solennel.

» Il n'y avait point de soleil pour me montrer ces passagers et cette barque; nulle lumière qui rendît visible la troupe pâle des esprits. Je les voyais par l'œil de mon âme, comme si les chaînes du corps l'eussent laissée libre et lui eussent permis une vision plus dégagée de mensonge que les réalités vivantes révélées aux regards humains. Les langages de la terre ne pourraient offrir même l'ombre de ces êtres informes et immenses qui se roulaient lourdement à travers la mystique mer des abîmes.

» Rien ne peut en donner l'idée, pas même les souverains gigantesques de la fange naissante, les grands lézards, rois de la terre, lorsque échappant au chaos, toute chaude encore de la vie primitive, elle trembla d'effroi devant ses premiers maîtres ; pas même les leviathans, mammoths, mastodontes inconnus, et tout ce que le reptile humain, venu le dernier, a classé selon son instinct qu'il appelle *science*, pour faire rire un jour les reptiles qui, dans leur orgueil, ramperont comme lui de la naissance à la mort.

» Tous ces monstres, témoins de notre traversée et poussés par les flots sombres, tout cela, voyage, voyageurs habitants des gouffres, était étrange, nouveau, terrible. Les merveilles s'accrurent bientôt. Quand nous eûmes atteint la rive de cet océan agité, les ondes retombèrent calmes ; la barque et son pilote s'évanouirent, et tout fut comme si rien n'eût été. Je ne vis plus que les passagers ; d'un air résolu et funèbre, ils s'avançaient vers une terre ténébreuse où d'autres prestiges plus effrayants les attendaient (1). »

Ainsi commence le poëme de l'ouvrier chartiste, Thomas Cooper, cordonnier de son état, puis maître d'école, collaborateur d'un journal provincial, devenu orateur populaire, et condamné en 1842 à la prison pour avoir encouragé et excité l'émeute des ouvriers du Staffordshire. Cette prison de Stafford, où, comme il le dit lui-même, « une cave humide lui a procuré des rhumatismes, des

---

(1) « Methought I voyaged in the bark of death
» Himself the helmsman, » etc. (*Purgatory of Suicides*, c. 1.)

névralgies et mille autres maux, » s'est remplie des formes étranges et lugubres qu'il reproduit dans les six chants de son poëme.

La troupe des « voyageurs de la mort, » comme il les appelle, est composée de suicides ; il les suit et arrive en même temps qu'eux à une cathédrale souterraine où se tiennent, formant un conclave infernal, les ombres de tous ceux qui ont rejeté la vie comme un fardeau trop lourd. Ce ne sont pas seulement Champfort et Condorcet, ou le jeune Jérusalem prototype de Werther, mais les ombres antiques, Brutus et Cléopâtre, Caton et Lycurgue, Didon et Ajax, Codrus et Sysigambis, jusqu'à Sardanapale et Saül. Leur réunion compose une sorte d'académie posthume où les mystères de la vie et de la mort sont débattus, et où les grandes questions du mal sur la terre, des gouvernements monarchique et démocratique, de l'existence de Dieu sont agitées sans scrupule. Les six livres du poëme ne renferment pas autre chose que ces discussions, mêlées d'anathèmes violents contre la constitution de la société moderne, de portraits satiriques ou virulents de sir Robert Peel, de lord Brougham, de lord Castlereagh et de lord Palmerston. La monarchie doit s'éteindre, et la superstition vainement soutenue par une Église intéressée à la conservation des abus qui la nourrissent disparaîtra, chassée à jamais par l'énergie de la pensée et de l'activité humaine. La pauvreté et l'oppression seront exilées de la terre ; jamais dans aucune âme ne germeront plus cette pensée de la mort volontaire et cette soif ardente d'en finir avec la vie, symptômes d'une société odieuse et criminelle. Pour obtenir ces résultats, cette égalité des rangs, ce bonheur de tous, cette régénération qui transformera le globe, il n'est besoin que de suivre le cours des nouvelles destinées, et déjà elles s'annoncent ; la nature devient esclave de l'homme, le despotisme commence à plier la tête. La vapeur marche sur les mers ; la force culminante de l'intelligence se révèle chez le paysan comme chez le roi.

— « Suicidés, mes frères, s'écrie l'un d'eux, levez-vous ! cessez vos gémissements qu'il serait ignoble de prolonger. Nous eûmes tort de quitter la terre dans notre fureur contre le mal triomphant.... Plus de murmure. La main de Dieu a mêlé le bien au mal pour ennoblir l'humanité ; il l'a condamnée au travail pour lui réserver les douceurs d'un triomphe universel et splendide.

» Frères, secouez la léthargie qui étouffe l'énergie de vos ombres puissantes ! Écoutez la parole du droit et du bien, de l'égalité et de la sagesse. Bientôt vous renaîtrez au monde, qui sera une communauté d'amour, de science et de vérité.

» Apicius, se levant alors, répondit avec indignation :

— « Ridicules promesses ! Allez et taisez-vous, déclamateurs insensés ! Rêveurs fanatiques et farouches, le bonheur que vous nous annoncez, je n'en veux pas ; c'est une folle ironie !

» Et il ne se souleva même pas de la couche sur laquelle il reposait languissamment. Les paroles de l'avenir n'éveillèrent ni les voluptueux, ni les sophistes : ces derniers étaient de tous les plus endormis ; mais le reste des ombres suicides accourut en foule pressée, pleines de confiance et d'espoir.

— » O victimes des appétits sensuels, s'écria celui qui avait parlé, l'éternelle stupeur des brutes est donc votre destin ! vous devez donc à jamais rester étendus et couchés dans votre néant ! Puissiez-vous renaître un jour, animés d'un rayon plus pur, avec des âmes plus humaines!

» Il disait, quand mon rêve disparut aux clartés du jour naissant qui éclairait ma prison. »

J'ai cité l'exorde et le dénouement de ce poème, aussi informe et aussi grandiose que les mammoths dont l'auteur a peuplé ses ondes tartaréennes; ces fragments donnent une idée suffisante de l'énergie funèbre qu'il a dépensée dans son œuvre. Quant aux théories qui l'ont inspirée, elles se résument ainsi : la société, jusqu'à l'époque où nous sommes, a été un enfer, que les âmes les plus nobles se sont empressées de fuir. En détruisant les cadres de gouvernement et brisant les institutions comme les religions, on rendra aux forces humaines leur développement normal; le triomphe de notre race sur les puissances matérielles, déjà plus qu'à demi-domptées, suivra son cours nécessaire et assurera le bien-être universel.

Telle est l'utopie de l'auteur. L'exagération et la violence de ses théories, se perdant au milieu d'une phraséologie obscure et d'un chaos de peintures vagues, enlèvent à son poème la plus grande partie de la valeur qu'il pourrait avoir sous le rapport de l'art; il manie sans habileté la strophe élégante que Spencer a empruntée à l'Italie; — diffus, emphatique, confus, et s'embarrassant dans le grandiose qu'il accumule, il est à Dante son modèle, ce que le peintre Fuessli est à Michel-Ange. Comme symptôme caractéristique du mouvement général des classes inférieures à travers l'Europe et spécialement en Angleterre, il mérite d'arrêter l'attention.

Deux manifestations semblables avaient eu lieu en Angleterre il y a plusieurs années; l'une dans un poème intitulé *Ernest*, supprimé par l'auteur lui-même, l'autre dans les *Corn-Law-Rhymes*, qui valurent à Ebenezer

Elliott une juste célébrité, et dont nous venons de nous occuper.

Ernest, ou la Régénération sociale (1) (tel est le titre du poème), offre les traces d'un talent bien plus réel que le *Purgatoire des Suicides*. Sous une forme romanesque et horriblement diffuse l'auteur anonyme a placé son utopie de l'avenir, c'est-à-dire la répartition égale des propriétés, la loi agraire, la destruction des hiérarchies. Bien que l'Allemagne passe pour le lieu de la scène, tous les personnages y sont anglais, et, ce qui n'a été remarqué de personne, le plan coïncide exactement avec celui dont M. d'Israëli jeune a fait usage dans son roman de *Sybil*. Les deux ouvrages nous montrent un gentilhomme qui devient patriote, un dissident qui pousse à la réforme, une troupe organisée de fanatiques politiques et religieux qui vont cueillir sur les ruines des institutions présentes ce rameau d'or, talisman qui doit conduire les peuples à la prospérité. Beaucoup d'éloquence, de fermeté, de véhémence, ne compense point l'absence d'incidents, le défaut d'action ni par conséquent le manque d'intérêt. Aussi, après avoir lu cette amplification du *Contrat social* et des *Droits de l'Homme*, nous sommes étonnés de l'excessive admiration qu'elle a inspirée à quelques personnes et de la solennelle adjuration que l'un des écrivains périodiques les plus puissants de l'Angleterre a cru devoir adresser à l'auteur. Il eût semblé que le salut du monde était dans la main de l'écrivain anonyme. Pour être dangereux il faut se faire lire, et à moins d'un grand courage personne n'arrive au bout de cette épopée.

Douze livres ou chants, chacun de deux mille vers, composent un tout presque entièrement usurpé par des

(1) *Ernest, or Political Regeneration* (un published), 1839.

harangues qui ne finissent pas et des portraits énergiques ; il n'y a point là de quoi faire une révolution. L'œuvre en définitive est d'un ennui mortel ; il y règne cette latitude de style, cette impuissance à se contraindre, cette indiscipline volontaire, ce parti pris de diffusion, si opposés à l'art, et que l'Europe subit aujourd'hui. Sans concentration point de génie. Créer c'est concentrer ; dissoudre c'est détruire. Il en est du style comme des métaux précieux, un tissu lâche leur enlève toute valeur : c'est Dante à côté de Marini, la pierre-ponce près du diamant ; avec ses pores et sa fragile souplesse, celle-ci brille sous le ciseau qui la polit, et cet éclat n'est pas celui de l'or, le plus solide de tous les métaux. La plupart des modernes bâtissent agréablement en pierre-ponce ; ils en font des palais, des villages, des villes. Ce grand défaut des écrivains présents, ou plutôt du public qui les accepte sans les avertir, sans les juger, et même sans jauger les océans de papier noirci qu'on lui présente, domine étrangement les écrivains qui se disent populaires, et bien plus encore le poète d'*Ernest* que le chartiste Cooper.

Au centre de la fable assez mal tissue que l'auteur d'*Ernest* n'a pas eu grand'peine à inventer, un jeune ministre calviniste dissident, Arthur Hermann, fils de paysans pauvres, et qui ne doit qu'à lui-même son éducation, apparaît comme le type de l'insurrection légitime et le meneur de la révolte. Il a deux motifs de haine contre la société : le dédain que lui ont montré les seigneurs du lieu et son amour pour la fille d'un fermier nommé Hess. Un gentilhomme ruiné par ses dissipations lui dispute la main de la jeune fille ; cette rivalité achève de le déterminer en faveur de l'insurrection, dans laquelle ils s'engagent l'un et l'autre. Quant au fermier, la dîme a détruit son revenu, et les procès qu'il a soutenus contre le recteur à propos de cette même dîme ont achevé sa perte. Un berger et un vieillard qui joue de la harpe, personnage évidemment copié sur le vieux Harfenspieler de *Wilhelm Meister*, complètent cette étrange liste de personnages ; les contrebandiers de la côte et les brigands des montagnes se joignent à eux. L'émeute, qui a commencé dans le village de Markstein, se dirige vers le château du comte de Stolberg que l'on met en cendres. Le triomphe définitif du chartisme couronne l'œuvre et envahit l'Europe entière.

J'ai analysé plus haut la vraie situation de l'Angleterre, fort différente de la nôtre, soit avant, soit après la révolution française ; j'ai dit ce déploiement exagéré de forces, aboutissant à une puissance factice ; — cette surexcitation intellectuelle et physique qui sur certains points détermine une opulence excessive, sur d'autres une détresse absolue. D'énormes masses de population, concentrées soit pour l'exploitation des mines, soit pour le travail des manufactures, fournissent au pays ces cotonnades, ces fers et ces aciers dont il couvre la face du globe. Là aucun lien de sympathie mutuelle ; point d'écoles, point d'églises, peu de mariages, à peine un foyer domestique. L'existence sauvage y renaît sous l'influence de l'industrie, comme elle reparut au moyen-âge sous l'influence guerrière de la chevalerie chrétienne. Forcés de soutenir un système artificiel par des lois restrictives et des impôts onéreux, les législateurs accroissent le mal ; le pain devient plus cher, le travail plus rare. A des périodes d'activité et de gain succèdent des époques de détresse, de repos forcé et de profond malheur. De là imprévoyance, immoralité et abrutissement. Des bandes de sauvages se réunissent à la lueur des fournaises de Sheffield et de Birmingham, ou dans les cavernes du Staffordshire, et vont, la torche et la pioche à la main, détruire les propriétés des maîtres. Des orateurs improvisés se présentent, et l'œuvre de la destruction s'accomplit avec une sorte de régularité légale et funèbre, pendant que les soldats s'avancent avec la même régularité, dispersent ces malheureux, tuent quelques hommes, font quelques prisonniers, et se retirent en silence.

C'est ce mouvement social que les œuvres chartistes décrivent et signalent; une classe de poètes aristocratiques assez nombreux s'en empare, et à leur tête mistriss Norton. Son poème, intitulé *the Child of the Islands*, n'est pas autre chose qu'une comparaison de la vie du pauvre et de la vie du riche à travers les saisons de l'année, parallèle fatigant de monotonie et de longueur, malgré l'éclat et la variété des détails. Dickens, dans son *Olivier Twist*, surtout dans son *Carillon de Noël*, a suivi la même route et a mieux réussi. Le roman, qui admet la caricature et vit de réalité ne répugne pas à ces tableaux hollandais de la vie infime ou haillonneuse. Quant à la poésie, dont l'essence est idéale, elle n'a pas trouvé encore son Homère chartiste et ne le trouvera probablement pas.

L'auteur d'*Ernest*, le plus remarquable de ces écrivains-artisans, se sert d'une forme très-libre de versification, du vers blanc. Ce vers accentué sans rime, que Milton a employé avec tant d'harmonie et de majesté, Shakspeare avec une énergie si variée, Cowper avec une grâce élégiaque si charmante, convient particulièrement aux langues germaniques; la rime (1) est pour le Nord une acqui-

(1) V. nos Études sur le Moyen-Age, *Hroswita*.

sition hybride et une adoption élégante plutôt qu'une nécessité intime. L'accent de chaque mot germanique portant sur la racine même, c'est-à-dire sur le sens, grave profondément l'idée, et prête à la poésie septentrionale un caractère très-prononcé d'énergie intellectuelle. Malheureusement il est trop facile de composer dans ces idiomes de mauvais vers sans rime; la longue période, se déroulant comme une nappe de flots qui tombent et se succèdent, offre aux versificateurs une séduction dangereuse. L'auteur d'*Ernest* s'y est abandonné sans réserve; l'enivrement de son abondante éloquence l'entraîne de page en page, jusqu'à ce que le lecteur fatigué laisse tomber le livre. Il y a néanmoins des passages admirables dont la pureté et l'élévation frappent l'esprit d'une émotion profonde, et qui, resserrés dans un moindre cadre, auraient produit tout leur effet.

Une foule de chartistes, enfants, villageois, contrebandiers, armée peu estimable que le dévouement doit épurer, marchent ensemble dans une de ces vallées anglaises, si fraîches, si vertes, si *embosomed*, qu'il est impossible de les oublier jamais, quand on les a vues; ils vont écouter le prédicateur calviniste qui sert de chef à la révolte. La description de cette marche populaire est pleine d'animation et de beauté. — « Chez les jeunes et les enfants débordent la joie naturelle et le sentiment de la vie. Chez les vieillards, cette source vive est tarie; ils puisent leur gaîté dans la gaîté de ceux qui les suivent. Douce et charmante était la scène, et ils passaient en chantant le long de ces collines, dont le front grisâtre leur souriait sous le soleil. Ceux qui souffraient portaient plus doucement leurs souffrances, les heureux sentaient plus vivement leur bonheur; car la nature, cette mère sainte, fixe sur ses enfants un long regard qui les calme; elle apaise les passions et prête aux sentiments un ton plus exquis et plus tendre dans la douleur et dans la joie. Et cependant, au sein de ses plus doux sourires, il y a un peu de tristesse ; tout ce qu'elle produit à la vie doit se flétrir et tomber; elle le sait, et le dit à tous : aussi son influence est-elle mélancolique dans sa gaîté. » Ce sont là des traits ravissants et profonds, assez fréquents dans le poëme, et qui se noient malheureusement dans les torrents du dithyrambe révolutionnaire.

Énervé par la diffusion, et abusant d'une forme trop libre et trop facile, l'auteur d'*Ernest* a du moins le mérite de la cohérence et de la lucidité, mérite qui manque tout-à-fait au plus puissant de ces poètes, Ebenezer Elliot, un peu trop vanté par Thomas Carlyle. Ni Cooper, ni Elliott ne sont des ouvriers ignorants, comme on l'a prétendu. La civilisation les a pénétrés et transformés; l'autobiographie du Forgeron de Sheffield, publiée après sa mort, le représente étudiant, écrivant, méditant, composant des vers depuis sa première jeunesse jusqu'à son dernier âge, encouragé par Southey, et soutenu par Robert Peel.

Et comment s'étonner en définitive qu'un cerveau d'homme pauvre ou d'ouvrier renferme du génie? Le livre de Southey sur les *uneducated poets*, et le bruit dont Reboul et Jasmin, Bloomfield et Kirke White se sont entourés, m'ont toujours semblé une mystification des temps modernes. Villon était-il donc né suzerain? et comment ne se rappelle-t-on pas les esclaves affranchis de Rome, Plaute, Térence et tant d'autres ? On est homme de génie quand on peut et comme on peut. Roturier ou noble, vilain ou grand seigneur, que l'on s'appelle Burns ou Charles d'Orléans, qu'on soit douanier, laboureur et même ivrogne, dès que l'on porte sur le front la flamme étincelante, chacun reconnaît le signe. Les Écossais ne possèdent-ils pas toute une pléiade de poètes rustiques supérieurs aux écrivains élégants du xviiie siècle, à Mallet, Hayley et Cumberland? S'émerveiller qu'un ouvrier soit poète, c'est trouver miraculeux qu'une villageoise ait de la beauté.

Le don est naturel et non acquis ; l'artisan qui fait des vers ou de la prose a le droit d'être jugé avec la même sévérité qu'un roi.

Publiées par Dickens dans des intentions charitables et par conséquent dignes de respect, les *Soirées d'un Ouvrier, occupation d'un petit nombre de loisirs*, par Jean Overs, charpentier, sont des fragments assez modestes, sans colère contre le monde et les puissants, sans hardiesse et sans nouveauté. Il n'y a rien de plus rare que l'originalité des écrits, jointe à la pratique constante des arts mécaniques ; le développement naïf de l'individualité personnelle demande un repos, un isolement, une concentration de la pensée qui se replie sur elle-même et s'éloigne de tous les intérêts matériels et humains. La Muse est jalouse et n'accorde ce dernier et puissant don, cette consécration du talent supérieur, qu'à ceux qui vivent pour elle seule, à Shakspeare et à Dante. Les *Souvenirs et les Vers d'un Tisserand* (1) ne peuvent pas non plus se vanter de ce mérite ; mais ce livre contient des détails intéressants sur la vie intérieure des artisans, et sur le progrès secret et redoutable de cette fureur anti-sociale éclose de leurs souffrances. Nous ne citons que pour mémoire le poème d'un matelot nommé Léonard Addison, et qui n'a pas craint de traiter le plus grand sujet possible, la création. Il est

(1) *Rhymes and Recollections of a hand-loom weaver, by Thom.*

vrai qu'il a donné à son poëme un titre burlesque : l'*Homme locataire* (tenant) *de la Création.*

Il convient de parler avec plus d'estime et de respect de deux excellents petits volumes ; l'un a pour titre : *Essais écrits dans les intervalles de mon travail ;* l'autre : les *Droits du Labeur, ou des rapports entre le maître et l'ouvrier.* Il est difficile d'unir plus de bienveillance à plus de sagacité ; c'est de la prose bien autrement touchante dans sa simplicité pittoresque et sa douce austérité que les strophes harmonieuses et diffuses de mistriss Norton ou les colossales images du chartiste. L'auteur avoue que l'extension de l'industrie et du commerce, l'exploitation habile et victorieuse de la matière et de la nature ont affaibli le sentiment sympathique et le lien moral sans lesquels la société ne peut subsister. Il reconnaît que les individualités triomphent, et que leur règne isolé, s'appuyant sur l'intérêt particulier, peut et doit mettre en danger la communauté même. Aussi est-ce aux individualités qu'il s'adresse ; c'est elles qu'il rend responsables de l'avenir, bien persuadé que les meilleures lois organisatrices ne produiront pas l'effet d'une multitude de volontés déterminées à exécuter isolément dans leur sphère le plus de bien possible. L'artisan homme de sens et de valeur qui a écrit ces petits livres, donne enfin des conseils pratiques d'une extrême simplicité et d'une véritable importance. Il voudrait que les impôts sur l'air, la lumière et les matériaux de charpente devinssent nuls ou presque nuls, et que les moyens sanitaires fussent multipliés dans les grandes villes, au point de ne rien coûter aux malheureux. Tout le chapitre sur *le logement de l'ouvrier* est un chef-d'œuvre, et ces petits livres, dictés par l'expérience, la raison et une sensibilité délicate, mériteraient fort qu'on les traduisît en français.

Si de tels livres sont un honneur réel pour l'homme qui les écrit et pour la classe à laquelle il appartient, je ferai, je l'avoue, assez bon marché des prétentions épiques et dramatiques qui ne se résolvent pas en chefs-d'œuvre, persuadé que la moindre chanson de talent fera sa voie et marquera sa place, même chez nos aristocratiques voisins. Les Anglais ont soin d'élever ceux qui se distinguent. Ebenezer Elliott a vécu comfortablement. Le berger d'Ettrick, le vieux Hogg, a passé ses vingt dernières années à l'abri de tout besoin, dans la meilleure société de Londres et d'Édinbourg, entouré d'une renommée supérieure à son mérite. C'est une des souveraines habiletés de l'aristocratie anglaise de favoriser l'ascension du talent, de lui frayer la voie, de lui adoucir la route, d'ouvrir aux capacités redoutables ou utiles un champ libre et fécond. Sous ce rapport, notre démocratie monarchique (1) a beaucoup à apprendre et beaucoup à imiter.

C'est par là que se neutralisent les dangers imminents dont la littérature socialiste, comme on l'a vu tout-à-l'heure, semblerait menacer l'édifice constitutionnel du pays. Il y a cent à parier contre un que le chartiste Cooper lui-même, dont le poème sur les Suicides n'est pas assurément un chef-d'œuvre, trouvera en sortant de prison un emploi dans lequel sa capacité se développera. L'auteur anonyme d'*Ernest*, homme très-jeune encore, est déjà employé par le mécanisme de cette civilisation puissante, active à corriger les vices de son activité même et à lui ouvrir des soupapes de sûreté.

(1) Écrit et publié en 1839.

Quant à la poésie de la prison, de la pauvreté, de la faim, nous le répétons, elle est, malgré le phénomène exceptionnel de Crabbe et le talent d'Elliott, inadmissible dans le monde de l'art. Quelle muse! Où êtes-vous, Apollon lumineux de la Grèce? Et vous, chants mélancoliques de Wordsworth? Ciel idéal et riant de la fable hellénique! Saintes tristesses de la perfection chrétienne! La poésie n'est donc plus un *jardin des roses*, c'est un champ d'épines qui ensanglante les pieds ; à l'entrée de ce Parnasse se tient, debout et décharnée, la Pauvreté que Virgile place *in faucibus Orci*, et qui mêlant le râle aux malédictions et aux sanglots fait vibrer en guise de lyre des cordes de fer fixées à un crâne de mort ; derrière elle se tiennent rangés Crabbe, le Juvénal des hôpitaux ; Ebenezer Elliott, le chantre de la faim ; Cooper, le poète du suicide, et l'auteur d'*Ernest*, suivi d'une foule hâve, entraînant après elle les petits enfants que les manufactiers exténuent, et les filles que le travail excessif démoralise et prostitue dans la fleur. Triste chœur, auquel ces poètes répondent dignement.

La critique de l'art détourne avec douleur les yeux de ce spectacle. C'est à vous seuls, hommes politiques, d'y regarder ; à vous d'agrandir et de perfectionner le travail d'assimilation commencé ; à vous de chercher des remèdes efficaces contre ce développement qui menace votre existence. Les intérêts des masses sont dans vos mains ; des masses qui ne mangent pas assez et qui travaillent trop! Ces vers des ouvriers affamés, ces poésies que nous osons à peine critiquer, on ne les chante pas, on les pleure. Cette muse des Cooper, des Elliott et des Crabbe, ce n'est pas une muse, c'est une furie ; elle vous rappelle qu'en accumulant la richesse sur un point, on entasse la misère à côté, et que la misère qui hurle d'abord se venge ensuite.

Tous les écrivains de valeur se sont préoccupés avant 1848 de cette situation périlleuse. Mistriss Norton, Dickens, d'Israëli, Carlyle font valoir sans cesse les justes droits des classes inférieures. Carlyle surtout nous semble avoir mis dans cette terrible question le sérieux d'intention et d'accent qu'elle comporte. Trop de romanciers se sont emparés de ce texte ; il nous déplaît de voir les fictions du conte et les grâces de la poésie, les caricatures de Hogarth et la strophe de Spencer, intervenir dans ces réalités que l'égoïsme doit redouter, le philosophe sonder, l'homme politique guérir. Faites-nous grâce de vos romans en faveur des pauvres ; au lieu de les plaindre sur le papier, soulagez leurs souffrances. Pourquoi vous faire des haillons un jeu poétique et exploiter les plaies sociales au profit du succès littéraire ? A vos contes législatifs, à votre philanthropie qui se révèle en récits imaginaires, je préfère les soins réels dont les classes laborieuses sont maintenant l'objet à Londres, ces bains publics qui leur coûtent si peu, et qui, pour quelques *pence*, leur assurent le plus délicieux et le plus utile des luxes, celui de la propreté et de la santé ; j'aime mieux encore ces grandes maisons récemment ouvertes à Glascow et à Édinbourg, et dont je parle ici dans l'espérance d'en voir construire de semblables en France (1). Pour une somme très-modique, équivalente à la moitié d'un loyer ordinaire, l'ouvrier y trouve le logement proportionné à ses besoins, crépi à la chaux, avec un parquet en bois, et garni de meubles de bois blanc. Une cuisine commune est ouverte à toutes les femmes des ouvriers, qui viennent y préparer dans des cheminées communes, avec des ustensiles appartenant à la maison, le repas de leur famille. Chaque locataire a de l'eau chez lui ;

(1) Ce conseil, donné en 1840, a été suivi en 1849

deux salles de bain sont pratiquées au rez-de-chaussée. Tout le monde doit être rentré à dix heures du soir. Une querelle, une preuve de mauvaise conduite ou d'ivresse déterminent à l'instant même le congé de l'ouvrier, qui, doublant son revenu par une location si avantageuse et un mode d'existence si économique, trouvant dans cette combinaison intérêt, indépendance, sécurité et liberté, n'a point de peine à être moral, et ne peut nourrir aucune haine contre une société qui le protége.

Par de telles expériences, le problème se résout mieux que par des poëmes. C'est prosaïque sans doute ; nous aimons la philanthropie en prose, surtout en actes. Comme poésie, revenons simplement à Shakspeare et à Virgile.

§ VI.

Autobiographies pseudo-populaires publiées à Londres. — Marie-Anne Wellington. — Zamba. — Fictions populaires publiées aux États-Unis. — Pourquoi ces dernières sont plus instructives, plus humaines et moins anarchiques.

Nous avons vu naître en Angleterre cette littérature amère et cette poésie furieuse de la Vengeance, de la Révolte et de la Faim. Est-ce une littérature vraiment populaire ? Nous ne le croyons pas. Jusqu'ici l'élément démocratique n'a pas trouvé en Europe son expression complète; la littérature du bon sens ferme et de la passion naïve, seule littérature vraiment « populaire, » n'est pas née. Pour attaquer une société détestée, on emprunte au vieux répertoire, au vieux roman et au vieux drame, leurs couleurs vagues, leur papotage, leur lieu-commun, leur prose filandreuse et sans caractère. Nul ne prend le beau rôle de moraliste et de biographe populaire ! pas un n'essaie de retremper dans les dernières et les plus profondes couches de son organisme cette société affaissée, irritée et détendue, de rendre l'énergie et la souplesse à ses fibres malades.

Un ouvrier écossais, filateur et tisserand de son métier, mêlé jadis aux conspirations chartistes, *William Thom d'Inverary*, a eu du moins quelques révélations à donner et quelques faits à raconter. Il n'écrit pas bien, mais il écrit lui-même. L'expression lui manque souvent ; à défaut d'art et de style, vous devez honorer en lui un homme sincère. A côté de ce Thom d'Inverary se place un personnage très-peu prétentieux, et, à ce titre, le moins fatigant de tous les écrivains prolétaires ; c'est un petit tailleur assez lourd d'esprit et d'une rare exactitude, lequel, après avoir voyagé le havresac sur le dos en Europe et en Asie et avoir compté ses étapes, a cru devoir au monde le récit de ses excursions. Il se nomme Holthaus ; son livre, écrit et publié en allemand il y a plusieurs années, a été traduit en 1845 par le quaker Howitt. Comme tous les hommes peu instruits, le tailleur s'étonne de beaucoup de choses dont personne ne s'étonne plus ; mais il est courageux et naïf, deux qualités admirables par le temps qui court.

Au moins Holthaus et Thom sont des personnages réels ; que dire des fabricateurs de faux Mémoires et de biographies apocryphes, professeurs ou journalistes qui revêtent par circonstance le costume du travailleur, ou qui arrêtant au passage le premier ouvrier venu, lui font raconter ses aventures pour les débiter et les imprimer en style emphatique ?

Jadis l'auteur de *Robinson*, Daniel de Foë, composait des mensonges vrais ; aujourd'hui l'on rend la vérité menteuse. La conviction de Daniel lui dictait des récits dont pas un mot n'était réel ; ce qui était réel, c'était sa foi. Il n'y a plus de foi maintenant, et pour gagner un peu d'argent, l'on confesse les autres.

Qu'un Anglais soit en quête d'une idée, et qu'elle lui fasse défaut ; il prend le premier passant venu, et ce passant lui tient lieu d'idée ; un *groom*, une femme de chambre, un colporteur dont on suppose les aventures, vont servir de sujet à un livre. Tout ce qui a pu arriver à cet étrange héros, on le détaille, et un personnage réellement et matériellement vrai devient un être parfaitement faux ; le langage qu'il parle est mensonge, les idées qu'on lui prête sont factices. Une fois le mensonge bâti et solidement assis, le trafiquant littéraire signe son traité avec l'original de son conte ; à ce dernier le quart du produit, le reste au metteur en œuvre. Les prétendues confessions paraissent ; populaires et personnelles, elles flattent le temps actuel ; le public achète d'abord, rejette ensuite, et la bibliothèque des livres inutiles, encombrée déjà, plie sous son fardeau qui s'accroît.

Ce caractère factice est très-vivement empreint sur quelques livres prétendus populaires que la presse de Londres publie ; nous citerons l'histoire d'une femme de soldat anglais, *Marie-Anne Wellington* (1). C'est une personne en chair et en os, et qui vit encore, ainsi que le prouvent les témoignages réunis du maire de Norwich, M. Freeman, du révérend M. Cobbold, et même au besoin de Son Altesse

(1) *History of Mary Anne Wellington*, etc., 3 vol. 1847.

royale la reine douairière d'Angleterre qui lui fait du bien. Cette femme de soldat a couru l'Europe et porté le mousquet, elle doit avoir des choses fort curieuses à dire ; probablement elle les a dites à M. Cobbold, éditeur et rédacteur de ses Mémoires. Que de beaux récits abîmés et gâtés misérablement ! Qu'elle aurait pu être intéressante, cette simple compagne du soldat, si son secrétaire avait voulu lui permettre de rester simple ! Une fille élevée au bord des précipices de Gibraltar, née d'une mère portugaise et d'un soldat irlandais, après s'être mariée sous la tente, devient mère pendant une retraite ; elle veille sur le champ de bataille, son enfant au sein, près de son mari blessé ! Elle traîne péniblement ce blessé pendant que les deux flottes française et anglaise se battent pour Napoléon ou M. de Castlereagh ; les navires s'entrechoquent à dix milles de la plage ; les coups de canon et le bruit de l'Océan se mêlent à l'oreille de la pauvre femme, qui bientôt traversant l'Espagne à pied se trouve associée à des bohémiens, et de périls en périls revient à Londres pour y habiter comme tavernière un petit taudis près des *Seven-Dials*. Elle méritait un annaliste semblable à celui de Robinson Crusoé, elle n'a trouvé qu'un déclamateur prétentieux. Elle lui apportait la vie la plus romanesque, la plus pittoresque, la plus ingénue ; M. Cobbold, ministre anglican, qui en veut beaucoup à l'impiété, à la Révolution française et à M. de Voltaire, n'entend pas perdre cette bonne occasion de nous sermonner par l'organe de son héroïne. Ayant dû jadis aux Mémoires (gâtés par lui) d'une déportée à Botany-Bay, Marie Catchpole, un succès passager (1), il a cru que ce succès pourrait se continuer et

(1) Voyez, dans notre volume sur LES MŒURS DU XIX\ SIÈCLE, l'*Histoire d'une Déportée à Botany-Bay*.

même s'accroître. Il a donc choisi une nouvelle héroïne vulgaire, et s'est mis à parler à sa place. C'est tout bonnement un déclamateur qui prêche ; c'est M. Cobbold qui « prose, » ainsi s'exprimait Mathurin Régnier, ainsi les Anglais désignent encore la diction pâteuse, le style sans originalité, dont l'Europe est inondée aujourd'hui.

La naïveté des sensations, la vérité des émotions s'effacent sous ces plumes privées de pointe et de tranchant, de facilité et de concision. Le métier, et quel métier ! prend la place de tous les mérites ; la lourde navette parcourt avec une rapidité mécanique la trame tissue par l'artisan littéraire. Il croit avoir assez fait s'il a prêté son ministère à un homme du peuple ; de sens moral ou de vérité pas un mot. Tantôt il fait prêcher la vivandière au profit de sa petite Église, tantôt le banqueroutier frauduleux avoue ses manœuvres, le faussaire redit ses opérations ou le déserteur raconte ses périls. Le héros ne manque jamais d'être ce qu'on nomme un prolétaire ; de même que, entre 1710 et 1780, tout le monde publiait les *Mémoires du marquis de* *** ; aujourd'hui, ce sont les *Mémoires d'un Homme de peine* et les *Esquisses sentimentales d'un Tailleur*, qu'on estime et qu'on lit. Cette œuvre s'opère sans inspiration et sans amour, comme une œuvre stéréotype.

Nous pardonnerions à ces livres d'être mal écrits, s'ils étaient vrais ; nous leur pardonnerions d'être menteurs, s'ils étaient amusants. Comment excuser ou subir des mensonges qui ennuient ? Les dollars convoités par le scribe qui a prêté sa plume à Marie-Anne Wellington, femme de soldat dont nous avons parlé tout-à-l'heure, la spéculation pécuniaire et pieuse dont l'auteur de *Marguerite Russell* a combiné les résultats lucratifs, apparaissent trop clairement sous le voile intellectuel dont chacun de ces écrivains a espéré se couvrir. En s'adressant à un noble sentiment aujourd'hui général, celui de la fraternité humaine, ces écrivains d'un ordre nouveau essaient de l'exploiter, comme autrefois on exploitait le christianisme et la chevalerie.

Leurs œuvres mériteraient à peine de nous occuper, si ce n'étaient des symptômes de l'état social actuel ; les faits littéraires n'ont de valeur que si la société qui les produit en a elle-même, et l'on aurait tort de nous contraindre à faire le triste métier de scholiastes des mauvais livres, dans un temps où la société est plus intéressante que la littérature, l'avenir que le présent. La vraie critique, vigie perpétuelle, a mieux à faire que de peser les syllabes et d'analyser les styles ; c'est à elle de montrer dans quelles directions l'activité humaine est incessamment emportée. Il ne lui convient plus de rallumer le fanal des Le Batteux pour éclairer les solécismes en crédit et les barbarismes qui se commettent ; d'ailleurs elle aurait trop à faire.

L'Amérique, la dernière venue sur la route des civilisations, n'a point de goût pour ces Mémoires falsifiés de prolétaires et d'ouvriers. En revanche, elle se délecte dans les récits d'aventures, narrations violentes, étranges Odyssées, pleines de péripéties, de mouvement et de nouveauté. Quelquefois elle leur applique le procédé anglais, celui des confessions apocryphes. Ses héros alors, à défaut d'une grande valeur morale, ont du moins celle d'une singularité piquante.

Par exemple il y a aujourd'hui à Charleston un pauvre noir qui tient une petite boutique de mercerie et se montre fort assidu aux offices de l'église méthodiste. Sa femme, Africaine comme lui, vit en bonne intelligence avec son mari ; le petit ménage est fort estimé dans le quartier. A deux existences si retirées, si modestes, si humbles, comment la gloire ou même le bruit pourraient-ils s'attacher? Par quelle alchimie littéraire transformera-t-on ce pauvre homme en héros et sa vie en roman? Le voici.

Certain soir, un ministre protestant, sans doute quelque aspirant à charge d'âmes, est venu s'asseoir auprès du comptoir de Zamba, ainsi s'appelle notre marchand noir. En écoutant ce dernier et son patois demi-africain, des idées confuses de spéculation, de philanthropie et de littérature sont nées dans l'esprit du visiteur. Le nègre, devenu libre par la munificence de son ancien maître, a raconté ses aventures, qui sont celles de presque toute sa race ; il a dit qu'il était jadis roi dans son pays, roi comme ces petits chefs qui, sur le bord des rivières africaines, ornés d'une culotte courte empruntée à nos friperies d'Europe et revêtus de quelque habit d'uniforme vendu par un matelot, commandent à deux cents pauvres gens de leur couleur, déciment leur population par coupe réglée, et alimentent ainsi les besoins hideux de la traite. Les récits de Zamba, ses chasses aux lions, l'incendie d'un village voisin, la traversée faite à bord d'un navire américain et la situation singulière d'un roi qui croit vendre ses sujets et qui se trouve vendu lui-même, intéressèrent le visiteur. Il pensa que ce récit de Zamba pourrait être mis en œuvre, et, comme le marché des États-Unis est peu favorable à ces débouchés littéraires, ce fut à Londres qu'il vendit et débita sa marchandise. Sous ce titre attrayant : *Vie et aventures de Zamba, roi nègre, et souvenirs de sa captivité dans la Caroline du Sud Mémoires écrits par lui-*

même (1), l'ouvrage a joui de quelque vogue ; il occupe même une des premières places dans cette littérature de confessions frauduleuses et d'individualités mensongères. Pour noircir les deux cent cinquante pages qui complètent le volume, l'auteur a imité *Paul et Virginie*, copié Raynal, calqué les négrophiles et mis en réquisition les souvenirs de la vieille littérature européenne. On trouve dans son récit les éternelles récriminations en faveur de la liberté et de la fraternité humaines, mille récits de chasse et d'aventures empruntés à tous les livres de voyage, enfin la peinture déjà remaniée à outrance par mistriss Trollope, miss Martineau et vingt autres, de la tyrannie exercée par les planteurs des États américains du Sud. Dans cette confession individuelle, ce qui se fait regretter, c'est une individualité originale ; ce qui manque au récit de Zamba, c'est Zamba.

Il y a bien plus d'intérêt et de talent dans quelques autobiographies américaines, entre autres les *Mémoires de Jonathan Sharp*, le *Séjour de deux Américains à Noukahiva* et le *Retour du matelot américain aux États-Unis*. Le premier de ces livres avait dû un grand succès de lecture et une vente rapide à la singularité des aventures racontées par le héros (2) ; l'auteur trouva utile et naturel de creuser le sillon qui avait produit des bénéfices. Voici le moyen qu'il imagina.

Le héros, fait prisonnier (disait-il) par les habitants indigènes des îles Marquises, avait raconté dans sa publication comment ses hôtes sauvages lui avaient escamoté un

---

(1) *Life and Adventures of Zamba*, etc. London, 1847, 1 vol.
(2) V. plus bas, *Hermann Melville*, Voyages réels et fantastiques.

beau jour le matelot qui lui servait de domestique et d'écuyer ; il avait même laissé entrevoir que, selon sa conviction personnelle, cet Achate infortuné avait été mangé en grande pompe par les gastronomes du pays. Dans le volume autobiographique récemment publié, ce Sancho Pança ressuscite ; il n'a pas été mangé, quoique peu s'en soit fallu. De cataracte en abîme, de promontoire en vallée, et de hutte sauvage en hutte sauvage, il est enfin revenu à New-York, où il publie tranquillement son Odyssée, la plus gasconne et la plus amusante de toutes les fictions dont je parle. Au moins il y a de la chaleur, du mouvement, du tapage, et, en dernière analyse, beaucoup d'intérêt dans cette narration rapide, dont le rédacteur paraît se moquer assez naïvement du public. J'aime son effronterie, quand je la compare aux prétentions puritaines de ceux que j'ai cités. Puisqu'il s'agit de forfanterie, donnez-moi celle qui marche le poing sur la hanche, à la manière des estafiers de Callot, non celle qui fait l'hypocrite, prend l'air béat et affecte des airs de grossièreté ingénue. La *Vie de Jonathan Sharp* contient aussi des faits nouveaux pour l'Europe. On y trouve l'histoire d'un converti aux dogmes de la secte singulière fondée par Joseph Smith, secte dont les pratiques extérieures sont d'une bizarrerie burlesque et qui cachent, à ce que prétend l'écrivain, des desseins ultérieurs d'une portée très-haute.

« Comme je rêvais dans ma boutique, le soir, dit-il, sur le point de faire banqueroute, événement très-naturel et très-fréquent dans notre pays, je vis entrer un homme grand et musculeux qui ôta son chapeau fort poliment et s'assit ; je ne l'avais jamais vu. C'était Smith. D'après ce que j'avais entendu dire de lui, je le regardais comme un de ces spéculateurs nombreux en Amérique, gens qui mêlent les fraudes pieuses au charlatanisme vulgaire, et soumettent ainsi l'humanité à une double exploitation.

» Je suis Joseph Smith, me dit-il. Je n'emploierai pas avec vous de précautions oratoires ; je sais que vous avez de l'imagination, de l'intelligence, des ressources, et que vous êtes sur le bord de la ruine. Je vous offre un appui, profitez-en. Les ignorants me détestent et les sots me craignent. La masse ne voit jamais que le matériel des choses, que le fait brut, sans le rapporter aux causes, ni en déduire les conséquences. Ce qui est certain, c'est que me voici maître de deux mille cinq cents hommes que j'ai dressés, qui croient en moi, pour lesquels ma parole est un ordre, dont les coutumes peuvent sembler singulières et qui tiennent d'autant plus à ces coutumes. Mysticisme, fanatisme, incantations, hallucinations, magnétisme, — me reproche-t-on d'avoir employé ces divers moyens pour atteindre mon but ? Va-t-on, comme les niais, se moquer de mes danses au milieu de l'église et de nos valses religieuses ? Les derviches font de même. J'ai maîtrisé les esprits et dompté les âmes par ces moyens. Sans mon énergie inflexible, je n'aurais pas lié de la même chaîne tous ces hommes, les uns sauvages et incultes, les autres civilisés et perfides. Je viens à vous, parce que je sais que vous pouvez me comprendre, parce que dans votre situation vous n'avez pas de meilleur parti à choisir que de venir avec moi. Mes dogmes sont pour la tourbe vulgaire ; elle s'amuse de mes rites, et mes cérémonies grotesques lui font passer le temps. Aux intelligences supérieures et aux hommes d'un ordre spécial j'offre un but plus précis et plus élevé.

» Je le regardais avec attention, pendant que son œil noir, assez petit et enfoncé dans l'orbite, me pénétrait et semblait plonger dans les profondeurs de mon âme. Flatterie, ruse, résolution, souplesse et férocité étaient les caractères inscrits, à ne pas s'y méprendre, sur cette figure juive, dont le nez était crochu comme un bec d'oiseau de proie, et le front haut comme une muraille. Il avait l'air d'étudier l'impression qu'il avait produite sur moi. Son sourcil s'élevait, et la vive étincelle de son œil fulgurant trahissait la secrète ardeur d'une pensée contenue. Nous gardâmes le silence quelque temps l'un et l'autre.

» La vie est une lutte, reprit-il. Le plus fort l'emporte. Jusqu'ici j'ai été le plus fort. Si vous ne savez pas mon histoire, je vais vous l'apprendre : l'aumône m'a nourri ; né dans une rue de la Nouvelle-Orléans, apprenti, colporteur, petit marchand, j'ai été lancé au milieu des masses, j'ai souffert et vécu comme elles. Le premier fait que j'ai reconnu, c'est la folie avec laquelle les hommes prétendus libres de nos républiques américaines, si fiers de leurs institutions, se réunissent pour s'entredétruire et se regardent comme une proie mutuelle tour-à-tour dévorée et dévorante. De ces atomes ennemis, de ces individualités égoïstes, de ces appétits en lutte, il n'y a rien à espérer qu'une éternelle guerre et une destruction sans fin. Ces hommes n'ont pas même l'instinct protecteur, grâce auquel les animaux se réunissent pour se garantir et se défendre contre l'ennemi commun.

» Voilà ce que je compris, et une idée me frappa : c'est qu'il fallait souder ces volontés au moyen d'une volonté plus énergique ; — que peu importait la folie des opinions ou des idées sous l'étendard desquelles on se réunirait, pourvu que le bataillon se formât. Je me mis donc à l'œuvre, et je réussis. Mes premiers efforts se bornèrent à un petit canton de la Pensylvanie. Bientôt presque tout l'Ohio fut à moi. J'avais réalisé de nouveau les miracles des premiers monastères chrétiens. Parmi mes nombreux adeptes, les uns m'apportaient leur fortune ; les autres, leur crédit ; tous, du pouvoir. Notre force était dans l'union, et tous les jours notre groupe, devenu plus compacte, contrastait davantage avec la faiblesse et l'énervement qui nous entouraient. Aujourd'hui me voici le maître de presque tout le Missouri, et je forme de plus vastes plans. Jusque sur les bords du désert, il y a des Mormonites, des hommes dont les cœurs battent à l'unisson du mien. Je leur ai donné unité, discipline, zèle, habitude de l'ordre ; il ne nous manque que la persécution pour que nous soyons forts ; — une seule persécution ! et le nombre de mes adeptes sera centuplé. Vous ne savez pas combien la liberté d'action pèse à la plupart des hommes, combien le despotisme leur est nécessaire. C'est une des causes majeures de mon succès ; peu de gens ont le courage de prendre une initiative, bien peu savent user de l'indépendance. Je suis despote, moi ; tout m'obéit. Le territoire qui nous sépare du Mexique est rempli de tribus sauvages qui ne demandent qu'à être ralliées. Les journaliers irlandais qui souffrent et meurent de faim, les exilés d'Europe dont le nombre s'accroît chaque année viendront avec moi ; les Comanches, les Patagons, les races mêlées qui promènent leur détresse sur les limites de la civilisation américaine seront à nous tôt ou tard. J'ai pour moi l'harmonie et l'ordre, je rallie les éléments divisés ; il est impossible que l'avenir ne m'appartienne pas. Pendant que la démocratie isole les individus, moi je les groupe, et tôt ou tard vous me verrez élever les coupoles et les dômes de ma ville capitale au-dessus des forêts séculaires qui nous entourent (1).

(1) Cette prophétie s'est réalisée en 1849.

Il y a tout un empire futur dans ces provinces encore peu civilisées du Wisconsin, de l'Illinois, de l'Ioway, du Michigan et d'Indiana. Désirez-vous savoir pourquoi je m'adresse à vous ? Votre oncle commande aux mineurs de ce district, il est le principal magistrat du pays et l'un de nos plus riches propriétaires. Qu'il marche avec nous, attachez-vous, ainsi que lui, à notre secte ; et notre pouvoir est assuré. Nous passerons les lacs du Nord, nous pousserons jusqu'à la mer Pacifique ! Vous voyez bien que ces mots, *égalité et liberté*, ne sont que des mots, l'homme n'étant jamais l'égal de personne ; le reste est une fraude politique. Je ne vous ferai pas la honte de vous traiter comme le vulgaire de mes sujets. Je vous dis toute la vérité ; — je ne vous cache rien de mes ambitions; venez donc avec nous ! »

Si les livres populaires, publiés par quelques Américains sont mal écrits, si la forme en est incomplète et la diction décousue ou insuffisante, du moins doivent-ils aux faits qui s'y trouvent semés et à l'expérience pratique qui en a dicté les pages un intérêt réel et puissant.

VOYAGES

RÉELS ET FANTASTIQUES

D'HERMANN MELVILLE.

HERMANN MELVILLE.

§ Ier.

Séjour de deux Américains dans l'île de Noukahiva.

Le vaisseau baleinier américain *la Dolly*, commandé par le capitaine Vangs des États-Unis, avait passé six mois en mer sans toucher terre, sans entrer dans un port, sans une seule relâche. C'était en 1842, au mois de juin, à l'époque même où notre amiral M. Dupetit-Thouars, venait de planter le pavillon français sur le rivage de Noukahiva.

Les marins de *la Dolly* avaient longtemps couru le monde. Après avoir harponné les baleines, tué des ours blancs et souffert du scorbut pendant cette longue demi-année qui les avait tenus complétement étrangers au mouvement des choses humaines, ils avaient besoin de repos et de plaisir ; aussi ne se sentirent-ils pas de joie quand le capitaine eut déclaré son intention de passer un mois dans une île de la Polynésie, à Noukahiva. C'étaient là de véritables vacances ; l'équipage s'apprêtait à en profiter avec la violence et l'impétuosité réfléchie que les républicains des États-Unis portent dans leurs amusements comme dans leurs spéculations. Cette relâche jouit depuis deux ou trois siècles d'une réputation brillante parmi les marins qui la regardent comme une autre Cythère, l'île de Calypso, ou les jardins d'Armide ; *la Dolly* mit donc toutes ses voiles dehors et navigua vers l'île vantée dont le grave docteur espagnol Sandoval Saaverde a fait une si belle description.

La Dolly portait à son bord, entre autres personnages plus ou moins importants, un matelot nommé Toby, que le service maritime ennuyait, et un jeune Américain de bonne humeur courant après les aventures, acceptant la nouveauté des sensations et des incidents, même au péril de sa vie, et trouvant que l'existence humaine ne vaut pas la peine d'être supportée, si quelques mouvements dramatiques ne viennent en relever la monotonie.

M. Hermann Melville, tel est son nom, s'entendit donc avec le matelot Toby, pour exécuter ensemble une *fantasia* chez les sauvages de Noukahiva, excursion dont lui-même a donné la divertissante histoire. Nous la lui emprunterons tout entière ou à peu près. Ce récit a l'avantage de nous introduire chez un peuple dont la France occupe ou du moins protége le territoire.

M. Melville a vécu pendant quatre mois absolument comme un homme primitif de ces régions, dans une vallée assez inconnue des îles Marquises, au milieu d'une tribu de l'intérieur à peine visitée par les missionnaires, et qui n'a pas subi les transformations de demi-civilisation imposée aux indigènes des côtes par le contact européen. Ces dernières, on le sait, sont devenues des échantillons assez étranges de barbarie prétentieuse et d'ignorance coquette. M. Melville qui a peu demeuré parmi ces demi-civilisés a beaucoup connu les vrais sauvages qui ont mangé son camarade et qui ont été sur le point de le manger.

Malheureusement le style de M. Melville est si orné, ses teintes à la Rubens sont si vives et si chaudes, et il a tant de prédilection pour les effets dramatiques, que l'on ne sait pas exactement le degré de confiance que l'on doit lui accorder. Nous ne nous portons donc pas caution de ses descriptions efflorescentes.

Il est, comme tous les voyageurs, très-enthousiaste de Noukahiva. Depuis les pages où le docteur Saaverde a décrit ces parages, jusqu'aux récits aphrodisiaques de Bougainville, ces latitudes ont la propriété singulière d'échauffer la plume des voyageurs. M. Melville a subi la même influence; il écrit comme tous ses prédécesseurs, à cette exception près que don Christoval Saaverde de Figueroa était plus mystique, c'est-à-dire plus homme de son temps; Cook plus simple, plus naïf et plus marin; Bougainville plus orné, plus dix-huitième siècle et plus raffiné dans ses peintures à la Vanloo; tandis que M. Melville, notre contemporain, hardi, violent et brusque, vise surtout à la terreur, à l'intérêt et à l'imprévu. C'est à lui, non à nous, de répondre de la fidélité des narrations que nous analyserons brièvement, et qui nous fourniront de curieux détails sur un recoin obscur de ces archipels à peine explorés.

Sans doute il raconte des choses un peu romanesques; mais la violence du coloris, naturelle chez un marin, prend sa source dans la force et la variété des impressions reçues. Le marin ne procède pas lentement et par degrés, allant tout doucement d'une latitude à une latitude voisine; il n'y a point de nuances pour lui; rien ne prépare son imagination à recevoir le choc de ces énergiques oppositions qui l'ébranlent et la secouent incessamment. Il passe sans préparation de l'activité d'un port de mer européen, de Liverpool par exemple ou de Brest, aux solitudes fleuries et silencieuses de Noukahiva, et des sites charmants du Mexique aux glaces polaires qui battent son navire et l'emprisonnent dans leur désolation silencieuse. Aussi personne ne ressemble-t-il plus à un conteur des *Mille et une Nuits* qu'un véritable marin. M. Hermann Melville, doué d'un goût très-vif pour les récits merveilleux, se trouvait à bord de *la Dolly;* il ne nous dit pas à quel titre; peut-être exécutait-il pour son divertissement spécial une de ces traversées auxquelles les Américains consacrent volontiers leur argent de poche.

Quoi qu'il en soit, monté sur *la Dolly*, il l'avait suivie dans ses excursions des années précédentes. Tour-à-tour, avec elle, il avait visité les côtes glacées des régions antarctiques, les scènes de cannibalisme frénétique des îles Viti, les Tertullias et les Alamedas espagnoles de Manille, singulier pays où la guitare de Séville résonne sous les doigts de femmes à peine vêtues, enfin les fêtes nocturnes données sur des lacs par les habitants de Soulou, drapés de mousseline et menant la vie indolente des rajahs de l'Hindoustan.

Puis *la Dolly* s'était rendue avec M. Melville à la Nouvelle-Galles du Sud, dont les tribus féroces avaient associé l'équipage à leurs rites de guerre et à leurs danses de mort. La relâche de *la Dolly* à Noukahiva succédait à tant d'émotions et d'impressions diverses, à six mois de fatigues et de dangers; on va voir que notre causeur sut la mettre à profit.

L'imagination des gens de l'équipage était toute remplie d'idées agréables et voluptueuses, et ils espéraient bien régner en maîtres absolus sur ces plages, ou disposer du moins sans contrôle de toutes les délices accumulées dans l'île de Noukahiva. Grande fut leur surprise, quand ils y jetèrent l'ancre, de voir en ligne cinq beaux vaisseaux portant pavillon français. M. Hermann Melville, auquel nous devons le récit que nous allons abréger, ne pardonne pas à nos vaisseaux de s'être emparés de cette station; il exècre les Français, et je crois même qu'il a pour ses anciens ennemis les Anglais plus d'indulgence et plus de bienveillance que pour nous.

A peine *la Dolly* eut-elle paru en rade, les matelots virent se diriger vers eux une petite flottille de marchands de noix de cocos nageant vers le navire; chaque tête se montrait au-dessus et au milieu des cocos à vendre, de manière à offrir un curieux coup d'œil. A ces boutiques non pas ambulantes, mais navigantes succéda un bataillon de sirènes aquatiques, dont les bras nus fendaient les flots en cadence. On sait que les habitudes légères de ces Ondines n'ont pu être réformées jusqu'à ce jour ni par les puritains ni par les Français.

Le premier objet qui frappa ensuite les regards de M. Melville, ce fut le campement de nos matelots qui avaient établi une forge portative sous un groupe d'arbres du rivage. Ce petit établissement paraissait être l'objet de la curiosité intense des Noukahiviens qui accouraient de toutes parts, admirant l'incandescence des charbons, l'haleine du soufflet, la flexibilité du fer tordu sur l'enclume et la facilité avec laquelle le métal rebelle se métamorphose sous le marteau. C'était avec la plus grande peine du monde que les sentinelles françaises empêchaient la foule de se précipiter sur la forge et de s'assurer par elle-même, au risque de tout renverser et de se brûler les doigts, de la malléabilité du fer rouge et de sa souplesse.

Ce qui balançait ou éclipsait l'enthousiasme excité par les procédés industriels de la forge, c'était un beau cheval venu de Valparaiso et qui avait fait la traversée à bord de l'*Achille*. Remisé sous des rameaux de cocotier, et remarquable en effet par l'élégance et la beauté svelte de ses formes, il causait autant de surprise parmi les insulaires que le premier coursier amené par Cortez en fit naître chez les Mexicains. Quand le cheval noir, brillamment caparaçonné et monté par un officier français dont les épaulettes d'or et l'uniforme s'harmonisaient bien avec les harnais écarlates du cheval, exécutait un temps de galop sur la grève, de longs cris d'admiration et de joie le suivaient dans sa course ; les insulaires l'escortaient de leurs hourras ; faute d'autres points de comparaison, ils l'appelaient *pouarkie nouhie* (le porc colossal). Nos Américains, Toby et Melville, trouvaient un peu sotte cette admiration des Noukahiviens pour un cheval français et pour un officier français ; c'était chez eux une vraie manie que cette irritation contre la France ; et je serais tenté de croire qu'ils s'en allèrent bivouaquer chez les cannibales, pour ne plus voir flotter le drapeau tricolore.

Ce fut deux jours après l'entrée de *la Dolly* dans la rade de Noukahiva que M. Melville exposa son plan de campagne à son camarade Toby. Il s'agissait d'une petite plaisanterie américaine, d'un *larking*, comme on dit là-bas ; en Amérique tout s'opère sur une échelle gigantesque. Les distances s'y calculent par milliers de milles, les populations par millions. M. Melville, le loustic américain, est un plaisant de proportions peu communes. Ses facéties le jettent dans les déserts, sur les rochers arides, loin de tout secours humain, parmi les anthropophages ; son école buissonnière l'expose à se faire manger tout vif avec son camarade de route et d'aventures.

Toby accepta, par indolence et par ennui de la discipline maritime, la proposition que Melville mettait en avant par amour des aventures et du danger ; et la résolution commune fut prise de s'échapper le plus tôt possible, de déserter ensemble et d'aller goûter de la vie sauvage. Leur intention fut remplie. Le capitaine Vangs donna campo pour une journée à l'équipage, et nos héros s'étant approvisionnés d'un peu de biscuit, de beaucoup de tabac et de quelques mètres de cotonnade dont ils bourrèrent leurs poches, saisirent l'occasion, montèrent dans une chaloupe, cinglèrent vers le rivage, et dirent adieu à *la Dolly*, pour ne la revoir jamais.

Il fallait d'abord se cacher dans les forêts vierges et attendre le départ du baleinier, sauf à devenir ce qu'il plairait à Dieu; c'est ce que firent nos aventuriers. Quand ils atteignirent le rivage, une ondée violente les força d'aller prendre asile au fond de quelques grands canots de guerre, où ils s'endormirent. Dès qu'ils le purent, ils sortirent de leur cachette et se dirigèrent vers une colline qui conduisait par une pente assez douce au sommet d'un pic fort élevé; ce à quoi ils parvinrent avec une difficulté extrême. Une forêt de grands joncs de couleur jaune, et extrêmement serrés, s'opposait à leur passage; quand ils essayèrent de se frayer un chemin à travers cette colonnade compacte, ils reconnurent à leur grande surprise et à leur extrême chagrin que ces joncs étaient à la fois souples et durs comme autant de barres d'acier. La forêt de joncs s'étendait jusqu'au milieu de la colline. Point de route praticable, aucun sentier. Il s'agissait d'en créer un, et ce n'était pas chose aisée. Hermann, homme athlétique, passa devant Toby pour essayer ce que la force et l'adresse pourraient accomplir dans cette occurrence. Abattant et maintenant à droite et à gauche les dents serrées de ce peigne naturel et gigantesque, il sentait les tiges flexibles et dures se replier malgré tous ses efforts et les retenir captifs lui et son compagnon de route. Furieux alors de rencontrer un obstacle si peu attendu et si redoutable, ils se mirent à fouler aux pieds pour les briser ces longues épines dont les éclats ensanglantaient les voyageurs ; à force de répéter cet exercice ils avancèrent de quelques pas, et Hermann vaincu par la fatigue tomba couvert de sueur sur un lit composé de joncs fracassés. Toby, petit homme mince et maigre, voulut relayer son camarade, et prit l'avant-garde avec très-peu de succès. Dans cette lutte corps à corps, où les joncs avaient souvent le dessus, il fallut que Hermann reprît son poste et continuât la bataille. La pluie avait recommencé à tomber par torrents; on peut se représenter la situation de ces deux hommes, qui par simple partie de plaisir et par délassement se trouvaient au milieu de cette forêt d'épines colossales, le corps ruisselant de sang et de sueur, et tout lardé des éclats des joncs qu'ils avaient brisés. Bientôt la pluie cessant fit place à une chaleur intense. Les joncs devenaient un peu moins épais à mesure que nos voyageurs avançaient; ils essayèrent de s'y insinuer sans les rompre, et ils y parvinrent ; mais l'élasticité des joncs, les faisant prisonniers comme dans un ressort qui se replie, les embarrassait singulièrement. Les joncs mêmes qui avaient été meurtris ou cassés se redressaient peu à peu, et malgré leur persévérance et leur courage nos Américains marchaient dans une prison perpétuelle, ne pouvant découvrir aucun objet ni s'orienter parmi ces tiges de huit à dix pieds de haut. Le plus robuste des deux fut celui qui se lassa le plus vite de cette marche périlleuse. Hermann dont la chemise était trempée de l'eau de la pluie, tordit sa manche pour étancher sa soif et tomba comme mort au milieu de la route qu'il avait frayée. Pendant l'assoupissement de son camarade, Toby tira de sa poche le fameux *Bowie-knife* (couteau-*Bowie*, arme favorite des Américains, espèce de couteau catalan), et par une ingénieuse invention dont les voyageurs auraient pu s'aviser plus tôt, se mit à faucher à droite et à gauche les joncs réfractaires. Hermann en s'éveillant, suivit le bon exemple que son camarade lui donnait et fit un abatis considérable autour de lui. Mais plus l'œuvre de destruction s'élargissait, plus l'élévation et l'épaisseur des joncs augmentaient. Le désespoir allait les prendre l'un et l'autre, lorsque tout-à-coup une éclaircie s'offrant à eux dans le taillis, laissa pénétrer leurs regards jusqu'à un horizon très-lointain. Ils se remirent à l'œuvre avec plus de force et de courage qu'auparavant, et travaillèrent si bien qu'ils finirent par se trouver au pied du pic qu'ils gravirent à genoux, glissant à travers le gazon comme des serpents, de peur que les indigènes les aperçussent.

C'était faire un assez triste apprentissage de la vie nomade. Ils finirent par atteindre la crête de la colline, vers laquelle plusieurs autres croupes s'élevaient comme autant de degrés, et d'où l'on apercevait la mer, les prairies et le vaste horizon. Dès qu'ils se crurent libres, ils se redressèrent, respirèrent, et, charmés de trouver sous leurs pieds un tapis de gazon fin et serré qui couvrait la crête aiguë, ils se mirent à courir de toutes leurs forces sur cette surface élastique et douce; leurs silhouettes, se dessinant à vives arêtes sur le fond du ciel, ne tardèrent pas à se faire remarquer; bientôt, du creux des vallons les plus solitaires et des gorges les plus cachées on entendit sortir les cris des sauvages, qui, étonnés de cette apparition, courant çà et là, quittant leurs petites cabanes éparses dans la plaine comme autant de points blancs, essayaient de se diriger vers les deux aventuriers.

A cet aspect et à ces cris, Melville et Toby commencèrent à courir plus fort qu'auparavant, et se trouvèrent enfin arrêtés par une espèce de muraille ou de pan oblique, semée de racines d'arbres et d'arbustes qui leur servirent de marches et d'échelons pour gravir cette élévation nouvelle. Au risque de se rompre cent fois le cou, ils atteignirent le sommet d'une espèce de pyramide tronquée, irrégulière et naturelle, dont le plateau basaltique, entouré de fleurs et de végétations parasites de toute espèce, s'élevait à près de trois mille pieds au-dessus du niveau de la mer comme une grande corbeille de pierre. Ils étaient partis de bonne heure; à sept heures du soir ils se trouvaient sur ce plateau, en parfaite sécurité, n'ayant évidemment rien à craindre ni de la recherche de leurs camarades de *la Dolly*, ni des atteintes des sauvages, mais beaucoup de celles de la faim. A cette élévation, nos voyageurs ne trouvaient plus d'arbres fruitiers, pas même de racines comestibles, et les provisions qu'ils avaient emportées ne pouvaient pas les mener très-loin. Il fallait toutefois se résigner, et ils s'arrangèrent de leur mieux pour passer la nuit dans les solitudes inexplorées où ils se trouvaient perchés.

Le lendemain, après avoir un peu dormi à l'abri des rocs basaltiques, affamés et assez inquiets, ils redescendirent lentement et s'enfoncèrent dans un sentier creux qui les conduisit à une ravine profonde. Là tombaient à la fois, de cinq gorges obscures taillées dans la roche vive et d'une hauteur de quatre-vingts pieds, cinq avalanches d'eau torrentueuse qui, se mêlant et tourbillonnant au fond d'un entonnoir, semblaient aller se perdre ensemble dans les profondeurs mêmes et les entrailles de la terre. Une voûte, formée des racines gigantesques et des branches séculaires des arbres voisins, tremblait sous le choc perpétuel des cascades grondantes, et faisait pleuvoir de sa longue chevelure une incessante pluie. Les lueurs enflammées du jour qui mourait pénétraient d'une manière incertaine et avec un tremblement mélancolique à travers cette arcade humide; « et jamais lieu, dit M. Melville, ne fut à la fois plus bruyant et plus lugubre. » Il n'y avait plus à craindre que les cannibales vinssent relancer les deux étrangers dans un repaire semblable; mais comment y dormir? Comment surtout se mettre à l'abri de cette pluie éternelle et de ce rejaillissement sans fin des cinq cataractes confondues? On essaya de bâtir une hutte avec des branchages et d'en boucher les interstices avec des touffes de gazon humide; on épuisa toutes les ressources d'une ingénieuse activité pour obtenir un lit sec ou du moins qui ne fût pas absolument détrempé. Vains efforts! Le pauvre Toby s'appuya sur la paroi de la muraille basaltique le long de laquelle coulaient des gouttes éternelles et glacées; la tête entre ses genoux et les membres agités par un frisson convulsif, il n'avait plus ni souffle, ni pensée, ni parole. M. Melville, plus vigoureux, tâchait de s'établir sur un tronc d'arbre et n'y réussissait guère.

Telles étaient les premières jouissances que leur apportait la vie bohême. Les jours suivants ne valurent pas mieux. Les fruits sauvages se présentaient rarement, et les sublimes désordres de ces solitudes primitives ne suffisaient pas pour apaiser les ardentes et âpres angoisses de la faim dont nos voyageurs étaient tourmentés. Melville avait la fièvre et s'était grièvement blessé à la jambe, Toby se traînait à peine. Ils en vinrent à souhaiter de rencontrer un village quelconque, un groupe d'humains, même anthropophages; perspective d'ailleurs assez probable. Les deux tribus qui se partagent l'île, Taïpies et Happars, aiment beaucoup la chair du cochon, à laquelle ils préfèrent encore la chair de l'homme, surtout de l'Européen, que la civilisation rend, à ce qu'il paraît, plus tendre et plus délicate au goût. Hermann et Toby couraient grand risque de tomber sous la main, c'est-à-dire sous la dent des Taïpies. Leurs provisions en petite quantité s'étaient mixtionnées dans leurs poches; le biscuit rompu et réduit en poudre s'était mêlé au tabac, et le tabac dominait dans ce déplorable pudding.

Après s'être glissés de hallier en hallier, et s'être tapis dans le creux des roches, à peine capables de se mouvoir, qu'aperçurent-ils sous l'ombrage épais des arbres séculaires ? Debout, complétement immobiles, un jeune garçon et une jeune fille, l'un de seize ou dix-sept ans, l'autre de quatorze ou quinze ans, d'une beauté et d'une régularité de formes exquises, et dont la nature avait seule soigné les atours, paraissaient frappés de terreur. Leurs deux têtes penchées et attentives, la main de la jeune fille serrée dans celle du jeune homme, le bras de ce dernier appuyé sur le col de sa compagne et à demi-caché sous ses longues tresses de cheveux, l'élégante délicatesse de leur taille et le mouvement de crainte simultanée qui les penchait en avant et comme balancés ensemble vers le bruit qui se faisait entendre; cet accord d'attitudes gracieuses, reposées et légères, formait, s'il faut en croire le narrateur, un groupe sculptural de l'effet le plus charmant et le plus naïf. Le jeune couple, à l'aspect des voyageurs, recula épouvanté; en vain nos voyageurs essayèrent-ils de l'apprivoiser; il fuyait toujours. Ce fut en s'attachant à sa piste et en le suivant aussi lestement que leur faiblesse et leur épuisement le permettaient, que Melville et son Sancho finirent par découvrir une vingtaine de huttes rondes ensevelies sous les feuillages, séjour ordinaire de la tribu à laquelle ces deux jeunes gens appartenaient.

N'en pouvant plus de fatigue et de faim, Melville et son camarade vinrent tomber plutôt que s'asseoir sur le seuil d'une de ces cabanes, pendant que la foule bruyante des femmes, des enfants et des jeunes garçons les environnait avec de grands cris et des exclamations interminables. Un des hommes du groupe, presque nu, et qui semblait avoir quelque autorité, vint se planter droit et debout devant eux ; l'immobilité de son visage correspondait à celle de son geste. On eût dit une statue de marbre.

Ici allait se décider le sort des étrangers. La politique de Noukahiva, ou du moins celle des races qui habitent l'intérieur de l'île, se compose de deux fractions hostiles, de deux partis toujours en guerre, qui se tuent quand ils se rencontrent, et qui ont la réputation de manger l'ennemi quand il est tué. En fait de cannibalisme, les Happars ne valent pas mieux que les Taïpies, ni les Taïpies que les Happars. Il s'agissait, pour Melville et son compagnon, de savoir comment il répondrait aux premières interrogations qui lui seraient adressées sur le parti qu'il avait embrassé. *Taïpie* ou *Happar?* les sauvages ne connaissent que cela. Mais comment s'assurer s'il était chez les Happars ou chez les Taïpies, ce qu'il ne pouvait reconnaître à aucun signe ni deviner à aucun indice? Les lèvres longtemps muettes et fermées du guerrier de bronze qui s'était placé devant lui comme une statue vivante, s'ouvrirent enfin, et ce fut précisément cette question que le guerrier sauvage adressa au voyageur :

« — Taïpie ou Happar ? »

Herman répondit au hasard : *Taïpie* ! Un long cri de joie salua cette réponse ; la statue de bronze baissa la tête en signe d'approbation, et du même accent interrogatif :

— « Mortarkie? »

Hermann répéta : « Taïpie Mortarkie ! » Une foule de bruns et olivâtres personnages se mirent à danser autour de lui ; on battit des mains, et la forêt retentit mille fois de ces mots magiques : *Taïpie Mortarkie*, qui apprenaient aux deux aventuriers qu'ils étaient sauvés.

Aussitôt on leur donne à manger d'une bouillie faite d'arbre à pain ; on frotte leurs membres d'huile, on les régale de toutes façons ; surtout on palpe leur corps, on examine leur épiderme avec une attention si délicate, si amicale et si étonnée, que Melville et Toby se sentent émus et reconnaissants.

Pour moi, si j'eusse été l'un d'eux, ce soin aimable de reconnaître toutes les parties de mon corps et ces vives exclamations causées par une peau blanche, des chairs européennes, des muscles élastiques et d'un tissu moins coriace que l'épiderme noukahivienne, m'auraient inspiré de terribles soupçons. Ces insulaires ont des goûts qui répugnent à toutes les idées européennes. Les Taïpies, et en général les races primitives, tiennent bien peu à la vie de l'homme. Si leur enfant crie ils l'assomment, et si leur vieille mère a faim ils l'étranglent. Notre civilisation, toute corrompue qu'elle soit, a du moins des ressources légales contre ceux qui reviennent à la vie primitive, et ce qui est la règle universelle pour les insulaires de la mer Pacifique est l'exception chez nous.

On laissa dormir les deux aventuriers ; on échangea leurs vêtements contre des robes de tappa, et enfin le chef du village, en grand costume et en grande cérémonie, vint les visiter solennellement. Abaissant, sous la porte cintrée et peu élevée de l'habitation, le diadème de plumes qui flottait sur sa tête, et s'avançant au mileu des gens de l'endroit, qui se retiraient avec respect et lui faisaient place, il vint se poster devant Melville et Toby, qui restèrent comme éblouis de sa splendeur barbare. Un demi-cercle de plumes de coq, entremêlées des plumes éclatantes de l'oiseau des tropiques, avait pour soutien une rangée de graines écarlates qui brillaient sur son front verdâtre. Quatre énormes colliers faits de défenses de sanglier, polies comme l'ivoire, se balançaient sur sa vaste poitrine, et les plus gros grains descendaient jusqu'à ses hanches. En guise de boucles d'oreilles, il portait deux dents de baleine, dont la cavité, placée en avant, était remplie de feuilles fraîches et de fleurs variées qui s'en échappaient comme d'une corne d'abondance. L'autre bout, sculpté avec beaucoup de recherche et taillé à jour, présentait mille dessins et bas-reliefs fantastiques. Sur les reins du guerrier, et retombant des deux côtés en plis élégants et massifs, se nouait une ceinture brune faite de l'étoffe nommée *tappa*. Des bracelets de cheveux d'hommes ornaient les bras et les pieds de Mehevi (tel était son nom), et complétaient son costume unique. Il tenait à la main droite une arme de près de quinze pieds, faite pour servir à la fois de lance et de pagaïe, très-affilée d'un bout, et de l'autre aplatie de manière à pouvoir donner l'impulsion à une barque.

Ce roi ou ce chef fit mille politesses barbares à Melville, et commença par lui assigner, ainsi qu'à son compagnon de dangers, un domicile, un domestique, même une compagne. Parlons d'abord de leur logement.

L'espèce de volière où l'on introduisit les voyageurs et

qu'on leur donna pour palais était aussi pittoresque que convenable aux nécessités du climat. On peut même y remarquer, si M. Melville n'abuse pas du droit immémorial des conteurs, une disposition d'architecture gracieuse et habile. Sur le front d'une colline en pente douce, couverte d'une végétation abondante, des dalles blanches, superposées par étages, à la hauteur d'environ huit pieds, formaient une espèce de perron ou de terrasse sur laquelle la maison était perchée. Ce parquet régulier et oblong avait douze toises de long sur douze pieds de large. Au fond de l'habitation, un treillage serré, fait de rameaux et de feuilles de cocotier artistement tissus, ne laissait passage ni à l'air ni au jour, et, formant un angle très-ouvert, s'inclinait doucement pour atteindre le sommet de l'habitation ; de ce point, le toit formait un autre angle aigu qui s'arrêtait à cinq pieds du sol. Les trois autres côtés de l'habitation, formés de joncs entrelacés, et comme brodés d'écorces rouges et bleues, laissaient pénétrer librement la lumière, la brise et le parfum des fleurs. Sur le devant on avait ménagé un espace libre, avec deux petites cabanes, l'une destinée à la cuisine, l'autre servant de garde-manger.

De cette toiture pointue descendaient en festons les longues feuilles de l'hibiscus et les guirlandes du tamarin qui régnaient comme un ornement régulier autour du léger édifice. En entrant par une porte basse et étroite dont j'ai parlé, on apercevait au fond, parallèles à la palissade ou muraille deux poutres ou troncs de cocotiers, ronds, admirablement bien polis et placés à deux toises environ l'un de l'autre. L'espace qui les séparait se trouvait occupé par plusieurs nattes de couleurs vives et de dessins variés, servant de lit aux indigènes. C'est là qu'ils font la sieste pendant la chaleur du jour et qu'ils reposent pendant la nuit, à l'abri de la pluie comme de la chaleur, protégés contre les exhalaisons et l'humidité du sol, rafraîchis par l'air qu'admettent les interstices du treillage. Je doute que l'on puisse rêver une architecture dont l'appropriation soit plus convenable au climat, aux localités, aux habitudes de ceux qui l'ont créée.

Une fois installés dans ce domicile, ils jouirent pleinement des biens matériels de la vie, du moins de ceux que la civilisation de Noukahiva peut fournir. Le poïe-poïe, bouillie faite de la moëlle d'arbre à pain, leur semblait un mets excellent, et Kori-Kori leur aide-de-camp sauvage était un remarquable et excellent domestique, comme en effet il y en a peu; ce Kori-Kori servait à M. Melville de valet de chambre, de groom, de précepteur, de maître de langue, de cabriolet et de cheval. C'était à lui que l'Américain demandait les renseignements nécessaires quand des mœurs si nouvelles pour lui l'étonnaient: s'agissait-il de se transporter sur un point de l'île tant soit peu éloigné, Kori-Kori prêtait son dos, M. Melville s'armait de son fusil, enfourchait la monture humaine et se laissait porter au pas de course par Kori-Kori.

Quant à la jeune et belle Fayaway, qui avait seize ans, c'était la propre fille du maître de l'habitation ou volière concédée à Melville et à Toby: elle concourait avec Kori-Kori à l'éducation du premier des deux, et elle passait pour sa *femme*. Comme il n'y a pas d'autres rites légitimes dans le pays, c'est le nom qu'il faut donner à Fayaway, devenue madame Melville. Elle excellait en fait de cuisine, du moins de celle que les insulaires de Noukahiva connaissent et qui est assez peu compliquée; elle savait ramer, nager et monter aux arbres comme un écureuil. Ses excursions avec M. Melville dans les forêts voisines étaient fréquentes.

Un jour que Fayaway et l'étranger avaient fait sur le lac une longue promenade, la jeune Noukahivienne pria M. Melville de diriger son canot vers un point de la rive qu'elle désigna. Là s'élevait un bouquet de palmiers qui balançaient leurs panaches verdoyants au-dessus d'une petite crique d'un charmant aspect. Ils descendirent ensemble, et conduit par la Noukahivienne le voyageur pénétra dans le bosquet. A quelques toises de la rive s'élevait un petit pavillon carré, dont la toiture, en feuilles de palmiers, reposait sur quatre bambous si minces qu'on avait peine à les distinguer. Le pavé, ainsi que dans tous les édifices noukahiviens de quelque importance, était composé de dalles oblongues et superposées, au centre desquelles on voyait, comme amarré et immobile, un canot d'environ sept pieds de long, entouré d'une petite balustrade et dans lequel se trouvait, assise à la proue, l'effigie d'un guerrier enveloppé d'une longue robe brune ; elle ne laissait passer que ses mains et sa tête, finement sculptées en noix de coco, et cette dernière surmontée d'un vaste diadème de plumes. Il était représenté courbé sur sa pagaïe qu'il tenait à deux mains pour faire avancer le canot immobile ; en face de lui la singulière et ingénieuse invention du sculpteur noukahivien avait placé un crâne de mort poli et luisant, qui, planté sur la proue de l'embarcation, le regardait et semblait lui sourire lugubrement.

Ces deux têtes, — la tête noire et sculptée du guerrier mort, — et à deux pouces devant elle, ce crâne au *rictus* béant, qui paraissait railler l'impatienc inutile du héros sauvage, produisaient l'effet le plus étrange. Les plumes oranges et écarlates du diadème dansaient sur le front de l'effigie et lui ôtaient l'apparence de l'immobilité; — les longues colonnes des palmiers de la rive se balançant avec majesté jetaient dans le temple funèbre leurs ombres-portées, qui vacillaient tristement; — pas un murmure ne se faisait entendre, excepté le sourd bruissement du flot sur le gazon et la plainte lente des palmiers agités; enfin M. Melville lui-même, qui ne semble pas être d'un tempérament mélancolique, resta saisi d'une mystérieuse terreur.

La jeune Fayaway lui expliqua que le lieu était *tabou*, c'est-à-dire sacré, et qu'il était défendu sous peine de mort de pénétrer dans l'intérieur de l'enceinte; elle lui montra un petit rouleau mystique fait d'étoffe de *tappa*, et suspendu par un cordon de même matière au bout d'un bâton planté dans l'enceinte; ce rouleau indiquait la consécration du lieu. Ce qui était le plus remarquable assurément, c'était la poétique et funèbre idée de ces deux têtes représentant la vie et la mort, l'activité et le repos, la force et l'impuissance, l'impatience et le destin en conversation éternelle. Ce chef sauvage était mort dans son canot; au moment où vainqueur il se dirigeait impatiemment vers le rivage, une flèche l'avait atteint, — la mort qui se moque de tout l'avait arrêté dans sa route : voilà ce que l'architecte du monument avait voulu indiquer.

La jeune Fayaway et le fidèle Kori-Kori demeuraient donc avec Melville dans la maison cédée par Marheyo (c'était le nom de l'ancien maître du logis). La femme de Marheyo se nommait Tinor; celle-ci, bien faite et svelte, mais dont la couleur était brune et verte, ce qui lui donnait à peu près l'aspect du bronze florentin, ne quittait pas l'ouvrage. « C'était, dit M. Melville, la seule personne laborieuse de la vallée. » En revanche ses trois grands fils, les plus paresseux des dandies, avaient pour occupations exclusives la pipe, la chasse et l'amour. « Jamais, selon l'Américain, jeune ennuyé du boulevard Italien ou de Bond-street n'a mieux rempli les obligations de son état. »

Filles, sœurs, cousines et petites-cousines affluaient dans la cabane et se distinguaient de l'autre sexe par la légèreté d'un costume plus succinct et par un tatouage infiniment moins compliqué. L'Américain nous fait remarquer, par exemple, que mademoiselle Fayaway, attachée particulièrement à sa personne avec Kori-Kori, ne portait pas d'autres marques hiéroglyphiques que trois petits points jaunes et verts, distribués sur les lèvres inférieure et supérieure, et une jolie épaulette formant un petit cœur ouvert, sur chaque épaule. Il paraît même que le voyageur a fini par trouver ce double ornement d'assez bon goût.

Ils menaient une vie douce : ce ne furent pendant trois mois que parties de chasse, de pêche et de natation, dîners de porc grillé et promenades au clair de lune. Les Américains furent solennellement conduits dans le *Ti*, lieu consacré, recouvert d'ombrages mystérieux et peuplé d'horribles vieillards stupéfiés, dont toute la vie se passe dans une félicité profonde composée d'immobilité et de sommeil. On leur donna aussi la grande fête des calebasses, pendant laquelle on mit le feu à une partie de la forêt pour rôtir en cérémonie deux ou trois porcs ; — mets dont les Taïpies sont très-friands.

Au milieu de cette fête des calebasses, et pendant que les rites gastronomiques s'accomplissaient avec beaucoup de ferveur, Melville fut curieux de savoir ce que voulait dire un pas de ballet exécuté par six vieilles femmes, et dansé à l'ombre des grands arbres sans que personne y fît attention, si ce n'est l'Américain Melville. Ces danseuses, parvenues à un âge avancé, ne portaient aucun vêtement; tenant leurs bras collés des deux côtés de leurs corps, comme des statues égyptiennes, elles sautaient en l'air à des intervalles assez rapprochés, parfaitement raides et semblables à des bâtons que l'on veut faire entrer dans l'eau et qui en ressortent. D'ailleurs elles restaient graves, solennelles, silencieuses, et continuaient leurs évolutions en liberté sans que l'on s'occupât d'elles. Le curieux Melville ne savait comment expliquer les soubresauts périodiques de ces six bâtons noirs qui se soulevaient comme par ressort. Il questionna là-dessus Kori-Kori, son valet et son précepteur, qui entra dans les développements les plus scientifiques sur la matière. Tout ce que notre voyageur put y comprendre, c'est que les vieilles danseuses étaient veuves, et que, n'ayant plus d'appui sur la terre depuis que leurs maris avaient été tués dans le combat, elles se trouvaient légères, privées de solidité, choses flottantes et dansantes; elles exprimaient de leur mieux cette mélancolique conviction par les soubresauts symboliques dont nous venons de parler.

Cependant on pressait les deux personnages, ainsi festoyés par les Taïpies, de reconnaître les complaisances et l'hospitalité de leurs nouveaux amis en se laissant tatouer, c'est-à-dire en recevant définitivement l'espèce de baptême sans lequel on n'est pas membre de la tribu. Pour cet effet on leur amena l'artiste en ce genre, homme fort considéré qui se nommait Karki. Il connaissait à fond l'élégance des spirales vertes tracées autour de la bouche, la profondeur allégorique du triangle rouge pointillé sur le front, la beauté majestueuse des sphères bleues gravées sur d'autres parties du corps. En résumé, Karki n'était pas seulement le Raphaël du lieu, il en était le costumier, le tailleur et le coiffeur ; à ces titres et à ces honneurs il joignait une dignité sacerdotale ; chaque symbole avait un sens, chaque signe était un arcane, tout zig-zag était un mythe, et Karki en avait le secret. Le tatouage constitue une affiliation : chaque Taïpie inscrit sa foi sur son corps au moyen de l'aiguille et des couleurs, et différencie par la variété des images les points spéciaux du dogme taïpique auxquels il s'attache pour la vie. L'homme public chargé par l'État d'inscrire sur les adeptes des caractères aussi sacrés n'a pas moins d'importance et de valeur parmi ses compatriotes qu'en avait sous le règne de Sésostris l'hiérophante égyptien qui possédait la triple science des signes phonétiques, démotiques et hiératiques. Aussi vénérait-on singulièrement Karki, et personne n'avait de plus belles portions de porc grillé quand on mettait le feu à la forêt pour cette cérémonie.

Le domestique Toby se laissa faire ; Melville résista obstinément à l'honorable distinction qui lui était offerte. Il avait conçu des doutes sur les intentions réelles de ses hôtes et sur la destination définitive à laquelle il était réservé. A mesure que sa peau devenait blanche et friande, et qu'un agréable embonpoint recouvrait sa maigreur, il devenait plus timoré ; il avait remarqué que ses amis venaient de temps à autre palper sa chair et s'assurer des progrès de sa santé ; enfin quelques particularités singulières avaient frappé son imagination :

— « J'avais observé, dit-il, suspendus à la grande poutre de la maison de Marheyo, une vingtaine de paquets enveloppés de cette mousseline d'écorce qu'on appelle *tappa* dans le pays. Souvent on les avait fait mouvoir et descendre devant moi au moyen de la ficelle qui les tenait suspendus et du mécanisme dont j'ai parlé ; mes amis les Taïpies les avaient ouverts sous mes yeux pour en inspecter le contenu, à l'exception toutefois de deux ou trois paquets d'une forme mystérieuse et singulière qu'on n'avait jamais développés, et qui avaient frappé mon imagination de je ne sais quel vague désir de les mieux connaître. Ces paquets réservés se balançaient au-dessus de ma tête en ayant l'air de me narguer. Je suis, hélas! fort curieux de ma nature, on a pu le voir; la curiosité m'avait fait déserter, elle m'avait jeté presque nu et sans armes au milieu de ces charmantes et profondes solitudes et parmi ces singuliers sauvages. On ne renonce pas vite au mobile de toute sa vie ; le lecteur va voir jusqu'où m'a conduit ma passion dominante. »

Comme, malgré les précautions de ses hôtes, Melville rôdait sans cesse autour de la ficelle qui tenait accrochées les mystérieuses enveloppes, Kori-Kori et Fayaway qui ne le perdaient jamais de vue le surprirent plusieurs fois au moment où il allait faire mouvoir la ficelle et s'édifier enfin sur le contenu des paquets. Depuis ce moment, une surveillance plus active le poursuivit dans tous les détails de sa vie.

Un beau jour, après une escarmouche assez vive que les Taïpies venaient de soutenir contre leurs ennemis les Happars, Toby le tatoué ne reparut plus. Cette disparition de Toby ne fut point agréable à Melville. Toutes les fois qu'il parlait aux Taïpies de son ancien camarade, ceux-ci prenaient un air solennel et s'écartaient de la question. Qu'était devenu Toby? Plus maigre que son camarade, avait-il été sacrifié le premier aux fantaisies gastronomiques des sauvages? Ne réservait-on pas Melville, plus gras que Toby, pour la bonne bouche? De pareils doutes sont assez tristes à nourrir. Melville ne dormait plus; il fixait un regard inquiet sur ces cordes qui suspendaient les mystérieux et équivoques paquets. Souvent on le pressait de se faire tatouer selon la mode la plus récente et de participer ainsi à la communion taïpique en inscrivant sur son corps les hiéroglyphes vénérés de la nation. L'insistance que l'on mettait à lui demander cette adhésion lui paraissait bizarre, et il se demandait si on ne le regardait pas comme une victime qu'il fallait orner triomphalement, couvrir de fleurs et enguirlander avant de la conduire à l'autel. Toutes ces idées et un certain nuage répandu sur quelques-unes des actions des Taïpies, une obscurité volontaire dont ils avaient soin de couvrir une partie de leurs coutumes et de leurs croyances, troublaient l'Américain, qui jugea alors que la plaisanterie allait loin et se mit à désirer une vie moins romanesque. Fayaway, devenue mistriss Hermann Melville, du moins selon les rites du mariage que ces insulaires professent, avait beau lui prodiguer les délicatesses de l'amour et de la cuisine sauvages; l'arbre à pain frit, confit, cuit, glacé ou bouilli, avait perdu toute saveur; les promenades sur le lac dans le petit canot de Fayaway n'avaient plus leur ancien charme.

Toby avait-il fait les frais d'un festin solennel? M. Hermann Melville ne pensait qu'à cela. De quelle manière avait-on mangé Toby? Frit ou rôti? Dans des rouelles d'arbre à pain, ou fricassé avec des côtelettes de porc frais? Il était indécis sur la question de savoir si les Taïpies ou les Happars avaient mangé Toby? Avait-il pris part aux expéditions de ses hôtes contre leurs ennemis et succombé dans le combat? Plus épouvanté que jamais des bonnes grâces et des attentions de la tribu, Melville redoubla de surveillance et n'eut plus un moment de sommeil. Fayaway approchait-elle, il tremblait; le pas de Kori-Kori le faisait frissonner. Persuadé que les paquets mystérieux lui révèleraient le secret de ces sauvages si doux dans leurs mœurs et si amoureux de chair humaine, il se promettait bien de pénétrer cette énigme.

Enfin il saisit son moment, et entrant dans la maison à l'heure où les principaux Taïpies y étaient assemblés et où on le croyait à la chasse, il les trouva en grand conseil autour de ces terribles enveloppes. On les remit en ordre dès qu'il parut; l'une cependant lui laissa clairement apercevoir une tête à peau blanche détachée de son tronc, tête qu'il n'eut pas le temps de reconnaître et qu'il crut être celle de son camarade Toby. Il essaya de cacher son effroi et même de feindre beaucoup d'assurance. Kori-Kori ne le perdait pas de vue. Quelque temps après, un nouvel incident vint mettre le comble à cette trop juste terreur.

Les Happars ne cessaient de harceler les Taïpies, qui le leur rendaient bien. Un jour Melville, que l'absence de son camarade inquiétait fort, entendit ces terribles cris de guerre, hurlements communs à toutes les races sauvages. Les hôtes coururent aux armes, le village fut en combustion. Bientôt les guerriers furieux s'élancèrent de tous côtés pour repousser les envahisseurs; l'action dura assez longtemps, et le bruit de la mousqueterie, répercuté par les échos des montagnes, apprit à M. Melville et à Kori-Kori, appuyés l'un et l'autre sur leurs palissades et l'oreille au guet, que l'engagement était sérieux. Enfin débouchèrent des taillis qui entouraient le village les guerriers vainqueurs qui formèrent sous les yeux de Melville une procession triomphale. Quatre hommes ouvraient la marche, l'un précédant l'autre et séparé de lui par une distance de huit ou dix pieds ; l'épaule droite du premier supportait une longue perche qui allait s'appuyer sur celle du second ; le troisième et le quatrième en portaient une autre. Suspendues à ces perches, des lisières d'écorce de bambou soutenaient des paquets oblongs tachés de sang, et enveloppés de grandes feuilles de palmier toutes fraîches cueillies. La forme était la même que celle des paquets mystérieux suspendus à la ficelle de l'habitation. Le premier de la procession, dont le front fendu portait une large et récente blessure, semblait pouvoir à peine se traîner ; son œil enflammé, ses membres couverts de la sueur et de la poussière sous lesquelles les emblèmes du tatouage avaient disparu, composaient un ensemble aussi bizarre qu'effrayant. Les cris de triomphe et de joie que poussaient les Taïpies hommes et femmes, semblaient l'encourager dans sa marche, et il continuait d'avancer en chancelant. Les trois autres, beaucoup moins endommagés, semblaient se faire gloire de nombreuses plaies qui servaient de preuve à leur courage. Près du premier de ces héros marchait le roi Mehevi, le mousquet à la main. Il semblait que la tribu fût livrée à une joie frénétique.

En vain Melville manifesta le désir de voir le reste de la cérémonie ; Kori-Kori, chargea l'Américain sur ses épaules, l'emporta, enferma Melville dans sa maison, et l'y tint aux arrêts. Le prisonnier put voir de loin les flammes qui s'élevaient dans une partie assez éloignée de la forêt, et entendre les longs cris des Taïpies pendant le repas orgiaque dont on ne lui permettait pas de partager les mystères.

Sa résolution fut prise ; au milieu de la nuit, profitant

du sommeil de Fayaway et de Kori-Kori, il prit sa course à travers les bois, pendant que ses hôtes dormaient autour des bûches enflammées et des débris de leur repas. Après trois jours et trois nuits sans sommeil et sans aliments, il parvint à s'orienter et vint tomber à demi-mort au milieu de notre campement français.

C'est un des ouvrages où se trouvent le plus de détails nouveaux et circonstanciés sur les archipels de l'océan Pacifique, monde tenu en réserve pour la civilisation de l'avenir. On ne peut en le lisant se défendre d'un mouvement de surprise devant la marge énorme qui reste encore au développement social du genre humain. Une cinquantième partie du globe est à peu près civilisée. Déjà l'on voit poindre, dans certains groupes de la zone dont nous parlons, quelques germes assez grotesques d'une imitation européenne; — à côté des chefs tout-à-fait sauvages d'Ambaô et de Rewa, le roi actuel des îles Sandwich, Kamehamea III, siégeant à Honoloulou, porte la petite moustache à l'espagnole, l'uniforme serré à la française, la barbe rasée de près, des gants jaunes et marche nu-pieds. Les Kanakas de Sandwich et les habitants de Tahiti, les plus avancés dans leur éducation sociale, sont d'amusants modèles d'une incomplète sociabilité. Quant aux Taïpies de Noukahiva au milieu desquels M. Melville a vécu, ils ont conservé les anciens caractères de la race; fort paresseux, d'une intelligence simple et bornée, adroits de leurs mains, voluptueux, et mangeant volontiers leurs semblables, — au demeurant, les meilleurs fils du monde.

Ce dont on ne peut douter en le lisant, c'est que les races humaines sont difficiles et lentes à élever, que les progrès de leur éducation sont l'œuvre du temps et des circonstances, et que le type idéal de la beauté morale et physique ne se rencontre pas plus sur les plages des mers ignorées et dans les forêts vierges, que la rose à cent feuilles ou la pêche savoureuse dans les Pampas de l'Amérique et sous les ombrages primitifs de l'Australie. J'avais toujours soupçonné que M. de Bougainville, Maupertuis, Jean-Jacques Rousseau et Diderot ne nous avaient pas dit la vérité; que les uns puisant dans leur imagination, les autres embellissant les faits et les couvrant d'un vernis agréable, nous avaient donné des tableaux menteurs de la vie sauvage.

Vertu pour vertu, Malesherbes s'élève plus haut que Tonga-Tabou ou le Grand-Serpent-Noir; voluptés pour voluptés, un ballet de l'Opéra l'emporte sur les danses naïves et les enlacements gracieux des Hamadryades d'Otaïti. C'est ce que prouve l'œuvre de notre Américain. S'il outre les couleurs et court après l'effet, on reconnaît cependant un homme très-vrai, qui recherche et veut à tout prix la sensation; l'excitation le fait vivre; il lui faut cet assaisonnement, au prix du danger et de la mort. Curieux comme un enfant, aventureux comme un sauvage, il se jette la tête la première dans des entreprises qui n'ont pas de but et les exécute hardiment. Ce qu'il a commencé avec l'étourderie d'un hanneton, il l'achève avec le courage d'un homme.

C'est ce même esprit de violence, d'entreprise et de dédain pour les résultats que les Américains ont emprunté à leurs aïeux saxons et aux tribus sauvages, indigènes du sol qu'ils habitent; c'est cette même soif des émotions qu'ils portent dans leurs spéculations commerciales et industrielles, — qui leur fait accepter les banqueroutes

nationales, plutôt que l'ennui d'un économique repos,
— qui les lance *forward* sur la pente des améliorations; —
enfin qui montre aux voyageurs étonnés ces milliers de
lieues de chemins de fer et ces immenses fleuves couverts
de bateaux à vapeur se heurtant dans leur route, se coulant bas mutuellement et sautant dans les airs.

§ II.

Les voyages de Melville sont-ils apocryphes? — Vie d'Hermann Melville.

J'avais pris ces voyages pour une réalité. Les critiques anglais prétendirent que je me trompais, que M. Hermann Melville n'était qu'un pseudonyme, et que ses romans-voyages attestaient seulement une vigoureuse puissance d'imagination et une grande hardiesse à mentir.

Je ne fus pas de l'avis des critiques anglais. Sans doute il avait raconté mille aventures étranges; il parlait de nymphes érotiques et sauvages, de cannibales idylliques, de temples enfouis dans les bois et perchés sur les rocs de Noukahiva, de beaux *moraïs* dans les vallées, d'anthropophagie mêlée à des danses sentimentales : mais toutes ces choses se retrouvent à peu près chez Bougainville, Ongas, Ellis et Earle. Il y avait chez lui un cachet de vérité, une saveur de nature inconnue et primitive, une vivacité d'impressions qui me frappaient. Les nuances me paraissaient réelles, bien qu'un peu chaudes et à l'effet; selon moi, les aventures romanesques de l'auteur se déroulaient avec une vraisemblance suffisante.

Cependant on s'obstinait à rire de mes crédules éloges et à prendre son livre pour un *hoax* du plus beau calibre. Le style, sans être pur ou élégant, avait de la vivacité et de l'entrain ; on s'étonna de voir un Américain si imaginatif et si gascon, mais on l'admira. Les Américains comprennent la plaisanterie, excepté dans ce qui touche l'honneur national ; ils l'aiment assez, et quand elle est de haut goût elle ne leur répugne pas. On se dit des choses fort singulières dans les chambres législatives ; certains journaux sérieux et estimés annoncent toujours la célébration des mariages dans une colonne surmontée d'une petite vignette qui représente une grande souricière, avec cette légende en caractères énormes : *Souricière matrimoniale*. C'était d'ailleurs une vieille coutume anglaise et puritaine, cultivée avec une dextérité remarquable par Daniel de Foë, que d'attraper ainsi le public par des fictions ornées de tous les détails de la vraisemblance. On se souvenait encore de la *Révélation de madame Leveau faite au lit de la mort*, feuille que l'on criait dans les rues de Londres vers 1688, et qui déçut beaucoup de bonnes âmes calvinistes dans l'intérêt de leur salut (1). La plaisanterie ne déplut donc à personne, et M. Hermann Melville passa pour un conteur de bourdes très-amusant et très-original.

Cependant une *revue* austère, *l'Évangéliste de New-York*, manifesta quelques scrupules, fit ressortir les inventions romanesques de M. Melville, le traita de mauvais plaisant et lui reprocha d'avoir parlé légèrement et calomnieusement des missionnaires de Taïti et des Marquises. Ce n'était point l'affaire du narrateur de se trouver ainsi réfuté. Il ne répondit rien ; mais tout-à-coup, en janvier

(1) V. nos Études sur le XVIIIᵉ siècle en Angleterre, t. ii.

1846, on vit paraître dans l'un des journaux d'une province très-éloignée (*Buffalo commercial Advertiser*) une lettre du valet de chambre matelot Toby, escortée d'une note de l'éditeur qui, dit-il, a vu Toby en personne. « Son père est un bon fermier de la ville de Darien, dans le comté de Genesée. Toby habite notre ville, où il exerce la profession de peintre en bâtiments ; il affirme que les aventures racontées par Hermann Melville sont vraies dans leur ensemble et dans tout ce qui est essentiel. On n'a pas de motifs pour révoquer en doute l'assertion de Toby, qui est un fort honnête homme. » Ensuite vient la lettre de Toby lui-même « qui, dit-il, n'a pas été mangé, mais peu s'en est fallu ; — et qui s'appelle Richard Green de son vrai nom. La marque du coup que lui a porté un des chefs sauvages de Noukahiva est encore gravée sur son front. Il désire beaucoup retrouver son maître et son compagnon d'infortune Melville, et il prie M. l'éditeur d'insérer sa lettre ; il espère qu'elle sera répétée par les feuilles d'Albany, de Boston et de New-York, et qu'elle parviendra à la connaissance de M. Melville. »

La lettre de Toby ne persuada personne ; on ne douta pas que tout ne fût arrangé d'avance. Comment en effet aller aux preuves et vérifier les noms, les dates et les faits ? Toby se porte caution de Melville qui se porte caution de Toby, et tous deux ont pour garant le brave éditeur de Buffalo, qui reçoit à son tour son brevet de véracité. Mascarille répond de Jodelet et Jodelet de Mascarille. L'affaire se compliquait et la galerie s'en amusait fort ; il y avait là pour les spéculateurs américains de quoi **deviner**, *spéculer*, *conjecturer* et *calculer* (guessing, speculating and calculating). Les chances des paris et les hasards du jeu de Bourse entraient dans le domaine de la littérature.

M. Hermann Melville poussa sa pointe en véritable enfant des États-Unis : *going ahead* (aller de l'avant) y est le mot d'ordre universel. Le *go-ahead system*, l'entreprise, l'*en-avant*, emportent aujourd'hui la plus *allante*, la plus *active* nation du globe, *the smartest nation in all creation*. « Nos mères, dit à ce propos un Américain de beaucoup d'esprit, se dépêchent de nous mettre au monde ; nous nous dépêchons de vivre ; on se dépêche de nous élever. Nous faisons notre fortune en un tour de main ; nous la perdons de même, pour la rebâtir et la reperdre encore en un clin d'œil. Notre corps fait dix lieues à l'heure ; notre esprit est à haute pression ; notre vie file comme une étoile ; notre mort est un coup de foudre. »

M. Hermann Melville se dépêcha donc de mettre à profit son premier succès ; il donna vite une suite à *Typee* (Taïpie), raconta comme quoi Toby avait failli être mangé et intitula cette suite *Omoo* (Omoû). Les mêmes qualités ou à peu près se retrouvaient dans le second ouvrage qui eut assez de succès ; la réputation du conteur était faite. Chacun convenait que M. Hermann Melville avait infiniment d'imagination, qu'il inventait les plus curieuses extravagances du monde, et qu'il excellait, comme Cyrano de Bergerac, dans la mystification sérieuse.

Après avoir lu *Typee* et *Omoo*, il me restait, comme je l'ai dit, bien des doutes sur la justesse de cette opinion qui avait prévalu en Amérique et en Angleterre, et que l'on trouve consignée dans la plupart des journaux et des *revues* où les « romans » de M. Melville sont analysés. La fraîcheur et la profondeur des impressions reproduites dans ces livres m'étonnaient ; j'y voyais un écrivain moins habile à s'amuser d'un rêve et à jouer avec un nuage que gêné d'un souvenir puissant qui l'obsède. Type de l'Anglo-Américain actuel, vivant pour la sensation et par elle, curieux comme un enfant, aventureux comme un sauvage, se jetant la tête la première dans des entreprises inouïes et les menant à fin avec un héroïsme acharné, je trouvais que M. Hermann Melville s'était peint lui-même fidèlement. Cependant je me contentais de douter, lorsque le hasard me rapprocha de l'un des plus honorables citoyens des États-Unis, homme lettré et spirituel, au courant des choses intellectuelles de sa race :

— « Voulez-vous, lui demandai-je, m'apprendre le vrai nom de ce singulier écrivain qui s'intitule Hermann Melville et qui a publié aux États-Unis de curieux contes, *Omoo* et *Typee*?

— » Vous êtes, me répondit-il, des gens trop subtils, qui cherchez malice à tout. M. Hermann Melville se nomme Hermann Melville ; il est fils de l'ancien secrétaire de légation de notre république près la cour de Saint-James. D'un tempérament fougueux et ardent, il s'embarqua de bonne heure, et, comme nous le disons, *il suivit la mer*. Fit-il partie du *regular navy*, ou monta-t-il à bord d'un *privateer* ? Quelles aventures marquèrent le cours de ses études orageuses et peu classiques ? Lui seul pourrait vous instruire là-dessus, et, si jamais vous visitez le Massachussets où il est établi et où il s'est marié, je vous conseille d'aller lui demander des renseignements. C'est un homme athlétique, jeune encore, hardi et entreprenant de sa nature, un de ces hommes tout nerfs et tout muscles, qui se plaisent à lutter contre les flots et les orages, les hommes et les saisons. Il a épousé la fille du juge Shaw, l'un des magistrats les plus distingués de la Nouvelle-Angleterre, et il vit maintenant dans le calme de la vie de famille, entouré d'une juste et singulière célébrité dont il accepte le côté un peu équivoque ; car on le regarde généralement comme un conteur de fables bien faites, mais de fables à dormir debout. Sa famille, qui sait que les aventures racontées par lui sont *genuine*, n'est point flattée de la part d'éloges accordée à l'imagination de M. Hermann Melville aux dépens de sa moralité. Son cousin, chez lequel j'ai passé l'été dernier, se récriait beaucoup contre cette obstination des lecteurs qui ne voulaient voir dans *Typee* et *Omoo* que des scènes fantastiques. — Mon cousin, disait celui-ci, écrit fort bien, surtout quand il reproduit exactement ce qu'il a senti ; n'ayant pas fait d'études dans le sens ordinaire et accepté de ce mot, il a conservé la fraîcheur des impressions. C'est précisément à sa vie de jeune homme passée au milieu des sauvages qu'il a dû un parfum de réalité et un coloris extraordinaires ; il n'aurait pas pu inventer les scènes qu'il a décrites. Charmé de cette réputation improvisée, il serait fâché, je crois, de perdre sa renommée d'inventeur. La réapparition de son compagnon Toby ou Richard Green, personnage réel, l'a contrarié jusqu'à un certain point ; elle le faisait descendre de son piédestal de romancier jusqu'au rôle ordinaire de narrateur.

» Moi qui connais la mauvaise tête de M. Melville et l'emploi fait par lui de ses premières années, — moi qui ai lu son journal, ses *Rough-Notes*, actuellement entre les mains de son beau-père, et qui ai causé vingt fois avec Richard Green son fidèle Achate, je ris de la préoccupation du public, habile à voir le mensonge où est la vérité, la vérité où est le mensonge. Relisez *Typee*, je vous le demande ; je ne parle pas d'*Omoo*, pâle contre-épreuve ; — relisez le premier de ces livres, non plus comme un roman, mais comme portant l'empreinte la plus naïve des mœurs de l'archipel polynésien. Le nouveau voyageur est plus vrai que Bougainville, qui a changé en boudoirs à la Pompadour les bosquets de Tahiti ; — que Diderot, qui met en œuvre, pour embellir et colorer son matérialisme sensuel, les récits voluptueux de Bougainville ; — Melville est plus croyable que les Anglais Ellis et Earle, occupés de justifier les missionnaires anglicans; gens qui manquent à la fois de sens pittoresque, de verve et de style. Sans doute M. Melville a employé des couleurs trop violentes, et cela n'est pas étonnant. A l'âge où il était, à cette époque où la première sève de la vie prête aux idées une force passionnée, il devait recevoir une émotion vive, exagérée si l'on veut, de la nouveauté des aspects et de la singularité des périls. Son style est exubérant ; ses teintes à la Rubens, sa prédilection pour les effets dramatiques blessent le goût. Cependant il n'y a guère moins de détails romanesques chez le vieux docteur espagnol Saaverde de Figueroa, qui a décrit le premier ces voluptueux parages; comme tous ses prédécesseurs, comme don Christoval Saaverde de Figueroa, comme le capitaine Cook et Bougainville, Melville a écrit sous le charme d'un enivrement causé par le prestige de la nature et l'étrangeté des coutumes.

§ III.

Nouveaux voyages d'Hermann Melville. — Comment, n'ayant pas été mangé, il se jette dans la région des chimères. — *Mardi*. — Les Symboles.

La valeur réelle de ces deux ouvrages consiste dans la vivacité des impressions et dans la légèreté du pinceau. Séduit par son premier succès, l'auteur essaya ensuite d'écrire un nouveau livre humoristique (*Mardi ou le Voyage là-bas*). Gêné par la fausse réputation d'inventeur qu'on lui avait faite, il se mit en frais pour la mériter; il essaya de déployer les trésors d'imagination qu'on lui prêtait; nous allons dire comment il a réussi.

D'abord, en bon commerçant, ne voulant pas perdre le crédit que sa première affaire avec l'île de Tior lui avait rapporté, il ne quitta pas la Polynésie, ce qui était une faute. Ensuite il prétendit se montrer absolument original; seconde erreur; — est-on original à volonté?

Il ne faut point reprocher aux Américains de manquer d'originalité dans les arts; l'originalité est chose qui ne se commande pas et qui vient tard; peuples et hommes commencent nécessairement par l'imitation. L'originalité n'appartient qu'aux esprits mûrs, qui ont parfaite conscience de leur profondeur et de leur étendue; l'enfance n'est jamais originale. Cette prétention d'excessive nouveauté n'a pu aboutir ici qu'à un triste mélange de comédie grotesque et de grandeur fantastique qui ne se retrouve dans aucun livre. Rien de fatigant comme le pompeux dans le vulgaire, le lieu-commun dans l'inintelligible, l'accumulation des catastrophes et la lenteur emphatique des descriptions. Ces divagations, ces ornements, ces grâces, ce style fleuri, festonné, en astragales, ressemblent aux arabesques de certains maîtres d'écriture ; on ne peut plus lire le texte.

Un livre humoristique, voyage sans boussole sur un océan sans limites est le plus rare produit de l'art; Sterne, Jean-Paul et Cervantes, navigateurs de génie, ont seuls pu l'accomplir. Que d'études, de réflexions et de travaux, quelle science du style, quelle puissance de combinaison et quel progrès de civilisation ne faut-il pas pour créer Rabelais, Swift ou Cervantes !

M. Melville débute par la féerie pour continuer par la fiction romanesque et essaye ensuite de l'ironie et du symbole ; ces éléments disparates se brisent en criant sous sa main novice. Ne nous étonnons pas que *Mardi* ait tous les défauts de la littérature anglo-américaine naissante, et cherchons ce qu'il contient de remarquable et de nouveau. Observons le développement curieux d'une nationalité de seconde création ; souvenons-nous qu'il y a des maladies de croissance, et que les hommes comme les races ne se développent pas seulement par leurs vertus, mais par leurs vices.

Un Américain, M. Melville lui-même, est engagé comme matelot sur un vaisseau baleinier en partance pour les îles de la Sonde. Cet engagement, qui ne doit durer qu'un espace de temps limité, est valable seulement pour certains parages. Mais les vents et la mer sont changeants. Un long calme enchaîne le navire ; le capitaine privé de ses bénéfices change le plan de l'expédition et annonce à l'équipage que son intention est de se diriger vers le Spitzberg pour y chercher les cachalots et les baleines.

— « Vous manquez à votre engagement, lui dit Melville;

j'ai passé traité avec vous pour vous accompagner sous d'autres latitudes. Je ne veux pas vous suivre.

— » Partez si vous pouvez, » lui répond le capitaine qui rentre dans sa cabine après avoir jeté à son subordonné cet étrange défi.

L'Américain l'accepte tacitement, grimpe sur les haubans, et là confère avec le vieux Jarl, son ami d'enfance, sur les moyens de s'emparer d'une des chaloupes baleinières pendues au flanc du navire et bien outillées. Jarl est un loup de mer, athlétique comme un Scandinave des temps païens, bronzé et silencieux comme une statue, dévoué à son ami, incapable de trembler devant le péril, prudent néanmoins et redoutable, un véritable Viking, un de ces rois de la mer que la Norwége et le Danemark jetaient au ve siècle sur les côtes d'Angleterre, d'Écosse et d'Irlande. Jarl n'est pas trop de l'avis de son compagnon ; mais Melville le désire, et Jarl obéit. Pendant une nuit obscure, le vaisseau filant peu de nœuds à l'heure et le timonier sommeillant à demi sur la roue du gouvernail, la chaloupe est lentement abaissée ; les deux fugitifs, munis de provisions qu'ils ont dérobées préalablement, se lancent sur l'immense océan Pacifique, et leur entreprise est accomplie. L'enlèvement nocturne de la chaloupe, les péripéties des dix-huit jours passés en mer, l'ouragan qui succède au calme sur ces eaux transparentes et sans fond, l'observation des tribus bizarres (à peine étudiées par les naturalistes) qui habitent cet Océan, seraient d'un intérêt vif si l'auteur n'en avait étouffé la vie sous le luxe des circonlocutions et des hyperboles.

Il semble aux Américains, comme à tous les peuples qui n'ont pas encore de littérature personnelle, que la simplicité soit vulgaire. L'hyperbole est un des vices les plus communs des littératures qui commencent et de celles qui finissent. A ce premier défaut se joint l'incorrection née de la rapidité du travail. M. Hermann Melville n'use pas de la langue anglaise comme Wadsworth Longfellow, avec une habileté savante, ni comme Bryant, autre poète remarquable, avec une grâce un peu timide. Il brise les vocables, renverse les périodes, crée des adjectifs inconnus, invente des ellipses absurdes, et compose des mots insolites contre toutes les lois de l'antique analogie anglo-germanique ; il invente » *unshadow*, — *tireless*, — *fadeless*, » et beaucoup de monstres de cette espèce (1).

Néanmoins et en dépit d'un style inouï, les émotions de la mer sont admirablement rendues. Tantôt il la représente comme le coursier rebelle et puissant que domptent à leur gré l'industrie, la patience et la science ; tantôt comme une force herculéenne qui se joue de l'homme ainsi que le vent promène la plume dans les airs.

Melville et Jarl ont calculé qu'en se dirigeant vers le sud ils ne pouvaient manquer d'atteindre une de ces îles fortunées qui émaillent l'océan Pacifique. Dix-huit jours s'écoulent. L'eau va leur manquer, leur courage faiblit, une voile apparaît à l'horizon ; ils se dirigent vers le navire quel qu'il puisse être.

---

(1) *Un-*, qui exprime la négation comme l'*a* privatif des Grecs, ne peut précéder que les adjectifs, les adverbes et les verbes : *un-earthly*, *un-willingly*, *un-tie*. *Less*, adverbe exprimant la privation (*los* en allemand, le *laus* gothique), ne doit se placer qu'après les substantifs : *father-less*, *penny-less*. Ces principes qui émanent du génie spécial et sont adhérents à la logique du langage, règlent dans tous les idiomes de souche scandinave et germanique la formation des vocables composés. Être infidèle à ces lois essentielles, c'est détruire l'idiome.

C'est la nuit. Aucun bruit, aucun mouvement sur le pont du navire aperçu au loin; point de lumière. Les voiles frappant les mâts de leurs lambeaux déchirés, que rattachent des agrès en débris. Jarl et Melville montent à l'abordage. Personne encore; c'est un brigantin malais, de forme étrange, abandonné de son équipage, du moins à ce que l'on peut croire. Les deux aventuriers, lanterne en main, visitent l'entrepont et la sainte-barbe, y trouvent de vieux débris et des fragments de costumes, des aliments et de la poudre, et, après avoir fait flotter leur chaloupe à la remorque du brigantin, soupent paisiblement sur le pont. Cependant au-dessus de leur tête, dans les haubans, un bruit se fait entendre. Un homme et une femme, tous deux indigènes des îles de la Polynésie, se sont réfugiés dans les hunes à l'approche des étrangers. L'un est Sancoah, l'autre sa femme, terrible amazone; ces sauvages, après un combat où l'équipage entier a péri, ont lancé le brigantin à la mer pour échapper au carnage, et jetant les cadavres dans l'Océan, ils sont restés maîtres du brigantin. Sancoah le Polynésien a perdu un bras dans la mêlée. On s'entend. Melville, secondé par cet équipage d'étrange fabrique, prend le commandement de l'embarcation, et le brigantin finit par entrer dans ces archipels verdoyants et ces lagunes transparentes, pour lesquels, depuis son dernier séjour parmi les Taïpies, M. Melville semble avoir une prédilection marquée.

Toute cette première partie du livre, sauf le besoin sans cesse manifesté par l'auteur d'être éloquent, ingénieux et original, est charmante et pleine de vie. Il y a beaucoup d'intérêt et de vigueur dans les scènes maritimes, la peinture du calme et de l'orage, et surtout la prise du brigantin abandonné. Vous espérez un récit d'aventures vraisemblables ou vraies… Nullement. A peine l'auteur est-il entré dans ces lagunes où le printemps est éternel et la nuit lumineuse comme le jour, il renonce à la réalité ; la féerie et le somnambulisme commencent.

Voici une barque double, portant à l'une de ses deux proues un dais chargé de fleurs et d'étoffes précieuses, et conduite par douze Polynésiens qui semblent obéir à un vieillard à barbe blanche, surchargé d'ornements. Jarl, Melville et les deux indigènes s'embarquent sur leur chaloupe pour aller à la rencontre des étrangers. Un combat suit cette rencontre; le prêtre qui attaque avec fureur Melville et ses amis est frappé à mort ; ses acolytes fuient, et une jeune fille qui est restée cachée sous le dais, fille blanche comme une Européenne, transparente comme la nacre, aux yeux bleus comme la fleur de l'iris, devient la conquête des ravisseurs. C'est une *tulla* ou fille blanche, comme ces régions en voient naître quelques-unes; elle se nomme Aylla; le prêtre la conduisait en grande cérémonie dans l'île sacrée où elle devait être sacrifiée au dieu du mal. Melville s'éprend d'Aylla, qui n'a pour elle que sa beauté ; on ne peut imaginer d'héroïne plus insignifiante et de divinité plus insupportable.

Autant que le somnambulisme éveillé de cette partie du livre permet de deviner les intentions de l'auteur américain, Aylla doit représenter le « Bonheur humain » sacrifié par les prêtres ; M. Melville garde une vieille dent au sacerdoce depuis que les missionnaires du *New-York Evangelist* lui ont reproché son irrévérence.

Ici commence une odyssée symbolique de la plus étrange nature ; — imitation gauche de Rabelais, odyssée qui va nous plonger dans un monde de fantômes extravagants. Tour-à-tour les aventuriers rendent visite aux chefs des petites îles de l'archipel, qui tous ont une signification symbolique. Barobolla le gastronome représente évidemment l'épicuréisme; Maramma, c'est le monde religieux, la superstition; Donjalolo, c'est le monde poétique; l'antiquaire Oh-oh est le symbole de l'érudition. Un chapitre semble consacré à l'étiquette des Espagnols, un autre au génie artiste des Italiens, un troisième à la mobilité française. Je pense que l'île de Pimminie doit être le beau monde, la société exquise dont M. Melville fait une satire assez piquante.

La jeune Amérique se moque de la vieille Europe. Nous ne serions point fâchés de recevoir de cette jeune enfant précoce et robuste quelques leçons dont notre décrépitude a besoin; car nous jouons des comédies fort tristes; mais M. Melville s'y est mal pris. Que nous importent les excursions de Meville, de Sancoah et de Jarl? Qu'avons-nous à faire du roi Prello et du roi Xipho qui symbolisent la « féodalité » et la « gloire militaire? »

Enfin une reine, la reine Hautia, qui s'est éprise du voyageur, s'avise d'enlever la jeune captive. De temps à autre Hautia qui doit être quelque chose comme la Volupté, envoie à Melville trois de ses femmes de chambre, armées de fleurs symboliques que le héros ne manque pas de lui renvoyer. Au milieu de ce chaos, les vieilles théories d'Holbach, les dogmes déjà surannés de Hegel et l'algèbre panthéistique de Spinosa se mêlent et se heurtent dans une confusion inextricable. Les lieux-communs philosophiques des écoles incrédules se voilent sous mille replis symboliques, et l'auteur paraît croire que ce sont là de bien grandes audaces.

Le second volume est consacré à cette satire obscure des croyances européennes et aux vagues doctrines d'un panthéisme sceptique. Nos voyageurs n'ont pu retrouver le Bonheur humain (Aylla) ; ils n'acceptent pas la Volupté (Hautia) comme compensation suffisante. Alors on fait voile pour Mardi, une espèce de monde dans les nuages ; — du symbolisme métaphysique nous passons à l'allégorie transparente.

Mardi, c'est le monde politique moderne. Cette partie offre l'intérêt le plus piquant de l'ouvrage ; on est curieux de savoir comment un républicain des États-Unis juge la civilisation du présent et celle de l'avenir, et résout l'obscur problème de nos destinées. Passons rapidement sur les noms étranges dont l'Europe, la France et l'Amérique sont baptisées par l'auteur : c'est *Dominora* (l'Angleterre), *Franko* (la France), *Ibiria* (l'Espagne), *Romara* (Rome), *Apsburga* (l'Allemagne), *Kannda* (le Canada). Cette arlequinade rappelle trop notre Rabelais, si fécond en appellations dont le son grotesque suffit à provoquer la *titillation pantagruélique*. M. Melville n'est pas un magicien de cette espèce. Il a du bon sens et de la sagacité ; il voudrait en faire de l'*humour*, ce qui est plus difficile.

Le vaisseau fantastique sur lequel se trouvent un poète, un philosophe, M. Melville et je ne sais quels autres personnages fabuleux, touche tour-à-tour aux rivages d'Europe ou *Porphyro* (l'étoile du matin), et de l'Amérique ou de la Terre de vie (*Vivenza*). On visite donc l'Allemagne, l'Angleterre, l'Espagne, l'Italie, la France ; il y a dans la manière dont l'auteur parle de la Grande-Bretagne un respect filial et un profond amour qu'il faut noter, et dans la pitié qu'il accorde à l'Irlande une sévérité tout-à-fait anglo-saxonne. Enfin il aperçoit la France ; l'année 1848 vient de commencer :

« Glorieuse Europe (ainsi chante le poète pendant que le

soleil se couche, éclairant les crêtes blanches et crayeuses de l'Angleterre et les côtes verdoyantes de l'Irlande), tu es le séjour magique des demi-dieux; tu nourris des peuples entiers de philosophes, de savants, de sages et de bardes qui chantent en chœur ; tes rois paisibles portent sans peine des sceptres longs comme le mât d'un navire! Des perspectives de rochers, des multitudes de dômes, de coupoles et de minarets, des avenues de colonnes, des armées de statues, des horizons tout entiers de splendides peintures, font ta gloire et ton bonheur, ô pays de délices! Surtout, je voudrais aborder en France, dans la région favorisée, et toucher la main de son vieux roi !

» La brillante langueur de la nuit semblait redoubler de beauté et de calme, quand tout-à-coup la mer se troubla, le ciel devint noir, un jet de flamme qui retomba en pluie étincelante jaillit de ce Vésuve que la France porte toujours dans son sein : le monde trembla, le palais et le trône du vieux monarque s'enfoncèrent dans le cratère.

— » C'est l'ancien volcan ! s'écria l'un des voyageurs. — Toujours le même foyer, répondit le philosophe, seulement il a trouvé une nouvelle issue. — Celle-ci, reprit le troisième, est plus redoutable que l'éruption que j'ai vue dans ma jeunesse, en 1789 ; ne serait-ce pas la fin de la France? La lave coule sur l'Europe; l'Angleterre pâlit. Ce feu lugubre menace la civilisation. Ici bientôt nous ne trouverons qu'un désert. — Mes amis, reprit le philosophe, le feu qui dévore les gazons purifie et fertilise la prairie. L'agriculteur le plus habile ne parvient jamais à rendre longtemps fertile le même sol. Si l'Europe est épuisée, il faut qu'elle se ravive. »

On voit que l'auteur garde un très-beau sang-froid en

contemplant nos misères. Dès qu'il aperçoit la terre américaine, ce calme philosophique disparaît :

« Salut, mon Amérique libre, terre du printemps! Le printemps! le printemps! chante le poète. Il vaut mieux que l'automne; il a toute l'année devant lui.

» Vive la terre nouvelle! la terre du printemps! Voici la race qui ne connaît point de passé, qui ne connaît pas de ruines, qui ne marche pas en triomphe lugubre sous les vieilles arcades qui tombent et s'écroulent. L'églantier sauvage et le sapin odorant sont pour elle l'arche triomphale. Elle aime le creux des fraîches vallées; elle ne s'enferme pas sous la voûte sombre de l'ermite. Vive la race du printemps!

» C'est une terre nouvelle et au berceau ; c'est un géant à peine né qui sourit dans sa force. Monde nouveau, monde de joie : l'Océan le berce ; la rosée du matin couvre son front, la verdure qui caresse ses jeunes tempes est embaumée. Tout est pour lui fraîcheur, espérance, avenir, joie, entreprise et nouveauté! Le jeune faon bondit près de lui, les jeunes fleurs sont en bouton, le rouge-gorge essaie ses ailes et ses chansons dès l'aube. Le géant déploie ses bras, il essaie ses forces! Vive le jeune et hardi géant! vive la race du printemps et de l'avenir! »

Il y a peu de chants lyriques plus réellement beaux que celui-ci; le poète y est vrai quant à son émotion propre, vrai quant à ce qu'il exprime. Que deviendra en effet cette vaste Amérique où chaque année des flots de populations diverses viennent s'agréger au vieux noyau puritain et calviniste de la colonie anglo-saxonne? Quel sera le génie de ce nouveau monde à peine ébauché? C'est un des plus curieux sujets de spéculation et de conjecture qui puissent s'offrir au philosophe (1). Ce que l'on doit affirmer avec certitude, c'est, d'une part, que l'Amérique est très-loin de son développement nécessaire; d'une autre, qu'elle atteindra des proportions qui repousseront l'Europe dans l'ombre. Les Européens sont trop portés à croire que la civilisation européenne renferme l'avenir et le passé du monde. Les zônes de lumières changent; la marche de la civilisation ne peut plus être l'objet d'un doute, et cette progression ascendante est seule conforme à l'amour divin.

M. Melville prédit la transformation de tout ce continent en une Europe immense et renouvelée. « Il est impossible, dit-il, que le Canada ne devienne pas indépendant comme les États-Unis. C'est un événement que je ne désire pas, mais que je prévois : la chose doit arriver. Il est impossible que l'Angleterre prétende conserver son pouvoir sur toutes les nations qu'elle a protégées ou couvées; les vicissitudes éternelles des choses ne le veulent pas. L'Orient a peuplé l'Occident, qui à son tour repeuplera l'Orient : c'est le flux et le reflux éternels. Qui sait si des rivages de l'Amérique, aujourd'hui à peine habitée et qui débordera dans quelques siècles, des flots de jeunes gens et de vieillards n'iront pas régénérer l'Europe devenue déserte, ses villes ruinées et ses champs stérilisés ? »

Malgré cette ardeur patriotique, M. Melville adresse à ses concitoyens, sous le voile du symbole, il est vrai, des vérités bonnes à entendre :

« O citoyens des États-Unis, rois souverains, vous qui n'écoutez jamais que votre propre sagesse, je veux garder l'anonyme; en votre qualité d'hommes libres, vous tuez ceux qui ne sont pas de votre avis. Vous estimez que le passé n'a pas de valeur, tandis que le passé est le grand

(2) V. plus bas, DE L'AVENIR DE L'AMÉRIQUE.

apôtre de l'avenir. Vous imaginez que le grand diable (qui est le *mal*) va mourir, tandis que le grand diable vivra autant que l'homme et le monde. O souverains rois, vous êtes des fous, quand vous pensez assister au dernier acte du drame humain, ayant pour dénouement la république universelle et permanente ; — rien n'est permanent.

» Quel est le siècle qui ne s'est pas regardé lui-même comme la consommation des siècles? Quelle est la monarchie qui n'a pas prétendu donner le dernier mot de toutes les monarchies? Quelle est la république qui n'a pas eu foi dans son éternité? Les hommes vont de vieilleries en vieilleries, croyant marcher de nouveautés en nouveautés.

» Haine aux républiques! criait la Rome de Romulus; » et les courtisans de répéter ces mots. « Haine aux monarchies! criait l'autre Rome de Brutus; » et tous les petits orateurs répétaient en chœur : « Un roi est une bête féroce ! » Ensuite vinrent les empereurs, majestés plus royales que les rois; et on les adora.

» Vous êtes libres, dites-vous? Cela est vrai. O souverains rois, vous avez de l'espace devant vous, vous pouvez vous livrer à vos ébats les plus violents. Le jeune cheval sauvage des pampas galope en liberté dans les hautes herbes, crinière flottante, naseaux ouverts ; rien ne l'arrête; chaque muscle est chargé d'électricité, chaque mouvement est triomphal. Et vous aussi, vous n'avez ni bride ni mors; mais à qui le devez-vous? Avez-vous de quoi vous vanter ? Si vos populations étaient pressées et serrées dans un espace étroit comme celui de la vieille Angleterre, si vous n'aviez pas eu vos immenses prairies et le gigantesque Océan pour vous défendre, ô souverains rois, vous qui n'êtes ni des stoïques ni des contemplatifs, mais ardents, actifs, braves et avides comme vos ancêtres, vous auriez crié : *God save the king!* ou vous vous seriez dévorés les uns les autres. Rendez grâce à Dieu. Vous avez de l'espace pour être libres. — Vous serez vieux un jour et vous aurez grandi. Tous les membres de votre communauté se coudoieront. Vous deviendrez oppresseurs, car vous aimez la victoire et le gain ; — et vous serez opprimés !

» O souverains rois, vous êtes déjà des oppresseurs et des tyrans sans le savoir. Ne venez-vous pas, à votre insu, de vous précipiter sur une race voisine (1) ?

» Vos épées ruisselaient du sang mexicain, avant que vous eussiez la conscience de les avoir tirées. Vos lois ne défendent-elles pas aux chefs de votre république de déclarer la guerre. Cependant votre chef a osé quelque chose de plus impérial ; — il a fait la guerre sans la déclarer.

» O citoyens rois et souverains aveugles, apprenez que les républiques tombent comme les monarchies, que la dépendance de l'homme envers l'homme ne cessera que sur les ruines du monde, que les monarchies ne sont pas en elles-mêmes essentiellement mauvaises, que pour certains peuples elles valent mieux que les républiques ; que la paix armée du sceptre vaut mieux que le tribun farouche armé de la corde et du glaive. Le beau sort que celui d'un homme libre en France, n'osant pas tourner un coin de rue de peur d'y voir un échafaud qui s'élève (2) !

» Il est vrai que les États-Unis prospèrent et grandissent : la bannière aux étoiles confédérées est l'arc-en-ciel des nations ; mais nous sommes bien jeunes, nous n'avons point passé par les épreuves de notre foi. Pour une nation, mes amis, cinquante ans sont peu de chose ; il n'y a pas deux

(1) Le Mexique.
(2) Cet excès d'exagération appartient tout entier, bien entendu, à M. Hermann Merville.

règnes de monarques que ces pays appartenaient à un roi. Nous n'avons pas revêtu la robe virile, nous ne sommes pas même adolescents, et déjà nous avons des ambitions de czar et de furieuses aspirations vers le pouvoir. Enfants! ne jugeons pas trop vite ; les années tiennent beaucoup de leçons en réserve.

» La liberté politique est-elle donc le but suprême ? Non, elle doit être un moyen de bonheur, non un but définitif. Est-ce que l'homme ne reste pas esclave des suprêmes lois, alors même qu'il s'est déclaré maître ? Êtes-vous bien sûrs, ô souverains rois, d'être en possession de la liberté véritable, c'est-à-dire de la suprême sagesse ? N'ajoutez-vous pas foi à d'incroyables folies ? Quand vous vous dites une grande nation, vous dites vrai, assurément ; mais votre race et la géographie n'y sont-elles pas pour beaucoup ? Vos pères ne se sont-ils pas battus pour vous ? Avant de vous être déclarés libres, ne l'étiez-vous pas en réalité ? Les pèlerins calvinistes avaient semé le germe de votre indépendance ; elle a grandi dans vos solitudes. Souvenez-vous donc, ô souverains rois! que votre force et votre grandeur vous viennent de ces mêmes institutions monarchiques que vous affectez de mépriser et de ces Anglais dont le sang coule dans vos veines avec leur imperturbable obstination !

» Remplis de préjugés et de superstitions, vous croyez voir la servitude là où vous voyez des chambellans, des couronnes d'or, des manteaux d'hermine, des colonnes de marbre et des palais de rois. La servitude est chez vous ; car le riche y marche sur le pauvre ; elle est dans tout l'univers, d'où la souffrance et le malheur ne seront jamais bannis. Tâchez de les neutraliser ou de les modérer par la vertu ; c'est ce que vous avez à faire de plus excellent.

Pour moi, j'aimerais mieux vivre tranquille sous un roi que soumis à l'oppression de vingt millions de monarques, quand même je serais un de ces monarques.

» Fanatiques et superstitieux que vous êtes, ne croyez-vous pas qu'une béatitude et une sérénité ineffables vont couronner la vieillesse du monde, et que tous les maux vont disparaître de la face du globe! Apprenez donc, enfants, que tous les maux peuvent être allégés, que le mal en lui-même ne peut se détruire. Partout de grandes réformes sont nécessaires; nulle part les révolutions sanglantes ne le sont. Bien que la mort soit le remède souverain, quel malade insensé s'ouvrirait les veines et appellerait la mort pour se guérir?

» Quant à vous, enfants des États-Unis, voici quelques conseils qui vous regardent : — « Toutes les démocraties hurlent contre les monarchies, et celles-ci contre les républiques; ne joignez point vos clameurs à ces cris ridicules, ne vous compromettez pas avec la vieille Europe que le Dieu suprême a séparée de vous par l'Atlantique. Chez vous-mêmes, gardez-vous bien de la cupidité. Voler, ce n'est pas être libre. N'agrandissez pas votre puissance, croyez-moi; avez-vous besoin de prosélytes? Le temps nous sert quand nous respectons le temps. »

— A bas le monarchiste!..... A la lanterne le radoteur tory! cria une foule enragée. On chercha vainement à connaître l'auteur du sermon, tout le monde se défendit de l'avoir écrit; jamais les vingt millions de monarques ne purent trouver le coupable. »

Quand M. Melville a bien visité et critiqué l'Europe et l'Amérique, il se dirige de nouveau vers les régions métaphysiques, où il admire, sans pouvoir les habiter, les royaumes d'Alma et les domaines de Serenia. Alma représente évidemment Jésus-Christ dont Serenia est le domaine ; Aylla ou le *Bonheur terrestre* est perdu à jamais, et M. Melville se résigne à s'en passer.

Telle est la colossale machine inventée par M. Melville. Vous diriez ce panorama gigantesque et américain, affiché longtemps sur les murs de Londres en ces termes : « *Panorama gigantesque, original et américain. Dans la grande salle américaine, on peut voir le prodigieux panorama mobile du golfe du Mexique, des cataractes de Saint-Antoine et du Mississipi, peint par J.-R. Smith, l'illustre artiste des États-Unis, couvrant une étendue de toile de quatre milles de longueur et représentant près de quatre mille milles de paysage américain.* »

VOYAGEURS AMÉRICAINS

ET

ANGLAIS.

DOCUMENTS BIBLIOGRAPHIQUES RELATIFS AUX VOYAGEURS ANGLAIS ET AMÉRICAINS.

Consulter : — Charles Dickens. Notes for general circulation, etc.
Miss Martineau. America, etc.
Marryatt. Diary, etc.
Fenimore Cooper. Residence in France, etc.
Willis. Pencillings, etc.

LES AMÉRICAINS EN EUROPE ET LES EUROPÉENS AUX ÉTATS-UNIS.

§ Ier.

Voyageurs Anglo-Américains.

Beaucoup de citoyens des États-Unis ont récemment visité l'Europe et communiqué leurs réflexions au public ; Willis nous a donné ses *Pencillings by the way* (*Coups de crayon d'un voyageur*), Fenimore Cooper ses *Recollections of Europe*, *England*, *Italy*, *Excursions in Switzerland*, *Residence in France*, *Homeward bound*, six volumes de critiques ou plutôt de préjugés ; nous possédons en outre l'*American in Paris*, les *Sketches of Paris*, par Sanderson, les *Lettres écrites de Paris*, par J. D. Franklin, et les *Sketches of Society in Great-Britain*, par C. S. Stewart. Willis a de l'esprit et de la malice sans bon goût et sans convenance, Cooper, de la mauvaise humeur transformée en philosophie. Le reste ne s'élève pas au-dessus de la médiocrité.

Les Américains ont aussi beaucoup écrit sur leur pays : par exemple Cooper, dont le *Democrat* a fort irrité ses concitoyens ; Channing, l'adversaire éloquent de l'esclavage ; George Watterton et Nicolas Biddle Van Zandt, rédacteurs d'excellentes tables statistiques (*Tabular statistical views*); l'auteur de *Voice from America*, pamphlet très-remarquable par la justesse et le courage des idées; Sanderson, auteur d'*America*; Downing, qui a osé railler les mœurs politiques de l'Union (*Lettres de l'oncle Sam*); le célèbre Washington Irving; James Hall, qui a publié les *Sketches of the West*; le docteur Reid (*D. Reid's Tour*); surtout Audubon, peintre naïf des forêts immenses et de leurs hôtes. Trois Allemands, le prince Puckler-Muskau, F. Lieber et J. Grundt, viennent ensuite; l'ouvrage de ce dernier, aussi mal composé que mal écrit, tend à prouver que l'aristocratie règne aux États-Unis (*Die Aristocratie in America*, von J. Grundt).

Quant aux Anglais qui ont visité l'Union pour la gourmander ou se moquer d'elle, on aurait peine à les compter : tels sont mistriss Trollope (*the Americans*), miss F. Ann Butler (*A Journal*), Halliburton (*Samuel Slick*), Tyrone Power (*Impressions of America*), Basil Hall, Hamilton, miss Martineau (*Society in America*), le capitaine Marryatt (*Diary in America*), enfin Charles Dickens, qui a mis en circulation son voyage aux États-Unis sous ce titre qui est un jeu-de-mots : *Notes for general circulation*.

Ces œuvres si diverses, la plupart écrites avec une diffusion et un sans-gêne intolérables, empreintes des préoccupations et des intérêts de leurs auteurs, composent le dossier de ce procès qui se plaide entre la vieille civilisation et la nouvelle, entre l'Europe féodale qui se dépouille de son passé et les États-Unis qui ne sont pas en pleine possession de leur avenir. Chaque année de nouveaux voyageurs anglais passent l'Atlantique, curieux de savoir ce que deviennent leurs petits-fils d'Amérique. Ces derniers franchissent à leur tour l'Océan et viennent quand ils ont le loisir, quand leurs spéculations, leurs défrichements, leurs banqueroutes le leur permettent, observer de près leur vieille mère, espérant bien se venger d'elle, et lui trouver des fautes, des vices ou des ridicules. Personne ne manque à son œuvre. L'aristocratie essaie de prouver que la démocratie est vicieuse, et *vice versâ*; la jeune vanité combat la vanité séculaire. Marryatt, Hall, miss Martineau, mistriss Trollope, Dickens, ont passé au crible l'Amérique; Cooper, l'auteur des *Pencillings*, et quelques autres se sont chargés de faire son procès à l'Europe. Irving, homme de goût, traite les Anglais ses pères avec une condescendance filiale.

Grâce à ces soixante et quelques volumes, on peut voir l'Amérique sans bouger de place, et tranquillement assis au coin de son feu. On emprunte ainsi les lunettes de vingt personnes de tous les pays, y compris les Américains eux-mêmes. On écoute ces rapporteurs, en se gardant de les croire sur parole, et l'on compare leurs récits. Comment une seule des faces de l'Amérique septentrionale vous échapperait-elle, soumise à l'examen d'un docteur allemand, d'un diplomate suédois, d'un romancier américain, d'un prêtre, d'un historien, d'un statisticien, sans compter une romancière, une économiste, un marin, un capitaine de cavalerie, un peintre de mœurs et un dramaturge? Non-seulement les points de vue mais les époques diffèrent, ainsi que les localités visitées et décrites. Le plus spirituel de ces voyageurs, Charles Dickens ne se pique ni de philosophie ni d'éloquence; il est fin et gai. Il a rapporté de son voyage une douzaine de croquis, esquissés d'un crayon rapide, qui ne trahit ni mauvaise humeur ni prétention. Si l'on compare à ses esquisses comiques les caricatures amères de mistriss Trollope, les justifications maladroites de miss Martineau et les caustiques accusations du capitaine Marryatt pendu en effigie par ses hôtes, et qui en revanche les a écartelés et crucifiés dans son livre, on obtiendra des résultats curieux. Cette manière de comprendre et de vérifier l'histoire des peuples et des faits m'a toujours paru infaillible. En rectifiant l'une par l'autre des valeurs diverses, il est impossible de ne pas arriver aux sommes véritables ; en balançant les opinions hostiles, on atteint la réalité. Parmi ces contradictions violentes, tous les faits qui résistent demeurent acquis.

Rien par exemple ne trahit plus vivement le fond du caractère américain et l'état social de l'Union que l'aspect singulier sous lequel nos contrées européennes se présentent à ses voyageurs et la manière dont ils nous jugent. Ils ont d'incroyables admirations et des colères peu raisonnables. Ils tombent à genoux devant un vaudeville et ne donnent pas la moindre attention à nos grands événements ou à nos hommes de premier ordre. Les membres les plus distingués de cette société qui n'a pas rejeté ses langes ne comprennent guère ce vieux phénix social de notre monde, qui depuis 1789 s'agite sur son bûcher, espérant renaître un jour. Willis, en Angleterre, se préoccupe de la façon dont on mange ; Fenimore Cooper, en France, de celle dont on donne le bras à une dame. Cet enfantillage provoque le sourire ; — on croit voir une petite fille qui joue, sans les comprendre, avec les bijoux, la boîte à mouches et les mystères de l'aïeule.

L'aveuglement de Fenimore Cooper au milieu de nos émeutes est singulier. Il n'y aperçoit que des gardes nationaux qui courent les rues et des gamins qui braillent. Il est surtout plaisant lorsque, après avoir présenté l'émeute sous d'assez aimables couleurs, et se voyant surpris par elle dans les rues de Paris, il se met tout-à-coup sous la protection d'un corps-de-garde et s'écrie : « Je trouvai bon une fois dans ma vie d'être *juste-milieu.* » On connaît le talent de Cooper pour la narration, et l'on supposerait qu'un raconteur aussi pittoresque aurait dû trouver dans le Paris de 1830 des matériaux dignes de lui. Non ; cet observateur a passé parmi nous les terribles années de 1830, 1831, 1832, du choléra et de Saint-Méry, sans avoir fait sa récolte. Cela est arrivé à M. Cooper. On est effrayé de cette nullité des observations d'un homme de génie qui ne sait pas voir. Dickens, homme d'une sagacité et d'une bonne humeur charmantes, amuse et distrait du moins, quand il parle des États-Unis. Mais Fenimore Cooper à Paris, remarquant que les Tuileries ont été construites par Catherine de Médicis et qu'un garde national qui passe est possesseur d'un très-gros ventre, fait peine en vérité ; à quoi servent le talent et la gloire ?

Cooper en revanche fait des révélations curieuses sur son pays. Il allègue des faits dont la valeur et l'importance futures sont énormes. Il évalue à cinq cent mille âmes par année l'accroissement de la population en Amérique, y compris l'émigration. Déjà la population d'un seul État dépasse celle des royaumes de Hanovre, de Wurtemberg et de Danemark. Souvent aussi il se trompe d'une manière bizarre. A Philadelphie, le mot français *mère* a remplacé pour beaucoup de personnes le mot anglais *mother.* Cette étrange substitution dicte à M. Cooper une réclamation plus étrange encore. Il prend le mot *mère* pour le substantif anglais *mare*, qui se prononce à peu près de même, et signifie une *jument.* « A-t-on jamais vu, demande-t-il gravement (1), *un fils appeler sa mère une jument ?* »

Dissertations sur la *soupe au lait*, sur son identité avec le *pap* qui nourrit les enfants anglais, sur les croisées et leur origine, sur les jardins à Paris et les bons bourgeois qui s'avisent de dîner dans leur jardin ; voilà ce qu'il a recueilli d'intéressant dans notre vieux monde aux jeunes désirs, réservoir d'ambitions qui s'annulent mutuellement et de folies qui vendent la sagesse, — à Paris.

Ses opinions et ses préceptes politiques sont marqués d'un timbre particulier et souvent profond. Il écrivait en 1835 que le meilleur gouvernement pour la France serait Henri V à la tête d'une république. Un monarque absolu, fils de monarques absolus, commandant à une démocratie toute puissante ne l'étonnait pas ! Un soir, il rencontra dans les Tuileries, pendant le feu d'artifice, un petit vieillard qui lui prédit que la révolution recommencerait en l'an 1840 ; elle a recommencé ou plutôt continué en 1848.

Un autre jour, il tomba en extase devant un nègre, espion de son métier, qu'il rencontra dans une antichambre, orné de la double vertu de nettoyer des bottes et d'avoir menti toute sa vie. Certaines gens aiment la fraude pour la fraude : tel était ce nègre, nommé Harris, que Fenimore Cooper loue singulièrement, tant les idées de probité sont altérées par les passions politiques. Harris avait servi d'espion double à lord Cornwallis pour les Anglais, et au marquis de Lafayette pour les Américains. Lorsque Cornwallis se fut rendu, il trouva dans l'antichambre du vainqueur, auquel il faisait sa visite, ce nègre traître qui nettoyait les bottes du marquis :

(1) *Residence in France*, p. 232, édit. Baudry.

— « Bah! s'écria le général anglais! C'est vous, Harris!... Je n'aurais pas cru vous trouver ici!

— » Il faut bien, répondit l'espion, faire quelque petite chose pour sa patrie! »

Ce nègre perfide, qui n'avait d'autre patrie que la bourse des deux adversaires, et d'autre patriotisme que sa cupidité honteuse, a probablement servi de modèle au héros du roman de Cooper, *the Spy*.

La lecture des huit ou dix voyageurs américains qui ont visité l'Europe est d'ailleurs piquante pour un Français. Le ridicule de nos prétentions, le caractère illogique de nos habitudes et de nos mœurs ne leur échappent guère. Cooper a très-bien observé en France ce mélange dangereux de faits qui résultent du despotisme ancien et de lois ou de désirs qui appartiennent à la démocratie. Centralisez, c'est-à-dire despotisez, voilà ce que dit Napoléon après Louis XIV. Individualisez et éparpillez, voilà ce que dit la liberté des journaux, et ce que répètent les livres. Absurde mariage des termes les plus contradictoires. Un gouvernement n'est pas la juxta-position des contraires, mais la lutte féconde des intérêts dont chacun cède un peu pour gagner davantage. En France, les habitudes sont nées de l'extrême asservissement; les tendances s'élancent vers l'extrême affranchissement.

Notre monde vieilli qui cherche à se rajeunir se rapproche nécessairement, par l'intention du moins, de ce monde jeune et à peine formé, qui voudrait se donner pour accompli. La France de Mirabeau et de Voltaire cherche à se retrouver dans la république nouvelle, sortie des mains de Locke et de Washington. Nous coïncidons en plusieurs points avec cette création étrange née du puritanisme anglais, œuf démocratique venu au monde au XVIIe siècle et couvé au XVIII° par la philosophie voltairienne. Il faut lire les soixante voyageurs dont je n'ai cité plus haut que les principaux, pour reconnaître combien il y a de la France actuelle dans l'Amérique septentrionale, et des États-Unis dans la France. On part des mêmes principes, on marche au même but, on se heurte contre les mêmes erreurs ; on croit à l'égalité des hommes, ce qui est dangereux ; on croit à la bonté naturelle de l'homme, comme s'il n'avait ni passions, ni intérêts, ce qui est insensé. On regarde le travail matériel et industriel comme une panacée à laquelle rien ne résiste, ce qui est faux.

Mais du moins cette prépondérance exclusive de l'industrie et du commerce, dangereuse pour les pays très-avancés en civilisation, exerce sur les États-Unis une influence bienfaisante. L'Amérique septentrionale, ce n'est pas encore un pays, c'est une ébauche; ni un gouvernement, mais une épreuve; ni un peuple, mais mille peuples (1). Là tout se transforme sous l'œil du philosophe, comme les substances mêlées dans le vase ou la cornue se métamorphosent sous l'œil du chimiste. Cette civilisation qui se développe sur une échelle si énorme, avec des circonstances si extraordinaires, mérite une contemplation attentive. Elle est encore peu avancée; le laboratoire est bizarre autant que vaste, et le philosophe ne peut pas trouver de sujet plus digne de lui.

(1) V. plus bas, le dernier chapitre : AVENIR DE L'AMÉRIQUE.

§ II.

Voyageurs anglais en Amérique.

Malheureusement la plupart des voyageurs qui parcourent les provinces de l'Union ne sont pas des philosophes. Miss Butler, actrice distinguée et spirituelle, décrit fort bien les singularités de mœurs et les nouvelles impressions produites par ces vastes paysages sur son imagination et sa sensibilité féminines. Le capitaine Hamilton apprécie avec finesse les relations diplomatiques et les tendances politiques de l'Union. L'Allemand Puckler-Muskau est léger comme un Allemand qui se fait léger, c'est-à-dire qu'il l'est trop. L'autre Allemand, Grundt, espèce de docteur paradoxal, brouille toutes les idées et tous les faits par un confus assemblage de souvenirs européens et d'affectations philosophiques. Audubon, le poète et l'ami des oiseaux, s'occupe peu des hommes, des villes et des villages. Miss Martineau, partie d'Angleterre avec la ferme résolution d'admirer les États-Unis selon les lois de l'esthétique et de l'économie politique, est toute surprise d'avoir à modérer son admiration, et les nuances de blâme involontaire qui traversent cet enthousiasme préalable produisent un effet amusant. Marryatt, apportant dans ce nouveau monde les préjugés anglais, se venge à force d'épigrammes de l'ennui que lui a fait éprouver le pays des améliorations matérielles. Dickens prend son parti bravement ; sa plaisanterie aimable éclaire avec grâce quelques particularités de la vie intime en Amérique.

Tyrone Power est un acteur. Il a le style vif, souple, facile, accidenté et nomade d'un mime qui court le monde.

Il a vu les Américains par leurs meilleurs côtés, et c'est lui qui les juge avec l'indulgence la plus sympathique; ils l'ont applaudi, il leur en sait gré. Rien de plus démocratique qu'un acteur. Cette habitude de la foule, cette servitude devant la masse, ce culte de l'apparence, qui plient le front et courbent le front des plus nobles, des plus dignes, des Talma, des Kemble, des Garrick, sont essentiellement démocratiques. Il faut opposer Tyrone Power à Marryatt et à Basil Hall pour connaître les mérites et les qualités des citoyens de l'Amérique, trop sévèrement jugés par la plupart des Anglais.

Le capitaine Basil Hall est de cette famille que l'Angleterre va perdre, qui ne pouvait naître que dans une île, et que nous voyons poindre avec la première civilisation britannique; race qui aime à voir pour voir, n'est satisfaite qu'en courant et sort de chez elle pour « regarder » (*to see sights*), mot exclusivement anglais. « Dès ma première enfance, dit ce capitaine, je me suis désigné à moi-même un certain nombre de curiosités à voir, et je les ai vues. » Ces curiosités étaient le Japon, l'Amérique, l'Égypte et la Polynésie. Si tous ces touristes ont assez mal compris et jugé superficiellement les États-Unis, la comparaison de leurs récits donne à leur étude parallèle un caractère important; ils se contredisent et s'éclairent.

L'élément démocratique anglais s'étant détaché, vers le milieu du XVIIe siècle, des autres éléments de la constitution britannique, s'est réfugié en Amérique. Là il fait son œuvre tout seul. C'est lui qui donne le singulier spectacle auquel nous assistons. Comme ce même élément, pendant le cours du XVIIIe siècle, s'extravasa sur la France et y produisit les grands effets moraux par lesquels nous sommes encore dominés, il se trouva que des deux côtés de l'Atlantique, la patrie de Franklin d'une part, et de l'autre le pays de Mirabeau et de Camille Desmoulins, malgré la diversité des races, suivirent une voie parallèle. Comment l'Amérique n'insulterait-elle pas l'Angleterre? elle représente la portion puritaine, rebelle et démocratique, qui n'a pas voulu s'accommoder originairement de l'aristocratie anglaise. Comment la France ne serait-elle pas enfiévrée de rancunes et de vieilles vengeances? elle représente le tiers-état longtemps asservi, maintenant triomphant et le cœur plein d'un fiel amer? La démocratie américaine a l'Océan à traverser pour rencontrer le vieil ennemi : la France n'a pas autant de chemin à faire. Sous beaucoup de rapports, et surtout par les moins bons côtés, les deux pays se touchent.

La plupart de nos défauts sont américains. Dans ce pays comme chez nous les paroles sont larges et les phrases sont grandes. Nous appelons un apothicaire *pharmacien*; — nous n'avons plus d'épiciers; sur un écriteau rouge, on lit en caractères jaunes : *Commerce universel des denrées coloniales*. Les Américains comptent, ainsi que nous, deux ou trois mille génies en prose et en vers; comme nous, ils parlent avec orgueil de leurs *trois cents meilleurs poètes*. Ils se méprisent, s'injurient et se ménagent comme nous; ils se craignent mutuellement et se complimentent mutuellement comme nous. Ils ont les inconvénients, et aussi les avantages de la démocratie, dont ils ont la réalité, — qui pour eux est le berceau, qui pour nous serait la tombe (1), si nous n'y prenions garde.

Il y a même dans la prononciation américaine des points de ressemblance avec la France qui sont vraiment singuliers. Ainsi les Anglais prononcent *tchivalry*, les Français

(1) Écrit en 1838. *Revue des Deux Mondes.*

chevalerie; les Américains ont abandonné la prononciation britannique pour la nôtre, et disent *chivalry*. L'identité de résultats provenant de l'identité des institutions mérite fort d'être observée. Tyrone Power, en arrivant à New-York, crut se trouver à Paris, dans quelque parage inconnu de nos boulevards. Tout ce que l'on peut craindre pour la France se manifeste déjà dans l'Amérique septentrionale : abaissement du niveau des capacités, règne mobile de l'argent, bavardage, détérioration des produits pour atteindre une modicité de prix inférieurs, délaissement des femmes, honorées et mises de côté; habitude de ne rien faire pour l'avenir; improvisation, rapidité, légèreté : — singuliers vices que l'on n'aurait jamais cru pouvoir attribuer à la race saxonne; mais l'influence des institutions politiques est inévitable.

Il y a entre nous et l'Amérique toute la distance qui sépare la première jeunesse de l'extrême maturité. Nous sommes surtout embarrassés de notre passé, les Américains sont surtout embarrassés de n'en pas avoir. Nous balayons nos décombres, ils creusent leurs fondations dans un sol vierge. Notre histoire est un vieux drame qui se complique à mesure qu'il avance, et dont les ressorts sont nombreux; l'Amérique en est au prologue et à l'avant-scène. Il y a chez nous trop de souvenirs et d'acquisitions, il y a au contraire quelque chose de provisoire et d'incomplet dans cette fabrique immense et toujours active qu'on appelle les États-Unis; c'est si bien et si exclusivement un atelier, une fournaise, un laboratoire pour la fabrication future d'une civilisation inconnue, et c'est si peu une patrie achevée, complète, renfermant tous les résultats des sociétés définitives, qu'après avoir fait fortune là-bas, on se hâte de venir en jouir en Europe. Sanderson reproche à l'élite des citoyens des États-Unis leur goût pour l'Europe, où « c'est chaque jour davantage la mode, dit-il, d'aller faire élection de domicile. » Les Américains ont le droit de répondre que cette vie préparatoire et sans repos, cette existence d'artisan harassé et nomade, cette course haletante vers la fortune et les entreprises, offrent peu de charmes au philosophe, et de loisirs pour la rêverie. Une société dans l'enfance marche beaucoup et étourdiment, aime l'exercice pour l'exercice et l'action pour l'action; elle mange vite, court vite, brûle le pavé, ne reconnaît point de passé, et ne sait ni donner aux femmes leur place, ni élever leur esprit, ni raffiner leurs mœurs.

Aussi l'Amérique du Nord est-elle plongée dans une admiration de Chérubin devant le sexe féminin, admiration privée de discernement, instinct plutôt que préférence. Cette situation des femmes en Amérique a fort préoccupé les voyageurs. Elles sont honorées et isolées, aimables et sans influence; elles ont beaucoup de lecture et peu d'idées; miss Martineau ne s'explique point cette énigme.

§ III.

Jugements des voyageurs anglais sur l'Amérique. — Situation de la femme. — Le *Code Bleu*. — Austérité puritaine. — Anecdotes judiciaires.

On peut dire que la condition de la femme dans tous les pays est le signe certain du degré de civilisation auquel ces pays sont arrivés. La femme n'est rien pour le sauvage; esclave au début de la civilisation, elle acquiert ses droits et sa valeur en parcourant les degrés successifs qui effacent la tyrannie de la force physique et font régner l'intelligence. Ne pas écraser l'être faible, lui faire sa part au soleil, reconnaître ses priviléges et lui assigner une influence, c'est le symptôme d'une société très-perfectionnée, qui sait enfin que la loi du corps est la loi des brutes. Vient ensuite le moment où la civilisation s'épuise par son excès, où elle se dégrade par son raffinement, où l'on ne se contente plus de protéger l'être faible, où l'on fait dominer la faiblesse avec la volupté. Cette époque de galanterie et de décadence aboutit définitivement au même résultat que la vie sauvage, à l'avilissement de la femme, à la promiscuité des sexes et à la confusion des devoirs. La belle époque, l'époque saine et magnifique est celle où, selon l'état de chaque société, tout prend sa place naturelle, où la femme n'est plus seulement une nourrice, une esclave, une gardienne fidèle de la maison (1), où elle ne s'est pas transformée encore en arbitre de la folie contemporaine, en distributrice des faveurs de la mode. Dans nos derniers temps, elle a voulu davantage encore; elle a réclamé pour ses mains débiles la charrue, le glaive, la hache, le timon d'un vaisseau, le portefeuille d'un ministre et le pénible gouvernement des sociétés.

Cette ébauche puissante de civilisation qu'on appelle l'Amérique septentrionale donne à la femme une situation intermédiaire. Là elle essaie en vain d'imiter les mœurs aristocratiques d'Europe et de conquérir les élégances, les recherches, le bon ton, auxquels les vieilles sociétés sont accoutumées; imitation qui ne peut réussir. Une société jeune et marchande n'a que juste assez de temps pour disposer de ses balles de coton et défricher ses forêts (2).

(1) V. nos Études sur l'Antiquité. *Les Étaïres.*
(2) V. plus bas, sur la situation actuelle des femmes en Amérique, e dernier chapitre de ce volume.

Il faut que l'Amérique attende encore ; quand elle aura du loisir, elle créera une littérature et des arts, et la femme du monde, produit exquis et singulier d'une civilisation extrême, y apparaîtra enfin. On s'est beaucoup élevé contre les oisifs, les improductifs, les hommes de loisir. Sans ce loisir et cette oisiveté, il n'y a pas de poésie, de style, d'art, d'élégance, pas même de méditation et de pensée. Ces fleurs n'éclosent que dans la parfaite abstraction de tous les soins matériels.

On peut affirmer que la grande beauté artistique de la civilisation grecque ne s'est développée avec tant de force et tant d'éclat, avec une aussi féconde et une aussi facile splendeur, que grâce aux loisirs dont jouissaient les Épaminondas comme les Socrate, les Platon comme les Praxitèle : c'étaient des gentilshommes. Toute la partie inférieure et matérielle de la vie humaine restait livrée aux esclaves. Le soin de ces derniers était de moudre ou de tisser ; les maîtres se chargeaient d'être de grands hommes, de brillants écrivains, de sublimes artistes. Malgré la loi du polythéisme, qui faisait de la femme la première esclave, on voyait les Aspasie et les Sapho apparaître tout-à-coup au sein de cette civilisation singulière dont nous n'avons plus aucune idée, et partager la couronne des Pindare, des Anacréon et des Tyrtée.

L'Amérique actuelle, née de l'élément chrétien, est arrivée à une phase de civilisation bien plus haute ; mais dans cette même phase des nations modernes elle est beaucoup moins avancée que ne l'était, relativement aux nations antiques, la Grèce à l'époque dont nous parlons. Miss Martineau, femme philosophe qui espérait trouver en Amérique le paradis de la philosophie et de l'indépendance républicaines fut bien étonnée de reconnaître dans quel cercle étroit et misérable les facultés et les forces féminines sont parquées et renfermées par les Américains des États-Unis.

La colonie anglo-américaine a eu pour point de départ, non pas l'esprit chevaleresque et catholique, favorable aux femmes, mais bien l'esprit calviniste, profondément rigide et dominé par la terreur du dogme fataliste. Le culte de la vierge Marie était effacé, la séparation des sexes devenait loi. Cette rigidité inhumaine de la croyance calviniste n'a pas encore perdu toute influence : dans le Connecticut elle a laissé des traces profondes. On n'y tolère point les théâtres. En 1840, les directeurs d'une troupe équestre furent obligés de s'arrêter sur les limites de la province, après avoir donné des représentations dans les provinces voisines; le gouvernement du Connecticut leur fit parvenir l'utile et loyal avertissement de ne pas se hasarder dans les domaines de l'État, à moins de vouloir s'exposer à la confiscation de leurs chevaux. Les habitants des provinces limitrophes ne manquent pas de dire que la sévérité du Connecticut est pure hypocrisie et que tous ses habitants se livrent en secret aux vices les plus odieux.

L'esprit fondamental et créateur des États-Unis, modifié depuis l'époque primitive par la philosophie plus tolérante de Locke, ne se retrouve que dans le vieux code puritain, le *Code bleu*, qu'on aurait dû nommer le *Code noir*. « Si, dit le chapitre XIII de cette charte draconienne, un enfant ou des enfants au-dessus de seize ans et possédant l'intelligence, frappent ou *maudissent* leur père ou leur mère naturels, il ou ils sera ou seront *mis à mort*, selon l'Exode, 21, 17, — et le Lévitique, 20. »— « Si, dit le chapitre XIV, quelque homme a un fils rebelle et entêté *(stubborn)*, d'âge compétent et d'intelligence suffisante, lequel fils n'obéisse pas à la voix de son père et de sa mère, ses parents naturels doivent mettre sur lui la main et l'amener devant les magistrats, en prouvant qu'il est indompté, entêté, rebelle, qu'il ne cède ni à leur voix, ni à leurs châtiments, mais qu'il vit dans divers péchés notoires ; — alors ce fils sera *mis à mort (shall be put to death).* »

Le mensonge est puni du fouet, le blasphémateur est mis au pilori ; l'usage du tabac n'est pas traité moins cruellement. « Personne, dit la loi, ne se servira de tabac, à moins d'avoir apporté au magistrat un certificat signé d'un docteur expérimenté en médecine, lequel attestera que le tabac est utile ou nécessaire à cette personne. Alors elle recevra sa licence et pourra fumer. Il est défendu à tout habitant de cette colonie de prendre du tabac publiquement, sur les grandes routes, etc., etc. » Les extraits des registres judiciaires relatifs à l'époque où le code bleu était en vigueur, offrent des détails beaucoup plus comiques, et d'une pruderie tellement indécente que notre plume, par égard pour le lecteur, ne peut reproduire ici qu'une faible partie de ces incroyables détails.

Ces choses se passaient en 1660, pendant le règne éclatant de Louis XIV et le règne débauché de Charles II. « Le 1ᵉʳ mai 1660, on a fait appeler devant la cour Jacob Mac Murline et Sarah Tuttle pour les causes suivantes : le jour du mariage de Jean Potter, Sarah Tuttle alla chez mistriss Murline, à laquelle elle demanda du fil. Mistriss l'envoya en chercher dans la chambre de ses filles, où se trouvaient le marié Jean Potter et sa femme, tous les deux boiteux. Sarah Tuttle y alla, et, en causant avec les deux boiteux, se servit... d'expressions mal séantes relativement à cette circonstance. Alors entra Jacob Potter, frère de Jean Potter, et Sarah Tuttle ayant laissé tomber ses gants,

Jacob les ramassa. Sarah les lui redemandant, il répondit qu'il ne les lui rendrait que si elle lui donnait un baiser ; là-dessus ils s'assirent tous deux, Sarah Tuttle posant son bras sur l'épaule de Jacob, et Jacob tenant embrassée la taille de Sarah ; ils restèrent ainsi une demi-heure environ devant Marianne et Suzanne, qui témoignent aussi que Jacob donna un baiser à Sarah..... » A ce propos, les témoins se suivent à la file, déclarant, certifiant, désignant où était le bras, où était le front, où étaient les lèvres, et circonstanciant ce baiser fatal avec une rigueur d'analyse qui mettrait toute la critique du monde aux abois et qui remplit les trois pages les plus étonnantes, les plus pudiques, les plus impudiques, les plus sévères et en définitive les plus licencieuses qui se trouvent dans aucun roman, si bien qu'il est impossible de les transcrire. Jacob et sa complice non-seulement sont admonestés, mais mis à l'amende, la cour déclarant que « c'est chose singulière et à déplorer éternellement que la jeunesse ait de pareilles idées, et que les personnes de l'un ou de l'autre sexe se corrompent ainsi mutuellement. En ce qui concerne Tuttle, elle est une corruptrice injustifiable du discours et de la parole. Pour ce qui est de Jacob, sa manière et sa conduite sont inciviles, immodestes, corruptrices, blasphématrices et démoniaques ; » il ira en prison et paiera l'amende.

Pour s'être enivré, le pauvre Isaïe, domestique du capitaine Turner, paie cinq livres sterling, ce qui, eu égard au changement de valeur de l'argent, ressemble fort à trois cents francs d'aujourd'hui ; la servante Ruth Acie est fouettée pour avoir menti et reçu chez elle la nuit William Harding, le don Juan de la colonie ; Marthe Malbon subit le même châtiment pour avoir soupé avec ce même bandit de William Harding ; Goodman Hunt est chassé du Connectient pour avoir mis au four un pâté destiné au susdit Harding, et mistriss Hunt femme de Goodman ayant reçu ou donné un certain baiser relatif au même personnage, évidemment redoutable, est fouettée et chassée. Toutes ces exécutions, qui tombent, comme on le voit, sur des baisers et des pâtés, datent de janvier 1643. Notre don Juan William Harding poursuit sa carrière jusqu'en 1651; en décembre de cette dernière année, nous le retrouvons; il a épuisé l'indulgence des juges, des pères et des maris. On le condamne « à payer cinq livres sterling à M. Malbon, cinq autres livres à M. Andrews, à quitter la colonie, et à être fouetté *très-sévèrement*. » Triste fin pour un don Juan.

Telle était la législation calviniste qui civilisait et préparait les États-Unis. Plusieurs des articles de son « code bleu » se font remarquer par leur terrible concision : « Aucun quaker ne recevra le logement ni la nourriture. — Quiconque se fera quaker sera banni, et, s'il revient, sera pendu. » Le crime des quakers, selon les puritains, était de ne pas vouloir tuer les sauvages. Les articles suivants valent encore mieux : — « Art. 17. Le jour du Seigneur, personne ne *courra;* on ne se promènera pas dans son jardin ni ailleurs, et l'on marchera seulement avec gravité pour aller à l'église ou pour en revenir. — Art. 18. Le jour du Seigneur, personne ne voyagera, ne fera la cuisine, ne fera le lit, ne balaiera la maison, ne se coupera les cheveux, ou ne fera sa barbe. — Art. 31. Il est défendu à tout le monde de lire la liturgie anglicane, de fêter la Noël, de faire des pâtés de hâchis *(mince-pies);* de danser, et de jouer de tout instrument, le tambour, la trompette et la *guimbarde* exceptés. »

Voilà certes une civilisation qui n'instituera pas de cours

d'amour. La cruauté de ce code bleu, qui trouvait très-mauvais que la jeunesse eût de *pareilles idées*, s'est mitigée peu à peu, mais les rapports mutuels des deux sexes s'en sont toujours ressentis. Aujourd'hui la femme américaine, par un bizarre contraste, est soumise à un étouffement moral joint aux meilleurs traitements physiques. Devant elle on se lève, on parle bas, on a soin de ne traiter aucun sujet qui puisse lui déplaire ou la blesser; elle a la meilleure place à table ou dans une voiture publique, et elle ne possède ni influence, ni confiance, ni sympathie. On dispose d'elle comme de quelque chose d'incomplet et de nécessaire, qu'il faut honorer, puisque le dépôt des générations humaines lui est confié; qu'on doit soigner, puisque son affaiblissement altérerait la pureté et la force des races; mais qu'il faut tenir en dehors de toute participation aux droits intellectuels et moraux de l'homme. La prédication du dimanche et le lieu-commun du journal, la causerie avec la voisine et la promenade dans les boutiques sont les seuls épisodes qui viennent apporter quelque diversion à la plus monotone et à la plus restreinte des existences. Comme il n'y a dans l'air, comme il ne circule dans la société aucun de ces éléments de curiosité intellectuelle dont l'Europe est remplie, et que les hommes ne songent qu'à manger, à boire, à faire fortune sauf à faire banqueroute; — la femme de son côté ne pense qu'à se marier le plus tôt possible, élève beaucoup d'enfants, et meurt l'esprit étiolé par la stérilité de sa vie et la répétition constante des mêmes devoirs demi-serviles et des mêmes frivolités sans but. Tels sont les fruits de cette austérité excessive, qui reconnaissant la femme comme type de la volupté et de la grâce, la condamne à ce titre même.

Dans les mœurs calvinistes américaines, la femme n'est plus, il est vrai, un objet d'achat et de vente, une chose matérielle, mais elle reste passive, timidement docile, sans ressource et sans ressort. On la tolère plutôt qu'on ne l'accepte, et si les générations pouvaient se multiplier par quelque autre moyen, on se passerait d'elle assez volontiers.

Dans les provinces du sud et de l'ouest, les familles se débarrassent de leurs filles avant même qu'elles soient nubiles. Il n'est pas rare de trouver dans ces États des femmes de vingt ou vingt et un ans déjà veuves de deux maris; il n'est pas rare non plus d'y rencontrer de doubles ou de triples divorces. Toutes les lois et toutes les coutumes de l'Amérique tendent à relâcher le lien des deux sexes, ou à les rendre indépendants l'un de l'autre. Il suffit d'un danger moral exposé par la femme devant ses juges, pour la délivrer du lien qui lui pèse : « Son mari est un joueur ; — ou il est trop oisif pour alimenter ses enfants ; — ou il leur donne de mauvais exemples et des leçons dangereuses. » Voilà le mariage rompu.

Ainsi s'établit une indépendance, qui assure à la femme certains droits inférieurs et maintient l'homme dans sa dure supériorité. Ainsi se formulent une liberté glacée, une indifférence mutuelle et la destruction presque définitive des affections vives et des attachements durables. Je ne sais si la moralité y gagne; plusieurs voyageurs prétendent le contraire, et miss Martineau est de ce dernier avis. S'il fallait l'en croire, les mariages américains étant mercenaires, c'est-à-dire exclusivement fondés sur l'intérêt, la corruption secrète y abonderait : corruption sans passion, débauche sans plaisir. Dans la Nouvelle-Angleterre, la plupart des femmes sont mariées à des vieillards qui seraient leurs pères ; partout la spéculation étouffe les sentiments du cœur ; tout est immolé aux règles de l'arithmétique. Miss Martineau, avec son ardeur de femme, appelle cela une prostitution légale et se révolte amèrement contre « la sainteté du mariage profanée par l'intérêt. » Je ne puis adopter aveuglément les véhémences romanesques de la philanthrope ; je me contente d'être le rapporteur d'une accusation que je me réserve d'examiner plus tard (1).

Un résultat collatéral de cet anéantissement des rapports entre les deux sexes, c'est, dit-elle, la destruction du ménage et de la famille. On va loger dans un hôtel garni. Le mari court à ses affaires, la femme reste dans son boudoir. On dîne à table d'hôte, et cette vie commune, sans domicile, sans abri, sans foyer domestique, cette vie errante et à vol d'oiseau ne déplaît à personne. Les hôtels garnis contiennent quelquefois jusqu'à cinquante ménages, si l'on peut appeler ainsi la réunion accidentelle d'un homme et d'une femme qui se rencontrent à peine deux fois par jour, à dîner et à déjeuner. On comprend quelle doit être l'éducation des jeunes personnes qui passent leur vie dans ces parloirs encombrés ou assises à ces tables entourées de convives de mille espèces différentes ; la vie d'hôtel garni doit produire sur elles le même effet que la vie d'estaminet produit sur les hommes. D'ailleurs il est difficile d'avoir un ménage dans un pays où rien n'est plus rare qu'un domestique.

Le mot même n'existe pas. Cette personne, que vous payez et que vous appelez votre *help*, votre appui, accompagnera sa maîtresse à l'église, vêtue d'une robe de soie, avec un chapeau à plume, ou elle se placera derrière sa chaise à table, coiffée en cheveux avec une couronne de

---

(1) V. le dernier chapitre de ce volume.

roses et un peigne d'or. « J'en ai vu une, dit miss Martineau, qui, pour la commodité du service, avait ajouté à cet attirail coquet une paire de lunettes vertes. » Au moindre mot et à la plus légère observation, vous êtes menacé du magistrat par ces domestiques, dont en réalité les Américains sont les esclaves. On trouve plus commode et moins coûteux d'employer les services des garçons d'hôtel garni, mercenaires actifs, obéissants et empressés.

La femme américaine ne s'attache donc à rien, elle n'a point de maison à tenir, personne ne cause avec elle, et ses prétentions à l'originalité de la pensée seraient plutôt un sujet d'irritation et de mécontentement pour ses concitoyens qu'un honneur pour elle. Dans les maisons qui tiennent ménage, c'est le mari qui va au marché, sans doute par économie.

Tels sont les portraits que nous offrent les voyageurs que j'ai cités, portraits dont je suis loin d'accepter la responsabilité personnelle. S'il faut se fier à eux, les femmes américaines qui n'ont rien à faire lisent beaucoup et ne réfléchissent guère. Elles savent en général plusieurs langues, bien que l'activité de la pensée leur manque; la seule faculté qu'elles cultivent est la plus humble de toutes, la mémoire. Jolies, d'une fraîcheur délicate et éblouissante dans la première jeunesse, douées de toute la finesse, de toute la bonté et de toute la grâce que Dieu a départies à leur sexe, ayant du loisir pour cultiver leur esprit et élever leur âme, de la richesse pour s'entourer des élégances de la vie, que leur manque-t-il? Une société moins absorbée par le commerce, plus chevaleresque, plus impétueuse, plus avide de l'idéal, moins concentrée dans l'intérêt. Il leur manque des juges qui les stimulent et les récompensent.

L'ancien monde, malgré ses nouveaux penchants démocratiques, diffère en cela de la jeune Amérique. Il doit la culture intellectuelle et la délicatesse exquise de ses femmes à l'ineffaçable trace de ses vieilles institutions, mêlées de vices et de grandeur, d'ombre et de lumière, incomplètes d'ailleurs, irrégulières et mauvaises à plusieurs égards, comme tout ce qui est de l'humanité. Aujourd'hui les institutions américaines, qui repoussent la chevalerie et qui s'appuient exclusivement sur l'intérêt personnel, produisent des résultats contraires.

Au surplus l'avenir s'ouvre encore si vaste devant cette nation novice, et sa situation est si évidemment transitoire, qu'il serait injuste de croire sur parole les critiques des touristes de la Grande-Bretagne. Un pays qui se forme, ils le jugent comme s'il était mûr et accompli. Ils ne voient pas que les qualités les plus aimables et les plus appréciées dans le monde ancien seraient des vices et des dangers, appliquées au monde nouveau. Ils disent que sous le rapport de l'instruction et de la politesse les femmes américaines sont supérieures à leurs frères et à leurs maris. Comment en serait-il autrement ? Et quel besoin les Américains ont-ils aujourd'hui de ce raffinement et de cette politesse ? Quel bien leur feraient un Dante, un Raphaël ou un Molière ? Ils ont une tâche bien plus pénible à mener à bonne fin. C'est à eux qu'il faut pardonner la rude ambition, le négoce ardent et impitoyable. Si les individus y perdent la patrie en profite.

Malheureusement l'activité qu'on exagère abrutit. Le repos, la rêverie, l'oubli des nécessités du jour font naître toutes les grâces et toutes les délicatesses. N'attendez aucune poésie de ce pivot de fer brûlant qui s'appelle un homme d'affaires, et qui roule éternellement dans un cercle d'activité égoïste; si vous êtes sur la route de son intérêt il vous mettra en lambeaux.

§ III.

Politesse de la démocratie. — *Oui, Monsieur !!* — Conversation entre deux chapeaux.

Quelques coteries de Philadelphie et de New-York essaient de calquer leurs usages sur ceux de Londres et de Paris : c'est cette portion affectée des mœurs américaines que M. Grundt a saisie avec assez de bonheur et reproduite avec un sentiment un peu grossier du ridicule. Quant à Dickens, beaucoup plus malin, ses portraits se distinguent par une finesse et une gaîté souvent profondes. Il ne s'arme pas d'une folle colère contre la démocratie, mais il signale les bons côtés qu'elle met en relief et les germes bienfaisants qu'elle développe. Parmi ces qualités que les institutions nouvelles de l'Amérique ont évidemment protégées, on trouve en première ligne l'activité, puis la patience, la complaisance mutuelle et la douceur dans les relations. C'est un grand maître de philosophie que la foule. Cette masse aveugle, cyclope qui n'a pas d'œil et qui est mue par ses instincts, force chaque membre de la communauté à ne pas exagérer sa propre valeur et à compter pour beaucoup ses semblables. On se porte mutuellement secours, on s'entr'aide, on tolère le voisin.

L'habitude de la démocratie a même donné aux Américains du Nord une sorte de politesse banale, une complaisance d'assentiment qui devient insipide. Tout le monde est de l'avis de tout le monde et le lieu-commun devient pour chacun un asile assuré.

Dickens a écrit là-dessus quelques chapitres délicieux. Selon lui, le fonds de la langue anglo-américaine, c'est : *Oui, monsieur!* mots qui ne peuvent blesser personne, et que les citoyens des États-Unis répètent à tout bout de champ avec des inflexions diverses. « J'ai entendu, dit-il, ce terrible *oui, monsieur!* plus de deux mille fois dans une journée. Il retentissait comme les cloches et semblait, comme elles, se prêter à tous les mouvements de l'esprit, exprimer toutes les sensations, suppléer à toute espèce de causerie et remplir les lacunes de l'intelligence et du loisir. Par exemple la voiture publique s'arrête devant une auberge de la grande route par une chaude journée. La porte de la taverne est déjà obstruée de convives impatients qui attendent le dîner et qui jouissent des rayons bienfaisants du soleil. Un personnage robuste coiffé d'un chapeau gris s'est établi sur l'un de ces fauteuils aux pieds ronds si communs en Amérique, et qui bercent par leur mouvement oscillatoire le gentilhomme qui s'y assied. Une tête passe par la portière de la voiture, elle porte un chapeau de paille ; croyant reconnaître le chapeau gris, elle engage avec lui la conversation suivante :

LE CHAPEAU DE PAILLE. — Je suppute bien quand je dis que c'est le juge Jefferson que je vois ?

LE CHAPEAU GRIS, se balançant toujours, parlant lentement, sans aucune émotion et sans regarder le chapeau de paille : — Oui, monsieur.

LE CHAPEAU DE PAILLE. — Juge, il fait chaud.

LE CHAPEAU GRIS. — Oui, monsieur.

LE CHAPEAU DE PAILLE. — Il a fait une petite pincée de froid la semaine dernière, juge ?

Le chapeau gris. — Oui, monsieur.

Le chapeau de paille, avec la même gravité : — Oui, monsieur.

Il se fait alors une pause, et les deux têtes se contemplent mutuellement avec un grand sérieux.

Le chapeau de paille, reprenant la parole : — Si mon calcul est juste, votre grand procès des corporations doit être fini, juge ?

Le chapeau gris. — Oui, monsieur.

Le chapeau de paille. — Quel en est le résultat ?

Le chapeau gris. — En faveur de l'intimé, monsieur !

Le chapeau de paille, interrogativement : — Oui, monsieur ?

Le chapeau gris, affirmativement : — Oui, monsieur !

Tous les deux en duo, très-lentement, et en regardant ceux qui passent :

— Oui, monsieur.

Nouvelle pause. Ils se regardent encore plus sérieusement qu'auparavant.

Le chapeau gris. — Cette voiture est en retard, si je calcule bien.

Le chapeau de paille, sur le ton du doute : — Oui, monsieur !

Le chapeau gris, regardant à sa montre : — Oui, monsieur ; de deux heures.

Le chapeau de paille, en élevant ses sourcils et d'un air de profond étonnement : — Oui, monsieur !

Le chapeau gris, d'un ton positif, en remettant sa montre dans son gousset : — Oui, monsieur.

Tous les autres voyageurs se parlant l'un à l'autre, dans l'intérieur de la voiture : — Oui, messieurs.

Le cocher se retournant, et d'un ton de mécontentement très-vif : — *Non*, messieurs.

LE CHAPEAU DE PAILLE, s'adressant au cocher, et avec un certain respect : — Oui, monsieur ; mais il me semblait que les derniers milles nous avaient coûté un assez bon bout de temps ; c'est un fait et un calcul.

Comme le cocher ne voulait pas entrer dans cette controverse, dont le sujet ne s'accordait guère avec ses idées, un autre voyageur prit la parole et s'écria :

« — Oui, monsieur ! »

Le chapeau de paille, par politesse, lui répondit de même, et le chapeau gris répéta les susdits mots sacramentels ; enfin le chapeau de paille demanda au chapeau gris si cette voiture n'était pas neuve. Il reçut la réponse accoutumée.

LE CHAPEAU DE PAILLE. — Je m'en doutais. Elle répand une forte odeur de vernis, monsieur ?

LE CHAPEAU GRIS. — Oui, monsieur.

Tous les voyageurs, du fond de la voiture : — Oui, monsieur.

LE CHAPEAU GRIS, s'adressant en général et en particulier à chacun des voyageurs : — Oui, messieurs !

Enfin la capacité de chacun pour la conversation se trouvant épuisée, le chapeau de paille, qui était évidemment le plus actif comme le plus bavard de ces citoyens de l'Amérique, ouvrit la porte, s'élança de la voiture sur la grande route, et de la grande route dans la salle à manger. »

§ V.

Critique exagérée des États-Unis par les voyageurs anglais. — Dialecte du pays. — Villes nouvelles.

Cet affaiblissement du caractère individuel, cette crainte de blesser qui que ce soit, cette apathie de la conversation, cet assentiment perpétuel et insignifiant doivent rendre la société aux États-Unis tiède et fatigante. On est doux, on est hospitalier, on se dissimule, on se gêne, on cède son droit au droit de tous. On perd ainsi, avec l'âpreté et les saillies aiguës du caractère naturel, la naïveté sauvage, l'originalité et la variété piquante qui résultent des contrastes. Miss Martineau, qui ne cesse d'exalter sa république chérie, s'étonne que les Américains passent leur vie à se flatter mutuellement, et le dégoût que lui inspire cette adulation de tous envers tous lui dicte une comparaison hardie pour une dame anglaise : « J'en suis plus révoltée, dit-elle, que de cette coutume immonde de fumer et de cracher partout, qui laisse des traces dans les salons, dans les boudoirs et dans la chambre des députés. » Le père flatte le fils et le fils flatte le père. A ce défaut de sincérité vient se joindre un mépris général pour les vertus et les éloges que l'on accorde à tous sans y regarder de près. Un misérable chargé de banqueroutes frauduleuses et soupçonné de faux vient-il à mourir, son éloge funèbre retentit dans toutes les églises. Un méchant livre paraît-il, les journaux débordent de panégyriques. L'orateur flatte le peuple, le peuple flatte l'orateur. Les ecclésiastiques louent leurs ouailles, et les ouailles se disent éblouies de la supériorité de l'ecclésiastique; les professeurs admirent leurs élèves, et les élèves grandissent démesurément le mérite de leurs professeurs. Tout cela est puéril, vulgaire, et ce qui est pis, égoïste. Chacun, dans ce pays de liberté, se fait de l'éloge qu'il prodigue une monnaie avec laquelle il achète d'avance l'éloge d'autrui. On jette au nez d'un égal qui pourrait nuire un mensonge d'admiration auquel répond un autre mensonge.

Ce n'est pas seulement l'Anglaise miss Martineau ni l'officier de marine Marryatt qui accusent l'Amérique républicaine de ce défaut de sincérité et de liberté. Il a paru à Boston, en 1835, un petit volume intitulé : *Pensées sérieuses sur l'époque actuelle;* nous lui empruntons le passage suivant : « Sans cesse la vanité folle de nos journaux répète que nous sommes le peuple libre par excellence, que chez nous la liberté de la pensée et de l'opinion est complète. Eh bien ! je défie tout observateur de citer une seule de nos provinces où la pensée et l'opinion soient libres. C'est au contraire un fait déplorable, que dans aucun lieu du monde l'intelligence n'est plus esclave qu'ici. Nulle part on n'a vu s'établir de despotisme plus dur et plus écrasant que celui que l'opinion publique exerce parmi nous, enveloppée de ténèbres, monarque plus qu'asiatique, illégitime dans sa source, tyran qu'on ne peut ni accuser ni détrôner; irrésistible quand elle veut étouffer la raison, réprimer l'action, imposer silence à la conviction ; soumettant les âmes timides qu'elle fait ramper devant le premier imposteur. Soyez charlatan, emparez-vous pour un moment du préjugé populaire; vous forcez les sages à fuir et à se cacher, jusqu'à la minute fatale où un imposteur nouveau viendra vous détrôner. Telle est la situation morale et intellectuelle de l'Amérique, la moins libre en réalité de toutes les régions du monde (1). »

On a pu remarquer, dans le dialogue singulier des Américains que Dickens a raillés tout-à-l'heure, quelques mots bizarrement appliqués, je *suppute*, je *calcule*, je *combine*; ce sont des locutions particulières au dialecte anglo-américain. Les traits principaux de ce dialecte méritent d'être recueillis. *To calculate* (supputer) remplace les mots *penser* et *supposer*; *to guess* (deviner) est employé à tout moment au lieu de *croire* ou *imaginer*. Au lieu de *directly* (tout de suite), on vous répond : « tout droit devant vous, *right away*. » Ces étranges altérations peuvent être étudiées sur place, au moment même où elles s'opèrent. L'Amérique transforme en les conservant les vieux mots de la mère-patrie, comme l'Italie a changé le sens du mot *virtù*, dont elle a fait la science des arts, et la Grèce le sens du mot *timè* qui était autrefois « l'honneur » et qui est aujourd'hui « l'argent. » Ce qui peut paraître aussi fort logique, c'est que ce peuple d'avenir et d'*attente* ne dit jamais « je conjecture, ou j'imagine », mais j'attends. « Attendre, deviner et calculer » sont les trois mots sacramentels. Dans le wagon d'une machine à vapeur, dit M. Dickens, il est à peu près certain que vous serez accosté de la façon suivante :

« *J'attends* (je conjecture) que les chemins de fer d'Angleterre sont semblables aux nôtres? »

« Vous répondez : *Non!*

» — L'Américain reprend avec l'accent interrogatif :

» — *Oui?* Et quelle différence y a-t-il entre les nôtres et les vôtres?

(1) *Sober thoughts on the state of the times*, p. 27; Boston, 1835.

» Vous le satisfaites. A chaque pause de votre commentaire, il s'écrie :

» — *Oui?* Puis il continue dans son idiome :

» — Je *devine* (je présume) que vous n'allez pas plus vite en Angleterre?

» — Pardon, répondez-vous.

» — *Oui?* réplique-t-il, et il se tait poliment, persuadé que vous mentez. Il mord pendant dix minutes la pomme de sa canne, et s'adressant à cette pomme autant qu'à vous :

» — Les *yankies* sont *comptés* (regardés comme) un peuple qui *va de l'avant*, et ferme! (Aller de l'avant, *going ahead*, est, en Amérique, la plus grande marque de civilisation possible.) Vous ne pouvez vous empêcher de répondre :

» — *Oui?* — et l'Américain répète affirmativement et de la façon la plus vigoureusement appuyée : *Oui!* »

Ces circonstances familières et intimes trahissent les vrais penchants d'une nation ; celle-ci est trop jeune encore et trop puissante déjà, trop incomplète et trop riche, pour échapper aux susceptibilités, aux faiblesses, à la morgue, aux niaiseries des parvenus. Devant tous les voyageurs les Américains se replient avec cette espèce de sensibilité souffrante et nerveuse qui ne développe pas sous son jour le plus favorable le caractère national ; n'apercevant plus que ce côté timide, les Anglais sont inexorables ; ils notent les défauts, ils oublient ou effacent les qualités des Américains.

Là-dessus miss Martineau disserte à perte de vue, Basil Hall babille, Dickens plaisante et Marryatt se met en colère. On tient rarement compte des passions de l'écrivain ; c'est cependant là le mobile, le vent qui souffle dans la voile et qui conduit le bateau. Les rancunes des Anglais les aveuglent quand ils s'occupent de l'Amérique. Ils choisissent ses plus mauvais aspects et nous les présentent ; mais que ne peut-on pas dire de ce pays qui contient tout, se fait de toutes pièces, change toujours, s'étend de tous côtés, n'a de limites naturelles que les deux mers, ne sait pas lui-même ce qu'il est, ce qu'il peut, ce qu'il doit, ce qu'il sera, — qui n'a ni passé, ni présent, mais un avenir sans bornes ! Vous peindrez sous les couleurs les plus diverses la vie des *squatters* qui luttent avec le désert, celle des fanatiques qui dansent en hurlant dans les bois et celle des marchands qui traversent les États de l'Union, comme les étoiles filent au ciel ; toutes ces descriptions isolées seront inexactes. Réunies et groupées, elles donneraient une idée juste de la démocratie américaine, embryon gigantesque, amas de molécules errantes qui plus tard formeront un ensemble colossal (1).

Il semblerait que le climat de l'Amérique septentrionale eût déjà exercé sur les fils des puritains une action qui les rapprocherait des anciens habitants des forêts américaines. La prédilection pour les grandes images et les vastes métaphores, l'amour de la vie errante, la froideur dans les relations entre les deux sexes, froideur mêlée de dignité, semblent des caractères empruntés aux aborigènes, soit que la température ait modifié la race anglo-saxonne ou que l'exemple des peaux-rouges ait été contagieux. Dans les romans les plus remarquables de Cooper, le sauvage rouge et le *squatter* se touchent ou plutôt se confondent.

(1) V. plus bas, le dernier chapitre de cet ouvrage : AVENIR DES ÉTATS-UNIS.

L'ancienne sève de la race se combine donc avec l'action d'un climat nouveau, avec la philosophie du XVIIIᵉ siècle, avec l'esprit démocratique, et enfin avec l'esprit puritain, dont, comme je l'ai dit plus haut, toutes les traces ne sont pas effacées. Plusieurs scènes rapportées par Marryatt et Dickens rappellent vivement l'époque de Cromwell; on croit lire une page de Butler ou un roman de Walter Scott.

Voici un prédicateur qui, ayant été marin dans sa jeunesse, forme une congrégation de marins. Il plante le drapeau naval sur son église et conserve dans sa chaire toutes les allures d'un capitaine de navire. La première fois qu'il prêche, on le voit arriver, une grosse Bible in-quarto sous le bras gauche et frappant sur le bois de sa chaire : « D'où viennent ces gens-là? D'où viennent ils? Qui sont-ils? Où vont-ils? Ah çà! répondrez-vous? » Alors il se met à se promener de long en large dans la chaire, toujours la Bible sous le bras ; puis il reprend : « Vous venez de là-bas, mes enfants, vous venez de la cale du péché. C'est de là que vous venez. Et où allez-vous? » Nouvelle promenade dans la chaire : « Où vous allez? au perroquet de misaine! Là-haut!... *(forte);* là-haut!... *(fortissimo);* là-haut!..... *(rinforzando).* C'est là que vous allez, vent frais, filant cent nœuds à l'heure. » Autre promenade dans la chaire, la Bible sous le bras.

Il y a place pour tout, on le voit, pour le passé comme pour le présent, dans un pays si vaste; excentricités anglaises, nouveautés françaises, échantillons de mœurs arriérées y tiennent à l'aise. L'accroissement de la population est proportionnel au cadre énorme qui la renferme. La seule petite ville de Rochester, qui comptait en 1815

331 âmes, est aujourd'hui de 15,000 (1). Elle a plus que triplé en trois ans ; onze ans ont suffi pour atteindre cette multiplication effrayante de *vingt-six* fois le nombre primitif. Quand on pense que de telles opérations ont lieu sur toute la face de l'Amérique sans que personne s'en doute et sans qu'il y paraisse, on reconnaîtra sur quelle échelle travaille cette société géante et enfant. Elle marche si vite et à si grands pas, qu'on ne doit pas se montrer exigeant sur l'élégance de ses poses.

Elle est bien un peu puérile et se hâte d'enterrer notre Europe avant que cette dernière soit morte ; elle fait des villages qui se nomment *Paris* et des bourgades qui s'appellent *Rome*. Ce vieux monde renouvelé, cette géographie ancienne en habits de carnaval prêtent à la plaisanterie ; Syracuse auprès d'Orléans, Chartres auprès de Memphis, Canton à côté de Venise. Le vieux globe se dédouble ; tout déteint sur cette sphère jeune et inconnue. Vous traversez Troie, vous arrivez à Pontoise ; de là vous passez à Mondaga, à Tchecktawasaga ; vous vous trouvez dans le faubourg de Corinthe, d'où vous arrivez à Madrid ; et successivement Thèbes, Tripoli, Schenectady, Tompkins, Babylone, Londres, Sullivan et Naples passent sous vos yeux. Mais ce qu'il y a de plus remarquable, c'est le progrès constant de toutes ces localités. Là où le capitaine

(1)   La population de Rochester était, en 1815, de 331.
   —   —   —   en 1818, — 1,049.
   —   —   —   en 1820, — 1,502.
   —   —   —   en 1822, — 2,700.
   —   —   —   en 1825, — 5,273.
   —   —   —   en 1826, — 7,669.
   —   —   —   en 1827, — 8,000.

(*Tabular statistical Views*).

Basil Hall avait laissé deux boutiques et une église, Hamilton trouve une bourgade ; trois ans après, miss Martineau y voit une petite ville ; enfin Charles Dickens, deux années plus tard, y admire des hôtels, un théâtre, un mail, un port et une jetée.

C'est une rapidité de végétation miraculeuse. Tout pousse, si l'on peut se servir d'un mot vulgaire, comme des champignons. Demandez donc à un peuple qui va si vite une société achevée! Cette nation rapidement parvenue a les défauts des parvenues, la susceptibilité, l'ostentation, la vanité, l'esprit de domination, l'inquiétude sur l'opinion publique. On ne doit pas s'en étonner ni vouloir jouir du bien-être dans une forge ou dans une maison qui se bâtit, sous le coup des marteaux qui retentissent, sous l'ardeur des flammes qui pétillent, parmi les cyclopes qui ne pensent qu'à leur œuvre ; comment leur imputer à crime cette activité puissante qui fait leur force et leur grandeur ?

§ VI.

Superstition de l'opinion publique. — La presse américaine. — Ses excès. — Les *helps*.

L'opinion et la presse, son ministre et son esclave, ont fait en Amérique des ravages extraordinaires et accompli d'incroyables usurpations. Il semble qu'il faille à tous les peuples un tyran, et que la loi de l'humanité soit de se soumettre à un pouvoir comme celle du pouvoir est d'abuser. Les Américains, tout en professant les principes démocratiques, ont créé le pouvoir de l'opinion et s'y soumettent. Ce pouvoir en est arrivé à l'abus; comme il est du choix de la nation, la nation l'encourage. Armé d'un journal, c'est-à-dire d'une des batteries de l'opinion, vous pouvez impunément piller et assassiner. Veut-on savoir ce dont est capable un journal en Amérique? La récente anecdote que voici éclairera le lecteur :

Un créancier vient réclamer la somme qui lui est due ; son débiteur se libère au moyen d'un couteau qui tue le créancier. Le cadavre reste sur le plancher; pour se délivrer encore de ce nouvel embarras, le meurtrier, qui est un libraire, découpe le cadavre, le sale proprement, place les morceaux dans une boîte entre six couches de sel, cloue la boîte, la goudronne, l'enveloppe, la ficelle, l'étiquette, et y ajoute cette inscription : *Porc salé*. Tout cela se passe à Boston. La boîte est jetée à bord d'un vaisseau et expédiée je ne sais où. Par malheur, l'homme salé avait du sang, et le sel n'était pas en quantité suffisante; le sang coula, et la boîte ouverte envoya le libraire Colt (c'est son nom) répondre de son atroce cuisine devant un jury de citoyens américains. Trois fois jugé, trois fois remis en cause, toujours condamné, toujours vivant, il existait encore en 1845, et l'on s'intéressait à lui; ses parents étaient riches, ses amis puissants, il n'était pas de sang mêlé, il tenait d'une part au commerce et d'une autre aux journaux. Beaucoup le plaignaient.

Un journal de New-York, dirigé par un nommé Bennett ami de Colt trouve la cause du saleur bonne et curieuse à défendre, et il la défend. Il ne nie pas la salaison, ce serait absurde et maladroit; il l'avoue et s'y prend autrement.

Le *premier New-York* écrit par Colt donne en gros caractères la description de la séance arrangée en mélodrame. «Voici la boîte, les morceaux, le couperet, les habits; « quel supplice pour l'accusé! » s'écrie Bennett. — «Voici sa femme, ses enfants, ses amis! Pauvre homme, dans quelle surexcitation et quelle ivresse se trouvait-il plongé quand il a salé son semblable! » Les dix heures de supplice du criminel pendant le procès, sa douleur, son repentir, sa confession (confession fausse qui le disculpe), occupent deux ou trois pages; plus le journaliste écrit, plus il s'attendrit. « Subir une telle torture, dit-il, c'est avoir été puni d'une manière au moins suffisante. O Colt! qu'avez-vous fait! » — On n'a pas lu deux ou trois pages que l'on se sent attendri. Ce vertueux assassin vous fend le cœur. Lorsque le jury passe huit heures à délibérer, Colt ne devient pas seulement un objet de pitié, c'est un héros. — « Colt, dit le journaliste, étend son manteau sur les banquettes et s'endort paisiblement pendant que sa mort ou sa vie se décident. » Il dort, ce juste, et le président du jury vient d'une voix tremblante lui annoncer la sentence; plusieurs membres du jury fondent en larmes; Colt est attéré. Enfin l'admirable journaliste s'écrie : «Sera-t-il pendu? C'est la question. Lui accordera-t-on une révision du procès? Et le gouverneur *osera-t-il lui donner* sa grâce? »

Ce qui est certain c'est que l'on n'a pas osé punir le meurtrier; la main du bourreau n'a pas touché le protégé de l'opinion, et Colt s'est suicidé après trois ans de délais.

Quelques citoyens des États-Unis qui ont eu le courage de dire la vérité ont couru des dangers très-réels. « Le libre penseur, s'écrie à ce propos un Américain, où se réfugiera-t-il bientôt? Pour s'exprimer sans réticence sur une contrée quelconque, faudra-t-il fonder une imprimerie dans une île déserte, du côté du pôle? La facilité et la rapidité des communications semblent avoir réprimé, au lieu de l'encourager, l'indépendance des idées, et bientôt l'on reconnaîtra avec étonnement que la typographie, ce second Verbe de l'humanité, lui a été donnée, comme la parole, pour déguiser sa pensée. » Les penseurs indépendants, qui osent écrire de telles choses, vrais héros du courage moral, Clay, Webster, le docteur Channing, Fenimore Cooper et Garrison doivent être cités avec honneur.

Garrison a soutenu les droits de l'esclave au péril de sa vie, et il n'a pas tenu à lui que l'esclavage fût aboli. Mais dans la Caroline où personne ne veut servir, comment se passer d'esclaves? Les sonnettes sont bannies, sous prétexte que cet usage est humiliant. Les domestiques ou plutôt les *aides* (*helps*), car il n'y a pas de domestiques, vous laissent attendre des heures entières.

Ce chapitre des domestiques est fécond, nous l'avons dit plus haut, en originales aventures. Une maîtresse de maison attendait quelques amis à souper; ils vinrent tard; les mets étaient déposés dans un de ces poêles portatifs destinés à conserver la chaleur et placés dans le lieu du repas. Lorsque les convives entrèrent, on aperçut le domestique assis à table et démolissant, pour son usage personnel, une très-belle volaille; aux reproches qui lui furent faits il répondit : « Personne ne venait, tout aurait été froid. » Un autre laquais, dont miss Martineau raconte l'histoire, reçut de sa maîtresse l'ordre de ne rien faire et de ne rien dire pendant toute la soirée, mais d'examiner seulement si chacun avait du sucre et du lait dans son thé.

Pendant deux heures à peu près, il accomplit fidèlement cette mission, puis il ouvrit la porte et s'en alla. Un remords le prit tout-à-coup; entrebâillant la porte il s'adressa aux personnes qui occupaient un canapé : « Ohé, là-bas! cria-t-il de toutes ses forces, avez-vous encore du sucre ? »

Ce n'est pas seulement dans les relations de domesticité que la destruction des classes se fait sentir. Là comme en France, le commerce et la production s'abaissent. Les acheteurs ne se classent plus; les consommateurs sont sur un pied d'égalité; les fabricants et les vendeurs n'ont plus qu'un seul niveau. On fait vite et assez bien pour que la marchandise soit acceptée. On fabrique au pas de course et on achète de même : de là une médiocrité générale dans les produits.

Allemands, Espagnols, Irlandais, Écossais et Français, tombant à la fois dans la masse anglo-saxonne et hollandaise, ancien fonds de la colonie, produisent un résultat curieux; ces couleurs hostiles s'amortissent et s'éteignent, comme la fusion de toutes les nuances aboutit sur la palette d'un peintre à une teinte grise et sans nom.

Ce n'est pas qu'il n'y ait là-bas de terribles drames. Du côté des montagnes Rocheuses et vers les régions du sud, la vie des colons est sauvage à épouvanter; la loi se tait ou reste impuissante; il se fait dans ces solitudes des actions effroyables et inconnues. On s'est fort étonné en Europe de cette association indoustanique des Thugs et des Phansegars, qui étranglaient scientifiquement les voyageurs sur les grandes routes et qui constituaient une secte religieuse. Le petit volume publié à Boston, et intitulé : *Vie de Murel et ses Confessions*, prouve que le même genre d'association, soumis à des lois plus raffinées, comme il convient aux petits-fils de la vieille civilisation européenne, existait, il y a cinq ans seulement, aux États-Unis. Même concours de volontés pour le mal et pour le lucre, même cupidité, même secret, même régularité savante dans l'exécution des meurtres. Il suffit de parcourir les procès-verbaux des tribunaux, tels que les papiers publics les donnent, pour se faire une idée de ces drames terribles ; c'est en général sur les bords du Mississipi qu'ils se passent ; fleuve boueux et sanglant, dont les vagues, dit un Américain, ont englouti plus de cadavres, et les rives caché plus de crimes qu'on ne le saura jamais. Un écrivain de génie tirerait parti de la vie de *Murel*, de celle de *Mike*, ou des récits consacrés par les journaux à la perte des bateaux à vapeur *le Home* et *la Moselle*.

Ce grand bouillonnement laisse subsister, comme je l'ai dit, quelques-uns des anciens traits nationaux : l'entreprenante énergie et la patiente audace du Saxon, la témérité indomptable du Normand, un *cockneyisme* exagéré, la vulgarité de Wapping, le calme stérile et l'égoïsme chiffré de Leadenhall-Street, la *smartness* aventureuse du *blackley*, la rigueur formaliste et extérieure du puritain. La vieille nationalité anglaise n'a pas encore eu le temps de se rasseoir, de se raffiner et de se transformer totalement : mais elle y parviendra, et bientôt on ne reconnaîtra plus la descendance. Chaque jour, la métamorphose avance, et beaucoup de gens ne se doutent guère de ce qui se crée sous leurs yeux.

De même qu'en 1666 les germes d'une république remplissaient l'Amérique, et personne ne s'en doutait ; — aujourd'hui une Europe colossale se forme là-bas, et l'on n'y pense guère. Que deviendra la civilisation puritaine, soumise à une éducation mathématique ? C'est la première fois que l'on tente un pareil essai, et que la philanthropie, les arts, la religion elle-même, se formulent par racines cubiques et par cosinus. Le capitaine Hall rapporte que les jeunes élèves de l'école militaire de West-Point perdent leurs noms et sont classés mathématiquement comme des chiffres. Cette réduction de l'homme à l'état de chiffre fonctionnera-t-elle bien? on le saura plus tard. Marryatt donne une autre preuve curieuse de cette royauté du chiffre : deux jeunes femmes en diligence parlent de leur bonnet, et en parlent mathématiquement.

Une telle organisation sociale ne favorise point la littérature et n'en a pas besoin. Cette nation de fourmis laborieuses, d'abeilles actives, d'êtres humains dont le mouvement de création est incessant, qui ne se donnent pas le temps de manger, qui méprisent le loisir, qui abhorrent le repos, est dans la situation la plus détestable pour cultiver l'art et la poésie. Elle compte cependant comme orateurs politiques : Webster, Clay, Everett, Cass; — comme historiens : Bancroft, Schoolcraft, Butler, Carey, Pitkins, Prescott, Sparks; — les polygraphes Neal, Child, Steevens, Leslie, Sedgewick, Sanderson, Willis, Hall, Fay, Washington Irving, Hermann Melville; — les romanciers Paulding, Ingraham, Kennedy, Bird; — les poètes Drake, Longfellow, Sigourney, Bryant, Halleck; — les légistes Kent, Story et Hall; — mais surtout l'homme courageux qui a révélé aux Américains leurs dangers, qui leur a indiqué les écueils contre lesquels leur prospérité peut faire naufrage, Fenimore Cooper.

Le gouvernement des masses, chose étrange, ne développe pas la liberté de l'esprit; il l'étouffe, et par une raison mathématique. Lorsque tous ont droit sur tous, quiconque se détache des autres blesse les droits de tous.

Comment concilier l'originalité avec l'égalité? L'élégance et l'exactitude, la magniloquence ou l'afféterie pourront s'accorder avec de telles mœurs; la liberté et l'*humour*, jamais.

On essaie, en Amérique, cette littérature des stimulants et des caustiques, qui n'a pas encore dit son dernier mot en France. Nos représentations dramatiques n'ont pas atteint le degré d'excitation et de puissance obtenu récemment par un drame américain qui a pour titre les *Régions infernales,* et que l'on ne se lasse pas de représenter dans toutes les provinces de l'Union. L'auteur n'a fait aucuns frais de dialogue; ce sont des damnés, des pendus, des chaudières, des supplices, des écartèlements, des flammes rouges, des hurlements, des grincements; une obscurité mêlée de sillons de feu, des mares de sang, des sanglots plaintifs, des foules de malheureux plongés dans la poix bouillante, et des diables qui arrachent de longues lanières de chair humaine. Tout cela remplace avec avantage Eschyle et Sophocle, Shakspeare et Corneille.

DE QUELQUES POÈTES

ANGLO-AMÉRICAINS.

DOCUMENTS BIBLIOGRAPHIQUES RELATIFS AUX POÈTES ANGLO-AMÉRICAINS.

Consulter : — Docteur Channing. Essays.
W. Prescott. Essays.
North-American Review.
Rufus W. Griswold. Poets of America.
Emerson, passim.

DE QUELQUES POÈTES
ANGLO-AMÉRICAINS.

§ Ier.

Joël Barlow, Dwight, Colton. — Washington, poème héroïque. — Robert Payne et Charles Sprague. — Dana, Drake et Pierrepont. — Femmes-poètes. — Street et Halleck.

Dans un des recueils américains les plus répandus, le rédacteur, à propos des romans peu dangereux de Federika Bremer, écrit six pages contre la fiction en général et le roman en particulier. « La vie positive et pratique, dit-il, suffit à l'homme; l'imagination est un péril, les arts sont un malheur. » Que les Américains se rassurent, l'imagination et le raffinement ne sont pas près de les ruiner. Dans un autre article du même recueil, la philosophie est traitée avec le même sans-façon. En définitive, ce sont les plus hautes facultés de l'esprit que l'on frappe d'anathème; et ce qui nous effraierait, si l'avenir n'était pas le grand réparateur, c'est que la civilisation européenne paraît s'engager à son tour dans cette rainure d'un matérialisme épais, si contraire au progrès de la destinée humaine.

La civilisation américaine, née de la prose, bâtie sur la prose, en lutte contre la matière, et n'estimant, quand elle se rend compte d'elle-même, que la matière exploitée au profit du corps, n'en a pas moins ses poètes; elle en possède même une foule, et cela se comprend ; la poésie ne leur coûte rien, ils fabriquent le vers à leurs moments perdus, comme on s'amuse le dimanche à la paume ou au billard, quand on a passé la semaine sous le joug laborieux d'une industrie casanière. Un M. Rufus William Griswold s'est plu à recueillir en un énorme volume qui en vaut douze la masse colossale de la poésie américaine. Une introduction historique sert de propylées à ces redoutables cinq cents pages, où brillent les noms de plus de cent poètes indigènes (1). Le signe distinctif de toutes ces œuvres, c'est le lieu-commun ; tout y est fabriqué à l'emporte-pièce. Tirez votre chapeau à ces épithètes, saluez ces images ; c'est de la poésie de *Gradus ad Parnassum*. Les formes usées en Europe font fortune là-bas, comme les bonnets passés de mode font fortune aux colonies. Les images sont stéréotypées ; le lac est toujours *bleu*, la forêt toujours *frémissante*, l'aigle toujours *sublime*. Les mauvais poètes espagnols n'écrivaient pas plus vite, *stantes pede in uno*, leurs misérables rimes que ces modernes versificateurs américains, banquiers, *settlers*, commerçants, commis et maîtres d'hôtel, leurs épopées ou leurs odes.

En fait de contrefaçon, ils ne se gênent pas. Tel refait le *Giaour*, tel autre la *Dunciade*. M. Charles Fenno Hoffmann décalque les chansons de Thomas Moore. M. Sprague se modèle sur Pope et sur Collins. Tel s'empare de la stance byronienne, tel autre s'approprie la cadence et les images de Wordsworth. Mistris Hemans, Tennyson, Milnes trouvent leurs imitateurs ; il suffit d'avoir reçu la consécration du public anglais pour subir la contrefaçon américaine.

(1) *The Poets and Poetry of America*, with an historical introduction by Rufus W. Griswold, Philadelphie, 1842.

Pourquoi une muse décrépite et provinciale s'assied-elle au pied des monts Alleghanis? Je l'ai dit plus haut (1); cette nation est trop jeune. La fraîcheur de ces golfes de feuillage vieux comme le monde et le soleil se brisant en prisme sur les immenses cascades, ne peuvent féconder encore une poésie qui possède les éléments de son œuvre, mais non la force de l'accomplir.

La plupart des poètes vantés par M. Griswold offrent les reflets décolorés de la métropole, les échos affaiblis de la nationalité britannique. Chez la plupart la rapidité de l'exécution et l'incorrection du langage, se joignent étrangement à une exagération descriptive, à un flot de métaphores vagues et énormes qui n'expriment rien. Quelques-uns renoncent même à la grammaire, et la formation nécessaire des mots anglais est mise en oubli par eux. Le poète Payne ne craint pas d'employer les mots *fadeless* et *tireless*, qui sont d'affreux barbarismes, nés d'une composition de mots contraire à la grammaire et à l'analogie saxonnes (2). Le privatif *less* (qui n'est autre que le gothique *laus* et l'allemand *los*, « exempt de, libre de, privé de »), ne peut évidemment s'adapter qu'à un substantif, — *house-less, colour-less*, « sans maison, sans couleur. » Rien de plus facile à concevoir que cette règle peu abstraite. Les Allemands, si libres dans leurs formes, la suivent constamment ; ils disent *ehr-los, furcht-los*, « sans honneur, sans crainte. » Ils ne disent pas plus *ehrlich-los* ou *furchtbar-los* que nous ne pouvons dire *sans honorable, sans redoutable*, au lieu de « sans honneur et sans crainte. » Le vrai poète ne détruit jamais les éléments

---

(1) V. page 5 : Qu'est-ce que l'Imagination?
(2) V. plus haut, *Hermann Melville*.

d'un langage; il en use avec une savante hardiesse qui les féconde.

Fidèles d'ailleurs à la probité commerciale, les poètes américains font en général « bonne mesure, » et vous livrent des tonnes pleines de vers médiocres; le lecteur se retrouvera sur la quantité. La *Colombiade*, de Joël Barlow; la *Conquête de Chanaan*, par Dwight; *Tecumseh*, par Colton (1), poèmes épiques, colosses de coton et de papier mâché, forment une masse de près de dix mille vers qui doivent céder la palme du ridicule à une épopée américaine intitulée *Washington* (2).

Channing avait accusé les États-Unis de n'avoir pas de littérature nationale : « Cela me frappa, dit l'auteur dans sa préface, et je pris aussitôt la résolution de faire à ma patrie le cadeau d'une épopée. » Mais notre homme avait une boutique à garder. Le moyen de faire marcher de front les soins du comptoir et ceux du poème épique! — « J'eus la prudence, ajoute-t-il, de remettre la fabrication de mon poème à l'époque où j'aurais achevé ma fortune. Gâter un bon commerçant sans créer un bon poète, c'eût été conscience. Je commençai donc par mettre mes affaires à jour, après quoi je me retirai dans la solitude avec mon imagination. » Retiré dans la solitude « avec son imagination, » le poète américain « fit donc cadeau » à sa patrie de ce poème épique extraordinaire et vraiment grandiose, intitulé *Washington, épopée nationale*.

Le début en est simple. Washington prend le thé

---

(1) *Tecumseh, or the West thirty years since*, by G. H. Colton. New-York. 1842.

(2) Boston, 1843.

avec sa femme : « Oui, bien sûr, comme il est vrai que je me lève de cette chaise, s'écrie le héros, j'entreprendrai cette nuit de soulever le peuple! » Sa femme voudrait qu'avant de soulever le peuple, il prît une tasse de thé; car elle est là, « armée de sa porcelaine chinoise reluisante, et elle est prête à lui verser le rafraîchissement. » — « Très-chère femme, reprend Washington, mon temps n'est pas à moi, et je ne suis venu que pour t'assurer (1), etc. » Le monde, qui a vu bien des épopées ridicules, n'en avait pas vu de pareille.

Que dire ensuite des grands hommes dont M. Griswold a peuplé son Parnasse américain, Trumbull, Alsop, Clason, sans compter Robert Payne, Charles Sprague, Cranche, Leggett, Pike, Hopkinson et près de cinquante autres? L'un d'eux, Robert Payne, représente Washington debout, repoussant avec sa poitrine les coups du tonnerre et tenant son épée nue, « en guise de conducteur électrique, pour diriger la foudre vers l'Océan où elle va s'éteindre. » Ce héros-paratonnerre est le chef-d'œuvre de la poésie-machine.

Quelques autres, par exemple Percival, ont poussé loin l'art d'entasser les mots sans idée : « Oui, dit-il quelque part (nous le traduisons littéralement), l'arc-en-ciel nébuleux qui se joue en frémissant dans les flots d'azur du ciel, et

(1) « .... For me, as from this chair I rise,
So surely will I undertake this night
To raise the people..... »
. . . .
« There by her *glistening board*, ready to pour
Forth the refreshment of her *chinese cups*. »
. . . .
Washington, canto Ier, v. 70.

l'écume chatoyante dont les nymphes sacrées entourent l'âme vibrante et l'harmonie innée du poète... c'est la poésie. » A la bonne heure !

M. Charles Sprague, caissier de la maison de banque *du Globe* dans le Massachussetts, et qui vit fort retiré, fabrique laborieusement sur le modèle de Pope des vers didactiques agréables : c'est un Pope républicain, américain et caissier.

M. Dana, auteur du *Boucannier,* et M. Drake, qui a écrit la *Fée coupable,* s'élèvent un peu plus haut. M. Jean Pierrepont, avocat renommé et auteur des *Airs de Palestine,* est excessivement moral, monotone et peu poète. Plusieurs femmes, mistriss Osgood, mistriss Sigourney, mistriss Brooks, surnommée *Marie de l'Occident,* ont publié des poèmes. Ceux de la première sont d'une puérilité prétentieuse, la seconde ne se distingue que par une verbeuse facilité ; quant à mistriss Brooks, auteur de *Zophiel,* son talent extraordinaire est si fatigant par l'entassement des couleurs, des sons et des images, par la complication du rhythme et par la recherche fantastique du sujet, que l'esprit et l'oreille demandent également grâce au poète. Les seuls noms que l'on puisse isoler honorablement au milieu de cette forêt de versificateurs sont ceux de Street, Fitz-Greene-Halleck, William Cullen Bryant, Henry Wadsworth Longfellow et Emerson.

Street est un poète descriptif agréable et diffus. Halleck, surintendant du riche M. Astor, capitaliste et propriétaire du plus grand hôtel de New-York, est auteur de *Marco Botzaris* et de la *Jaquette rouge,* poèmes agréables et purs. William Cullen Bryant lui est de beaucoup supérieur.

§ II.

William Cullen Bryant. — Fragments de ses poésies. — Ralph Waldo Emerson. — H. Wadsworth Longfellow.

William Cullen Bryant n'a pas créé de grands ouvrages; sa voix est faible, mélodieuse, un peu vague; elle est pure et solennelle, et n'est pas imitatrice.

Plus philosophique que pittoresque, l'expression des sensations mélancoliques que fait naître l'aspect des forêts et des lacs trouve un doux écho dans ses vers. Le sublime n'est point de son domaine; son charme spécial est une pensive et chaste tristesse qui s'associe aux objets naturels et aux êtres de la création; il les aime et la piété modeste qui se mêle à cette affection respire une grâce pathétique. Poète chrétien et anglais, la solennité suave de sa poésie émane de sa conviction religieuse. Met-il le pied dans une forêt? c'est Dieu seul qu'il y voit.

« Sortons ensemble, dit-il dans un de ses plus aimables poèmes; la pluie a changé la neige en verglas et a suspendu aux arbres des fruits de glace : bosquets bizarres qui resplendissent sous le soleil oblique de février. Un portique de cristal s'ouvre à nous; un flot de clarté y pénètre ; nos pieds font craquer la surface argentée du sol qui résiste à leur pression. Une cuirasse de verre entoure ces énormes troncs de chêne qui portent des armures de géants. Chaque rameau soutient et balance une multitude de petites perles que l'air agite, où la lumière se joue et dont les mouvements projettent au loin les nuances de l'iris. Autour de la colonne principale, de longues branches courbées par la neige, fixées par la gelée, attachées à la terre par leur extrémité forment une multitude d'arcades éclatantes. C'est l'atelier des fées, l'atelier où le diamant végète, où la topaze et l'améthyste éclosent ; palais magique, aux innombrables piliers de cristal, aux longues colonnades étincelantes, dont les détours diaprés étonnent le regard et le perdent dans un dédale de vagues clartés ; palais sans voûte et sans ombre, que le ciel seul recouvre, dont les ornements et la gloire doivent s'évanouir sous le soleil du lendemain. »

Quelquefois le souvenir des peuplades indiennes, anéanties par la civilisation dans son progrès, répand sur les œuvres de Bryant un intérêt plus vif. Nous citerons comme des chefs-d'œuvre de pathétique la *Jeune Indienne*, l'*Indien au tombeau de ses aïeux*, le *Cadavre du Sauvage* et les *Monuments de la Montagne*.

LE CADAVRE DU SAUVAGE.

« Rendez ! ah ! rendez-lui sa tombe ! Déposez-le doucement, solennellement sous la verdure de la plaine ! L'homme qui pense, vous le savez, doit un culte aux débris de l'homme, un hommage à la mort. Ce moule d'argile où le souffle de Dieu a choisi son temple est à jamais sacré !

» Sous ces ossements battait un large cœur ; là brillait un œil héroïque. L'image la plus grandiose de Dieu, l'homme primitif n'a laissé de son existence que ces reliques méconnaissables. Qu'elles reposent jusqu'à ce que la corruption redoutable ait détruit l'empreinte du doigt divin !

» Celui-ci n'a connu, vivant, ni les grandes villes, ni les arts qui les embellissent. La main qui créa notre race la forma d'éléments primitifs et d'une fraîche argile; ses rapports avec la nature furent plus intimes; sa sympathie avec la terre, le ciel et les eaux fut plus profonde et plus naïve que les nôtres. La froidure et la chaleur n'exerçaient pas sur lui l'influence tyrannique qu'elles exercent sur nous. Il défiait l'orage qui nous fait trembler; il bravait la cataracte et se confiait à ses flots bouillonnants.

» Il aimait cette sauvage et bienfaisante nature qui donne à l'homme rouge sa richesse, son bonheur, ses aliments et ses abris! Le rameau des vieux arbres lui livrait son repas; le ciel semé d'étoiles lui montrait sa route; le sol même, le sol muet l'avertissait de l'approche de l'ennemi.

» Noble race qui a disparu avec ses forêts vierges; — et nous, sur la cendre de ses générations entassées nous avons bâti nos demeures. Les domaines usurpés nous obéissent; la terre des Indiens est notre patrie, leurs sources nous désaltèrent, leurs sillons nous donnent des épis, leurs ombrages abritent nos amants. Nous leur avons tout enlevé: que leurs tombeaux leur restent! »

Les Ages, poëme écrit dans le style du *Childe-Harold* de lord Byron, contiennent un fragment plus remarquable encore :

« Verdoyante terre des prairies, des cataractes et des

bois épais! Amérique! nourrice des sources immenses, mère de ces montagnes qui n'ont pas de cime accessible pour nous ; l'antique nuit qui te couvrait s'est donc dissipée! Une aurore inattendue t'est venue de l'Occident civilisé! il y a peu de temps encore la coupole mobile des forêts était la seule que l'œil aperçût au loin sur tes plages. Là hurlait le loup féroce, là se précipitait le bison; plus loin, les bras nus et bronzés de l'Indien guidaient la barque sur le lac immense. Son collier et sa ceinture rouge jouaient aux rayons du soleil, et son canot léger fuyait sur l'onde, comme l'oiseau dans les airs.

» Ah ! c'était alors un paradis de verdure, une terre aux sentiers inexplorés, que protégeait de son rempart sans bornes l'immensité des forêts. Vallées, collines, montagnes, tout disparaissait sous cette draperie de feuillage que personne n'avait soulevée, où jamais rayon d'automne n'avait plongé, où l'ouragan pénétrait seul, lorsque dans sa colère il abattait les vieux géants des bois et fracassait leurs troncs aux écorces grises, brunies par les siècles. Ces retraites sombres (qui le croirait) avaient aussi leurs délices; il y avait, sous ces feuillages des abris pleins de charmes, des asiles d'une ravissante et douce beauté. Là se déroulait la nappe bleue des eaux du lac ; on voyait le castor industrieux se plonger dans cette onde, le daim sauvage s'y désaltérer, mille rames obéissantes faire voler l'écume loin d'elles. La brise agitait le maïs aux tiges argentées ; le hameau indien s'élevait dans cet endroit charmant, séjour de paix, d'innocence, de solitude et de grâce naïve ; et pourtant c'était là que l'Indien attachait son captif, là qu'on le vouait et le livrait à la mort, là qu'il le brûlait vivant. Ensuite venait la vengeance du meurtre, plus horrible que le meurtre même ; ce hameau paisible, incendié par l'ennemi, n'était plus qu'un amas de ruines, détrempées de sang; l'enfant au sein de la nourrice, la jeune mère et le vieux guerrier tombaient sous le tomahawk. Une mer de flamme roulait dans le vallon; murs détruits, arbres brisés, ossements épars, tel était le village indien; plus de fumée couronnant de sa guirlande de vapeurs la hutte sauvage; plus de canot sur le lac; plus de rame agitant ses flots. Le silence envahissait le vallon désert; cette civilisation si faible encore s'évanouissait un moment.

» Voyageur, regarde maintenant! Là flottait le canot du sauvage; des milliers de voiles blanches, que le vent gonfle et agite, se pressent aujourd'hui au sein de la même baie qui renferme le commerce du monde entier. Une race nouvelle peuple ces contrées; la forêt recule; la civilisation avance; les villes éclosent; les moissons naissent de toutes parts. De toutes parts se découvrent des sources nouvelles et des fleuves nouveaux; sous l'abri des feuillages, leurs eaux cachées depuis des siècles n'avaient jamais reflété le ciel; ces sources vierges abreuvent les colonies vierges. Chaque jour leur domaine s'agrandit; la civilisation dévoile et envahit toute la contrée, comme l'incendie rapide dévore les arbres d'automne.

» Là tombent les dernières chaînes de l'humanité; là le génie de notre race se déploie enfin, libre et sans entraves. Qui muselera le géant; qui le forcera, coursier indomptable, d'accepter le mors et les rênes; qui pourra modérer sa force et suspendre son élan?

» Personne. Dans la profondeur de l'avenir, je vois cet élan s'accroître; la comète jetée à travers l'espace, suit une route moins certaine et moins lumineuse. Le voilà, visible et merveilleux, indomptable et gigantesque, ce progrès des peuples ; la pensée s'égare à le suivre dans une carrière illimitée : incapable de pénétrer plus loin dans l'abîme, elle se replie sur elle-même, pleine d'extase et d'effroi. »

On voit que W. Cullen Bryant, par la douceur contemplative et la gravité sérieuse, rappelle assez le poëte allemand Klopstock ; la fantaisie et le libre caprice manquent à l'un et à l'autre. Vous errez avec eux sous une de ces arcades de verdure qui abritent des flots lents et paisibles ; à peine quelques vagues émues rayonnent sous un rare soleil. Le ton du sermonaire domine dans les deux recueils des poésies de Cullen réimprimées à Londres (1).

« Encore un jour, un jour d'été qui s'achève ! Le soleil est couché. L'occident rougit, et les dernières heures s'en vont doucement ; elles ont rempli leur tâche, ces heures filles de Dieu. L'herbe a poussé sa tige verte, et les troupeaux en ont fait leur pâture. Le jeune rameau a développé sous le soleil son tissu de soie. Les fleurs du jardin et du désert se sont ouvertes pour mourir, et les graines fécondes, brisant leurs cachots, se sont ensevelies sous la terre où elles attendent le moment de la renaissance... La vie continue son mouvement éternel.... Partout, sous la muraille nue de la chaumière ignorée, sous l'or de l'alcôve princière, dans les greniers infects des capitales, de nouvelles mères, toutes joyeuses, ont pressé sur leur sein de nouveaux fils ; partout, sur la lisière de la forêt et dans les grandes villes, de nouvelles tombes se sont creusées,

(1) 1849 et 1842.

et remplies,—et refermées. Aujourd'hui des amis chers se sont séparés, et des amitiés nouvelles se sont liées; la vierge longtemps priée d'amour a cédé enfin. —Encore un jour! Entre deux âmes qui s'aimaient, la première parole dure s'est échangée, et le bonheur est brisé. — Encore un jour! Adieu, soleil! adieu, journée! adieu, vie qui finis, et vie nouvelle qui recommences! »

Ralph Waldo Emerson, ministre unitaire aujourd'hui détaché de son église, dont il diffère quant à l'interprétation de la cène, mérite une mention plus spéciale, bien qu'il ait à peine publié deux volumes de vers et de prose. C'est l'esprit le plus original que les États-Unis aient produit jusqu'à ce jour.

Il ne ressemble ni à Channing, ni à Prescott, ni même à Irving. Le docteur Channing, qui s'est fait connaître par un travail remarquable sur Milton et sur Napoléon (1), manque de clarté et de mesure dans la pensée, et sacrifie à une sonorité pompeuse les avantages sérieux de la prose, la solidité et la concentration. Le charmant style de Washington Irving n'est exempt ni de monotonie ni de manière. Prescott, auteur d'une bonne *Histoire d'Isabelle la Catholique*, s'est procuré en Espagne des documents originaux et authentiques dont il a fait une composition sage et complète, non colorée et puissante; on s'intéresse d'ailleurs malgré soi à un ouvrage dicté par un aveugle à sa jeune fille, qui en a compulsé et arrangé les matériaux sous la direction de son père. Irving est de l'école d'Addison, Channing imite Burke, Prescott se modèle sur Robertson.

(1) V. plus haut, p. 101.

17.

Emerson se rapproche de Carlyle sans qu'on puisse lui reprocher de copier le maître. Ce sont des idées analogues, souvent plus hasardées, qu'il exprime : — la réconciliation de l'esprit réformateur et de l'esprit conservateur, la moralité portée dans l'industrie, la dignité humaine rendue aux masses aveugles, et le hideux sentiment de l'envie refoulé dans ses repaires. Emerson n'a publié encore en prose qu'un petit volume intitulé simplement *Essays;* lorsque ces *Essais* tombèrent entre les mains de Carlyle, ce dernier fut tellement frappé de l'analogie de sa pensée avec celle d'Emerson, qu'il voulut publier à Londres le petit volume américain, et le volume eut du succès.

Quelques poèmes d'Emerson sont charmants. Une petite pièce *à l'Abeille,* délicieuse dans son genre, est presque digne de Milton. A travers bois et vallées l'abeille s'en va, heureuse, active, dédaignant tout ce qui est malfaisant ou sans beauté, cherchant le soleil, les solitudes odorantes, les secrets parfums qui ravissent, le murmure des eaux courantes, et bourdonnant dans le rayon et dans l'encens. Rien de plus vif que cette peinture ; un sens mystique et une veine cachée de philosophie serpentent sous le luxe et la grâce des images. Le rhythme même et la mélodie reproduisent le vol doré de l'abeille dans les feuillages frais :

« Thou in sunny solitudes,
» Rover of the underwoods,
» The green silence dost displace
» With thy mellow breezy bass! »

Nous ne nous amuserons pas à détruire, en traduisant ces vers, une combinaison rare et délicate de la musique, de la forme, de la couleur et de la philosophie.

Plus varié que Cullen Bryant et Emerson, Henri Wadsworth Longfellow, aujourd'hui professeur de littérature française et espagnole au collége de Harvard, a été élevé en Europe et a voyagé en Suède et en Danemark. Le génie scandinave moderne paraît avoir exercé sur sa pensée l'influence la plus active. Une sévère beauté intellectuelle, une douceur particulière d'expression et de rhythme, distinguent ses vers, et spécialement le volume intitulé *Voix de la Nuit*.

C'est un poète du « clair de lune, » comme disent les Américains ; il attire l'âme par sa triste et douce grandeur. L'effet de ses vers est souvent étrange, et les couleurs en sont si transparentes, que le roman sentimental en réclamerait volontiers le mérite.

Nul parmi les Anglo-Américains ne s'est élevé plus haut dans les régions moyennes de la poésie, que Henri Wadsworth Longfellow, dont nous analyserons dans le chapitre qui va suivre le poème le plus touchant.

Peu de passion et un grand calme qui approche de la majesté, une sensibilité émue dans la profondeur s'y manifestent par des vibrations et des rhythmes modérés ; les poésies suédoises de Tegner donneraient seules une idée de cette mélodie lente et de cette émotion réfléchie. Longfellow nous semble occuper la première place parmi les poètes de son pays ; une saveur distincte le caractérise ; on croit sentir, en le lisant, la permanence triste des grands bruits et des grandes ombres dans ces plaines qui n'ont pas de fin et dans ces bois qui n'ont pas d'histoire.

ÉVANGÉLINE.

ÉVANGÉLINE,

HISTOIRE ACADIENNE.

§ Ier.

Histoire de la colonie acadienne.

« Voici la forêt primitive ; le sapin murmure doucement, et les vieux lichens verdâtres se balancent suspendus aux troncs moussus ; des sons prophétiques sortent des profondeurs de la solitude, — comme si ces chênes séculaires, druides immobiles et à la barbe blanchissante, se plaignaient éternellement sur leurs harpes sonores. L'océan n'est pas loin ; j'entends sa voix mugissante, qui, sortant des cavernes rocheuses, répond sans fin aux longues plaintes de la forêt. »

Ainsi commence *Évangéline*, poème singulier de H. Wadsworth Longfellow. La scène et les acteurs de son drame appartiennent, comme l'indique le début, aux solitudes primitives de la Nouvelle-Écosse et de la Louisiane. *Évangéline* est un roman écrit en vers hexamètres et en langue anglaise sur un sujet français et historique, orné de couleurs métaphysiques et romanesques par un Américain des États-Unis.

Voici la fin et le commencement de deux littératures, le berceau et le déclin de deux poésies ; sur des ruines en poussière une aube à peine naissante. Les choses humaines ne se font qu'ainsi, par destruction et résurrection, par complication, alliance et connexité.

Voulant renouveler son patrimoine intellectuel, sans répudier les débris de l'héritage antique, la race anglo-américaine cherche depuis 1840 à se créer une littérature et une poésie personnelles. Irrégularité, affectation, peu de simplicité dans les moyens, des effets cherchés et manqués, il faut s'attendre à tous ces malheurs et les excuser. L'œuvre de M. Longfellow, aussi incomplète dans son ordre que nos romans chevaleresques du moyen-âge avec leur rhythme irrégulier et monotone et le défaut de proportions qui les prive d'une partie de leur valeur, n'en est pas moins digne d'examen et d'attention sérieuse. On y trouve ce culte du pays natal, cet amour passionné pour le ciel et la terre d'Amérique, cette énergie morale et cet esprit d'entreprise indomptable qui caractérisent les républicains des États-Unis. Le sentiment de moralité, de pureté, l'amour du devoir, la sainteté des affections et de la famille, très-profondément empreints dans le poëme, en sont l'âme profonde et comme l'inspiration secrète. Tous les tableaux de paysage sont exacts ; non-seulement la fantaisie n'y a point de part, mais le sentiment qu'ils font naître est distinct, puissant, plein de fraîcheur, de nouveauté, de vie ; seulement le poète a rendu les contours de son dessin moelleux et élégants : l'énergie y a perdu.

En général, ce que l'on peut critiquer chez lui vient du vieux monde. Les marques de vitalité et de force appartiennent au monde nouveau. Il fait paraître trop de druides, de muses et de bacchantes ; la défroque de l'Europe ancienne et les atours mythologiques flottent gauchement sur la fraîche beauté de la fille des bois. Il a aussi trop de solennité et de mélancolie majestueuse. Un accent plus rustique et plus passionné eût mieux convenu aux mœurs ingénues de ces Normands transplantés sur les bords de l'Atlantique, dont il voulait retracer le souvenir. *Évangéline*, le nom de la jeune Française, son héroïne, est un premier contre-sens ; je parie que la Normande acadienne s'appelait Jeannette ou Marianne ; fille d'un brave et joyeux fermier de la colonie, elle ne rêvait guère aux beautés du clair de lune et n'en aimait pas moins son fiancé. Le vrai secret de l'artiste aurait été de trouver la grandeur de la passion dans les délicatesses naïves d'une âme rustique et de les accorder avec la grandeur de la nature ; il faut convenir que M. Longfellow n'a pas été jusque-là. La paysanne normande et catholique a disparu dans l'héroïne calviniste et romantique de sa création. Grâce à cette transformation savante, empruntée aux poëtes modernes de second ordre, — défaut qui se fait sentir dans tout l'ouvrage, — il est question des *dieux domestiques* (*all its household gods*), quand il s'agit du vieux crucifix et du vieux bahut. Ici, comme en bien des choses, la simplicité était l'art suprême.

Mais il est temps de parler de l'héroïne, puisque héroïne il y a. Quant au sujet, il est charmant et bien préférable à celui de la *Louise* de Voss et d'*Hermann et Dorothée* de Goëthe.

Tout au bout du monde, près de Saint-Pierre-de-Miquelon, entre le 43ᵉ et le 54ᵉ degré de latitude, le 63ᵉ et le 68ᵉ degré de longitude, existe encore maintenant une petite colonie française, ou plutôt le dernier fragment d'une colonie franco-normande du XVIIᵉ siècle. Non-seulement, comme dans le Haut-Canada, les mœurs et la langue de cette colonie appartiennent à l'époque de Louis XIV, mais on y parle le langage d'Olivier Basselin, et les grands bonnets cauchois, ces carènes renversées à voiles flottantes, y apparaissent dans leur orgueil primitif. Le type originel de la race s'est conservé intact. « Les femmes sont grandes et belles, dit M. Halliburton d'Halifax, juge anglais, observateur sagace qui a donné à l'Europe quelques tableaux excellents de ces régions ignorées (1) ; le profil normand se montre encore dans sa vigueur et dans sa finesse héréditaires ; les hommes sont gais, actifs, vigoureux, ingénieux et braves ; ils ne savent pas lire et soutiennent entre eux de nombreux procès, moins par avidité ou violence que pour exercer leur activité ; le caractère scandinave-normand, avec son élasticité énergique, semble reparaître en eux. Ils se mettent en mer avec joie ; ce sont des pêcheurs de morue infatigables et adroits. » Marc Lescarbot, Diéreville et de Chevrier ont célébré en méchants vers les mœurs patriarcales et les antiques vertus de ces fermiers, pêcheurs et pâtres, dont il ne reste guère que dix mille dans la Nouvelle-Écosse, — gens étrangers aux lumières et aux sciences de la civilisation, possédant peu de capitaux, — d'ailleurs fort heureux dans leurs cabanes. Aujourd'hui même ce noyau résiste à la pression anglaise et aux populations diverses qui ont envahi la contrée. Souvent chassés par les soldats anglais, ils sont revenus, dès qu'ils l'ont pu, faire la pêche sur la côte. Les Anglais voulant se les assimiler, ont imposé au bourg normand de Port-Royal le nom de leur triste reine Anne, si médiocre de caractère et d'esprit ; mais en vain ; — Annapolis n'existe que sur les cartes.

On pense bien que nos pêcheurs normands, bons catholiques, n'avaient pas d'amitié pour les Anglais, et que leurs voisins les colons puritains de la Pensylvanie et du Massachussetts ne voyaient pas de bon œil ces Français

(1) V. plus bas, le *Marchand d'Horloges*.

papistes. Aussi, lorsque vers le commencement du xviiiᵉ siècle l'Acadie ou la Nouvelle-Écosse fut cédée par nous aux Anglais, ces derniers eurent-ils beaucoup de peine à soumettre les Normands que leur livrait le traité d'Utrecht.

Le fait de la cession de l'Acadie, en apparence peu important dans nos annales, est grave dans l'histoire du monde. Il signale le premier moment de notre décadence monarchique et européenne, et celui de l'ascendant pris par la société britannique, représentant les forces septentrionales et le protestantisme du Nord. En 1713, après les imprudentes guerres de Louis XIV, le traité d'Utrecht commença l'affaiblissement de notre pouvoir. Nous perdîmes au sud Pignerol et les passages des Alpes; au nord, les clés des Pays-Bas et la ligne de forteresses élevées par Vauban nous restèrent. Pendant le cours du xviiiᵉ siècle, nous nous débattîmes contre la décadence. En 1735, la Lorraine et le pays de Bar furent réunis à la France; en 1739, nous occupâmes militairement la Corse; Minorque fut reprise en 1745; enfin, en 1748, nous parvînmes à reconquérir un peu d'influence sur une portion de l'Italie; mais ce ne furent là que des tentatives partielles, des efforts pour ressaisir un pouvoir qui s'en allait. Dès 1713, nous cédâmes Terre-Neuve aux Anglais et cette petite et fertile Acadie dont il est question ici; il est vrai que nous gardâmes encore à cette époque presque toutes les Antilles, le Canada, la Louisiane, c'est-à-dire l'Amérique du Nord tout entière, depuis l'embouchure du golfe Saint-Laurent jusqu'au Mexique. L'Angleterre de 1740 ne possédait que la mince ligne de côtes qui va de Frederic's-Town à la Floride; cela équivalait à peu près à la vingtième partie de nos possessions canadiennes.

Les côtes de l'Hindoustan étaient encore à nous; à cette même époque, les rajahs étaient nos vassaux, et l'Angleterre n'était maîtresse dans l'Inde que de deux comptoirs imperceptibles. Madagascar, Gorée, le Sénégal, les îles de France, de Bourbon, Sainte-Marie, nous appartenaient.

Telle était encore la puissance de la France sur le monde au milieu du XVIIIe siècle.

Cent années s'écoulent, tout s'écroule.

Nos institutions changent; aux drames extraordinaires de la révolution succède le régime phénoménal de Napoléon. Qu'on jette les yeux sur la carte du monde en 1830; toutes nos possessions ont disparu, l'Amérique du Nord depuis le pays des Esquimaux jusqu'à Terre-Neuve; — l'Hindoustan, en exceptant quelques lieues carrées de territoire. Nous avons perdu en Europe la ligne de forteresses qui nous protégeaient au nord, et au sud Minorque, position importante; nous n'avons gagné que deux villes, Mulhouse et Avignon. — sans compter un coin de l'Afrique, l'Algérie. Toutes nos forces se sont repliées en nous-mêmes pour suffire aux gigantesques luttes de nos guerres intérieures, à nos combats de tribune, à nos changements de ministère et à nos tentatives de régénération sociale. Pendant ce temps-là l'Angleterre a maintenu avec un soin vigilant la paix intérieure de son territoire; elle a jeté au loin les rayons actifs de son pouvoir, comme l'araignée jette et attache ses fils : elle a travaillé sans relâche à ce tissu colossal, à cet accroissement démesuré. C'est quelque chose de profondément douloureux pour un Français que l'examen parallèle de ces deux conduites, si fécondes en enseignements redoutables : — ici la puissance souveraine de la loi et de la discipline; là les fautes innombrables auxquelles nous devons notre décadence, et dont la première est notre asservissement niais devant les rhéteurs, la seconde notre incapacité à subir la discipline qui fait les grands peuples, la dernière notre impuissance à aimer la *loi*, qui est le symbole actif de la justice, l'ordre divin dans les choses de ce monde. L'amour de la loi et de la tradition s'est conservé en Angleterre, et grâce à cet amour la race anglo-saxonne a jeté ses colonies sur le globe. La ceinture qu'elles tracent autour de notre planète commence à la presqu'île de Banks, passe par l'Australie, l'Hindoustan, le cap de Bonne-Espérance, Sainte-Hélène, Sierra-Leone, Gibraltar; puis, traversant l'Atlantique, par la Trinité, la Jamaïque, les Bermudes, elle atteint l'Amérique du Nord et touche au pôle par l'île Melville : tel est le dernier résultat de cette paix intérieure et de ce travail gigantesque porté à l'extérieur par la race anglo-saxonne.

Les Normands d'Acadie, qui ne voyaient pas si loin et qui n'étaient pas de grands politiques, étaient de très-bons Français; ils résistèrent vigoureusement à l'Angleterre.

On ne put jamais les faire marcher avec les armées protestantes ni les contraindre à se battre contre leurs frères les Français du Canada : cela était sublime tout simplement; notre histoire n'en parle pas. D'abord on fit venir un grand nombre de colons anglais, qui s'établirent en 1749 à Chibouctou, dont ils firent Halifax. Ensuite on attira par des primes et des concessions de terres tous les aventuriers que l'on put séduire, dans l'espoir d'étouffer ou d'amortir l'esprit de cette race opiniâtre. Elle n'avait pas de plus cruels ennemis que les puritains de Boston, et à leur tête le philanthrope Benjamin Franklin, qui écrivait à l'un de ses correspondants de Londres : *Jamais nous ne prospérerons, si l'on ne nous débarrasse du voisinage des*

Français. Chatham, alors ministre, homme d'un génie ambitieux et violent, comprit qu'il serait populaire à Londres, s'il frappait les Français catholiques et cédait aux obsessions de Franklin. Il donna l'ordre le plus odieux peut-être dont l'histoire politique fasse mention.

Le 5 septembre 1755, le son de la cloche convoqua de bonne heure tous les habitants de la commune dans l'église de Port-Royal, qui fut bientôt remplie d'hommes sans armes. Les femmes attendaient au dehors, dans le cimetière. Un régiment anglais, baïonnette au bout du fusil, précédé de ses tambours, entra dans le lieu saint. Après un roulement, le gouverneur Lawrence monta sur les marches de l'autel, tenant en main la commission royale contre-signée par Chatham :

« — Vous êtes convoqués, dit-il en anglais aux colons acadiens, par l'ordre de Sa Majesté. Sa clémence envers vous a été grande; vous savez comment vous y avez répondu. La tâche que je dois accomplir est pénible et répugne à mon caractère; mais elle est urgente et inévitable, et je dois accomplir la volonté de Sa Majesté. Tous vos biens, domaines, troupeaux, propriétés, pêcheries, pâturages, maisons, bestiaux, sont et demeurent confisqués au profit de la couronne. Vous êtes condamnés à la transportation dans d'autres provinces, selon le bon plaisir du monarque. Je vous déclare prisonniers. »

Les Acadiens étaient venus sans défiance et non armés. S'ils avaient pu prévoir une résolution si barbare et si inouïe, ils auraient appelé à leur aide huit tribus indigènes qui leur étaient dévouées, et qui les auraient aidés à se défendre les armes à la main ou à trouver asile dans les forêts séculaires. Cinq jours seulement leur furent accordés. Les soldats chargés de les garder incendièrent maisons, granges, église; à peine laissa-t-on quelques vêtements et quelques meubles à ce peuple agricole et pêcheur qui n'avait pas de numéraire. Comme on trouvait dans toutes les cabanes des signes d'idolâtrie, c'est-à-dire la croix du Sauveur et l'image de la sainte Vierge, le fanatisme anglican, animé par le voisinage des puritains de Pensylvanie, poussa la barbarie jusqu'à l'atrocité. On ne permit pas aux jeunes enfants de s'embarquer avec leurs mères, aux maris d'accompagner leurs femmes. Le désespoir des vieillards, la résistance des hommes, les cris et les larmes des femmes furent impuissants. « C'était, dit M. Halliburton, un spectacle plus horrible que celui du sac de Parga, un acte dont toute cette partie de l'Amérique a conservé le profond souvenir, et qui n'a pas peu contribué à exciter la haine républicaine contre les partisans de la royauté britannique. »

Cependant les moteurs de cette exécrable persécution étaient le patriote Franklin et le patriote Chatham; les instruments de cette vengeance contre des catholiques étaient des soldats presbytériens et anglicans. Le préjugé ne raisonne pas.

Les condamnés partirent. Leurs beaux vergers, leurs habitations françaises, leurs enclos parsemés de pommiers normands, leurs gras pâturages, ces chaussées construites par eux pour défendre leurs champs contre les inondations, il fallut tout abandonner. Au moment où les frégates qui emportaient ces quinze mille pauvres Français faisaient voile vers Frédéric's-Town, la lueur de leurs fermes incendiées se projetait sur eux et rougissait les eaux de la mer. On mit le dernier sceau à cette barbarie en débarquant les exilés sur divers points de la plage, comme des animaux immondes que l'on voudrait égarer, le père loin du fils, la mère loin de l'enfant. Ils se réunirent et se retrouvèrent comme ils purent ; on ne s'en embarrassait pas; tout était assez bon pour des catholiques et des Français. L'aimable Franklin n'éleva pas la voix ; la philanthropie des quakers ne s'indigna pas ; M. de Voltaire ne s'en inquiéta guère ; puritains de Boston et gentilshommes de Versailles avaient d'autres visées.

Les pauvres héros normands, protégés par leur courage, formèrent çà et là de petits groupes qui prospérèrent, grâce à Dieu ; l'énergie morale et la persévérance religieuse sont des ressorts puissants ! On trouve encore les débris de la colonie acadienne à Saint-Domingue, dans la Guyane française et à la Louisiane, où leurs *townships* sont très-florissantes. A Port-Royal même, quelques obstinés sont revenus s'établir malgré les Anglais et reconquérir les métairies de leurs ancêtres. Une vingtaine s'embarquèrent pour la France et vinrent défricher ces bruyères grises et roses dont l'aspect sauvage cache un terrain fertile, à peu de distance de Châtellerault. En 1820, cinq chefs de ces familles normandes acadiennes réclamèrent et reçurent de la chambre des députés une faible pension que l'Assemblée nationale leur avait octroyée et qui ne leur était plus servie ; tant nous sommes bons patriotes et reconnaissants pour les grandes actions, depuis que les parleurs nous gouvernent, que les philanthropes nous enrichissent et que les avocats nous reconstituent tous les dix ans!

On s'étonne sans doute que Chatham ait ordonné cette infamie et que le bonhomme Franklin l'ait approuvée. Il faut bien que les incrédules se rendent aux preuves de l'histoire, preuves irréfragables ; à quoi servirait l'art d'écrire et de penser, si justice ne se faisait pas de temps à autre ? M. Macaulay prouvait récemment dans son *Histoire d'Angleterre depuis l'avénement de Jacques I*[er], ouvrage qui a fait sensation en Angleterre, que le philanthrope William Penn trempait dans les corruptions et les intrigues de la cour vénale de Charles II. Penn s'excusait sans doute par l'intention ; l'espèce humaine est ainsi faite. L'abbé Raynal qui regardait William Penn comme un dieu vivant aurait trouvé M. Macaulay bien hardi de déranger son admiration.

Des événements qui laissent dans la vie des peuples des traces si brûlantes se transforment toujours en traditions et en légendes. Les Acadiens en possèdent une fort touchante sur leur exil ; probablement vraie au fond comme toutes les légendes, elle a été traitée avec talent, par M. Longfellow, qui a trop curieusement orné ce souvenir rustique et ingénu ; le malheur qui arriva naguère à madame Cottin pourrait bien le menacer. On sait qu'elle avait chargé d'ornements agréables et convenus une tradition russe fort intéressante ; M. Xavier de Maistre détruisit ses ornements, reprit le sujet en sous-œuvre et raconta l'histoire toute nue des exilés de Sibérie ; il la raconta si bien et si simplement, que sa narration (l'un des chefs-d'œuvre de notre langue) fit oublier le livre de madame Cottin.

§ II.

Analyse du poëme de Longfellow.

Les Acadiens rapportent donc qu'une jeune fille de Port-Royal, fiancée la veille à son amoureux et embarquée par l'ordre tyrannique de Chatham à bord d'une autre frégate que sa famille et son fiancé, fut déposée loin de ses parents et de ses amis sur les côtes de Pensylvanie ; qu'un vieux prêtre catholique débarqué avec elle l'aida de ses conseils et de ses soins ; qu'ils traversèrent ensemble le Delaware, le Massachussetts et le Maine, à pied, dans l'espérance de retrouver le père ou le fiancé ; que de bonnes âmes catholiques vinrent à leur secours, et qu'enfin ils rencontrèrent, vers l'embouchure du Wabash qui se jette dans le Mississipi, un fragment de leur colonie acadienne.

Montant sur la barque qui portait ces débris de leur nation, ils descendirent ensemble le grand fleuve. C'était au mois de mai. Le bateau conduit par les rameurs acadiens suivit le courant d'or aux flots larges et rapides, emportant sa troupe d'exilés, pauvres naufragés qui avaient perdu leur patrie, leurs frères, leurs sœurs, leurs belles prairies d'Opelousas et leurs toits bien aimés. Ils cherchaient à retrouver leurs familles dispersées, et depuis bien des jours, entraînés par les eaux redoutables du fleuve, ils traversaient les forêts profondes de ces solitudes. La nuit ils allumaient des feux et campaient sur la rive. Tantôt ils rencontraient un rapide, et leur barque était lancée comme une flèche ; tantôt ils glissaient sur la lagune, au milieu d'îles vertes semées de cotonniers au panache aérien, et les pélicans blancs marchaient gravement auprès d'eux.

Bientôt un vaste horizon se découvrit à leurs regards ; le paysage s'aplanit ; voici les maisons blanches des planteurs, les cabines des noirs et les petites tourelles des pigeons domestiques. La courbe majestueuse du fleuve s'arrondit vers l'orient ; le bateau des exilés entre dans le *bayou* (1) de Plaquemine. Ici tout change d'aspect; des eaux errantes se répandent sur un sol argileux comme un vaste tissu aux mailles d'acier. Les cyprès du rivage tombent et s'inclinent en arches lugubres sur la tête des voyageurs; leurs ogives ténébreuses sont chargées de mousses éternelles, bannières et draperies noires de ces cathédrales naturelles. Aucun bruit. De temps en temps, le héron, qui va regagner son nid sous les cèdres, fait entendre son pas mesuré; on entend l'éclat de rire du chat-huant qui crie à la lune. Les colonnades de cèdres et de cyprès blanchissent sous le rayon nocturne qui glisse au loin sur les eaux et brille par intervalles irréguliers. Tout est vague et indécis, étrange et doux comme un rêve.

« Évangéline est triste, dit le poète. Un pressentiment lugubre naît dans son cœur. Quand le pas lointain des chevaux bat le gazon des prairies, bien longtemps avant qu'ils arrivent, la sensitive replie et ferme ses feuilles agitées; ainsi notre cœur s'épouvante et se replie sur lui-même longtemps avant que le coup du destin nous ait frappés (2). »

La navigation de la jeune fille jusqu'à la Louisiane est décrite avec une vérité et un sentiment de la nature vraiment admirables. Néanmoins je me suis bien gardé de traduire ce morceau, gâté par de nombreuses affectations et par ces teintes affadies que nous avons déjà signalées. Un artiste plus consommé eût évité les grands

---

(1) Étendue d'eaux courantes et peu profondes répandues sur un grand espace; ce mot est spécial à la Louisiane.

(2) As at the tramp of a horse's hoof on the turf of the prairies
    Far in advance are closed the leaves of the shrinking mimosa,
So, at the hoof-beats of fate, with sad forebodings of evil
Shrinks and closes the heart, ere the stroke of doom has attained it.

mots, les touches de mélancolie triviale, les *épines de l'existence* et le *désert de la vie*, surtout les rêveries au clair de lune ; mais le sentiment, l'invention, le mouvement sont vrais, puissants et neufs. C'est un délicieux tableau que celui de la jeune fille endormie, la tête sur les genoux du vieux prêtre, pendant que les rameurs chantent une vieille chanson française et frappent en cadence les flots du Mississipi. « Le retrouverai-je, lui demande-t-elle, mon fiancé? Mon père, mon amour est perdu. — Nul amour n'est perdu, lui répond-il. Si le cœur aimé n'en profite pas, l'amour soutient le cœur qui aime. Cette eau vivifiante remonte à sa source et lui rend la force et la vie. » — Cela est bien raffiné sans doute pour un vieux prêtre normand ; mais la pensée est belle et l'expression juste.

La pauvre enfant, escortée de son guide, cherche partout des traces de la famille et du fiancé. Elle visite les bayous fertiles de la Nouvelle-Orléans, les prairies verdoyantes de la Delaware, les plaines stériles et pierreuses qui s'étendent au pied des monts Ozarks. De temps à autre, quelques lueurs d'espoir lui apparaissent ; elle apprend que Benoît (Benedict, comme l'appelle M. Longfellow) est devenu *trapper* ou *coureur des bois*. Elle sait même que, porté sur sa barque, il a passé à peu de distance d'elle un certain soir d'automne ; mais les jours, les mois et les années s'écoulent. Dans cette recherche inutile, la jeunesse a fui, l'âge mûr d'Évangéline incline vers la vieillesse ; devenue sœur de charité, elle consacre sa vie à soigner les malades. Un jour enfin elle reconnaît sur un lit d'hôpital le vieux Benoît atteint de la peste et qui va rendre le dernier soupir ; il rouvre les yeux, la voit, meurt consolé ; — elle le suit de près dans le tombeau.

« Telle est l'histoire qu'on répète auprès de la forêt primitive, non loin de l'Atlantique aux flots lugubres, qui murmurent toujours. Ceux qui la redisent sont les enfants des exilés, les hommes qui sont revenus mourir sur le sol de leurs pères. Le rouet tourne encore dans la cabane, le grand bonnet normand flotte encore agité par les vents de la côte. Quand vient le soir, le meilleur des conteurs dit cette histoire aux femmes pendant qu'elles filent, et la voix douloureuse de l'océan répond par sa plainte qui ne finit pas à ce triste récit des iniquités humaines et de l'affection d'une femme. »

On voit qu'il y a dans ce poème un mélange singulier du factice et du naturel, — deux éléments en contraste, le réel et le convenu, — l'un qui émeut le cœur par la vérité, — l'autre qui blesse l'esprit par l'affectation. Toute la portion vraiment américaine mérite des éloges. On est porté sur les grandes eaux du Meschacebé, et le chant de l'oiseau moqueur frappe l'oreille. Ce monde nouveau et grandiose n'est pas seulement décrit et analysé ; le poète le reproduit et surtout il en communique au lecteur le génie particulier, la sève vivante, l'émotion intime. C'est « le champ de maïs aux grains dorés et écarlates, qui font rougir les jeunes filles pendant la moisson » ; car chaque grain couleur de pourpre annonce un amoureux qui va paraître. Ce sont les vêpres de la mission, chantées au milieu des prairies ; le crucifix est attaché aux branches d'un vieux chêne, seul habitant de la solitude ; toutes les têtes sont découvertes ; le Christ les regarde d'un œil de divine pitié pendant que le chant des vêpres se mêle au frissonnement des rameaux dans l'air et que la vigne retombe en grappes sur le front du Sauveur crucifié. C'est le campement des chasseurs dans les mêmes prairies, au sein des océans de verdure et des baies profondes de végétation qui, mêlées de roses sauvages et d'*amorphes* pourprés, flottent comme des vagues dans l'ombre et dans la lumière. On y voit se précipiter par bandes les buffles, les loups et les daims sauvages, et des armées entières de chevaux qui n'ont pas de maîtres. Çà et là, près des rivières, sous des bouquets d'yeuses, la fumée qui s'élève annonce le camp des maraudeurs, qui teignent de sang les solitudes de Dieu; sur leurs têtes, s'élevant et redescendant par cercles rapides, le vautour plane et attend sa proie. Puis c'est la vie du fermier acadien, roi comme le bon Évandre; quand revient le crépuscule, finissant la période du labeur et de la souffrance, ramenant l'étoile au ciel et les bestiaux à l'étable, — on voit les taureaux et les brebis, narines ouvertes pour savourer la fraîcheur du soir, le cou appuyé sur la crinière du voisin, s'avancer à pas majestueux; le chien les suit, patient, plein d'importance, marchant de droite et de gauche dans l'orgueil de son instinct, superbe et fier de régenter tout ce monde, heureux de le protéger la nuit quand les loups hurlent et quand les brebis tremblent. Enfin la lune se lève, les vastes charrettes arrivent les dernières, revenant des marécages et chargées du foin qui répand une odeur enivrante. Les chevaux, dont la rosée humecte la crinière, hennissent dans leur joie, et font tressaillir sur leurs robustes épaules les harnais splendides et les belles franges rouges qui sont leur orgueil. On trait les vaches patientes, dont le lait tombe avec bruit et en cadence dans les grands vases de cuivre. Les rires des garçons dans la ferme et les chants des jeunes filles se joignent aux longs mugissements des taureaux; puis le silence renaît. Le bruit criard des barreaux qui se ferment se fait entendre; — et tout se tait.

Comme idylle américaine, le poème de M. Longfellow est admirable ; ce qui manque à son œuvre, c'est la passion. La peinture de l'amour des fiancés, la naissance et le progrès de cette affection mutuelle ne sont point indiqués. Il semble que toute l'ardeur d'inspiration dont l'écrivain dispose ne puisse s'épancher que sur le pays même, et n'ait d'élan sincère que vers cette nature sublime et vierge qui l'environne.

On peut reconnaître chez le poète anglo-américain deux retours assez étranges : l'un, religieux, vers les croyances catholiques, vers une compréhension plus vaste et plus libérale des idées chrétiennes ; l'autre, tout littéraire, vers le teutonisme scandinave. Son vers hexamètre, qui se déroule avec une lenteur solennelle et triste, est mêlé d'allitérations nombreuses et irrégulières.

Le premier effet que cette mélopée bizarre produit sur les oreilles habituées au rhythme ïambique anglais, rapide en général, est étrange et même désagréable; on s'y accoutume cependant. On finit par supporter l'écho de la même consonne au milieu et au commencement des mots, forme étrangère aux habitudes poétiques du Midi, bien qu'on en trouve des exemples dans les vieux poètes latins et grecs, et en général évitée par les poètes anglais modernes.

Jamais en France nous n'avons pu adopter cette rime intérieure par les consonnes, que le ridicule Guillaume Cretin voulait naturaliser chez nous et qui, par parenthèse, nous venait d'Allemagne et des *meistersænger* du XVe siècle : fait curieux qui ne se trouve consigné dans aucune histoire littéraire. M. Longfellow sait très bien l'islandais et le danois; il a passé un assez long temps dans la péninsule scandinave : et sans y penser il s'est habitué à l'allitération, forme involontaire chez lui, volontaire chez les anciens skaldes, et qui a conservé une influence populaire dans les régions du Nord. Le poète danois contemporain OEhlenschlæger a écrit en vers allitérés un chant de son beau poème sur les dieux du Nord; il nous suffira de citer quatre de ces vers allitérés:

> *Ti*lgiv *tv*angne
> *Tr*ael af *El*skov !
> *At* han dig *at*ter
> *As*tsaeld findet... etc.

C'est exactement le procédé de M. Longfellow :

> *F*uller of *f*ragrance, *th*an *th*ey
> And as heavy with sha*d*ows and night-*d*ews,
> *H*ung the *h*eart of the *m*aiden.
> The cal*m* and *m*agical *m*oonlight
> *S*eemed to inundate her *s*oul...

Ce qu'il y a d'étrange c'est que M. Longfellow, en écrivant son poème, ne se doutait pas de ces allitérations multipliées qui se pressaient spontanément sous sa plume et qui remplissent le poème. Cet involontaire retour de la poésie anglaise vers la source primitive des cavernes scandinaves est un fait trop curieux pour être passé sous silence.

Ainsi, pendant que l'Europe vieillie se régénère comme elle peut, les nations jeunes et moins troublées font des tentatives dans le monde des arts et de la poésie. Il y a loin d'*Évangéline* à un chef-d'œuvre; mais les beautés que renferme ce poème ont le don de vie et d'avenir. On y trouve les éléments qui empêchent les sociétés et les littératures de mourir, — la notion la plus nette du juste et de la moralité,—l'amour le plus ardent et le plus réfléchi du pays natal.

DE LA LITTÉRATURE

ET DE

LA POÉSIE LÉGÈRES

AUX ÉTATS-UNIS.

DOCUMENTS BIBLIOGRAPHIQUES SUR LA LITTÉRATURE ET LES ROMANS AMÉRICAINS.

Consulter : — Dickens, Notes for private circulation, etc.
  Salmagundi, etc.
  Emerson, Characteristics, etc.
  Literary World. Boston.
  North-American Review.
  Willis, Pencillings, etc.

DE QUELQUES ROMANCIERS
ET
VOYAGEURS AMÉRICAINS.

§ Ier.

Romans comiques. — Tom Stapleton. — Puffer Hopkins. — Réponse à Charles Dickens.

On peut s'étonner de la grande quantité d'ouvrages frivoles ou ironiques, sortis depuis 1830 des presses américaines. Les races héritières d'une ancienne civilisation, voyant devant elles un monde inconnu d'industrie et de politique à conquérir et à organiser, se trouvent en face de si ridicules contrastes, qu'une pente naturelle les entraîne à l'ironie. La Gaule romaine a commencé par là.

Aux États-Unis cette ironie encore à l'état brut, se développe rudement, elle se raffinera ; aujourd'hui la sève en est singulièrement âcre et grossière. Les lecteurs de ce côté de l'Atlantique ne peuvent éprouver que du dégoût pour les scènes odieuses auxquelles se complaisent deux peintres satiriques de mœurs, MM. Moore et Mathews, auteurs de *Tom Stapleton* (1) et de *Puffer Hopkins* (2). J'ai parcouru avec avidité ces tableaux de la vie américaine

(1) *The Adventures of Tom Stapleton*, by John M. Moore ; New-York, 1843.
(2) *The Career of Puffer Hopkins*, by Cornelius Mathews ; New-York, 1843.

par des Américains. L'impression en est triste; ce n'est pas populaire, c'est bas et aristocratique dans le pire sens du mot : des vices fades et corrompus, sans compensation de grâce et de goût; une vie lâche qui poursuit les titres, qui en veut à la fortune et se rue sur le succès. Ces mœurs sont sans pureté, sans passion, sans simplicité, sans élégance, sans grandeur ; vous diriez l'arrière-boutique des plus petits marchands de White-Chapel transportée tout-à-coup dans un salon doré, empruntant gauchement les vices d'en haut sans quitter les vices d'en bas. Ce n'est plus Washington, ce n'est pas encore Walpole. On ne peut exprimer le dédain et la douleur que font naître ces mœurs éreintées et brutales, qui tiennent par l'impureté aux scandaleux boudoirs du vieux monde et rappellent la senteur de la tabagie, tout en affichant des prétentions aristocratiques.

Est-ce là, bon Dieu! qu'il faut chercher des données vraies sur la société américaine? Dickens, Marryatt, mistriss Trollope, miss Martineau, en leur qualité d'Anglais, devaient nous inspirer peu de confiance ; ils sont moins défavorables à l'Amérique que M. Moore et M. Mathews, dont les romans, *highly popular*, édités in-4° dans une publication périodique intitulée *Brother Jonathan* (*Jonathan* est le type national, le John Bull américain), avec d'horribles gravures sur bois, donnent, pour douze cents et demi (à peu près onze sous), la valeur de trois volumes in-8° de trois cents pages chaque, un peu plus de trois sols et demi par volume : c'est le dernier terme du bon marché porté dans l'art d'imprimer. Ajoutons qu'il est impossible de rien imaginer de plus incorrect et de plus laid à voir que ces impressions économiques; la matière n'est pas indigne de la forme. Il y avait une idée dans *Puffer Hopkins*, l'homme du puff, traversant la démocratie voiles déployées sur le vaisseau du charlatanisme et de la fraude ; mais la grossièreté des scènes fait de ce livre quelque chose de hideux. Plus léger et plus frivole, *Tom Stapleton* accumule les orgies, les coups de bâton, les scènes d'ivresse, les chaises cassées et les chutes dans les escaliers, mêlés aux scènes grivoises et aux libertés philosophiques du compère Mathieu. L'auteur a voulu peindre les faits et gestes des aimables vauriens de New-York ; personne ne voudrait se trouver seul la nuit avec ces gaillards-là. Le gourdin joue le premier rôle dans leurs exploits ; l'un d'eux, Tom lui-même, sert d'ami et de protecteur secret à une héroïne digne de lui. Quand on ne se grise pas, on se bat ; quand on ne se bat pas, on se grise. Le tout finit par un bon mariage au profit du héros, mariage doublé de dollars et accepté avec enthousiasme par une jeune personne conquise à la vigueur du poignet. L'état d'une société sauvage reparaît dans sa nudité à travers ce roman qui rédige de temps à autre sous forme de théorie la brutalité qui compose la trame du récit. On regrette de voir un grand peuple, dont plus de la moitié brûle ou pend les abolitionistes et réinstitue contre eux la censure, adopter comme un de ses livres favoris un ouvrage où les paroles suivantes se trouvent placées dans la bouche du héros :

« Honnêteté ! le mot est ridicule et ne signifie rien. Chacun de nous en attrape autant qu'il peut. *L'honnêteté est contre nature.* Il n'y a qu'une seule loi qui gouverne l'univers, c'est l'attraction ; elle régit même les choses inanimées. Dans les êtres animés cela s'appelle acquisition ou « vol. » Le soleil, s'il pouvait, attirerait à lui toutes les planètes. Un seul homme, s'il le pouvait, absorberait les jouissances de tous ses semblables et les dévorerait tous. Il n'y a qu'un mot d'ordre raisonnable : *Dieu pour tous et chacun pour soi* (1) ! »

Voilà un résumé franc, net, honnête, candide, une philosophie bien formulée. J'avais toujours frémi de colère plus que de peur, lorsqu'un drame mis en musique par Meyerbeer me faisait entendre ce cruel et triste refrain : *Chacun pour soi et Dieu pour tous !* La Némésis de la vie sauvage se levait tout-à-coup devant moi, dictant cet épouvantable chœur et invoquant la destruction de tout lien entre les hommes; l'auteur américain nous donne l'explication de ce cri féroce. C'est la loi de la force. La vie devient un pillage universel; au plus fort la première proie, au plus rusé la seconde. Philosophes-hyènes, nés pour devenir ministres d'Héliogabale et de Gengiskan !

Si une fois cette insurrection contre la probité, l'imagination, la poésie et la philosophie devenait universelle, l'humanité n'aurait plus qu'un but, celui de vivre et de se battre pour vivre, *fruges consumere nati;* tout serait d'accord et bien en harmonie.

Il y a au contraire, comme le dit Emerson, une croisade à entreprendre aujourd'hui contre le *moi*, l'égoïsme, l'avidité, la brutalité pillarde en faveur de l'intelligence et du dévouement. La devise de cette ligue serait : *Dieu pour chacun ! chacun pour tous !* devise des grandes races; — thème civilisateur; le reste doit aller se perdre dans les égouts du bas-empire. Le passage précédent de l'auteur américain prouve que cette sainte ligue contre les intérêts égoïstes ne serait pas hors de propos; la France au lieu de s'engager elle-même dans une voie de sensualité fatale, devrait marcher à la tête de cette croisade généreuse.

Les auteurs américains d'œuvres légères, gens qui ne

(1) *Tom Stapleton*, p. 73, seconde colonne, ligne 3 ; édition in-4°.

valent ni Franklin pour la bonhomie, ni Washington Irving pour l'aménité, ni Cooper pour la force et la précision des tableaux, ne manquent jamais, tels vulgaires qu'ils soient, de s'intituler *esquires*. Cette petite distinction chevaleresque orne le titre de leurs romans remplis de trivialités inexprimables, et ce goût vif pour les titres de noblesse se retrouve chez les plus fervents adorateurs de la populace. Avec ses penchants aristocratiques, le *Yankie* est susceptible comme un provincial; il prend feu dès qu'un étranger s'avise de reprocher une imperfection à l'Amérique. On formerait une bibliothèque des réponses imprimées que le voyage de M. Dickens a fait naître. La plupart de ces livres n'ont pas beaucoup de sel, quoiqu'ils aient beaucoup de colère; le plus remarquable porte ce titre singulier : *Monnaie des Notes de M. Dickens, par une Dame américaine*. Ce dernier, homme d'esprit, avait intitulé son livre : *Notes à mettre en circulation;* le mot *note* signifie, comme on sait, note et billet de banque. Nous ne croyons pas que la monnaie de la dame soit de bon aloi; amère sans originalité, elle raconte tout ce qu'elle sait des travers, des vices et des folies de l'Angleterre, et elle sait peu de chose. « Les hommes, dit-elle, y sont grossiers, les femmes mal mises, les maisons uniformes, et le coup d'œil de la brique éternellement ennuyeux. »

Vraiment nous craignons que la *lady* américaine n'ait pas rendu à M. Dickens « la monnaie de sa pièce. »

Rien de plus trivial que ses remarques sur l'impolitesse des douaniers, sur la multitude des malheureuses qui courent les rues de Londres, sur l'immense étendue de la ville, « qui, dit-elle, offre un assemblage de hameaux juxta-posés, mais non une ville. » De tels documents nous renseignent très-mal sur le cours des événements, la tendance des esprits, la réalité des faits et le sort réservé à l'Angleterre. La dame américaine (qui a soin de s'appeler *lady*) n'aperçoit que les surfaces; l'avenir caché dans le présent lui échappe. Laing, Chambers, Porter, et surtout le prophétique Carlyle, nous instruisent bien mieux que *la Monnaie rendue à M. Dickens* par l'observatrice (1).

§ II.

Journaux et voyages. — Ouvrières-poètes. — Archéologues.

Ce sont les journaux républicains qu'il faut placer en regard des nouveaux romans publiés à New-York pour éclairer ce présent obscur et cet avenir singulier. Là se trouvent des renseignements certains sur l'état de l'Union. Dans le nord l'affluence des Irlandais est énorme; ils usurpent le territoire et créent une Amérique irlandaise. Au sud, comme le dit le poète Dana dans un beau vers,

Le nègre fait trembler le maître qui l'écrase.

Ce double état de choses produit souvent de sanglantes collisions, et la Constitution s'en tirera comme elle pourra. Déjà la liberté de la presse et la liberté du sujet sont entamées ; on a vu que les lois de la probité ne le

(1) *Change for the American Notes*, in letters from London to New-York, by an american lady ; 1843.

sont pas moins. Lisez cette Constitution : vous la trouvez humaine, juste, philanthropique, digne de Washington et de Franklin. Elle consacre les droits du sujet et assure sa vie; elle décrète la liberté de l'individu et celle de la presse. Descendez jusqu'aux faits ; examinez comment cette Constitution fonctionne. Les papiers publics pullulent de documents curieux à cet égard. La *Gazette de Clinton* (mai 1843) vous apprendra que « le vendredi soir, 22 mai, la multitude assemblée a décidé du sort de James (accusé d'avoir poussé les nègres à l'insurrection). Les uns votaient pour les verges, les autres pour la pendaison. Le parti de la pendaison (*the hanging party*) l'a emporté avec une majorité écrasante. La mort de James a été votée par la masse du peuple. D'après ce *sentiment*, exprimé d'une façon peu équivoque, James a été conduit jusqu'à un mûrier noir et suspendu à l'une des branches de l'arbre. Nous approuvons entièrement cette mesure, ajoute le rédacteur ; le peuple a agi *convenablement* (1). » — C'était la seizième fois depuis six mois que le peuple agissait aussi *convenablement*.

Voilà pour la sûreté des personnes. Quant à la liberté de la presse, elle est abolie dans plusieurs localités ; le maître, c'est la foule ; ce qui déplaît au maître, on ne peut l'imprimer. Un journal de New-York ayant reproduit un discours du docteur Channing, lequel discours renfermait des observations contraires à l'esclavage, ce journal fut mis en vente à Charleston, ville du sud ; aussitôt l'association des planteurs de la Caroline intenta un procès au libraire de Charleston, qui fut contraint à déposer 1,000 dollars pour sa caution. Ce libraire venait de recevoir un ballot d'exemplaires du voyage de Dickens, lequel, on le sait, n'épargne pas les planteurs ; effrayé, il se hâte de faire insérer l'annonce

(1) *The people have acted properly.*

suivante dans les journaux de la ville : « Le livre de Dickens sera soumis à l'inspection d'un comité composé de membres intelligents de l'association de la Caroline du Sud. S'ils en approuvent la vente, je le mettrai en vente; sinon, non. » Ce comité, n'est-ce pas la censure elle-même ? — Non-seulement ces faits existent, mais ils s'érigent en principes et constituent une théorie. La *Chronique de Georgia Augusta* dit expressément : « Il faut que tous les États du Sud mettent à mort quiconque demandera la liberté des esclaves, et qu'on tue cet homme dès qu'on le trouvera, partout où on le trouvera. » — Le *Télescope de Colombie* (Caroline du Sud) va plus loin, et s'exprime en termes plus durs : « La question de l'esclavage n'est pas ouverte à la discussion ; ce système a poussé chez nous de trop profondes racines, pour ne pas durer à jamais. Du moment où un individu s'avise de venir nous sermonner sur l'immoralité et le péril de l'esclavage, il faut lui couper la langue et la jeter sur le fumier (1). »

Le *Trurican de la Nouvelle-Orléans* et le *Phare de Norfolk* (Virginie) sont remplis de menaces analogues. Ces menaces se réalisent souvent, comme le prouvent les récits contenus dans le *Libre Commerçant des Natchez* (2) et dans l'*Argus du Missouri*. Tous ces journaux, que nous avons sous les yeux, font foi d'un retour complet à la vie sauvage. Deux ennemis se rencontrent dans les rues et se massacrent ; cela s'appelle un duel. Les journaux s'expriment très-légèrement là-dessus et racontent en trois lignes ces boucheries domestiques, comme les choses du monde les plus naturelles : « Le major un tel a rencontré le capi-

(1) « His tongue *shall be* cut out and cast upon the dunghill... »
(2) 16 juin et 17 octobre 1843.

taine un tel, et lui a asséné un coup de bâton; le capitaine a répondu par dix coups de pistolet *(revolving pistols)*, et tous les deux sont morts. » Voilà tout. Un nègre nommé Joseph est brûlé « à petit feu » par le peuple, avec une frénésie calme, qui eût fait honneur à l'Inquisition dans ses beaux jours. La Terreur en France était moins scientifique; elle ne brûlait personne « à petit feu. »

Je préfère les voyages américains à la plupart des livres qui viennent de ce pays, en exceptant ceux d'Emerson, Longfellow, Prescott et Irving. L'Américain du Nord est voyageur; mais encore faut-il s'entendre : s'il voyage du côté de l'Europe, le préjugé, l'orgueil national, la rancune l'aveuglent ou l'enveniment; il voit mal et juge de travers, il se trompe. Dans les régions nouvelles et vierges sa naïveté se conserve; en face de la nature, il reproduit avec une vérité souvent piquante et même éloquente les émotions et les impressions qui lui plaisent. Les *Incidents d'un royage dans la province d'Yucatan*, par Stevens (1), et le *Galop à travers le paysage américain, esquisses de scènes et d'aventures américaines*, par Silliman (2), méritent d'être distingués. C'est une véritable course au galop que le petit volume de Silliman; dans cette société qui va si vite, les meilleurs livres et les plus agréables styles sont ceux qui s'élancent à toute bride, ne s'embarrassant ni de philosophie ni de beau langage. Il y a dans les *Esquisses* de Silliman une peinture magnifique de la cataracte du Niagara pendant l'hiver; cet immense palais de glace suspendue et étincelante, ce mouvement gigantesque arrêté dans l'air par une force magique, composent un des plus étour-

(1) *Incidents of Travel in Yucatan*. 2 vol. in-8°, New-York, 1843.
(2) *A Gallop among American scenery, or sketches of American scenery and military adventure.* New-York.

dissants spectacles dont on puisse s'aviser. La touche de l'auteur américain est facile, rapide, hasardeuse, un peu incorrecte, mais chaude, et n'en vaut que mieux.

Les mœurs de l'Yucatan, province qui, comme on sait, forme la pointe extrême de l'Amérique méridionale, les étranges habitudes de ce pays perdu, où les coutumes indiennes se mêlent aux souvenirs féodaux et aux traditions espagnoles, sont reproduites dans le voyage de Stevens avec beaucoup de vérité et de détails. C'est peut-être le livre où l'on trouve le plus de renseignements neufs sur la race intéressante des Maceguas, indigènes de cette portion de l'Amérique. « J'ai été témoin, dit le voyageur, d'une représentation dramatique indienne qui m'a frappé ; les Indiens l'appellent *Chtol;* la scène se passe du temps de la conquête. Les natifs, résolus d'opposer aux conquérants une résistance héroïque, se réunissent dans un temple. Un vieillard à barbe blanche les exhorte à mourir pour la patrie, et tous vont marcher au combat, lorsqu'un Espagnol ou du moins un Indien revêtu du costume castillan fait son entrée en scène, armé d'un mousquet. Le prétendu Espagnol fait partir son arme ; l'explosion épouvante les Indiens, qui tombent à genoux devant lui. Il enchaîne le chef de la troupe, l'emmène prisonnier, et le drame finit. »

Le style de ces livres ne brille point par la compression, l'énergie, la concentration ; une certaine rapidité franche de pinceau les fait valoir, et les voyageurs européens, souvent maniérés, se targuant d'une grande supériorité de savoir, ont rarement la vivacité ingénue qui donne du prix aux pages d'Audubon, de Silliman et de Stevens.

Voici une curiosité américaine plus piquante. La manufacture de Lowell dans le Massachussetts n'a que des ouvrières (1), et le prix de la main-d'œuvre est assez cher pour que chacune de ces demoiselles, après avoir accompli sa tâche, se retire dans sa petite chambre, lise ou écrive, sorte armée d'une ombrelle verte et se donne des airs de duchesse qui ont émerveillé les touristes anglais. L'explication de ce fait est bien simple. Il faut des bras à l'Amérique travailleuse, qui n'a pas quitté encore la période du labeur physique : c'est lui qu'elle rétribue, le labeur intellectuel n'est pour elle qu'un ornement factice. Elle possède, il est vrai, des universités et des colléges, qui ressemblent assez aux décorations de carton que Potemkin montrait à son impératrice. On en jugera par un seul exemple; dans un recueil américain, qui a des prétentions à l'érudition, le mot *dives*, dont tous les écoliers connaissent le pluriel, *divites*, se trouvait transformé en *diveses* (the *diveses* of our land).

Pourquoi miss Martineau s'étonne-t-elle que les ouvrières de Lowell soient des demoiselles et prennent des airs? Elles sont princesses; leur blason, c'est celui du pays, un bateau à vapeur et une machine à filer. Cette congrégation de fileuses du Massachussetts a eu naturellement l'idée de se former en académie et de présenter au monde littéraire un échantillon de ses talents de conteuses, de romancières et de poètes. En effet, ce sont des femmes de loisir que ces ouvrières qui réalisent de cent à deux cents dollars par année, portent des montres d'or, suspendent une douzaine de robes de soie dans leur garde-robe, et peuvent bien s'octroyer de temps à autre les douceurs de la mélancolie, de la rêverie et de la poésie. Ces béguines de l'industrie américaine se sont donc cotisées pour rédiger et faire imprimer une sorte d'almanach des muses, sous le

(1) V. plus bas, Avenir de l'Amérique.

titre de *Lowell Offering*, « l'Offrande de Lowell. » Il y a là tout ce qui peut traverser l'esprit de jeunes filles oisives ; de la prose, des vers, des odes, des sonnets, de l'amour, du caprice, des caveaux, des spectres, des nuages et des tourelles ; un mélange singulier des précieuses ridicules des modernes romanciers.

Anna, Tabitha, Oriana, Lucinda, Gregoria, Alleghania, Atala, Gesmunda, Tancreda, Velleda (où vont se nicher les jolis noms du cabinet bleu d'Arthénice ?), signent ces médiocres fragments, dont à peine deux ou trois obtiendraient admission dans un journal européen de l'ordre le plus humble, mais dont l'ensemble est un curieux phénomène. Nous avons vu naître ici les poésies des ouvriers, qui, entre nous, disons-le tout bas, ne valent pas de bon pain et de bonnes bottes (1). Les Américains ont les poésies des ouvrières, que je n'hésiterais pas à donner en masse pour une paire de bas bien raccommodée ou un mouchoir convenablement ourlé. A quoi bon de la poésie ouvrière ? Vivent les ouvriers poétiques, ne faisant de vers que si Dieu les leur commande, et conservant au fond de leur cœur le foyer sacré du beau moral, l'amour de la nature et de l'honnête, la virile énergie et la faculté du dévouement!

De toutes les pièces des ouvrières, une seule mérite d'être citée. L'idée en est grandiose et extravagante, le style élevé et bizarre, et si cette fantaisie était tombée dans l'esprit de Jean-Paul-Frédéric Richter, non dans celui d'une *factory-girl* de Lowell, le grand mystique allemand lui eût donné une valeur puissante : telles qu'elles sont, ces pages sorties d'une plume de dix-huit ans, et de la plume d'une ouvrière vivant à l'autre bout du monde, sont fort

(1) V. plus haut, le Forgeron de Sheffield.

singulières. Elles ont pour titre : *Pas de nuit*, et offrent la contre-partie de cette création effrayante de lord Byron, *Darkness* (ténèbres). Dans l'œuvre de l'ouvrière américaine c'est le soleil qui ne se couche jamais, c'est le monde fatigué de splendeur, demandant à Dieu du repos, de l'obscurité et du silence.

L'archéologie locale a donné quelques produits en Amérique comme en Angleterre. Il n'y a pas si petite fraction des États-Unis qui ne possède son historien, pas de petite ville qui ne veuille se présenter au monde dans un volume in-8° ou in-4° avec gravures. Le chef-d'œuvre de ce genre moléculaire est une *Histoire de Beverly* (1), petite ville de la Nouvelle-Angleterre, avec gravures, plans, cartes, biographies, etc. On ne se serait guère douté que cette honnête petite ville eût possédé deux cent trois grands hommes inconnus. Les États-Unis, qui manquent de souvenirs féodaux et par conséquent d'histoire, dont l'âge héroïque est d'avant-hier, prêtent de l'intérêt à des minuties qui n'ont pas même le douteux prestige des curiosités antiques et le charme mélancolique qui s'attache aux débris du passé.

Plus loin encore que Beverly, Halifax, capitale de la Nouvelle-Écosse, ville complétement étrangère aux habitudes littéraires, s'est piquée d'honneur. L'horloger *Samuel Slick* (2) s'est constitué l'Addison de cette partie obscure et lointaine des domaines britanniques. L'Amérique anglaise commence à élever des prétentions. Trois volumes intitulés *Littérature coloniale*, par G. E. Young (Halifax), témoignent de ces désirs. M. Young répète ce

(1) *History of Beverly, civil and ecclesiastical, from its settlement*, by Edwin M. Stone; 1842.

(2) Voyez plus bas, le MARCHAND D'HORLOGES.

que Blair, La Harpe et Batteux nous ont dit trop souvent. Les vieilles sociétés seules sont fécondes en philosophie et en critique; on dirait que ces livres, qui viennent de si loin, ont été pensés, écrits et imprimés dans une ville de province, soit en Angleterre, soit en France. Il y a quelque curiosité, quant aux faits, dans un volume intitulé *Huit mois dans l'Illinois*, par William Olivier (1), ouvrage peu ambitieux, sorti de la plume d'un ouvrier du Roxburghshire, et imprimé dans l'Illinois même. Parti pour ces climats lointains afin d'y établir sa famille, l'auteur donne à ses compatriotes les conseils nécessaires à leur émigration future. On a sous les yeux un état de société qui germe à peine, un pays à peine habité, de grandes prairies basses et couvertes d'eau, la culture pénible d'un sol inaccoutumé à la charrue, et les efforts de la colonisation dans ces lointains parages, détails curieux et neufs qui intéressent jusqu'à l'émotion.

L'Amérique republie, pour onze sous, tous les romans que l'Angleterre édite pour trente francs. Les images du *Pictorial* servent à des clichés qui passent l'Atlantique, et vont assouvir la faim littéraire des *settlers* et des *Ojibbeways*. Chaque État de l'Union aura bientôt son histoire en dix volumes; les lettres de Washington, d'une extrême sagesse et d'une égale insignifiance, remplissent six volumes; Franklin en avait déjà fourni dix; Jefferson et Quincy-Adams vont être exploités de même sorte.

Ce ne sont donc pas les volumes qui manquent. Le globe en est couvert. Bientôt les forêts manqueront, et l'on élèvera des pyramides de livres dont on ne saura que faire. Un esprit bizarre et supérieur, le *philosophe inconnu*, autre-

(1) *Eight Months in Illinois*, etc., 1843.

ment dit Saint-Martin, demandait comment on ferait pour se tirer, dans deux mille ans, de cet océan de livres qui répètent les mêmes idées avec une légère variation de nuances. Il proposait, dans une de ses œuvres les plus étranges et les moins connues, le procédé burlesque et facétieux que voici : « Réduire en pâte tous les livres existants, nourrir avec cette bouillie encyclopédique la jeunesse et l'enfance, et charger du rôle de nourrices les beaux esprits et les savants, auxquels une superbe cuiller d'honneur serait consacrée, selon le grade qu'ils obtiendraient dans cette nouvelle université ; cuiller d'argent, cuiller de vermeil, cuiller d'or ; — le dernier titre serait celui de *grand'cuiller* (1). »

L'état intellectuel et typographique du monde donne quelque sens à cette facétie contenue dans l'œuvre satirique et fantastique de Saint-Martin. Déjà la pâte littéraire semble se pétrir d'avance. Tout le monde écrit de la même encre, et dans quelques trois cents ans Dieu sait avec quelle joie et quel amour on recueillera le peu de livres, si petits qu'ils soient, qui auront un caractère spécial et qui sembleront nés d'un cerveau humain, non d'un mécanisme matériel. L'originalité, l'*humour*, la poésie manquent de tous côtés.

Aujourd'hui, en France comme en Amérique et en Angleterre, les hommes supérieurs qui prétendent aux grands honneurs craignent de se montrer humoristes. Il n'y a guère que deux ou trois téméraires qui osent encore rêver, méditer, ne pas dogmatiser éternellement, se livrer au caprice, errer dans les fleurs de la pensée et jouir de la liberté. Toute l'Amérique ne possède pas un humoriste, l'Angleterre ne compte que Carlyle. Cependant les vrais hommes sérieux, ceux dont la pensée est puissante ne se refusent pas le caprice, comme les tempéraments forts ris-

(1) *Crocodile*, liv. V.

quent une course à cheval, trop longue, trop vive et sous le soleil, redoutée des maladifs et des chétifs.

J'ai peu de foi dans les gravités excessives et dans les modérations de tempérament. Je me défie de ces dames si vertueuses, qui marchent éternellement roides, craignent le froncement d'un pli au bas de leurs robes, et n'osent pas lire Molière à quarante ans.

LE GÉNÉRAL ARNOLD.

DOCUMENTS RELATIFS AU MAJOR ANDRÉ ET AU GÉNÉRAL ARNOLD.

Consulter : — The Correspondence of Washington.
               Bancroft, Histoire des États-Unis.
               Emerson, Essays.

UN INCIDENT TRAGIQUE

DE LA

GUERRE DE L'INDÉPENDANCE.

Le roman de passion et d'imagination manque à la littérature américaine, nous avons dit pourquoi (1). Les siècles et le passé, non la grandeur ou la singularité dramatiques font défaut à l'histoire des États-Unis.

Dès les premiers temps de la guerre de l'indépendance, vous trouvez dans les journaux de l'époque le récit de l'aventure la plus touchante qui fut jamais : l'histoire du malheureux major anglais, André, qui, pénétrant dans les lignes américaines, trama de concert avec un des généraux de l'Union un complot contre la jeune république. Livrer au roi d'Angleterre une position forte qui aurait pu décider du sort de la campagne, tel était le plan d'Arnold : le traître fut sauvé, l'innocent périt. Arnold, général américain, mourut tranquille et méprisé ; André, qui avait voulu servir son pays et qui était resté fidèle à sa bannière, fut condamné à mort et pendu.

Bénédict Arnold, descendant de l'une des familles coloniales les plus estimées, a laissé un nom en exécration en Amérique. Second fils de Bénédict Arnold, riche négociant de Norwich dans le Connecticut, il donna de bonne heure des indices du caractère qui devait marquer toute sa vie. Sournois, irritable, implacable, cherchant ses jouis-

(1) V. plus haut, p. 5.

sances dans le mal, d'un égoïsme que rien ne pouvait fléchir et que le blâme ou le mépris n'épouvantaient pas; il ne sympathisait (disaient naguère les habitants du pays) ni avec le bonheur ni avec la joie de ses semblables. Les anecdotes minutieuses que l'on s'est plu à recueillir sur son compte depuis l'époque où ce nom, auparavant obscur s'est environné d'une célébrité fatale, révèlent la mauvaise nature d'une âme étrange et peu commune. Sa mère, ne sachant que faire de lui, le mit en apprentissage chez deux pharmaciens associés, nommés Lathrop. Son plaisir était de semer dans la rue qui conduisait à une école des fragments de vitres et de bocaux brisés, afin que les enfants, passant par là, se déchirassent les pieds. Lui, debout sur la devanture de la boutique, il les regardait en riant. Si dès cette époque il jouissait des souffrances de ses camarades, il ne s'épargnait point les fatigues et les dangers de l'audace la plus téméraire. Souvent on le voyait se suspendre aux roues d'un moulin à eau, en suivre l'évolution et plonger dans l'onde écumante pour reparaître aux rayons du soleil.

Une situation étroite et paisible ne pouvait convenir à cette organisation violente. Dégoûté de tout ce qui l'entourait, détesté de ses camarades et de ses supérieurs, il s'enrôla dans la milice et partit à seize ans sans avertir personne. Sa mère était veuve; la douleur que lui causa la disparition de son fils fut vive, et elle alla supplier le ministre de l'église presbytérienne à laquelle elle appartenait, d'intercéder en sa faveur, et de lui rendre son fils. On parvint à rompre son engagement, et le jeune Arnold fut reconduit chez sa mère. Il la quitta de nouveau un an après, rejoignit l'armée, se trouva en garnison tour-à-tour à Ticonderoga et dans d'autres forteresses des frontières;

puis fatigué d'une vie régulière dont la discipline l'astreignait à des lois trop dures, il revint à Norwich, où MM. Lathrop accueillirent de nouveau le déserteur. Cependant sa mère, femme d'esprit et de cœur, devinait la destinée de Bénédict; elle mourut vivement affligée par ces prévisions d'une âme maternelle; heureuse peut-être de mourir sans assister au spectacle de cette carrière d'ambition sans gloire, de témérité sans honneur et d'immoralité que devait couronner l'infamie.

A peine eut-il perdu sa mère, Arnold s'établit en qualité de pharmacien à New-Haven et se lança dans les entreprises hasardeuses que son activité et son audace appelaient avec impatience. Il acheta des navires, se chargea de transporter aux Indes occidentales des marchandises, des chevaux, du mobilier; souleva partout une nuée d'ennemis que justifiaient son humeur impérieuse et son iniquité naturelle; se battit en duel avec un Français, et finit sa carrière commerciale par une banqueroute qui imprima sur sa réputation une flétrissure odieuse. A peine cette banqueroute était-elle déclarée, il rentra dans les affaires et se fit remarquer comme auparavant par sa violence, son mépris de toute justice, ses démêlés perpétuels avec les hommes qui avaient des rapports avec lui et son impudente déloyauté.

Arnold avait les qualités de ses vices, son courage égalait sa violence. Un jour qu'il conduisait vers le navire où il devait les embarquer une troupe de bœufs, de chevaux et de taureaux, un taureau presque sauvage, effrayé peut-être par le bruit de la marée, quitta tout-à-coup ses camarades, et se mit à fuir le long du rivage. Arnold monte à cheval, poursuit le taureau, le rattrape, descend, saisit l'animal furieux par les narines et le contraint à le suivre jusqu'au vaisseau. Si la vertu morale eût égalé le courage d'Arnold, il eût honoré sa patrie ; mais la force brutale régnait seule dans cette âme. Arnold ne fut qu'un brigand hardi et rusé.

La révolution éclate et tous les citoyens se lèvent. En 1775, Arnold, commandant une compagnie des gardes du gouverneur organisée à New-Haven, se trouvait à la tête de cinquante-huit hommes. La bataille de Lexington donna le signal de l'indépendance ; à peine cette nouvelle fut-elle parvenue à New-Haven, toutes les cloches sonnèrent, et Arnold, dont cet événement flattait le courage et les espérances, rassembla le peuple sur la pelouse de la promenade, lui adressa une de ces harangues patriotiques qui sont à l'usage des ambitieux et commanda le mouvement révolutionnaire de sa contrée. Pour se procurer des armes, il fallut menacer les magistrats de briser les portes des magasins et s'emparer de ces armes. On se porta rapidement à Cambridge, rendez-vous général des milices américaines. Arnold savait qu'un plan avait été formé par quelques citoyens de Hartford, pour surprendre Ticonderoga ; il n'ignorait aucun des détails de ce plan. S'emparant d'une idée qui n'était pas à lui, il se présenta au comité général de Massachussetts, en développa les dispositions avec beaucoup de chaleur et de force, fit valoir les ressources dont il disposait, les moyens qu'il voulait employer, et reçut le 3 mai le titre de colonel, avec la commission de recruter dans les provinces occidentales les hommes nécessaires à son expédition. Il devait laisser une petite garnison à Ticonderoga, dès que cette forteresse serait prise, puis amener à Cambridge tous les canons et tous les mortiers dont il se serait rendu maître.

L'armée américaine avait le plus grand besoin de ces secours. Mais l'ardeur du nouveau colonel, son ambition et ses espérances se trouvèrent singulièrement déçues, lorsqu'il apprit qu'on l'avait devancé. Les montagnards du Berkshire, les hommes du Connecticut et les soldats du général Easton, s'étaient déjà mis en marche vers le lac Champlain, pour surprendre Ticonderoga. L'audace d'Arnold triompha de tout : accompagné d'un seul domestique, et n'ayant pas encore eu le temps d'assembler des recrues, il se présenta au quartier-général, exhiba ses papiers et réclama le commandement des troupes. Cette prétention, qui résultait d'une fraude et qui s'appuyait sur une usurpation, eut peu de succès. Arnold profitant des renseignements qu'il s'était procurés et du plan dont il avait pénétré le secret, espérait devenir chef de l'expédition; on se révolta contre cette espérance. Les montagnards qui formaient la majorité des troupes étaient trop attachés à leur commandant Ethan-Allen, pour souffrir qu'on lui enlevât une part de sa gloire, une portion de son autorité : tous les soldats se refusèrent à suivre le nouveau chef. La garnison se rendit avec armes et bagages; et Arnold entra dans le fort presque en même temps que le commandant Ethan-Allen, comme s'il eût voulu rappeler ainsi les prétentions et réclamer le titre arrachés à sa vanité blessée. A peine le succès eut-il couronné l'expédition, il renouvela ses tentatives; « Il était, disait-il, le seul officier auquel on dût obéir, le seul qui eût un titre légal à faire valoir. » Une résolution solennelle du grand conseil de Massachussetts confirma le commandement d'Ethan-Allen.

L'inquiétude, le besoin d'action et la soif du pouvoir qui dévoraient Arnold se déployèrent de nouveau. Il protesta contre la décision du conseil, adressa une plainte en forme à la législature de Massachussetts, réunit environ cinquante hommes, créa deux capitaines, s'empara d'un schooner, l'équipa; descendit le lac jusqu'à Saint-Dean, surprit la garnison, fit douze prisonniers, brûla cinq bateaux anglais, s'empara de quatre autres, confisqua tout ce qui se trouvait dans le fort et revint avec ces dépouilles à Ticonderoga. Il rencontra sur son passage le colonel Ethan-Allen, qui avait eu l'idée de la même expédition, mais dont les mouvements avaient été moins rapides, et qui n'avait pas même aperçu de loin le fort que son rival venait de prendre.

Le commencement d'une révolution favorisait l'audace et l'ambition d'Arnold. Le plus brave et le plus hardi, en de telles circonstances, n'attend pas que le pouvoir lui soit donné ; il s'en empare. Il plut au capitaine Arnold de se créer amiral de la flottille du lac Champlain. Avec cent cinquante hommes, un schooner, un sloop et vingt ou trente bateaux, il prit position près de Crown-Point, nomma des capitaines, arma des navires, et disposa en maître des ressources qu'il s'était attribuées. Ces efforts en faveur de la liberté nationale étaient peu appréciés de ses concitoyens. On était surtout blessé de son arrogance impétueuse, de son mépris pour la discipline et des moyens impudents qu'il employait pour acquérir le pouvoir. Aux États-Unis la probité civile a toujours été plus estimée que le pouvoir militaire. De nombreuses plaintes adressées aux magistratures représentèrent Arnold comme un usurpateur audacieux, un homme sans scrupule, sacrifiant les intérêts publics à son intérêt; avide, sans principes, et que rien n'arrêtait. Depuis cette époque, on n'accorda plus aux sollicitations d'Arnold, que des réponses froides et presque dédaigneuses. Le ressentiment et l'amertume germèrent dans cette âme vindicative. Le Massachussetts et le Connecticut, qui se disputaient l'honneur de garder les postes conquis, arrangèrent leurs différends, et s'entendirent pour placer sous les ordres d'un seul et même officier, nommé par le Massachussetts, les troupes destinées à cette expédition et envoyées par le Connecticut. Arnold voyait ainsi toutes ses prétentions déçues, toutes ses espérances frustrées.

Alors son active énergie conçut un autre plan qu'il ne tarda pas à soumettre au gouvernement fédéral. Depuis longtemps il avait des rapports avec le Canada, dont il connaissait bien les localités. Cinq cent cinquante hommes seulement de troupes anglaises commandés par le général Carleton étaient disséminés dans différents postes. Arnold, lié avec plusieurs personnes domiciliées à Montréal et à Québec, entretenait des relations avec elles; il demanda deux mille hommes pour accomplir la conquête du Canada. Non-seulement ses ouvertures furent accueillies avec froideur; mais trois membres de la législature de Massachussetts furent chargés de demander au commandant Arnold compte des munitions, des bagages, des armes dont il s'était emparé et de soumettre à la plus exacte révision tous ses actes et ses déboursés! Lui qui avait espéré voiler sous l'apparence de l'intérêt public, les illégalités qu'il commettait et les usurpations auxquelles le poussait son caractère, lui qui avait espéré tout conquérir par la force! il traita sans respect et sans ménagement les membres de ce comité d'enquête.

« Qui m'accuse? leur demanda-t-il. Pourquoi venez-vous examiner ma conduite? Vos investigations présupposent des soupçons injurieux que rien ne justifie. Quant à ma capacité, elle est prouvée; ne m'a-t-on pas jugé digne du titre dont j'ai été investi? J'ai déboursé pour le service public une somme de plus de mille livres sterling; j'ai pris des engagements onéreux. Je ne me soumettrai pas à l'humiliation de laisser un officier plus jeune que moi prendre ma place. Je donne ma démission. » Elle fut acceptée. De retour à Cambridge, Arnold obtint le paiement des sommes qu'il prétendait avoir déboursées; mais plus d'un soupçon fâcheux l'atteignit.

Ce fut alors que le génie sagace de Washington essaya d'employer les talents militaires d'Arnold. Cette espèce d'héroïsme aventureux qui le distinguait ne devait pas rester inactif. Pendant que le général américain Schuyler faisait une incursion armée dans le Canada, Arnold, à la tête de onze cents hommes effectifs, remonta la rivière de Kennebec, et, traversant le désert de l'Est, se dirigea vers Québec. L'expédition était dangereuse; il fallait remonter un courant impétueux et faire pénétrer plus d'un millier d'hommes avec leurs armes et leurs bagages à travers une contrée sauvage, désolée, sans ressources, entrecoupée de cataractes et de rapides torrents. Si Arnold ménagea peu les fatigues et la vie de ses soldats, du moins ne manqua-t-il pas de dextérité, de prévoyance et d'audace. Il s'était procuré le journal manuscrit d'un officier français nommé Montrésor, qui, quinze années auparavant, avait parcouru la même route. Les provisions étaient en petit nombre; on ne pouvait avancer sans une extrême fatigue; partout on rencontrait des Indiens hostiles; il fallait marcher dans l'eau jusqu'aux genoux, en portant de lourds bagages. Arnold écrivit à Washington : « Vous nous prendriez pour des animaux amphibies, tant il faut passer d'heures et dépenser d'efforts pour lutter contre les eaux. » Ces obstacles n'arrêtent pas la persévérante activité d'Arnold; sept de ses bateaux périssent avec tous leurs bagages; mais il franchit le Saint-Laurent, malgré une frégate et un sloop anglais qui stationnaient pour intercepter le passage ; puis, gravissant le précipice de la Pointe-Lévy, la petite troupe d'Arnold se trouva en face de Québec.

Courage, résolution, prévoyance, lutte obstinée contre les obstacles : voilà ce qu'on doit admirer dans la conduite de ce chef qui, avant d'être un infâme, fut un héros. Cependant sa jonction avec Schuyler n'était pas opérée. Des troupes fraîches étaient arrivées de Sorel et de Terre-Neuve à Québec : dix-huit cents hommes défendaient la ville. Les dispositions des habitants étaient-elles favorables aux Américains ? On en doutait. Arnold, s'avisant d'un expédient singulier, fit ranger sa troupe en bataille en face des murailles ; trois fois les acclamations des soldats appelèrent l'attention des habitants. Il espérait que la garnison, ouvrant les portes de la ville pour faire une sortie, laisserait le champ libre aux citoyens qui se mêleraient aux troupes assaillantes ; erreur. Les portes ne s'ouvrirent pas, et l'on ne répondit qu'à coups de canon. Les habitants de Québec n'avaient pas vu sans épouvante ce phénomène singulier : un corps de troupes réglées, arrivant du désert ; phénomène que l'imagination grossissait, et dans lequel leur superstition voyait une preuve signalée de la vengeance divine.

Mais la terreur inspirée par les *hommes de fer*, comme on les appelait, ne dura pas longtemps, les Quebeckiens se rassurèrent. En effet toutes les cartouches de la petite armée étaient mouillées, la plupart des armes hors de service. Il fallut se replier vers la Pointe-aux-Trembles et attendre l'arrivée du général américain Montgomery, qui se trouvait à Montréal. La mort de Léonidas, si vantée par l'héroïque antiquité, n'atteste pas un dévouement plus beau et plus complet que celui du général américain. Nous n'entrerons pas dans le détail circonstancié de cette attaque; c'est de la vie et des actes du général Arnold qu'il s'agit. Pendant qu'une balle atteignait ce dernier à la jambe, le général Montgomery périssait près du cap Diamant. Trois ou quatre cents Américains restaient prisonniers : huit cents hommes seulement, en comptant le régiment canadien de Livingston qui venait de se rallier aux troupes américaines, obéirent à Arnold qui, malgré la rigueur de l'hiver, s'obstina à bloquer la ville. La neige tombait à flots pressés; les assiégeants manquaient de tout, et si les Canadiens eussent voulu mettre la moindre vivacité dans leur attaque, rien n'eût été plus facile que de détruire cette petite troupe.

Arnold, tout en suscitant par sa hauteur et ses mauvais procédés l'irritation des soldats, avait montré quelques-unes des qualités du chef d'armée : de l'énergie et de l'audace. Le Congrès le nomma brigadier-général et lui envoya de nouvelles troupes, approvisionnées de tout ce qui était nécessaire contre un climat glacé. On construisit des remparts de glace avec de la neige que l'on pétrit en forme de muraille et sur laquelle on versa de l'eau qui, saisie par le froid, devint dure comme la pierre.

Certes si l'on ne considère que la bravoure et l'habileté, Arnold avait bien mérité de la patrie. Mais partout où il se trouvait, on se plaignait à juste titre du peu de sûreté de son commerce et de sa déloyauté dans les transactions. Commandant en chef le siége de Québec, il est obligé de se démettre de ce commandement; à Montréal, il frappe des réquisitions illégales, et le général Gates, sans l'excuser, déclare seulement que, par son intrépidité et son adresse, cet homme a su devenir nécessaire. Le major Brown accuse publiquement Arnold de vol et de prévarication; et Arnold, exposé à tant d'attaques, devenu un objet de haine pour ses compatriotes et ses camarades, ne cherche pas à provoquer un examen public de sa conduite. La force et le succès étaient tout ce qu'il semblait chercher; sa gloire et sa fortune lui paraissaient devoir grandir au milieu de la haine publique. Son dédain pour les hommes, son indifférence de l'opinion, sa misanthropie amère devenaient plus intenses à mesure que ses propres fautes aggravaient l'animosité de ses concitoyens; mais le général en chef protégeait cet homme d'exécution, dont on reconnaissait l'utilité dans des circonstances si critiques.

Il s'agissait alors d'arrêter les mouvements des troupes anglaises sur le Champlain, et d'armer une flottille à cet effet. Un sloop, trois schooners et cinq gondoles se réunissent à Crown-Point sous le commandement d'Arnold. L'unique instruction qu'il eût reçue, c'était de ne pas dépasser l'île aux Tertres et de stationner dans un détroit fort resserré où les eaux sont captives avant d'aboutir au lac : là le général devait se tenir sur la défensive et repousser toute agression. Parvenu à Windmill-Point, il trouva l'île aux Tertres déjà occupée par l'ennemi. Arnold s'arrête à Windmill-Point et dispose ses vaisseaux en ligne à travers le lac, pour arrêter le passage de toutes les troupes ennemies qui pourraient se présenter. Peu de jours après, ceux de ses soldats qu'il avait envoyés à terre furent attaqués par une troupe d'Indiens, et Arnold sentit la nécessité de choisir un autre poste d'où il lui fût possible d'exercer sur l'ennemi une exacte surveillance, sans être inquiété. Il alla jeter l'ancre, d'abord huit milles plus bas, près de l'île Lamotte, puis entre l'île Valcourt et la rive occidentale du lac. Il avait reçu des renforts; son escadre se composait de trois schooners, de deux sloops, de trois galères et de huit gondoles. Bientôt la flotte ennemie se mit en marche et les vedettes annoncèrent que l'on découvrait au loin un vaisseau à trois mâts, deux schooners, un radeau, deux gondoles, vingt chaloupes canonnières, quatre bateaux plats et quarante-quatre autres bateaux d'approvisionnements. Les vaisseaux anglais portaient sept cents hommes ; une telle inégalité de forces promettait peu de succès aux Américains, qui n'avaient pour eux que leur bravoure et leur position. L'action fut chaude ; malgré leur supériorité, les Anglais, après avoir nourri un feu très-vif, de midi à cinq heures, quittèrent le combat. Arnold était resté à bord de la galère le *Congrès*, qui avait beaucoup souffert et qui, le grand mât fracassé et tous les agrès détruits, traînant à peine son débris mutilé, faisait eau de toutes parts. La galère *Washington* n'était pas en meilleur état : son premier lieutenant avait péri ; son maître et son capitaine étaient blessés. L'une des gondoles avait disparu ; l'autre avait perdu tout son équipage. Faute de canonniers, Arnold avait pointé lui-même les canons du schooner ; le nombre des blessés et des morts était effrayant ; mais on s'était défendu avec honneur. Les officiers, réunis en conseil, déclarèrent que la prudence ordonnait de se replier sur Crown-Point. Encore fallait-il échapper à la ligne de vaisseaux anglais qui occupait tout l'espace situé entre l'île et le milieu du lac. Les ténèbres et une brise nord favorisèrent cette manœuvre hardie ; avant l'aurore, la galère mutilée d'Arnold, servant d'arrière-garde à la flotille américaine désemparée, avait traversé toute la ligne anglaise, remonté le lac jusqu'à douze milles au-dessus du lieu du combat, et mouillait à l'île Schuyler.

Les navires anglais avaient moins souffert. Le lendemain matin, le général Carleton, mettant toutes voiles dehors atteignait la galère *Washington*, qui, après une courageuse défense, finit par se rendre. La galère le *Congrès*, montée par Arnold, soutint, pendant quatre heures consécutives, avec le plus héroïque courage, le feu d'un vaisseau de dix-huit canons, d'un schooner de quatorze et d'un autre de douze. Ce n'était plus qu'une carcasse noircie, qui flottait au hasard et sans guide. Sept embarcations ennemies assiégeaient la galère ruinée ; Arnold ne perdit pas courage, fit pénétrer dans une crique son navire et les quatre gondoles qui lui restaient, les échoua et y mit le feu. Pendant que les hommes placés sous ses ordres, le mousquet à la main, toujours inquiétant l'ennemi de leur feu, se jetaient à l'eau, Arnold, le dernier sur la galère, attendait le moment où l'incendie serait assez complet pour lui permettre de se retirer. Il quitta enfin son poste et alla rejoindre ses hommes qui, postés sur le rivage, après y avoir planté le drapeau américain, semblaient défier encore l'ennemi, qui avait désemparé le navire. La petite flottille était en flammes ; la mousqueterie ne cessait de retentir ; et cette retraite honorable pouvait passer encore pour une victoire. Depuis le commencement jusqu'à la fin de l'action, Arnold avait déployé un courage incontestable.

Après tout, c'était une défaite : Arnold traversa les bois, revint à Crown-Point avec ce qui lui restait d'hommes, échappa heureusement à de nombreuses embuscades d'Indiens et arriva le soir même à Ticonderoga, où il trouva le reste de sa flotte. L'entreprise avait manqué ; mais était-ce la faute d'Arnold ? Pouvait-elle, devait-elle réussir ? N'était-ce pas assez de prouver aux troupes anglaises la bravoure et l'énergie des Américains? assez, de leur montrer que la nouvelle république ne se laissait effrayer par aucun péril? L'intérêt populaire ne s'y trompa pas; la réputation d'Arnold augmenta. Sans conquérir l'estime dont les défauts de son caractère le privaient et l'affection qu'il avait toujours dédaignée, il s'éleva dans l'armée à un degré de considération que méritaient en effet sa bravoure aventureuse et sa fière résistance aux obstacles de la nature et du sort. Il avait contribué à relever les espérances et à raviver l'enthousiasme de ses compatriotes; et sa carrière eût été brillante dès-lors, s'il eût pu vaincre les préjugés répandus contre sa probité et sa loyauté de soldat.

Washington, dont l'intelligence élevée comprenait toute l'importance des hommes audacieux et violents tels qu'Arnold, le protégea contre ses ennemis; mais il ne pouvait effacer les traces de plusieurs actes imprudents, inconvenants ou coupables, dont le public gardait le souvenir. En février 1777, Arnold, qui depuis l'expédition du Canada avait, suivant les ordres de Washington, stationné à Rhode-Island, eut la douleur de voir cinq nouveaux majors-généraux, tous ayant moins de service que lui, promus par le Congrès. La peine qu'il ressentit fut amère : comme militaire, il avait droit de réclamer contre une évidente injustice; comme homme, il avait éveillé la méfiance, semé les inimitiés et n'avait pas échappé aux soupçons les plus injurieux pour son honneur.

Alors une imputation d'immoralité était fatale; la gloire militaire ne lavait pas cette souillure, que les mœurs puritaines punissent comme trois fois infâme. Il se plaignit. L'accent d'Arnold outragé fut calme; et ce calme témoignait une profondeur de ressentiment extraordinaire. Il ne se souvenait plus que de ses sacrifices; il reprochait à sa patrie ingrate l'oubli de ses services passés ; il devenait à ses propres yeux le Coriolan de l'Amérique septentrionale. Washington devina la portée d'un tel ressentiment, les résultats possibles d'une telle colère. Sa politique prévoyante ne voulut pas laisser au milieu des troubles de l'Amérique ce germe fatal; il écrivit à Arnold pour le calmer, fit des démarches auprès du Congrès, et n'obtint que des réponses évasives. Arnold sollicitait un comité d'enquête, auquel il proposait de soumettre sa conduite, lorsqu'une occasion de prouesses brillantes s'offrit à lui ; il la saisit avec empressement. Les troupes anglaises commandées par Tryon avaient débarqué à Campo, près de Fairfield, brûlé la ville de Banbury et détruit les magasins de cette place forte. Arnold l'apprend, se joint aux généraux Sillyman et Wooster, marche avec eux contre Tryon, se charge du commandement d'une division de cinq cents hommes, construit une barricade sur la route de Rigfield et la défend avec un courage vraiment héroïque. Les Anglais gagnent les hauteurs environnantes, d'où ils lancent sur leurs ennemis une grêle de balles. Le cheval d'Arnold est tué ; le cavalier ne tombe pas; encore en selle sur son cheval mort, il voit arriver à lui un soldat, la baïonnette en avant; il l'attend, le tue d'un coup de pistolet et quitte la selle pour rallier ses troupes. Deux autres chevaux furent tués sous lui dans cette affaire, et il montra le sang-froid le plus merveilleux et le plus noble courage. Il fallut bien que le Congrès se rendît à tant de preuves de valeur. Arnold fut créé major-général ; mais son rang de nomination resta le même ; il ne passa qu'après les cinq majors de la dernière promotion. C'était à la fois un honneur et un blâme, une promotion et une dégradation. Arnold ne se crut obligé à aucune reconnaissance envers ceux qui le flétrissaient en l'honorant.

Ainsi s'accumulaient dans le cœur d'Arnold les causes de mécontentement et de haine. En vain Washington, pour apaiser cette irritation, lui donna-t-il le commandement important des troupes stationnées sur la rivière du Nord ; il refusa, et vint à Philadelphie solliciter la formation de ce comité d'enquête qu'il avait provoqué avec instance et qui lui fut refusé : le comité de la guerre déclara seulement que la conduite du général Arnold lui semblait parfaitement pure et honorable ; mais cette justice ostensible cachait une secrète inimitié qui blessait d'autant plus Arnold, qu'il lui devenait impossible de l'atteindre et de la combattre. Il se plaignit hautement et finit par présenter au Congrès les comptes de ses dépenses, qui offraient un total considérable pour lequel il se constituait créancier de l'État. Liberté complète avait été laissée aux administrations et aux généraux de la nouvelle république. Arnold s'était trouvé à la fois, comme beaucoup d'autres, commissaire des guerres, général et payeur. Cette irrégularité dépendait des circonstances ; mais ce que l'on ne pouvait expliquer, c'était l'énormité de la créance réclamée par Arnold, créance qui ne se trouvait d'accord ni avec ses ressources antérieures, ni avec la situation du pays. Où et comment avait-il pu se procurer les sommes qu'il prétendait avoir déboursées? Son crédit ne les eût pas obtenues, et il n'en justifiait pas l'emploi. Voulait-il, par une vengeance ignoble, punir son pays en le volant? Prétendait-il s'indemniser lui-même des injustices dont il se plaignait? Regardait-il le pillage de l'État comme une conséquence nécessaire et naturelle de cette crise violente? Enfin son patriotisme n'était-il que le voile d'une rapacité sans pudeur? Quoi qu'il en soit, l'examen de ses registres et de ses comptes augmenta la défiance qu'il avait inspirée à ses concitoyens. Le comité chargé de cette affaire paraissait fort embarrassé et ne se pressait pas de donner son avis. Arnold, plus altier que jamais, insistait pour obtenir une solution et surtout pour reprendre son rang d'ancienneté parmi les nouveaux majors. Ses instances réitérées n'avaient point de succès, et sans doute il aurait rejeté loin de lui le grade qu'on lui offrait et le service militaire, si Washington ne l'avait désigné pour l'armée du Nord qui marchait à la rencontre du général Burgoyne et de sa formidable armée. Arnold, plus capable peut-être d'une générosité éclatante que d'une exacte justice, se rendit à l'appel de Washington, consentit à agir sous le commandement de Saint-Clair, l'un des cinq majors qui lui avaient été préférés, et déclara qu'il attendrait patiemment le jour où l'équité nationale lui offrirait la réparation qui lui était due.

Vers la fin de juillet, Arnold atteignit le fort Édouard et rejoignit le général Schuyler. Les Américains se préparaient à descendre l'Hudson, et, selon les conseils de Kosciusko, à choisir leur campement près de la crique de Meïse. L'armée se composait de deux divisions, dont l'une fut confiée au commandement d'Arnold. Il contribua beaucoup au succès de la campagne par un stratagème qui força les Anglais à lever le siége du fort *Schuyler*, défendu vaillamment, mais prêt à se rendre faute de vivres. Un nommé Cuyler, homme assez riche et considéré dans le pays, avait été employé comme espion par les Anglais, fonctions désastreuses, qui offraient alors aux hommes avides une chance de grands et périlleux bénéfices. Le général anglais Saint-Léger était sur le point de forcer les assiégés à se rendre, et les troupes d'Arnold ne suffisaient pas pour faire une diversion importante. Cuyler, espion des Anglais est saisi et conduit près d'Arnold. Ce dernier lui promet sa grâce, sa vie et une récompense, s'il veut se laisser reprendre par ceux qui l'envoyaient, et, par un rapport exagéré, tromper l'ennemi de l'Amérique. Cuyler y consent. Un sauvage, qui assistait à cet entretien, donna le plan et les détails du stratagème, avec cette finesse de conception et cette adresse de combinaisons qui caractérisent les hommes de sa race. Tout ce qu'il avait prévu arriva. Cuyler fut en effet arrêté par un poste avancé anglais, et sa ruse obtint un succès complet. Un second espion qui le suivit de près confirma son rapport, et le général Saint-Léger ne douta pas qu'un renfort de troupes américaines ne s'apprêtât à le surprendre. Il leva précipitamment le siége, laissant derrière lui une partie de ses bagages et de ses tentes dont Arnold s'empara. Le général Gates, satisfait de la conduite d'Arnold, lui confia le commandement d'un poste important près du gué de Loudan. Bientôt le coteau de Behmus fut témoin d'un engagement considérable, où les troupes, commandées par Arnold donnèrent seules. Par un mouvement de jalousie qu'Arnold ne lui pardonna pas, Gates ne voulut point permettre à ce dernier d'y paraître en personne. Mais les troupes américaines allaient plier, quand Arnold s'élançant au galop s'écria : « Je vais les remettre dans la bonne route, et ce sera bientôt fini ! »

Gates lui dépêche un aide-de-camp qui le ramène. Mécontent et incapable de se modérer, il manifeste hautement sa colère, et bientôt la mésintelligence éclate entre lui et le général. Elle s'accrut encore, lorsque Gates dans son rapport négligea de mentionner Arnold et ses troupes. « Quoi ! s'écria ce dernier, tous les corps de l'armée ont été cités honorablement, et nos divisions qui ont décidé la victoire sont oubliées dans votre rapport! » Gates répondit avec son arrogance accoutumée. Une correspondance assez longue, injurieuse et provocatrice d'une part, altière et violente de l'autre, s'engagea et se termina par la demande que fit Arnold d'obtenir un sauf-conduit, et de retourner près de Washington : elle lui fut accordée.

Mais on s'attendait à une bataille. Quitter l'armée dans ce moment paraissait impossible au chef américain. Il resta sans emploi et sans commandement, plein de courroux, forcé de plier sous l'autorité d'un maître et cherchant tous les moyens possibles de se donner une vengeance et de guérir les blessures faites à son honneur militaire. Le 7 octobre, l'affaire s'engagea de nouveau sur les hauteurs de Behmus. Dès le matin on vit Arnold monter à cheval, parcourir le terrain dans toutes les directions et s'élancer au grand galop vers le champ de bataille. Le major Armstrong reçoit l'ordre de le ramener ; Arnold qui s'aperçoit de ce dessein pique des deux, fait plusieurs crochets dans la plaine, monte la colline, la redescend, fatigue celui qui le poursuit et finit par se jeter dans la mêlée, en dépit des ordres qu'il n'avait pas reçus et qu'il prévoyait. Là sa conduite fut celle d'un fou et d'un héros. Partout où il y avait quelques ordres à donner, partout où le combat était furieux, il dirigeait le mouvement des troupes ; suppléait à l'indolence et à l'inexpérience du général en chef ; remplaçait les officiers morts, choisissait les endroits périlleux, et brandissant son épée, ralliait et conduisait les soldats.

Jamais dans aucune bataille officier n'a joué ce rôle : sans ordre de ses chefs, sans commandement précis, il décida la victoire. Son pays doit à cette fureur indisciplinée le gain de l'une des affaires les plus importantes de la campagne : ce fut lui qui commanda la manœuvre brillante qui termina la journée et décida la défaite de l'ennemi. Il venait d'emporter d'assaut les batteries hessoises, lorsqu'une balle lui traversa la cuisse : on l'emporta blessé grièvement.

Gates lui-même rendit justice à sa bravoure. Le Congrès sollicité par Washington lui accorda le rang qu'Arnold avait si longtemps réclamé ; Washington joignit à l'envoi de ce grade celui d'une lettre honorable et d'une paire d'épaulettes envoyées de France. A Middletown et à New-Haven, les habitants vinrent au-devant d'Arnold et l'accueillirent par de vives démonstrations de joie.

Aussitôt que les troupes anglaises eurent évacué Philadelphie, Washington confia le commandement de cette place à Arnold, en lui transmettant les ordres du Congrès qui prohibaient jusqu'à une certaine époque l'exportation et la vente de toute espèce de marchandises. Arnold exécuta cet ordre avec trop de rigueur. Son irritation n'avait pas seulement pour cause ce qu'il appelait les mépris de son gouvernement et de ses concitoyens, mais l'état de sa fortune compromise par des dépenses extravagantes.

Tantôt il essayait des spéculations hasardeuses, tantôt il parlait d'acheter et d'armer un vaisseau à ses frais. On le craignait ; on ne l'estimait pas.

Le grand conseil de Pensylvanie avait vu avec mécontentement l'autorité arbitraire qu'il s'était arrogée et les usurpations de pouvoir dont il s'était rendu coupable. Au lieu de pallier, il aggrava ses torts par le dédain et l'insolence.

Dénoncé au Congrès et cité devant une cour martiale, sous la prévention d'avoir abusé des deniers publics, fait servir à son usage personnel la propriété des particuliers, et agi illégalement dans plusieurs circonstances, il vit cette affaire qui compromettait son honneur prendre un tour défavorable, malgré les recommandations et la protection de Washington.

Sa défense fut habile et hardie. On a su plus tard tout ce qu'il y avait d'effronterie hypocrite dans sa conduite. Au moment même où il réclamait avec l'indignation la plus vive contre les persécuteurs de son innocence, où il les défiait de prouver leurs imputations, où il faisait valoir le désintéressement et le dévouement de ses sacrifices à la patrie ; — une correspondance secrète le rattachait au parti anglais et il se préparait à la trahison qu'il avait conçue et dont il pressentait non les détails, mais le but. Il fut impossible de trouver les preuves nécessaires pour le condamner sur tous les griefs : on examina longtemps les témoins et les preuves. L'instruction du procès n'était pas encore terminée, lorsque les besoins du service, rappelant sous les drapeaux les membres du tribunal militaire, retardèrent encore le prononcé de la sentence. Arnold fut forcé de rester à Philadelphie, sans commandement, sans titre, sans caractère, malheureux et sombre, et tellement haï, que la populace lui jeta des pierres. Il écrivit au Congrès pour se plaindre de cet outrage ; et par une nouvelle maladresse il en rejeta le crime sur le grand conseil de Pensylvanie, et s'attira ainsi une nouvelle réprimande du Congrès.

Condamné sur deux griefs, absous sur deux autres, il dut se soumettre au blâme officiel du général en chef Washington, qui se conduisit en cette circonstance avec une modération et une sagesse dignes de lui. Rien de plus noble, de plus convenable, de plus habile que les paroles adressées au coupable par Washington :

« Notre profession (lui dit le commandant en chef) est la plus chaste de toutes les professions : l'ombre d'une faute ternit nos actions les plus brillantes. Cette faveur publique si difficile à conquérir peut se perdre par une seule étourderie. Je vous réprimande parce que vous avez oublié que la modération envers vos concitoyens était pour vous un devoir proportionnel à votre bravoure dans le combat, bravoure qui vous a rendu formidable à nos ennemis. Donnez des preuves nouvelles de ces qualités qui vous ont déjà placé au rang de nos généraux les plus distingués. Autant qu'il sera en mon pouvoir, je n'oublierai rien pour vous faire reconquérir l'estime que vous avez autrefois si bien méritée. »

Une âme généreuse aurait été touchée des ménagements de Washington ; le parti d'Arnold était pris. Dès sa jeunesse une haine ardente s'était allumée en lui. Les Américains estimaient trop la probité civile et trop peu la vertu militaire pour qu'il ne leur rendît pas mépris pour mépris et haine pour haine. Ce fut depuis cette époque un duel à mort entre lui et son pays.

On différait toujours le paiement des comptes arriérés qu'il réclamait. Pressé par les circonstances, il s'adressa à M. de la Luzerne, envoyé du roi de France et essaya d'obtenir de lui un secours pécuniaire, promettant ses services au monarque étranger. L'envoyé français répondit que « rarement, les sujets d'un État recevaient les subsides d'un prince étranger sans devenir ou ses espions ou ses esclaves, transaction qui déshonore également celui qui achète et celui qui se vend. » Arnold retira sa demande

Parmi les familles américaines dont le penchant les rattachait à l'ancien ordre de choses et qui gardaient fidélité à l'Angleterre, on remarquait celle d'Édouard Shippen, domicilié à Philadelphie. Shippen, pendant le séjour des troupes anglaises dans cette ville, s'était lié avec plusieurs officiers de cette nation, et, entre autres, avec le major André, jeune homme de la plus belle espérance. La douceur, la grâce, la gaîté du jeune André le faisaient rechercher de ceux qui le connaissaient ; et la jeune fille de M. Shippen, la plus jolie et la plus brillante des filles de Philadelphie à cette époque, entretint avec lui une correspondance qui se continua même après le départ de l'armée anglaise. Arnold, qui se liait volontiers avec tous ceux qui partageaient son ressentiment, fut présenté dans la famille de Shippen. Séduit par la beauté de la jeune fille, il la demanda et l'obtint. Il n'ignora pas longtemps sa correspondance avec le jeune André, et il l'encouragea ; cette correspondance devait lui servir pour communiquer avec l'ennemi. Ce fut sous le couvert des lettres de sa femme et par l'entremise d'André qu'il communiqua aux Anglais la trahison qu'il méditait. Comment se fit-il que le jeune André périt seul, conduit à la mort par son habile adversaire? que le traître Arnold s'échappa ; que toutes les dispositions d'Arnold, tendant à compromettre André, réussirent? Le lecteur appréciera bientôt les détails de ce drame, assez mal compris jusqu'ici.

André n'avait trouvé pendant sa vie que des admirateurs et des amis. Né de parents génevois, élevé à Genève jusqu'à sa seizième année, il avait été envoyé à Londres pour travailler dans une maison de commerce ; son goût pour les arts et la poésie lui rendaient cette situation désagréable. Une jeune personne qu'il aimait et qui le payait de retour, fut mariée par sa famille à un riche banquier ;

André désespéré s'engagea dans les troupes anglaises qui partaient pour l'Amérique. Fait prisonnier dans le Canada, il resta quelques mois entre les mains de ses ennemis et fut échangé contre des prisonniers américains. « Ils m'ont dépouillé de tout, écrivait-il à un de ses amis, et m'ont laissé nu sur le rivage : je n'ai pu garder que le portrait de Léonore peint par moi d'après nature ; encore m'a-t-il fallu le cacher dans ma bouche. Je l'ai conservé et je m'estime heureux. » André était bon peintre et agréable poète. On voit encore à Philadelphie son journal manuscrit où beaucoup de paysages à la plume, d'oiseaux coloriés et d'objets d'histoire naturelle sont expliqués et décrits dans un style plein d'élégance et de chaleur. Sir Henry Clinton le fit passer adjudant-général-major, malgré sa jeunesse et en dépit des réclamations du ministre anglais. Clinton le regardait moins comme un inférieur que comme un ami.

Ce fut, nous l'avons dit, sous le couvert d'André, que la correspondance d'Arnold se soutint pendant dix-huit mois sans exciter de soupçons. Le général en chef anglais qui connaissait le peu de crédit dont Arnold jouissait auprès de ses compatriotes, fit peu d'attention aux avances du traître. Il y pensa plus sérieusement, lorsque ce dernier, malgré la répugnance de Washington, eut été nommé commandant de West-Point, l'un des postes importants de la contrée. La sagacité de Washington s'étonna de ce qu'un homme aussi entreprenant qu'Arnold eût sollicité une situation presque paisible, et qui ne demandait que de la vigilance et peu d'activité.

S'emparer de West-Point, c'était devenir maître de tous les postes qui en dépendaient, de leurs garnisons, de leurs approvisionnements, des canons, des vaisseaux, des bateaux nombreux que les Américains possédaient dans ces parages ; c'était aussi se rendre maître de la navigation de l'Hudson, couper la communication entre les États américains du centre et ceux de l'est, faciliter les rapports de l'armée anglaise avec le Canada, et surtout priver les armées françaises et américaines combinées des secours nécessaires, si l'une et l'autre, comme on le pensait, voulaient tenter un coup de main sur New-York et le préparer en faisant de West-Point un lieu de ralliement et un dépôt de vivres. Après quelque hésitation, Washington data de Peekskill, sur l'Hudson, la nomination d'Arnold au commandement que ce dernier souhaitait, et Arnold se hâta de s'y rendre. Un jour le marquis de Lafayette, qui commandait six bataillons d'élite d'infanterie légère, vit Arnold se présenter à lui. « Je sais, lui dit celui-ci, que vos espions de New-York vous procurent des communications utiles. Si vous les faisiez passer par West-Point, leur voyage serait plus rapide ; confiez-moi leurs noms et leurs adresses, je me chargerai de les protéger. » Lafayette répondit au général américain que les noms de ces personnes ne se confiaient jamais à qui que ce fût, et le pria de l'excuser ; il comprit plus tard le motif qui avait porté Arnold à cette démarche.

André, auquel Clinton accordait toute confiance, lui remettait les lettres écrites par Arnold sous le nom de Gustave, lettres auxquelles André répondait sous le nom d'Anderson. Arnold ne se découvrit pas d'abord, mais se laissa deviner. Lorsque Clinton regarda l'affaire comme suffisamment préparée, il chercha les moyens d'exécution. Arnold demandait à s'aboucher avec un officier qui lui convînt et qui lui inspirât confiance : il indiquait André. Le temps pressait ; Arnold, qui dans sa correspondance employait un style de commerce, destiné à voiler ses desseins, prétendait qu'il ne voulait rien faire sans avoir *réglé les intérêts du capital*. Il voulait que le major André vînt le trouver dans son propre camp, et promettait de le faire passer pour un serviteur secret de la cause américaine. Quel motif pouvait lui dicter une proposition si dangereuse pour André?

Ce dernier refusa.

Une entrevue fut tentée; le feu des chaloupes anglaises canonnières dérangea toutes les dispositions. On songeait aux moyens de réaliser une seconde entrevue, lorsqu'on apprit que le général Washington, en parcourant la ligne, allait passer l'Hudson sur le bateau même d'Arnold. Il fallut différer. *Le Vautour*, navire anglais qui stationnait à peu de distance, dans les eaux de l'Hudson, attendant le succès du complot, attira l'attention de Washington. Le général en chef dirigea sa lorgnette sur ce point, l'y tint longtemps fixée, et parla bas aux personnes qui l'entouraient. On vit Arnold pâlir : — « Vraiment, s'écria M. de Lafayette, qui se trouvait près de Washington, le général Arnold qui correspond avec l'ennemi, devrait nous dire ce que le comte de Guiche est devenu avec son escadre. » C'était une plaisanterie jetée au hasard par M. de Lafayette.

— « Que voulez-vous dire, s'écria Arnold qui se remit bientôt, écouta l'explication de M. de Lafayette et parut calme. Il avait cru le complot découvert.

Le quartier-général d'Arnold se trouvait dans la maison d'un colonel Beverly Robinson, maison qui offrait des facilités pour l'exécution du complot : Beverly, attaché à la cause anglaise, et dont les propriétés avaient été confisquées, désirait vivement que les plans d'Arnold pussent réussir ; on organisa, sous son couvert et sous son nom, une nouvelle correspondance. Il semblait demander au général la permission d'occuper sa maison dont l'état-major s'était emparé; chacune des paroles de ses lettres cachait un sens mystérieux qui ne pouvait compromettre ni Arnold, ni Robinson, et que personne ne saisissait. Dans une de ses réponses à Robinson, qui se trouvait à bord du *Vautour*, le général Arnold indiqua le lieu et le jour de son entrevue avec André. Ce dernier suivit les instructions d'Arnold et se prépara au voyage; Clinton lui recommanda trois choses : de ne pas se déguiser; de ne pas pénétrer dans les lignes américaines, et de ne recevoir d'Arnold aucune espèce de papiers. Ces précautions étaient les plus sages : André ne s'y conforma pas. Pour amener André à l'endroit du rendez-vous, il fallait un homme dévoué; un nommé Smith s'y prêta. Il fut convenu que Smith monterait un bateau, viendrait chercher André à bord du *Vautour* et le conduirait sur un point désert du rivage. Après plusieurs incidents, la plupart nés de la défiance d'Arnold et des embarras graves de la situation, les bateaux de garde américains reçurent l'ordre de laisser passer Smith et ses bateliers.

Tout était tranquille; la nuit était calme; les étoiles brillaient au ciel; une eau doucement agitée emporta le bateau, qui glissa dans le profond silence; rien n'arrêta ou ne suspendit sa marche jusqu'au moment où la proue de la barque vint toucher le flanc droit du navire le *Vautour*. Une voix rauque hèle les nouveaux arrivants, et n'épargne pas les épithètes choisies du langage maritime à ces misérables Américains, qui ne craignent pas d'approcher ainsi de la marine royale. A bord, tout le monde, excepté Robinson et André, ignorait la destination du bateau; on conduisit Smith au capitaine, qui reçut de lui une lettre écrite par Arnold, prudente comme toujours. Les Anglais avaient espéré que, selon sa promesse, Arnold viendrait à bord du *Vautour* conférer avec ses complices; mais le sagace Arnold envoyait à sa place Smith, qui devait ramener Robinson, ou qui le croyait du moins. On dit à Smith que Robinson était malade, et l'on fit paraître, comme devant partir à sa place, André, qui, enveloppé d'une grande redingote, était destiné aux dangers et aux périls de la mission. Tous deux se placèrent dans le bateau ; personne ne les arrêta dans leur route, et ils atteignirent silencieusement Longclove, où Arnold de son côté, s'était rendu à cheval. A peine débarqué, Smith se glisse dans les broussailles, se dirige vers cet endroit, et finit par trouver Arnold dans une obscurité profonde et blotti au milieu d'arbres épais. Smith va rechercher André, le mène près d'Arnold, et les laisse seuls.

Les bateliers dormaient ; Smith mécontent de la défiance qu'on lui montrait, maudissait Arnold et les desseins mystérieux qu'il ne connaissait pas.

Les heures s'écoulent, l'entrevue se prolonge ; Smith va trouver les interlocuteurs et leur dit qu'il est temps de se retirer ; mais on n'est pas encore convenu des faits. Arnold, prolongeant la conversation, a opposé tant de chicanes aux propositions d'André, que rien n'est conclu. Le jour commence à poindre et André est obligé de se cacher dans la maison de Smith ; on se met à table, on déjeune, on examine de nouveau l'affaire.

Arnold demande une somme considérable, André l'accorde ; Clinton veut conclure à tout prix. Le plan d'opération était habilement perfide : il s'agissait d'éparpiller les forces américaines dans des directions différentes et éloignées, de laisser libres et sans défense les routes qui aboutissaient à West-Point, et d'ouvrir ainsi passage aux troupes de Clinton. Afin de rendre l'exécution plus facile, André consentit à se charger de notes, de cartes et d'instructions que lui remit son complice, et qu'André plaça dans ses bas, sous la plante des pieds : il promit de les détruire en cas d'arrestation. L'habit militaire qui se trouvait sous sa redingote pouvait augmenter son danger. Smith, qui croyait André simple citoyen, s'étonnait d'un travestissement si périlleux ; Arnold lui répondit que la vanité du jeune homme en était cause, et que pour se donner un air d'importance, il avait emprunté un habit d'officier. Smith lui prêta un de ses habits bourgeois.

En vain André insistait pour être placé sur un bateau qui le mènerait au *Vautour*, Smith s'y refusa. Arnold prétendit que des obstacles insurmontables s'y opposaient. Il préparait ainsi une double chance ; celle de réussir complétement dans son entreprise, et celle de livrer André à la mort. Tant de prévisions et de profondeur portèrent leurs fruits. André commettait les deux fautes contre lesquelles Clinton avait essayé de le prémunir : il acceptait un déguisement et emportait des papiers qui prouvaient le complot. On se met en route : Smith, connu dans le pays et dont l'humeur joviale plaisait à tous, fait rencontre de plusieurs habitants de la contrée, les amuse de ses bons mots, s'arrête un moment chez un sellier et prend part à la gaîté de quelques marchands attablés autour d'un bol de punch. Rien ne déride le jeune André qu'un triste pressentiment domine. Arrêtés plusieurs fois dans leur route par les patrouilles et les gardes avancées des Américains, l'un et l'autre doivent leur salut à la présence d'esprit de Smith et aux passeports en bonne forme donnés par Arnold ; André se tait ; les questions que lui adresse son guide restent sans réponse. Une patrouille du capitaine américain Boyd les force à faire halte ; ils sont amenés à cet officier qui les retient assez longtemps, les interroge, les avertit que les *garçons vachers* (brigands anglais) infestent les passages qui conduisent aux Plaines-Blanches, et leur conseille de passer la nuit dans la maison d'un nommé Miller dont l'hospitalité peut leur donner asile. On couche sous l'humble toit de Miller; André ne ferme pas l'œil. Au point du jour, on se lève, on part; à peine les lignes américaines sont-elles dépassées, le visage d'André s'éclaircit, son front sombre s'égaie. Il redevient poëte et artiste, il cause, raconte, observe, et fait remarquer à son compagnon les beautés du paysage. C'est le tempérament mobile de l'homme d'imagination; sa vie est un drame et ses sensations ont une activité double. Près du pont du Pin, Smith fait ses adieux à André, partage avec lui le papier-monnaie dont il dispose, le quitte, et retournant près de sa famille, qu'il avait laissée à Peekskill, finit par aller rendre compte de son voyage au général Arnold.

Le territoire neutre qui conduisait aux Plaines-Blanches était infesté par des hordes de brigands, nées de la guerre civile. Elles feignaient d'appartenir aux deux partis. Les uns sous le nom de *vachers* anglais, les autres sous celui d'*écorcheurs* américains, ne songeant qu'au pillage, se liguant quelquefois pour assurer leurs bénéfices, faisant semblant de se livrer bataille pour mieux jouer leur rôle, désolaient la contrée. André qui n'ignorait pas ces circonstances, se trouva bientôt en face de l'embranchement de deux routes dont l'une et l'autre aboutissaient aux Plaines-Blanches. Celle de droite était le domaine particulier des *vachers* prétendus anglais; à ce titre, elle lui sembla préférable. Ce fut ce qui le perdit. Le matin même de ce jour, sept Américains, fermiers, marchands et bourgeois avaient formé le projet de stationner aux environs de cette route dont les *vachers* s'étaient rendus maîtres, et de faire main basse sur toutes les personnes suspectes qui viendraient à passer. Quatre de ces sentinelles volontaires prirent position au sommet d'une colline d'où l'on découvrait un vaste horizon. André s'avançait paisiblement et se félicitait d'avoir triomphé de tant d'obstacles. Sous sa vieille redingote usée brillait l'habit rouge du fermier-gentilhomme que Smith lui avait prêté; habit serré sur la taille et dont les boutonnières ornées d'un passepoil d'or étincelaient au soleil. Un chapeau rond et pointu aux larges bords et un pantalon de nankin complétaient son costume.

« Paulding ! cria l'un des surveillants, voici un gentilhomme qui s'approche ; si vous ne le reconnaissez pas, arrêtons-le ! »

Paulding était un fermier d'une quarantaine d'années, homme de résolution, qui descendit aussitôt, prit le cheval d'André par la bride, plaça son mousquet sur la poitrine du voyageur et lui dit :

« — Où allez-vous?

— Messieurs, s'écria étourdiment André, qui les prenait pour des *vachers* anglais : nous sommes du même parti.

— Quel parti ?

— Celui des *vachers*.

— Ah ! vraiment?

— Je suis officier anglais et chargé d'une mission urgente. »

Il tira sa montre, soit pour indiquer que le temps s'écoulait, soit pour que la forme anglaise de cet objet précieux rendît ses paroles plus vraisemblables.

« Descendez de cheval, cria Paulding.

— Ma foi, messieurs, je donnerais tout au monde pour continuer ma route.

— Comment vous nommez-vous ?

— Jean Anderson.

— Avez-vous un laissez-passer ?

— Oui, du général Arnold. »

Cette parole imprudente décida tout. Il ne réfléchissait pas qu'après s'être donné pour un officier anglais, le *laissez-passer* du général Arnold paraîtrait au moins suspect. On l'entraîna dans les halliers qui bordaient la route, et on le força de se déshabiller. Les recherches les plus minutieuses n'avaient rien découvert, lorsqu'un des inquisiteurs s'avisa de porter le doigt sous la plante des pieds d'André. On sentit des papiers frémir ; on les examina, et on acquit la preuve du complot dont André favorisait l'exécution. Conduit au poste militaire le plus proche, qui était Northcastle, il offrit à ceux qui l'avaient pris une rançon qu'ils refusèrent.

C'était le 23 septembre 1780. Le même jour, paraissait à New-York un numéro de *la Gazette Royale*, publiée par un nommé Rivington. Dans ce numéro se trouvait un poème comique, œuvre du jeune André lui-même, et où, sous le titre de *Chasse aux Vachers*, il raillait l'ennemi. La dernière strophe de cette production singulière semblait prophétiser le sort du poète. « En vérité, disait-il en terminant sa course épique, je tremble de m'en vanter ! si ce guerrier, meneur de bœufs, Wagner, allait m'attraper à son tour ! » André fut arrêté le jour même où ces vers furent publiés. Le hasard se permet des licences que le plus hardi romancier redouterait.

Le lieutenant-colonel qui stationnait à Northcastle se nommait Jameson ; homme d'une intelligence tellement trouble et incomplète, que le major André rencontra une chance de salut à laquelle il ne devait pas s'attendre. Cet homme reconnut dans les papiers d'André tout ce qui prouvait un complot prémédité : cartes, plans, évaluations, renseignements écrits de la main d'Arnold. Il n'eut pas l'esprit de comprendre que c'était là une trahison ; se laissa séduire par les contes que lui faisait André et que le besoin de sa conservation lui dictait, et tout en adressant à Washington les papiers saisis, prit la résolution d'envoyer André au quartier-général, c'est-à-dire de le réunir à son complice. Sous les ordres de Jameson se trouvait un major Tallmadge qui, huit jours auparavant, avait reçu d'Arnold l'ordre précis d'amener au quartier-général tout homme qui, arrêté par lui, se nommerait Anderson. Cette circonstance et la lecture des papiers ne lui laissèrent aucun doute sur le complot ; il insista vivement pour que Jameson changeât de résolution. Après beaucoup de discussions et d'hésitations, on convint que le prisonnier serait conduit au *Bas-Salem*, village où un M. Brenton lui donna l'hospitalité. Là le prisonnier voyant son sort inévitable, écrivit à Washington la lettre suivante :

« Les renseignements donnés jusqu'ici par moi m'avaient été dictés par le désir bien naturel de me tirer d'embarras. J'ai peu d'habitude du mensonge, et je n'ai pu réussir. Que Votre Excellence soit persuadée qu'en faisant cette démarche auprès d'elle, je ne cède ni à des craintes quant à ma vie, ni à une faiblesse indigne d'un militaire. Je ne veux pas rester sous l'imputation d'avoir joué un rôle vil par intérêt. C'est pour laver ma réputation que je parle, non pour assurer ma vie. La personne qui est entre vos mains est le major Jean André, adjudant-général dans l'armée anglaise. A la guerre, obtenir des renseignements et conquérir de l'influence dans l'armée de son ennemi est un avantage que la coutume permet. J'ai, pour favoriser une entreprise de ce genre, consenti à venir trouver entre les camps des deux armées une personne qui devait me donner des renseignements. J'ai quitté le bord du *Vautour* à cet effet, et une barque m'a conduit au rivage. Une fois à terre, on m'a dit que la nuit était trop avancée pour que je reprisse la même route, et qu'il fallait rester ; j'étais en uniforme et j'avais risqué ma vie. Contre mes intentions et mes stipulations, je me suis trouvé dans vos lignes ; Votre Excellence comprendra aisément ce que j'éprouvai quand on refusa de me reconduire dans le bateau qui m'avait amené. Devenu prisonnier malgré moi, je concertai ma fuite, quittai mon uniforme, parvins à dépasser les lignes américaines, et je finis par atteindre le territoire neutre. Là, quelques volontaires m'ont arrêté. Je n'ai rien à vous révéler de plus ; j'atteste sur l'honneur, comme soldat et gentilhomme, que tout ce que contient cette lettre est vrai. Quelque rigueur que la politique puisse vous dicter, j'ai l'honneur de prier Votre Excellence (et je sais à qui je m'adresse) de faire que cette rigueur soit accompagnée d'assez de convenances et d'égards pour ne pas laisser croire que ma vie a été flétrie et ma conduite déshonorante. Je vous demande aussi la permission d'écrire une lettre ouverte au général Henri Clinton, une seconde à une personne pour obtenir des vêtements et du linge.

» Puis-je rappeler à votre souvenir plusieurs Américains de Charleston dont le complot a été découvert et qui sont maintenant prisonniers ? Quoique leur situation et la mienne ne soient pas complétement analogues, on pourrait les échanger contre moi, et le traitement dont je serais l'objet pourrait dans tous les cas influer sur leur sort. Je vous adresse cette lettre, monsieur, non-seulement à cause de la position supérieure que vous occupez, mais encore par la confiance que m'inspire la haute générosité de votre caractère, etc. »

Dès les premiers moments on avait remarqué la démarche d'André, son pas réglé, son allure martiale, sa manière de tourner sur le talon de sa botte : on était loin de deviner d'ailleurs l'importance de la capture qu'on avait faite. La lettre ouverte que le jeune prisonnier remit pour Washington au major Tallmadge, l'étonna autant qu'elle l'émut.

Cependant Arnold, paisible dans son quartier-général, devait y recevoir à déjeuner, le 24 au matin, Washington, M. de Lafayette et l'état-major américain. Jolie et toujours brillante, madame Arnold n'avait rien perdu de la séduction de ses premiers ans. Il était dix heures. Le général en chef avait fait l'inspection d'une partie de la rive de l'Hudson lorsqu'au lieu de prendre la route qui conduisait chez Arnold, il tourna bride et suivit un petit sentier dont la direction était opposée.

« Général, lui cria M. de Lafayette, vous vous trompez de route; madame Arnold nous attend à déjeuner; ce chemin nous éloignerait beaucoup.

— Oh! (reprit Washington en souriant) je sais que vous autres, jeunes gens, vous êtes tous amoureux de madame Arnold et que vous ne vous trouvez jamais ni assez longtemps, ni d'assez bonne heure auprès d'elle. Vous pouvez aller, si vous voulez, déjeuner chez elle, et lui dire de ne pas m'attendre. J'ai quelques redoutes à examiner. Tout-à-l'heure je viendrai vous retrouver. »

Personne ne profita de la permission, excepté les deux aides-de-camp qui allèrent prévenir de ce retard Arnold et sa femme. On se mit à table.

Au milieu du repas une lettre est apportée au général qui la décachète, la lit, devient pâle, se contraint, se lève de table, et s'écrie que sa présence est nécessaire à West-

Point et qu'il part. Il fait seller un cheval, entre dans son cabinet, appelle sa femme et lui dit :

« Je vous quitte, peut-être pour toujours ; ma vie dépend d'une minute. Si je n'atteins pas les lignes ennemies, je suis perdu ! »

Elle tombe évanouie ; Arnold descend, monte à cheval, le pousse au galop jusqu'à la rive, démarre un bateau, appelle six rameurs, leur promet deux galons de rhum si le passage est rapide, fait voltiger un mouchoir blanc au-dessus de sa tête comme s'il était parlementaire, et atteint le bord du *Vautour*. Une fois arrivé, il fait monter les matelots et leur déclare qu'ils sont prisonniers de guerre.

« Nous sommes venus comme parlementaires ; nous retournerons de même, cria le chef des bateliers ! »

Une lutte violente s'engagea ; les Anglais furent plus humains et plus équitables qu'Arnold. Clinton mit les prisonniers en liberté.

Bientôt pour rejoindre Arnold qu'il croit être à West-Point, Washington traverse l'Hudson avec quelques officiers. La rivière était calme, le temps serein. On admirait la beauté de ce grand paysage, encadré par des montagnes gigantesques.

« — La salve qui nous attend, dit Washington, sera d'un magnifique effet, et le canon retentira solennellement dans ces cavités étagées. »

La salve attendue ne se fait pas entendre ; Washington en est surpris. Un officier de la garnison paraît et se dirige vers le bateau :

« — On n'a pas vu Arnold depuis deux jours, dit-il, on n'a reçu aucun ordre de lui. »

La surprise du général redouble. Deux heures sont

employées à inspecter les travaux et à reconnaître l'état de la garnison ; l'état-major reprend la route de la maison d'Arnold.

Il était quatre heures, lorsqu'un messager apporta en même temps à Washington la lettre de Jameson, la nouvelle de l'arrestation d'André et les papiers trouvés dans ses bottes. Washington ne manifestait aucune émotion.

« Tenez, Lafayette (lui demanda-t-il en lui montrant les papiers), à qui faut-il se fier ? »

Il s'assit, après avoir donné ses ordres, et sans perdre le sang-froid qui le distinguait toujours. Quelques minutes après, une lettre d'Arnold fut remise ; lettre impudente, adroite et effrontée. « Il ne voulait pas prendre la peine de justifier une conduite que le vulgaire blâmerait ; l'ingratitude de ses concitoyens lui était connue ; il n'espérait d'eux aucune faveur ; la rectitude de sa conscience lui servait de consolation. Ses deux aides-de-camp n'avaient, affirmait-il, rien connu de ses projets, et la seule grâce qu'il demandait, c'était que l'on permît à sa femme (innocente comme un ange) de se retirer à Philadelphie. » — Un attachement vif pour sa femme semblait être le seul penchant honnête que cette âme eût conservé.

Presqu'aussitôt Washington reçut une lettre de Beverly Robinson, réclamant la liberté d'André. — « André, disait ce dernier, était venu en parlementaire ; à ce titre il avait passé les lignes américaines ; protégé par le droit des nations, nul ne pouvait le retenir prisonnier. » — Ces deux lettres restèrent sans effet.

« Depuis l'instant où André écrivit (dit le major Tallmadge, dans son rapport) jusqu'au moment de sa mort, je ne l'ai pas quitté ; c'est moi qui l'ai accompagné jusqu'au lieu de l'exécution ; je l'ai conduit au gibet, le cœur navré de voir un si brave officier périr d'une mort réservée aux infâmes. Je n'ai vu chez aucun homme plus d'affabilité, plus de grâce, des talents plus variés. Souvent au milieu d'une conversation délicieuse, surpris de son éloquence naturelle, de ses connaissances, de sa grâce, j'ai pensé que toute cette aménité allait s'éteindre sous la main du bourreau ; et des larmes sont venues à mes yeux.

» Pendant que nous faisions route ensemble, nous prîmes l'engagement mutuel de causer librement de ce qui concernait l'un et l'autre sans nous occuper jamais d'aucune personne tierce. Il sut rendre notre route charmante ; me parla des événements de sa jeunesse, des dispositions militaires sur lesquelles il comptait si l'entreprise avait réussi, et des points d'attaque qu'il avait combinés. Il était si animé dans ce récit que je croyais le voir, l'épée à la main, monter la colline et s'emparer de West-Point.

» — Quelle récompense attendiez-vous ? lui demandai-je ?

— La gloire militaire, me répondit-il, l'approbation de mes chefs — et celle du roi. »

« On ne pouvait, quand on entendait André, douter de la vérité des sentiments qu'il exprimait. »

« — Que pensez-vous de ma situation ? me demanda-t-il quand nous arrivâmes à Tappan.

» La question était embarrassante. Je me tus.

» — Sous quel point de vue pensez-vous que mon affaire se présentera au général Washington et au tribunal militaire ?

» Mes réponses évasives ne le satisfaisaient pas, et je finis par lui dire :

» — J'avais un camarade d'enfance qui m'était bien cher et qui s'appelait Nathan Hale. Après la bataille de Long-Island, Washington voulut se procurer des renseignements sur la situation de l'ennemi ; Hale s'offrit et fut accepté ; on l'arrêta au moment où il passait les lignes anglaises. Connaissez-vous, ajoutai-je, en appuyant sur les mots, le dénouement de mon récit?

» — Pendu comme espion ?..... Mais vous ne regardez pas sans doute ma situation comme semblable à la sienne ?

» — Absolument semblable.

» Il discuta un moment avec moi ; sa gaîté avait disparu. »

Malgré la sévérité du devoir militaire, on témoigna à André l'intérêt et les égards qui se conciliaient avec sa situation. Washington voulut qu'une chambre propre et convenable lui fût accordée et qu'on le traitât avec bonté. Les Américains eux-mêmes ne pouvaient s'empêcher de comparer à la bassesse, à la perfidie, à la férocité d'Arnold, dont la vie n'était pas en danger, les qualités rares de ce noble jeune homme qui allait périr. La sympathie pour André était générale ; elle se manifesta même parmi les officiers composant le tribunal militaire chargé de l'enquête.

On lui demanda si, en mettant pied à terre, il s'était regardé comme protégé par le drapeau et le titre de parlementaire. — « Non, répondit-il, je ne puis dire cela ; je suis venu secrètement, et j'ai toujours compté m'en retourner de même. »

La délicatesse d'André évita ce qui pouvait inculper d'autres personnes ; il ne fit pas mention d'Arnold d'une manière outrageante et courroucée. Le procès dura peu ; en vain une lettre de Clinton au général américain lui parvint-elle accompagnée d'une seconde lettre d'Arnold qui prétendait qu'André, n'étant venu que comme parlementaire et appelé par lui, commandant de West-Point, n'était passible d'aucune peine ; la commission militaire passa outre, et déclara que le major André, surpris sous un déguisement dans les lignes américaines, devait être considéré comme espion et pendu comme tel. La dernière lettre d'André au général Clinton est trop touchante et trop simple dans son héroïsme pour que nous ne la reproduisions pas :

« Votre Excellence n'ignore pas de quelle manière j'ai été fait prisonnier, la gravité de la situation où je suis et le sort qui m'attend ; j'ai obtenu de Washington la permission de vous écrire. Je désire effacer de votre esprit la pensée que ma destinée puisse vous être imputable, et que j'aie pu me regarder comme obligé par vos ordres à faire ce que j'ai fait. En pénétrant dans les lignes ennemies et en acceptant un déguisement, j'ai contrevenu à vos ordres positifs ; de là ma situation actuelle. Quant à la route que j'ai été forcé de prendre, elle m'a été imposée par les événements. Je suis tranquille d'esprit et préparé à mon sort, quel qu'il puisse être ; un zèle honorable pour le service du roi m'a perdu. En écrivant à Votre Excellence, la force des obligations que j'ai contractées envers vous et la profonde gratitude que je vous porte reviennent à ma pensée. Recevez les remercîments d'un cœur ardent et sincère, pour toute la bienveillance que vous m'avez prodiguée, et les vœux les plus profondément sentis pour votre bien-être et votre avenir. J'ai une mère et deux sœurs que les événements récents ont ruinées, et pour lesquelles ma solde militaire serait une amélioration de fortune. Il est inutile que je m'explique davantage ; la bonté de Votre Excellence m'est connue, etc, etc. »

Washington, qui ne reculait devant aucun devoir, fut ému de cette résignation. Il y avait dans les circonstances spéciales de l'affaire des détails trop touchants pour ne pas l'émouvoir ; ils éveillaient une sympathie générale. Incapable de sacrifier l'honneur militaire à ses sentiments personnels, Washington voulut tenter un dernier effort en faveur d'André, avant de donner la signature qui devait le conduire à la mort. Le capitaine Ogden fut chargé de s'informer d'une manière détournée si le général Clinton consentirait à échanger Arnold contre André. Cette transaction (d'ailleurs contraire aux lois de la guerre) ne put avoir lieu. Les Anglais prétendaient qu'en passant à l'ennemi, Arnold n'avait fait que se rendre à son souverain légitime et déposer des armes rebelles. Clinton repoussa donc toute proposition de cette espèce ; mais aussitôt trois de ses officiers furent chargés de porter de nouveaux détails sur les faits en litige, de replacer la question sous son vrai point de vue, et de ne rien négliger pour obtenir la libération d'André. Ces officiers, qui s'acquittèrent de leur mission avec habileté et avec zèle, étaient porteurs d'une autre lettre d'Arnold à Washington ; lettre perfide, qui eût suffi pour décider la perte d'André. Par une frivole bravade, Arnold donnait sa démission, insultait ses concitoyens, les menaçait de sa vengeance dans le cas où le sang d'André serait répandu, annonçait qu'il égorgerait de sa main tous les parlementaires qu'il rencontrerait et n'oubliait rien de ce qui pouvait irriter Washington et ses compatriotes.

André mourut, non-seulement en homme d'honneur, mais avec une sérénité d'âme et une grâce dans la résignation, qui furent dignes de sa vie. « Il demanda seulement » à Washington que son genre de mort fût convenable à » un militaire, homme d'honneur. » Le malheureux ne put obtenir d'être fusillé ; il ne reçut pas de réponse, et son calme ne se démentit pas. Sa plus vive crainte était de laisser dans la vie du général Clinton un souvenir qui ressemblât à un remords. Lorsque cette pensée revenait frapper son esprit, il s'exprimait avec l'éloquence la plus pathétique et la plus profonde. Dans la prison, il s'amusait à dessiner en attendant la mort. Le matin même du jour fixé pour son exécution, il traça à la plume son portrait dont la ressemblance est frappante, qu'il donna à un officier américain, nommé Tomlinson, et qui se trouve aujourd'hui au collége de Trumbull ; puis il fit venir de New-York son uniforme complet, et attendit le moment suprême.

L'heure du supplice était fixée au 2 octobre à midi. Quand il vit entrer son domestique fondant en larmes, il lui dit :

« — Laissez-moi ! ne revenez que lorsque vous aurez plus de courage ! » S'étant rasé et habillé :

« — Messieurs, dit-il, quand vous voudrez ! »

Deux sous-officiers lui donnèrent le bras, il sortit d'un pas ferme, souriant à ceux qu'il rencontrait, et saluant les personnes de sa connaissance. Un grand concours de peuple silencieux admirait son sang-froid. Quand il aperçut le gibet, il pâlit.

« — Qu'avez-vous ? lui demanda-t-on ?

» — La mort ne m'effraie pas, mais je déteste ce genre de mort. » Et il fit lui-même les lugubres préparatifs.

« — Si vous désirez parler, lui dit l'officier chargé de l'exécution, vous le pouvez. »

Il souleva un moment le mouchoir dont ses yeux étaient couverts :

« — Je désire, s'écria-t-il, que vous soyez tous témoins que je subis mon sort en brave soldat. »

Aussitôt la charrette qui le soutenait se déroba sous ses pieds, et il expira.

Telle fut la fin d'un jeune homme aussi regretté de ses amis que de ses ennemis. Il a laissé en Amérique un souvenir tendre et profond dont la trace n'est pas effacée; la mémoire d'un homme vertueux, de Washington, fut exposée à un blâme immérité, que plusieurs historiens ont répété. Le Congrès que le général en chef avait fait consulter en secret s'était opposé à la libération du jeune homme. Les auteurs de la capture d'André, bien que récompensés d'abord par le Congrès, ont ensuite été considérés, en Amérique, avec beaucoup moins d'intérêt qu'André lui-même, et trente-six ans après l'événement, lorsque Paulding, le principal auteur de la capture, demanda au Congrès une pension additionnelle, il rencontra une opposition très-forte, surtout de la part du major Tallmadge.

Les restes du major André ont été transportés à Westminster, où ils reposent au milieu de tout ce qui est grand et glorieux. Arnold, que sa femme alla retrouver, fit imprimer une apologie de sa conduite, écrite avec force et avec adresse.

A peine dans les rangs de l'armée anglaise, il fut chargé de commander les expéditions dirigées contre la Virginie et New-London. Il essaya de correspondre avec M. de Lafayette auquel il envoya un parlementaire; en apercevant la signature, M. de Lafayette refusa d'avoir aucun rapport avec cet homme. Un jour qu'on amenait devant Arnold un prisonnier Américain :

« — Comment me traiterait-on si vos troupes me faisaient prisonnier ? lui demanda-t-il.

» — On vous couperait cette jambe qui a reçu une blessure au service du pays ; on l'enterrerait avec honneur et l'on pendrait le reste de votre cadavre au gibet. »

Le ressentiment qu'il nourrissait contre sa patrie trouva enfin l'occasion de s'assouvir ; il mit à feu et à sang New-London, situé à quelques milles de l'endroit de sa naissance, et monta dans le clocher de l'église pendant que la ville brûlait. En 1781, il repartit pour l'Angleterre, et survécut vingt ans à sa trahison. On n'entendit plus parler de lui qu'à propos d'escroqueries habilement tramées et consommées de manière à ce que le mépris seul pût l'atteindre, non la loi.

Un membre de la chambre des communes, qui l'aperçut un jour dans la galerie, s'écria :

« — Tant que cet homme sera présent je ne parlerai pas. »

Repoussé par l'indignation et le dédain universels, il alla s'établir comme armateur et constructeur de vaisseaux à New-Brunswick, dont la population se composait alors de réfugiés américains. On le soupçonna d'avoir incendié un magasin, assuré par lui au-dessus de la valeur réelle. Mis en jugement, on ne put trouver de preuves suffisantes; le peuple qui l'abhorrait, plaça un gibet devant sa maison, y suspendit une effigie surmontée d'un écriteau qui portait le mot TRAITRE, et la brûla solennellement en face des fenêtres d'Arnold.

Ce misérable fit le commerce avec bonheur, mena une vie splendide, revint souvent en Angleterre et se tira toujours d'embarras par son sang-froid et sa présence d'esprit. A la Pointe-à-Pître (Guadeloupe), il servit d'agent aux troupes anglaises et leur fournit des vivres et des provisions sur lesquelles il réalisa de grands bénéfices. Les Français reprirent la Guadeloupe, s'emparèrent d'Arnold et le jetèrent avec plusieurs autres prisonniers sur un des pontons qui se trouvaient dans la baie. Un soldat lui apprit qu'il était reconnu. Il enferme aussitôt son trésor dans un tonneau vide, y place une lettre par laquelle il réclame la propriété de cet argent, jette le tonneau à la mer dès qu'il fait nuit et le voit emporté par les vagues jusqu'au rivage près duquel la flotte anglaise mouillait. Puis, au moyen d'une corde, il descend sur deux ou trois planches disposées en radeau, qui se trouvaient près du ponton; il coupe le câble qui attachait ces planches et se laisse entraîner jusqu'à une petite barque sans rameurs, dont il s'empare, et qu'il conduit lui-même à la flotte anglaise.

Ce modèle du crime adroit et du vice florissant revint ensuite à Londres, jouir d'une fortune considérable, acquise par toutes les espèces d'infamies, et mourut paisible à soixante-un ans, le 14 juin 1801.

SAMUEL SLICK.

(MŒURS PRIVÉES DE L'AMÉRIQUE DU NORD.)

DOCUMENTS BIBLIOGRAPHIQUES RELATIFS A LA NOUVELLE-ÉCOSSE.

Consulter : — Halliburton, passim.
Basil-Hall, Voyages.

SAMUEL SLICK,

MARCHAND D'HORLOGES.

(MOEURS PRIVÉES DE L'AMÉRIQUE DU NORD.)

C'est une curiosité piquante, qu'un livre (1) et un excellent livre, composé, imprimé, publié dans une des villes du globe les plus inconnues, entre le cap Breton et les Apalaches, sur les bords de l'océan Atlantique, dans le giron d'une civilisation endormie, que le voisinage des États-Unis achève de décourager, d'étouffer et d'engourdir. Qui donc se doute de l'existence d'une capitale composée de cinq ou six grandes maisons blanches et de deux ou trois cents mauvaises petites maisons rousses, sous le 40° degré de latitude nord, le tout dominé par la maison du vice-roi anglais, sir George Campbell, gouverneur de la Nouvelle-Écosse?

Cette capitale se nomme Halifax, et ce gouverneur n'a rien à faire. Heureux souverain! Sous ses fenêtres un cimetière abandonné, où l'on n'enterre plus personne, étend son vaste silence, et le nouvel écrivain prétend que l'administration du vice-roi n'a pas de symbole plus exact.

A l'ombre de l'ennui que doit répandre cette société sans vie, sans avenir, sans industrie, sans richesse, sans émulation, au bruit de la mer murmurante, et sous un climat tantôt rigoureux, tantôt brûlant, il s'est récemment

(1) The Clockmaker, by Halliburton.

trouvé, non comme vous pourriez le rêver, un poète lyrique inspiré, un romancier créateur de féeries, un chantre épique, sublime comme l'Océan, mais ce qui est plus rare, un grand observateur et un philosophe original. Si l'on me disait qu'un ouvrage possédant un grain, un seul grain, un pauvre et misérable scrupule d'originalité, vient de paraître à Java ou à Madagascar, j'aurais, je pense, le courage d'apprendre le madécasse ou le javanais. Ici la peine était moins grande et la moisson plus fertile ; il ne s'agissait, pour jouir de ce naïf et nouveau plaisir, que de s'habituer au dialecte anglo-américain, espèce de patois composé de soustractions et de multiplications de syllabes, de redoublements de consonnes et d'ellipses de voyelles, qui n'ont rien de bien formidable. Le patois d'Écosse, habilement transformé en langue poétique par Robert Burns et Ramsay, offre cent fois plus de difficultés.

C'était donc acheter bon marché une jouissance vive et inconnue. Je me mis à étudier de très-près l'ouvrage de M. Halliburton : tel est le nom de l'écrivain colonial. En moins d'une semaine, je me rendis maître de toutes les finesses du patois anglo-américain ; même sous le point de vue philologique, c'est un travail amusant et utile.

Les philologues qui cultivent avec une patience exemplaire et une assiduité plus méritoire que profitable le jardin des racines grecques, hébraïques et persanes, devraient s'occuper des changements actuels que les langues modernes subissent sous nos yeux. Ils saisiraient au passage quelques-uns des faits les plus curieux de la science difficile à laquelle ils se livrent. Au lieu d'opérer sur des cadavres étymologiques, ils s'exerceraient sur le sujet vivant. C'est plaisir de prendre sur le fait les variations que le génie des peuples différents introduit dans le langage, soit sous le rapport des idiotismes, soit quant à la prononciation. Il ne s'agit plus ici d'hypothèses, mais de réalités, ni de conjectures inventées et superposées, mais de faits incontestables.

La véritable science philologique est là. Bien peu de personnes s'en doutent. On rédige des dictionnaires celtiques, sans daigner s'abaisser jusqu'à ramasser les mots et les phrases qui se forment et se déforment chaque jour. Aucun Anglais, que je sache, n'a pensé à examiner et à grouper dans un lexique commun les dialectes de la langue anglaise, qui sont encore aujourd'hui à l'état de patois, et qui n'ont pas droit au titre de langue spéciale, — les patois du Cumberland, du Lancashire, du Sommersetshire, l'écossais, l'irlandais, le dialecte des États-Unis, et l'argot bizarre que les métis hindoustaniques parlent aujourd'hui. Le livre de M. Halliburton, intitulé *le Marchand d'Horloges*, ou si l'on veut *l'Horloger*, quoique la première de ces désignations lui convienne mieux, ne laisse rien à désirer à ceux qui veulent embrasser d'un seul coup d'œil toutes les élégances américaines. D'ailleurs, je l'ai dit, c'est un fort bon livre.

N'y cherchez pas un roman, une histoire, un drame, un traité philosophique, un voyage, un récit, une déclamation; ce livre-patois, écrit par un colon d'Halifax, livre tout rempli d'adages à la Sancho Pança et de contes dignes de Bonaventure Desperiers, est tout bonnement un admirable ouvrage. L'auteur y explique à la fois la civilisation ébauchée et vivante des États-Unis, la civilisation étiolée et nouée du Canada, et la profonde torpeur des possessions britanniques voisines. Il entre dans le détail secret des mœurs privées (1) et fait comprendre

(1) « No, if you want to know the inns and outs of the Yankees,

tout ce que les voyageurs anglais laissent dans l'ombre. La plupart des voyages aux États-Unis sont fort peu satisfaisants. Un Anglais tory accoutumé au respect et à la vénération de ce qui l'entoure, une actrice à la mode qui vient exploiter l'enthousiasme lucratif des républicains, une économiste romanesque qui regrette de ne pas trouver par-delà l'océan Atlantique la réalité de ses illusions, ce sont là des guides peu dignes d'estime et de foi ; leur observation s'arrête à fleur de peau ; ils n'ont guère que des épigrammes stériles et de frivoles satires à nous offrir comme renseignements sur un état de civilisation dont l'histoire n'offre pas d'autre exemple, et sur une société à peine formée, mais dont nul ne peut contester la singulière grandeur.

Il y a, on ne peut trop le répéter à l'Europe et à ses hommes d'État préoccupés, deux nations et deux vastes espaces qui méritent l'observation la plus attentive ; elles sont maîtresses de la puissance inconnue; l'avenir est à elles : nations jeunes sans doute et contrées mal peuplées, mais qui ont tout à faire et qui grandissent ; je veux parler de l'Amérique et de la Russie.

L'une et l'autre sont trop occupées de leur croissance

» — I 've wintered them and summered them ; I know all their
» points, shape and bred: I 've tried them alongside of other folk ;
» and I know where they fall short...... where they mate em, and
» where they have the advantage... » — « Quant aux Yankies (Américains de l'extrême nord), si vous voulez connaître leur endroit et leur envers, je les sais par cœur ; — je les ai pratiqués hiver comme été ; — je connais tout ce qui les regarde, leur généalogie et leurs formes ; — je les ai expérimentés à côté d'autres peuples. — Je sais en quoi ils sont inférieurs, ou supérieurs, ou égaux. »

(LE MARCHAND D'HORLOGES. — *Ses tristesses*, ch. XI.)

pour s'en rendre compte ; l'une et l'autre sont trop peu naïves pour qu'on les croie sur parole quand elles parlent d'elles-mêmes.

On dirait que les peintres, les orateurs, les poètes, les sculpteurs, les historiens des États-Unis, tenant leurs regards fixés sur l'Europe et comme écrasés par tant de beaux souvenirs, perdent le courage nécessaire pour puiser à la source vive des idées personnelles et des sentiments naïfs. Le burin du graveur est froid, la disposition du peintre est méthodique; l'éloquence du prédicateur rappelle les amplifications du collége, les débats parlementaires offrent une succession indéfinie de harangues pompeusement vulgaires. Le lieu-commun, cette affreuse contagion de la servitude intellectuelle, se répand comme un nuage gris sur toute une littérature vague, pâle, diffuse, décrépite dans son berceau. La muse répète avec une douceur fade les tristesses de William Cowper et les moralités de Wordsworth. Le patriotisme local de chaque province condamne l'historien à une minutieuse et lente exactitude, qui, ne lui permettant pas d'écrire des annales, mais seulement des inventaires, dévoue six volumes in-octavo à la généalogie de Pittsburgh ou de Nashville, sans compter six autres volumes envahis par les documents. Lorsque, tout récemment, une *Revue* anglaise (1), dans sa bienveillance sympathique pour le cousin Jonathan (2), voulut mettre en relief le talent des orateurs américains, le rédacteur se laissa engager dans une contradiction assez plaisante ; la résolution laudative de sa critique était sans cesse démentie par les fragments qu'il était forcé de citer.

(1) Le *Quarterly Review*.
(2) Le peuple des États-Unis.

On y trouvait des océans de mots répandus sur des déserts d'idées, des torrents de métaphores communes se précipitant comme la pluie du ciel, la foudre de l'expression mélodramatique tonnant au milieu de cette solitude et de cette brume; aucune nouveauté, aucune simplicité, aucune énergie, aucune finesse, à peine le sentiment du rhythme et du nombre. L'absence du goût n'étonnerait peut-être pas chez une nation qui essaie ses vastes ailes ; c'est la hardiesse, la spontanéité, la grandeur des idées et du style, que l'on est surpris de lui demander en vain.

Ses fondateurs furent des hommes énergiques. Entre la Floride et le Maine, entre l'Atlantique et les Montagnes Rocheuses vivent des républicains, fils de Washington, petits-fils des puritains indomptables, arrière-neveux des Saxons et des Teutons. L'énergique activité qui, depuis des siècles, précipite le mouvement de ces générations athlétiques, n'a rien perdu de son impulsion première. Partout on bâtit des ponts, des villes s'élèvent, on creuse des canaux, la machine à vapeur vole, les assemblées populaires se forment, de nouveaux districts sont arrachés à la vie sauvage, le désert cède, les landes sont cultivées, les forêts s'éclaircissent, les havres s'ouvrent, les manufactures sortent de terre, le triomphe de la civilisation saxonne continue. On ne peut pas soutenir que les héros de ce triomphe manquent de génie; mais leur génie, ils ne l'écrivent pas : ils s'en servent. Aujourd'hui et pour longtemps encore, ils vivent dans la mêlée de l'industrie, ils sont dans le feu du combat. Penser est un métier d'oisifs. Ils n'ont pas le temps. Leur littérature est factice et ne tient pas à eux : ils ne possèdent pas ce loisir national, fonds nécessaire d'une littérature nationale. Ils ne reçoivent pas encore l'impression de cette nature grandiose qui les environne; ou si cette impression les frappe, elle n'a point de force; rien ne la concentre dans le foyer ardent et silencieux qui, par une magnifique alchimie, transformant la sensation et la pensée, fait naître les arts, la poésie et l'éloquence, couronne des peuples mûrs, diadème des sociétés achevées.

Ce n'est donc pas eux qu'il faut consulter, car ils ne se comprennent pas encore. Ce ne sont pas leurs aristocratiques ennemis, qui s'attachent à nier la puissance des démocrates, leurs anciens colons.

Dans l'ouvrage qu'il vient de publier, M. Halliburton suppose qu'un Anglais parcourant les possessions britanniques fait rencontre d'un colporteur et fabricant d'horloges, Samuel Slick, de Slickville, dans le Connecticut; ils se mettent à voyager ensemble. Tantôt sur une petite carriole, tantôt à cheval, Slick et son nouvel ami visitent la Nouvelle-Écosse, l'Acadie, le Maine, et toute cette portion de l'Amérique septentrionale que les États-Unis et l'Angleterre se sont disputée. On frappe à la porte des chaumières, on entre dans les fermes, on s'arrête dans les auberges; on ne perd aucune occasion de juger les hommes et de les observer sans en avoir l'air, presque sans le vouloir. Rien n'échappe à Slick des originalités et des singularités de cette société nouvelle. Il a des rapports de commerce avec tout le monde, et, grâce à la souplesse de sa parole, il débite une quantité prodigieuse d'horloges de bois; il se vante surtout de connaître la nature humaine. Aussi comme il juge les hommes et les choses!

Depuis les personnages de Walter Scott on n'a rien inventé de mieux que Samuel Slick. Ce marchand d'horloges du Connecticut est une excellente et spirituelle créature, n'ayant pas d'esprit à notre manière, de cet esprit déjà vieux, cent fois retourné, un peu rance, un peu usé, flétri par ses métempsycoses, ayant traversé le collége, Rome, la Grèce, l'Égypte et quelque trente siècles de filiations ; mais un bon esprit naïf et natif, qui sort de l'expérience comme l'étincelle pétille en sortant du rocher ; vif, bref, pénétrant, ne s'embarrassant pas des mots ; quelque chose comme Panurge républicain.

Cet homme traverse les États-Unis en long et en large, semant sur la route et pour de grosses sommes ses horloges de bois. Son nez est pointu, son front haut, sa taille droite et fine, sa physionomie riante et madrée, son teint bronzé par l'intempérie des saisons, son œil étincelant de pénétration et de vanité. Il réunit les qualités du marchand, du voyageur, du diplomate, du courtisan et du sauvage. Membre d'une société qui n'admet point de maître et qui n'a que des maîtres, il flatte tout le monde, sûr de tromper tout le monde. Actif, industrieux, d'une trempe d'esprit et de corps vigoureuse et flexible, il ne cède à personne, et n'a besoin de personne. Dans un pays de commerce, et qui ne peut se soutenir et s'élever que par un effort continu d'industrie, d'agriculture et de négoce, il sait que l'intérêt de tous est de respecter la loi ; aussi a-t-il toute la probité du marchand, toute la régularité du banquier, toute l'exactitude du commis. Il ne friponne jamais ses pratiques. Il les *met dedans (he takes them in)*. Son bonheur consiste à user de sa pénétration pour engager ceux avec lesquels il trafique à venir s'enferrer et se duper eux-mêmes : il a de merveilleux traquenards pour la cupidité d'autrui ; il est ravi quand un chaland qui essaie de le duper se vole tout seul. Il excelle dans cet art difficile de présenter un appât à la spéculation de ses concitoyens, d'exciter leur désir, d'irriter leur ardeur, de cacher un moment l'hameçon, de le laisser reparaître, de les entraîner tout haletants, et de leur livrer enfin une proie dont eux-mêmes sont la proie. Il n'attrape personne; il n'est pas si sot. Il fait le niais, excellent rôle dans la vie, et s'arrange de façon à ce que les autres veuillent bien s'attraper eux-mêmes. S'il était moins vantard et moins patriote, on le prendrait pour un Normand; moins futé et moins processif, pour un Gascon. Tel que nous le voyons, c'est un délicieux personnage.

Samuel Slick ne s'est point marié; il dit que c'est un marché trop chanceux, et il ne spécule jamais qu'à coup sûr. Les grâces du beau sexe ne le trouvent pas insensible; mais il cède à la séduction modérément, maître de ses passions et de ses goûts, jouissant de la vie selon la mode américaine, sans trop risquer de son capital. Cette portion de bon sens pratique et expérimental s'est aiguisée chez lui par l'habitude du négoce. Il aime son cheval sans faiblesse; il courtise les beautés de la route, sans leur livrer son cœur; il savoure le grog et le *mint-julip* (1), sans jamais s'enivrer. C'est un sage. On regrette qu'il soit un peu fripon, et même raffiné. Mais que voulez-vous? affaire de commerce. Si vous le comparez à Sancho, vous le trouvez moins ingénu, mais plus avancé; un Sancho qui ne peut avoir de Don Quichotte. Aucune imagination décevante, nulle illusion lointaine, nulle brillante hallucination, ne jetteront Samuel Slick en dehors de ce raisonnable et utile sillon de l'observation intéressée, de la flatterie calculatrice et de la séduction commerciale. Art plutôt que métier pour lui, il en estime la philosophie plus que les bénéfices. Il méprise les hommes, parce qu'il les attrape souvent, et cela le relève à ses yeux.

Il tend ses piéges comme le chasseur et l'homme politi-

(1) Eau de menthe.

que, attachant plus de prix à réussir qu'à gagner beaucoup d'argent. Quand le poisson est pris, la pêche terminée, l'argent dans sa poche, il rit, moins par avarice que par amour-propre, et il examine alors, pièce à pièce, d'un œil charmé, cette horloge à mille rouages, cette âme humaine dont le *moi* est le grand ressort. Son analyse vaut toutes celles de Dugald Stewart et même d'Emmanuel Kant. Il aime sincèrement son pays, dont les institutions, perfectionnant les belles facultés dont nous parlons, ont fait du colporteur marchand d'horloges un personnage national, un symbole, un résumé, un type. Mais son patriotisme ne l'empêche pas de voir clair. Ultra-Américain, ami véhément de la république fédérale, méprisant les autres peuples, certain de la supériorité qui place les États-Unis à une distance énorme de l'Europe, il n'en a pas moins les yeux ouverts sur les abus, les fautes, les dangers, les misères de sa patrie. Il en raisonne, comme de tout le reste, pertinemment, froidement, sans détours, sans rhétorique, allant au fond des choses, prenant les faits pour des faits et les phrases pour des phrases. Quand il ne trafique pas, il raconte, et fume, et chevauche, et se prélasse dans sa finesse, et se réjouit de ses bons tours, et se rit de ses dupes, pressant de l'éperon sa fidèle monture, et endoctrinant le voyageur anglais auquel il fait comprendre ses théories, ses souvenirs, ses supercheries, ses espérances, l'état du pays, les Américains, les Canadiens, les New-Brunswickois, et les *nez-bleus*, c'est ainsi qu'il nomme les habitants de la *Nouvelle-Écosse*, pays très-peu connu auquel appartient par parenthèse l'auteur de ce charmant livre.

Notre Anglais et Samuel Slick suivent les bords de l'Atlantique, et, après avoir parcouru la Nouvelle-Écosse, ils entrent dans le Maine, qui appartient, comme on le sait, aux États-Unis. Chemin faisant, tous les individus qu'ils rencontrent, toutes les anecdotes que la présence des lieux rappelle au marchand d'horloges, tous les souvenirs dont son expérience est armée, lui servent à expliquer la situation morale des possessions britanniques et des États républicains, leur passé, leur avenir et leurs progrès. Il ne s'en tient jamais à la théorie et ne s'adresse qu'aux faits : c'est la méthode de Franklin, le Socrate de son pays. On voit entrer en scène vingt personnages qui valent mieux que ceux de Cooper, empruntés non à la vie exceptionnelle des bois et des déserts, mais à la société réelle qui s'agglomère et se forme dans les villes à peine construites et dans les fermes clair-semées ; ces acteurs qui ne tiennent point de longs discours sur la politique, la religion, le commerce ou l'agriculture, représentent avec exactitude la marche des intérêts et le développement des esprits.

Comme Samuel, ils parlent le dialecte des classes inférieures américaines, patois du calcul, de la prudence, de l'intérêt, de la spéculation commerciale, de la ruse suspendue entre la fourberie illicite et la probité. On voit, en l'étudiant, comment les passions des hommes entrent dans le dictionnaire des peuples, et par quel procédé inaperçu les idiomes changent de forme en traversant de nouvelles mœurs. Le bonhomme Samuel Slick ne répond jamais à une question par une assertion assez positive pour le compromettre et l'engager.

— « D'où venez-vous, et où allez-vous? lui demande d'un ton rude un vieil Anglais, précepteur de son état, nomade par nécessité, et qui s'occupe à se griser sérieusement dans une taverne de la côte. Je crois me souvenir vous avoir vu quelque part.

— Je *devine*, répond Slick *(I guess)*, que vous pouvez m'avoir vu quelque part en effet ; mais je ne *calcule* pas *(I don't calculate)* exactement dans quels parages.

— Ni moi non plus... Et d'où venez-vous comme cela?... de Lunembourg ?

— Je ne *prétends* pas dire que je n'aie pas été à Lunembourg.

— Joli endroit, mais on n'y parle que le hollandais ; je déteste le hollandais ; la langue anglaise est le seul idiome digne d'un homme. Vous disiez donc que vous veniez... je ne me rappelle plus d'où.

— Je n'*estime* pas exactement vous avoir cité le lieu particulier d'où j'arrive...

— A votre santé ; je vois que vous êtes Anglais, vive la vieille Angleterre !

— Je ne *spécule* pas *(I don't spekilate)* vous avoir dit que j'étais Anglais.

— Tant pis pour vous. D'où diable venez-vous donc?

— On dit, *généralement parlant (in a ginr'al way)*, que je suis des États.

— J'aurais dû le deviner à vos spéculations, estimations, divinations, calculations, et à toutes vos misérables évasions. »

Dès qu'il s'agit des États-Unis, de la République, de Daniel Webster, de Clay, de Jefferson, de John Adams, de Bunker's Hill et des héros de la révolution américaine, ce dialecte oblique et bizanté, ce langage qui marchande constamment la pensée, ces réponses qui escamotent la moitié de leur sens, se réservant toujours une issue dérobée, font place aux assertions les plus positives et au mélange le plus amusant des expressions de la boutique et de l'emphase du collége. — « Calculez de votre mieux, mon cher précepteur ; il est certain et définitif que parmi les peuples, nous avons aujourd'hui le numéro 1, lettre A, première colonne, sans tare, sans déduction, sans soustraction et sans avarie. Je spécule que ceux qui ne conviennent pas de cela ne savent pas faire une addition complète, et qu'ils n'entendent rien aux premières règles des chiffres. Il est clair que nous avons la plus splendide *location (the most splendid location)* qui soit entre les deux pôles : c'est généralement reconnu. Le plus grand homme de ce temps-ci est assurément le général Jackson ; il passe Napoléon Bonaparte d'un grand *bout de craie (by a long chalk)*. Je ne parle pas de Van Buren, de Daniel Webster, d'Amos Kindle, et de tout un radeau *(a whole raft)* d'hommes d'État qui *vont à tout* et sont capables de tout *(up to every thing)*. L'Angleterre donne le fouet au monde, et nous donnons le fouet à l'Angleterre. » Cette dernière sentence est la bien-aimée de Samuel Slick, et revient au bout de toutes ses harangues.

— « Savez-vous, dit le marchand d'horloges, pourquoi les gens de la Nouvelle-Écosse, les *nez-bleus*, comme on les appelle, ne réussissent à rien, tandis que tout nous réussit? C'est qu'ils parlent toujours, et nous, nous agissons toujours. C'est un fait. Quand nous voulons des paroles, nous en avons pour notre argent. Nous payons les avocats et les orateurs, ceux-là s'en vont au Congrès ou devant les juges, et ils s'acquittent diablement habilement de leur mission. C'est un fait. Un *nez-bleu* dit : « Il est question de partir pour l'ouest ; j'y songerai. » Un Yankee ne dit rien que ces mots : « A l'ouest ! » — Et en avant! Il est parti, droit et vite comme l'éclair. Chez nous, quand les gens ne travaillent pas, nous ne plaisantons guère, nous les pendons. C'est la loi de la lanterne *(lynch-law)*. Les cinq joueurs de Vixburg ont passé par là. Les bons citoyens font l'émeute, mais une émeute bien organisée, et ils n'y vont pas de main morte, à ce que je suppute. Aussi je calcule que nos citoyens sont les plus éclairés, les plus honnêtes et les plus libres qui soient sur la face du globe !

— Et les plus modestes, interrompit le voyageur.

— Ce qui est un fait, reprit Slick sans se démonter, c'est que nous avons le bon bout. Nous allons de l'avant ; nos voisins vont de l'arrière. Nous battons tous les peuples du monde. Nous mangeons vite, nous marchons vite, nous bâtissons vite, et nous vivons vite. Nous avons tant de choses à faire ! Celui-ci se lèvera de bon matin et aura ses dents de sagesse bien poussées et bien venues qui nous dépassera. C'est un fait.

— Très-bien ! dit l'étranger, vous êtes satisfaits du présent, sûrs de l'avenir, et votre confiance me charme. La crainte du mal est pire que le mal, mon cher Slick !

— Oh ! reprit le marchand d'horloges (c'était après souper, dans une petite auberge, sur les bords de la rivière Philippe, et Slick avait ingurgité quelques douzaines d'huîtres de Shyttaïack, renommées dans le pays, mais sujettes à une digestion mélancolique) ; oh ! je devine que les choses de ce monde ne vont pas toujours droit et bien, la main haute, sur le comptoir, sans tricherie et sans marchander. Les États-Unis, le plus beau pays du globe, ne sont pas sans leurs petites douleurs intestines. Nous avons d'abord les *noirs* et les *blancs,* deux partis qui se montrent les dents et qui grommellent. Les *protestants* et les *catholiques* dressent les oreilles et lèvent la queue, tout prêts à ruer. Les *abolitionistes* et les *planteurs* ne ressemblent pas mal à deux taureaux dans un pâturage. Il y a encore deux points assez dangereux, l'*émeute* et la *lanterne;* et gare à ceux qui passeront par là. La *nullification* et le *tarif* brûlent en dedans, comme un trou à charbon d'où la fumée sort, en attendant mieux. Les partisans du *gouvernement central* et du *gouvernement provincial* s'escarmouchent de temps à autre, et quand on en sera venu à la grande mêlée vous en verrez de belles. L'*excédant* du revenu est encore un autre os à ronger, ajouta-t-il en se balançant tristement sur sa chaise et en allumant son cigare.

— Voilà un tableau peu séduisant, reprit l'étranger; je doute qu'il soit fidèle. Si cela était, pourquoi donc les États-Unis exerceraient-ils, et sur les populations voisines, et sur l'Europe elle-même, un pouvoir d'attraction si formidable?

— Attraction irrésistible! s'écria le marchand d'horloges en frappant sur la table. Irrésistible, vous dis-je! C'est une puissance de succion; c'est une activité qui absorbe; c'est un mouvement violent et magnétique. Vous avez vu cela dans certaines rivières. On n'y échappe pas, tout y vient, tout s'y porte, tout s'y perd. Si nous possédons les éléments de combustion, nous avons aussi ceux de la force. C'est un fait! »

Après avoir ainsi philosophé, il reprit son cigare.

— « Mais, lui dit l'interlocuteur, le témoignage de tous les voyageurs est contre vous, mon cher Slick.

Samuel fit un geste d'ineffable mépris:

— *Les voyageurs!* Les voyageurs anglais! De jolis garçons, à ce que je suppute. Lieutenants en congé, actrices en tournée, qui brûlent le terrain et traversent cinq mille milles en cinq semaines pour rapporter chez eux un paquet d'anecdotes gros comme les Alleghanis, et faire connaître au monde le vrai caractère des Américains du Nord ! Ils nous ont étudiés comme j'ai étudié le français chez mon précepteur de Boston, en deux jours. La première fois que j'allai à la Nouvelle-Orléans, j'accostai un Français dans la rue, et je lui dis, calculant que je me ferais comprendre : *Polly woes a french shay ?* (1) — Je n'entends pas l'indien, me répondit-il. — Ne me parlez pas de vos voyageurs... — Cela n'empêche pas, reprit-il après un moment de silence, que nous autres Américains, nous damons le pion à l'univers. Je calcule que plus une machine à vapeur est chauffée, plus elle va vite, et la chaudière, à ce que je devine, peut éclater. C'est là notre affaire. Nous allons vite, nous allons bien, et cela chauffe en diable. Les Anglais battent le monde, et nous battons les Anglais. Nous perfectionnons tout ; nous avons perfectionné la nature humaine. L'Américain des États-Unis a du fonds, de la vitesse et de l'apparence ; c'est tout muscle : vif comme le renard, souple comme l'anguille, fin comme la belette. Je ne devrais pas le dire ; mais c'est reconnu. Il éclipse la création ; il vaut l'argent monnayé. »

A ce dernier mot, Slick se tut, comme si cet effort de son éloquence eût touché le dernier terme de la persuasion et de la métaphore, et, par un sentiment de convenance très-délicat, il changea de conversation.

Slick avait raison d'être orgueilleux. Jamais la véritable situation des États-Unis, si dangereuse, si florissante, si active, n'a été exprimée et résumée avec une plus spirituelle et plus naïve profondeur. C'est ainsi qu'il traite tous les sujets : « Mes règles de conduite, dit le philosophe marchand d'horloges, ne sont pas en grand nombre, mais elles sont d'un effet certain ; elles vont droit au but,

(1) Parlez-vous français ?

c'est un fait. *Tout se chiffre*, voilà mon premier axiome. Il n'y a pas d'homme ou de femme inaccessible à la *poudre de perlimpinpin (soft sawder)*, voilà mon second ; enfin le grand mot, le mot maître du monde entier, c'est : *Qu'est-ce que cela me fait?* Avec ces trois principes, vous irez au bout du monde, à ce que je calcule, et sans vous tromper de route. »

Il n'a pas la bonhomie de professer pour la vie politique cette estime et cette admiration que nous Français, tout neufs en ce genre, nous lui vouons naïvement. « Quand on s'est habitué à la vie politique, dit le marchand d'horloges, on ne marche jamais droit, c'est impossible..... La politique nous tourne, nous retourne et nous tortille... Du diable s'il faut se fier jamais aux gens qui font ce métier-là! Ils vont de travers, comme les colporteurs, forcés de se courber sous leur pacotille ; à la longue, ils se déforment. L'homme politique, loyal pour ses amis, honnête, sincère, généreux, est une merveille. — Vous est-il arrivé de nettoyer vos couteaux avec de la poudre de briques? (ajoute le marchand d'horloges en son patois). C'est long et c'est un mauvais procédé ; la lame devient brillante, mais l'*acier s'en va*. Ainsi de la politique ; elle détruit l'énergie et la droiture : notre *acier s'en va*. »

§ II.

Histoire d'Achab Meldrum, le Korkornaïte.

Alabama est une de ces nouvelles villes qui sont sorties de terre comme par un coup de baguette, et qui ont plus de rues que de maisons, plus de maisons que d'habitants. Là, comme dans le reste des États, il n'y a de culte et de clergé que ceux dont une congrégation quelconque fait les frais. Si un ministre est abandonné de ses ouailles, le presbytère tombe en ruines, l'église devient un magasin, et tout est dit : c'est ce qu'on appelle « le système volontaire. »

Un jour que Samuel Slick, après avoir vendu ses horloges, sortait de cette ville commencée, il s'arrêta devant une belle maison blanche, avec jalousies vertes et ornée dans le dernier goût amérciain. Deux rangées de peupliers blancs conduisaient à la porte d'entrée, et l'on apercevait, à droite et à gauche, au milieu d'un double parterre, une statue d'Ève couleur de chair, très-bien peinte, qui servait de pendant à une statue du premier homme, exécutée avec le même talent.

— « Devinez-vous, demanda Slick au premier passant, quel peut être le propriétaire de ce bijou de maison ?

— Je suppose, répondit le passant, que vous n'êtes pas du pays.

— Je ne présume pas que j'en sois, reprit Slick. Qui diable demeure là ?

— Le révérend Achab Meldrum, ministre d'Alabama, autant que je puis calculer.

— Est-ce possible ? Achab, le plus mauvais sujet de l'école où j'ai appris le français. Je calcule qu'il était destiné à devenir membre d'une congrégation de prisonniers et de voleurs plutôt que chef d'une congrégation spirituelle. Je vais voir ce qu'il en est. »

Slick souleva le marteau de cuivre qui ornait la porte, et un petit nègre, bien vêtu et bien botté, vint lui ouvrir. Il fut introduit dans un parloir élégant, tout rempli de ces inutilités ravissantes dont les Américains sont aussi curieux que nos duchesses. L'horloger avait peur de remuer, tant les fauteuils étaient beaux, brillants et merveilleux à voir. De longs rideaux de soie répandaient sur tous les objets une douce et profonde obscurité : c'était la résidence d'une femme du monde plutôt que d'un ministre du culte. Enfin entra le révérend Achab Meldrum, d'un pas doux et moelleux, et tenant à la main une Bible reliée magnifiquement.

— « A qui puis-je avoir le plaisir de parler ce matin ? demanda-t-il.

— Si vous voulez relever un de ces magnifiques rideaux, lui dit-il, vous n'aurez pas de peine à me reconnaître. Quant à moi, je ne me trompe pas : c'est la voix d'Achab Meldrum, quoique vous cherchiez à l'adoucir. Je suis Samuel Slick, votre condisciple.

— En vérité, ami Samuel, je suis ravi de vous retrouver... »

Et le ministre commença un pathétique commentaire sur les joies du retour, les plaisirs de l'enfance, les souvenirs du premier âge, les anciens amis, et une foule de sujets élégiaques de la même nature, qui ressemblaient moitié à une page de sermon et moitié à une page de roman.

— Dites donc, Achab, reprit Slick, d'un air et d'un ton narquois, je calcule que vous avez considérablement pratiqué l'art de faire descendre sur les yeux du prochain le bonnet de coton de votre éloquence ; mais j'y vois clair malgré vous, mon très-cher ami. Vous souvenez-vous d'une pauvre fille qui avait vingt ans quand vous avez quitté le pays, qui en a vingt-sept aujourd'hui, et qui se nomme Polly Bacon ; son fils a sept ans : c'est un charmant petit garçon, et qui doit vous intéresser.

— Chut, chut, dit Achab effrayé, et il imposa silence à son vieux condisciple. Puis il le fit entrer dans une petite chambre secrète, située tout au fond d'un corridor, au bout de la maison, sans tapis, sans dorure, sans luxe, et réservée au grand plaisir des Américains, qui est de fumer. Les deux amis allumèrent deux pipes, et la confession du ministre commença.

— Savez-vous, lui dit Slick, que selon mon calcul vous avez bien mené votre barque? La maison est jolie, et votre revenu se trouve sans doute d'accord avec l'aisance que cette maison atteste.

— Trois mille dollars par an.

— Jolie affaire. La spéculation est bonne; je ne savais pas que la prédication se vendît si bien. J'aurais pris ce genre de commerce-là.

— Si vous me promettez de vous taire, Samuel, je vous instruirai là-dessus.

— Silencieux comme le tombeau, dit Slick.

— Eh bien! mon cher ami, je n'ai eu besoin que d'une nouvelle règle de grammaire, et la voici : le féminin est au-dessus du masculin, et le masculin au-dessus du neutre. Je flatte les femmes, elles me donnent les hommes. Il n'est pas toujours commode de faire avaler la flatterie à notre honorable sexe, surtout dans ce pays d'intérêt. Mais l'homme dont on flatte la femme vous est acquis. Il n'y tient pas, c'est une affaire faite; il vous suit où vous voulez. La femme est la roue de devant. Faites-la bouger, tout le reste marche. Hier je prêchais sur la mort d'un enfant, fils d'une veuve; je fis un tableau si doux, si charmant, si triste, si merveilleux, si touchant, de la tendresse maternelle veillant près du lit du jeune malade, de la vertu féminine, de la bonté féminine, du pardon féminin (par parenthèse, c'est

la seule créature au monde qui ne pardonne jamais), j'introduisis dans mon oraison tant d'anges, de larmes, de vertus et de tendresses, toujours au féminin ; je citai un si grand nombre de beaux vers tirés de Scott et de Byron, que mon succès fut complet. C'était touché à merveille. « Ah ! me dit une des dames après le sermon, jamais, depuis que vous avez pris ici votre *location*, jamais vous n'avez aussi bien parlé. — Madame, lui dis-je en serrant sa main, j'ai peint d'après nature.—Rien de plus pathétique, dit une autre.—Mon modèle n'est pas éloigné, repris-je. »
— Elles étaient toutes enchantées. Le lendemain, je reçus à peu près cent dollars en numéraire et cinquante en nature ; les chères créatures étaient à moi. Voilà comme on prêche, mon ami Samuel. C'est là le résultat du système volontaire. Croyez-vous qu'elles seraient assez niaises pour ouvrir leur bourse à un critique, à un moraliste qui leur apprendrait que la chair est faible, et le sexe aussi. Elles le laisseraient prêcher dans le désert et s'étendre à son aise sur les vices humains. Je reste célibataire, et je calcule que c'est là le seul moyen de conserver la faveur publique ; toutes les filles à marier comptent m'avoir un jour, et toutes les mères me portent aux nues.

— Quand je retournerai au pays, reprit le marchand d'horloges, je ne manquerai pas de dire à votre vieux précepteur quel raffiné coquin vous êtes devenu, mon camarade Achab, et quel escroc de qualité superfine vous êtes aujourd'hui.

— C'est le système et non pas moi, qu'il faut accuser. Le système me fait ce que je suis ! Je ne le fais pas.

— Système ou non, Achab, vous êtes un drôle. Mais je calcule qu'il vaut mieux n'en rien dire, et laisser les pauvres femmes à qui vous servez votre *poudre de perlimpin-*

pin, continuer leur métier de dupe. Servez une rente de cinquante dollars par an à la pauvre Polly Bacon, et je ne dirai pas un mot de ce qui vous regarde. Allons, soyez bon enfant, passez-en par là. Je suis sérieux. Sacrifiez-vous. »

Achab Meldrum baissa la tête, maugréa tout bas et paya la rente.

Une année après, Slick et son compagnon se trouvaient à la porte de Thèbes, non pas de Thèbes l'égyptienne, ni de Thèbes la ville grecque, mais d'un petit hameau formé de cinq ou six huttes de bois, auxquelles la singulière prétention des habitants, préparant des tortures aux géographes de l'avenir, avait imposé cette dénomination grandiose. Toutes les portes étaient fermées; pas un habitant dans les rues. On voyait, au milieu de ce silence général, la truelle du maçon plantée dans son baquet de plâtre, l'échafaud dressé, l'établi du menuisier sur lequel on avait déposé le rabot, et tous les symptômes d'une interruption subite et momentanée des travaux commencés. A force de chercher, Slick découvrit une auberge outr'ouverte, et dans l'unique chambre dont elle se composait, l'aubergiste lui-même assis et fumant. — « Je calcule que vous n'êtes pas, lui dit Slick en entrant, le seul habitant de cette *location*. — Je calcule que non, lui répondit l'aubergiste; ils sont tous allés dans la forêt, écouter le prédicateur des nouveaux korkornaïtes. — Je ne présume pas avoir encore entendu parler de ces gens-là; qu'est-ce qu'un korkornaïte? — Ils pourront vous le dire eux-mêmes, je n'en sais rien; je sais seulement que c'est aujourd'hui le jour de la grande *abeille religieuse (religious bee*[1]*)*, qu'on appelle encore rassemblement, ou bien « remuement de piété » *(stir)*. Tous les peuples ont leurs stimulants; les

Chinois l'opium, les Hollandais le skidam, les Anglais le gin, les Irlandais le whiskey. Nous autres Américains, qui allons de l'avant *(go ahead)*, nous les réunissons tous; nous avons le tabac, le rhum, le thé vert, la politique et le remuement de piété. Chaque secte nouvelle opère son remuement. J'ai quatre enfants dont l'un est hixaïte, le second universitaire, le troisième socialiste, le quatrième grelotteur, et je calcule que le cinquième, si Dieu m'en donne un cinquième, sera un korkornaïte.

— Je me sens curieux de voir la chose, dit Slick, et il suivit avec son compagnon de route les indications du maître d'auberge qui lui montra le chemin. Près d'un pont, sur le domaine d'un colon qui ne l'avait pas encore défriché complétement, et près de la lisière d'une forêt dont les arbres gigantesque versaient leur ombre sur cette scène bizarre, on avait élevé une vingtaine de tentes semblables aux wigwams des Indiens, et l'on y débitait des liqueurs, du tabac, des gâteaux, du vin, comme dans une foire. Au centre, une sorte de grange, bâtie de planches, servait de théâtre aux chefs du « remuement de piété, » dont la voix perçante et criarde frappait au loin les échos des rochers, de la rive et des bois ; quelques centaines d'hommes, assis sur les vieux troncs des arbres que la hache avait abattus, causaient religion ou politique, buvaient l'eau de menthe et le grog, et attendaient le retour de leurs femmes ou de leurs filles qui remplissaient la grange. Slick et l'Anglais trouvèrent moyen de pénétrer dans le temple, et de s'asseoir sur un banc de bois, au moment où un nouveau prédicateur montait sur la table qui servait de chaire ou de tribune. C'était un personnage maigre, pâle, exténué, l'œil cave, le front entouré d'un foulard rouge qui semblait redoubler sa pâleur de cadavre, le cou nu et l'air si profondément douloureux et résigné, qu'on l'eût pris pour un condamné marchant au supplice et non pour un ministre de l'Évangile. Il faisait peine à voir.

Tout se tut. Il prononça lentement quelques mots, puis des murmures entrecoupés, puis un axiome, puis un autre, et, sa voix s'élevant par degrés, il entra dans son sujet, qui n'était autre qu'une effroyable peinture des supplices réservés aux damnés. Ses gestes s'animèrent, son œil s'enflamma, sa parole devint aigre et véhémente; on le vit suer à grosses gouttes, et enfin ôter son habit. Cette cérémonie achevée, il recommença son infernale description, dont les images, empruntées à tout ce qu'il y a de révoltant et de hideux dans la vie physique, inspiraient un si profond dégoût et étaient tellement dénuées de raison, de sens et de philosophie, que Slick et son compagnon quittèrent leurs places et sortirent de la grange, pendant que les femmes épouvantées tombaient dans des convulsions hystériques, poussant de longs hurlements et se jetant dans les bras les unes des autres. — « Je spécule, dit Slick en sortant, que j'ai vu ce gaillard quelque part; on prétend qu'il s'appelle Concorde Fisher; mais c'est un faux nom, j'en suis sûr. » Il ne se trompait pas.

Le lendemain, il vit entrer dans la chambre de sa taverne ce terrible prédicateur, qui avait quitté le mouchoir rouge et qui lui dit tout bas : « Samuel, je vous ai reconnu hier; c'est bien vous, et vous êtes précisément l'homme que j'ai le plus besoin de retrouver. Je suis Achab Meldrum. Mon cher ami, nous prêchons ici l'abstinence : il n'y a que cela qui réussisse dans ces cantons; mais c'est ma foi plus facile à prêcher qu'à pratiquer. Je n'en puis plus; au nom du ciel, faites-moi donner un verre d'eau-de-vie.

— Je calcule que c'est bien fait, répondit Slick, éternel hypocrite que vous êtes. Pourquoi diable ne buvez-vous pas votre eau-de-vie comme tout le monde, comme un homme, la main haute, au-dessus du comptoir, sans barguigner et sans niaiserie? Je n'approuve pas toutes vos parades.

Cependant le brave marchand d'horloges fit apporter à son ancien condisciple la liqueur reconfortante; et, lorsqu'il le vit un peu ranimé:

— Ah ça! lui dit-il, Achab, que diable venez-vous faire ici? La dernière fois que je vous ai vu, votre commerce de sermons allait merveilleusement, et vous tiriez bon parti de votre règle grammaticale sur le féminin supérieur au masculin.... Allons, ne pleurez pas, Achab, à quoi cela sert-il? Avalez-moi cette eau-de-vie, et faites-moi l'histoire de votre nouvelle règle grammaticale et de ses résultats.

— Hélas! reprit Achab en sanglotant, cela n'a pas bien fini; les pères et les mères se sont formalisés de ce que leurs filles venaient trop fréquemment me soumettre leur conscience et lutter avec moi contre le mauvais esprit. Le juge *la lanterne* se mettait en route, et je crois que l'on m'aurait accroché à ma porte, selon votre justice républicaine, sans autre forme de procès, quand je fus averti de ce qui me pendait à l'oreille, et je levai le pied. Je me suis alors enrôlé parmi les korkornaïtes, et j'ai un succès magnifique. Mais la vie que je mène est une vie du diable, et je m'exténue à crier, à boire de l'eau et à jouer le mélodrame. Je crois que je vais me faire socialiste. Ces gens-là ne sont pas si serrés, et leur règle me convient assez : il s'agit de faire tout ce que l'on veut. Qu'en pensez-vous, Samuel? Y a-t-il quelque fonds à faire là-dessus? Est-ce une bonne affaire? Cela durera-t-il? Quand je spécule, j'aime à mettre toutes les chances de mon côté.

— Achab, reprit Samuel, vous me faites trembler. Vous êtes devenu un vrai démon. Faites-vous fermier ou marchand, et quittez le métier de prêtre. — Moi! reprit Achab, qui était plus d'à moitié ivre, je ne ferai jamais de métier vulgaire. Va pour le socialisme! c'est facile, c'est libre, c'est à la mode... — Et il tomba sous la table.

C'est par des exemples de ce genre que Samuel initie le lecteur au génie populaire de cette nation. Il visite les manufactures en sa qualité de dessinateur, et *croque* (1) les ouvrières (*takesoff the factory girls*). La politique, les arts, le commerce, s'offrent à lui, personnifiés et vivants : excellente méthode qui ne livre rien à l'hypothèse et donne tout à l'expérience.

Que résulte-t-il de ce travail d'observation, le plus attentif, le plus profond et le plus naïf auquel on ait encore soumis cette nouvelle partie du monde; travail qui ne se contente pas de généraliser philosophiquement certains résultats et d'appuyer des déductions sur des conjectures, mais qui, pénétrant dans le secret des mœurs, recherche les plus petits mobiles de l'élaboration actuelle et pèse avec soin tous les éléments constitutifs de la société américaine? — Qu'il n'y a encore rien d'achevé dans ces régions, et que la formation qui s'y opère, avançant avec une rapidité formidable, dévorant le temps et l'espace, mais trouvant encore devant elle beaucoup d'espace et de temps, est à peine parvenue à la moitié de son œuvre. Nous autres Européens du Midi,

(1) V. plus haut, l'analyse du *Lowell Offering*, p. 310.

auxquels Rome, déjà languissante et dégénérée, a transmis sa langue que nous avons mutilée, ses institutions que nous avons déformées, et ses souvenirs que nous avons adorés comme des pédants, nous portions des rides dans notre berceau. Les Américains n'héritent d'aucune civilisation matérielle. Ils ont devant et derrière eux la forêt et l'océan. Aussi leur activité physique est-elle sans bornes. Mais ils ont hérité de tant de civilisations intellectuelles, qu'ils en sont écrasés; aussi ne peuvent-ils avancer d'un seul pas dans cette voie. Directeurs de la civilisation industrielle, ils marchent à la suite de la civilisation intellectuelle. C'est dans l'ouvrage de M. Halliburton qu'il faut étudier comme dans un miroir ce prodigieux mouvement et cette complète nullité.

Par quelle singularité, dira-t-on, vous avisez-vous de chercher, aux limites du monde civilisé, non loin de Terre-Neuve et du Labrador, un livre qui n'a rien de littéraire, dont aucun journal ne parle, qui n'est pas écrit en anglais et qui ne traite point des grands intérêts de l'humanité? La vie des planteurs dans la province de Tenessée et celle des colons de la Nouvelle-Écosse nous importent assez peu. Quelle nouvelle législation, quel système ingénieux nous apportez-vous? Quelle recette inconnue sur les destinées humaines se trouve, comme le disent les penseurs récents, *formulée* dans cet ouvrage inutile? — Aucune, sûrement. Mais en fait de systèmes et de théories, rien ne nous manque; ces ballons qui flottent dans notre atmosphère, les uns plus haut, les autres plus bas, pour les menus plaisirs de nos yeux, en vérité doivent nous suffire. Continuez cet amusement facile, dernier charme des esprits impuissants, et faites beaucoup de lois; l'Europe en attend beaucoup encore. Bâtissez avec enthousiasme ces édifices de papier et ces sublimes châteaux de cartes. Laissez à d'autres esprits leurs plaisirs.

Aucune époque avant la nôtre n'a été visible et transparente dans son mouvement intime de chaque jour et de chaque nuit. Nous pouvons écouter le mouvement secret du monde, sentir battre ce pouls gigantesque, surveiller avec un intérêt triste et ardent les palpitations de ce point central et vivant, qui est le cœur de l'humanité, et que l'on appelle, faute d'un autre mot, la civilisation; observer si ce point vital se déplace, et dans quelles régions se porte la vie; enfin saisir au passage et sténographier, au moment même où il éclot, le drame éternellement improvisé qui s'appelle l'histoire et que d'autres essaieront d'écrire un jour. Dans les époques anciennes, les intelligences les plus rares ne pouvaient y réussir; on ne voyait qu'à deux pas de soi. Jules César savait très-mal ce qui se passait dans la Perse ou dans l'Arménie, et les mouvements intérieurs de l'Inde ou de la Samothrace étaient presque inconnus de Rome souveraine. Maintenant tous les ressorts qui meuvent cette grande machine des sociétés font leur œuvre à ciel ouvert, et le monde entier est de cristal. C'est un plaisir magnifique et grandiose de prêter l'oreille au bruit sourd et mesuré de ses rouages, et d'assister aux transformations régulières que l'on prenait jadis pour des phénomènes inattendus et mystérieux.

Ainsi l'on peut contempler à loisir ce miracle, facilement explicable, de l'Amérique septentrionale qui se peuple et se fertilise, attirant à elle la vie et la force de l'Europe vieillissante, et sur le point d'absorber ou d'anéantir les possessions étrangères qui l'environnent. Vaste ruche de travailleurs, magasin, boutique, ferme, arsenal, manufacture, atelier, elle se croit démocratie et n'est qu'une fabrique. Ses heures de loisir ne sont pas venues, le géant n'a pas encore de muscles. Mais ce qui recule démesurément la solution du problème, c'est qu'elle étend ses limites par le magnétisme de l'exemple. Le Texas est à elle, les vieux Français du Canada penchent vers elle, la Nouvelle-Écosse languissante espère retrouver la vie, si elle devient à son tour république. Ainsi se multiplient les termes du problème. Par-delà les mers, tout est avenir, espérance et ardeur, tandis que le passé pèse sur nous et que nous nous agitons sur nos cendres.

Des deux sociétés nouvelles et menaçantes qui se forment, l'une sous la loi du czar, l'autre sous l'invocation de Washington, la plus intéressante par son énergie, ses traditions, sa filiation teutonique et sa forme libre, c'est l'Amérique septentrionale.

AVENIR DE L'AMÉRIQUE.

DOCUMENTS BIBLIOGRAPHIQUES SUR LES ÉTATS-UNIS AU XIXe SIÈCLE.

Consulter : — A. Mackay. *The Western World*, London, 3 vol.
Alexander Ross. *Anecdotes of the first Settlers.*
Hildreth. *History of the United States*, New-York.
Mistris Housloun. *Travels in the West*, London.

AVENIR DE L'AMÉRIQUE

SEPTENTRIONALE

ET DES ÉTATS-UNIS.

§ 1ᵉʳ.

Résumé.

Nous avons exposé sans ménagement, avec une rigueur peut-être excessive ce qu'il y a d'incomplet dans la civilisation des États-Unis, d'insuffisant ou de banal dans leurs arts, d'ébauché ou de rude dans leur situation sociale, de factice ou de chimérique dans leurs prétentions littéraires. Nous avons même reproduit sous bénéfice d'inventaire, sans les accepter aveuglément, surtout sans prendre la responsabilité de leur critique partiale, les appréciations sévères des voyageurs anglais, plus attentifs aux fautes ou aux ridicules de leurs frères transatlantiques qu'il ne conviendrait à de bons parents. Pendant que les Anglais se livraient à cette analyse passionnée, les Américains continuaient activement leur œuvre; et ce qui prouve assez qu'elle était douée de vie, c'est que par degrés les taches s'effaçaient, les débilités disparaissaient, et les critiques amères des voyageurs britanniques devenaient moins applicables.

Quel était donc cet élément de force qui vivait au fond de l'institution américaine ?

Un élément moral et de tradition, que j'ai signalé dès les premières pages de ce livre (1) et dont il me reste à indiquer le développement.

§ II.

L'Abeille américaine. — Formation d'un village américain.

Vers les limites de l'Arkansas ou de l'Illinois, dans les profondes solitudes inexplorées au pied des Montagnes Rocheuses, on voit, par quelque beau jour d'été, arriver une famille dont tout le mobilier est contenu dans un chariot traîné par un petit cheval ; tantôt le mari et la femme composent l'association, tantôt un ou deux petits enfants complètent la république. Le père choisit l'endroit de la *location*. Voici du gazon, des chênes verts, une rivière prochaine ; mais comment faire ? les outils lui manquent, et, pour bâtir sa « maison de bûches » *(log-house)* d'une façon confortable, il lui faudrait du temps, plusieurs ouvriers, beaucoup d'argent. Il n'a que ses bras et ceux de sa femme, peut-être ceux de Jonathan et de Samuel, ses deux fils en bas âge. Les vieux *settlers*, habitants des forêts voisines, qui ont depuis longtemps bâti leur *log-house* et qui connaissent le pays, accourent pour saluer les nouveaux débarqués, non pour les saluer seulement, pour les aider. Aucun apparat, nul apprêt, point de tumulte ou de phrases vaines. Le temps est précieux. On ne fait pas de longs discours ; on se contente de la chose du monde la plus simple : on imite les « abeilles » *(the bees)*, on tra-

(1) Voyez le premier chapitre de ce Volume.

vaille en commun au profit du nouveau venu. Cette fraternité réelle et en action a bientôt porté ses fruits. Le tronc des chênes tombe, on le roule, on le dresse ; la maison s'élève. Il faut un toit à la grange ; une soixantaine de bras y contribuent. La location est achevée. La moisson venue, il s'agit de battre le blé sur l'aire ; les compagnons accourent encore ; l'œuvre d'une semaine se termine en un jour ; ce qui aurait coûté des mois au travailleur solitaire s'accomplit en un clin d'œil. Le nouveau *settler* rendra aux autres ce qu'il a reçu d'eux ; et s'il en vient encore, les anciens agiront de même envers ces derniers. On emprunte le cheval du voisin et on le rend ; on prête sa charrue et on la réclame ; tout le monde aide tout le monde, et la misère n'atteint personne.

Ces habitudes constituent la vie morale, c'est-à-dire la vie essentielle et fondamentale de l'Amérique. Elles fonctionnent d'abord dans une communauté de cinq ou six *log-houses*. L'idée de Dieu et le souvenir de la Bible sont présents à tous ces hommes, Saxons et Écossais, Allemands et Hollandais, grossiers si l'on veut, la plupart calvinistes. On n'a pas d'église, il en faut une. Pour bâtir une église avec des bûches *(logs)*, une nouvelle *abeille* se constitue. Tout le monde, quakers et arminiens, méthodistes et catholiques, met la main à l'œuvre. Cette chaire de bois mal dégrossi sera occupée par les prédicateurs nomades qui traversent le désert. Ce n'est plus seulement une communauté, c'est une communion. La loi sympathique du Christ se fait entendre dans cet édifice rudement construit ; les réunions deviennent fréquentes et régulières. On prie ensemble. Quelques âmes en peine ont des scrupules ; le levain calviniste est toujours là, sévère et analytique, rempli de doutes rêveurs, indocile au joug de la pensée ; est-ce bien ainsi qu'on doit prier Dieu? Les dissidents réclament l'usage de leurs dogmes particuliers et construisent une nouvelle église, qui constitue une nouvelle communauté. La chapelle des quakers brûle, les catholiques ne font aucune difficulté de prêter leur église. De même pour les anabaptistes, à qui l'église presbytérienne est ouverte.

Si nous cherchons à reconnaître quels sont les vrais éléments constitutifs de cette *abeille* qui vient de fonder sous nos yeux un village américain, nous en trouvons trois : — l'élément chrétien et calviniste, apte à l'association, plein de charité pour le prochain et de sympathie pour ses souffrances; — l'élément germanique, patient, conquérant, laborieux, attaché au sol et à la tradition; — enfin l'élément d'entreprise et d'audace, plus jeune que les deux autres, dont il est issu, et qu'il féconde sans jamais les détruire. De quelque manière que l'on combine ces trois éléments primitifs, ils renferment toujours la variété, la liberté, l'attachement à la tradition : dans la sphère religieuse, ils laissent place à l'indépendance absolue; dans la sphère politique, à la liberté des groupes fédératifs; dans les mœurs privées et publiques, ils encouragent l'égalité des rapports, l'indépendance individuelle et l'association volontaire. Les États-Unis actuels ne sont que le développement de ces trois principes.

La communauté y est partout, sans que la liberté souffre nulle part. Le travail de l'*abeille* recommence à travers les phases de la vie civile; on se réunit pour savoir comment on réparera le pont, comment on disposera le bac, avec quels fonds l'école sera construite, quelle direction sera donnée à la route, de quelles voies on percera la forêt. Quant à l'assiette de l'impôt, nulle difficulté : chacun sait qu'il a besoin du pont et de la route, et qu'il doit les payer. Dans quelle localité s'élèvera le tribunal, avec quels deniers? Nouveaux motifs d'association volontaire, ou plutôt de réunion délibérante. D'abord tous les chefs de famille y prennent part, ensuite il faut restreindre le nombre des votants, et voici une chambre de représentants au petit pied qui se charge des intérêts de la commune. Ces intérêts se multiplient. Les coureurs des bois volent les chevaux et emmènent le bétail, les Indiens mettent le feu aux granges; il faut une milice, elle se forme. L'assurance contre les incendies devient indispensable. Tout cela se constitue progressivement, avec ordre, et par le même procédé. C'est toujours l'abeille *(the Bee)*. Il n'y a pas de gouvernement, chacun étant habile à se gouverner lui-même, nul ne voulant prendre le triste et vaniteux soin de gouverner les autres (1).

Ainsi grandit un village américain. Rien de semblable en Europe, surtout en France. On ne s'y entend guère pour s'aider mutuellement; chacun voudrait bien commander, et jamais on n'y a vu, même à l'origine, le *gathering of the bee* (le rassemblement de l'abeille). Lisez le *Polyptique d'Irminon*, tableau naïf des manses du VIIIe siècle : partout des esclaves échelonnés, dont le christianisme adoucit la misère. Que les toits des manants se soient groupés autour du château ou de l'abbaye, peu importe ; le Romain d'abord, ensuite le Germain, plus tard l'homme de loi, quelquefois l'abbé, ont dominé le hameau naissant et favorisé ou entravé son progrès; nul service d'égal à égal; toujours bienfait ou oppression, gratitude ou vengeance. Après dix-huit siècles passés ainsi, voyez l'état moral d'un

(1) Voyez les excellents ouvrages de M. Michel Chevalier et de M. de Tocqueville.

village de France; le plus beau pays de l'Europe vit dans une hostilité universelle. Toutes les haines y fermentent avec tous les intérêts; l'instituteur abhorre le curé, qui jette l'instituteur en enfer; le meunier regarde d'un œil jaloux le propriétaire de l'usine prochaine, et ce dernier s'anime d'une sourde envie contre le représentant, le cultivateur et le vigneron. Comptez ensuite les éléments disparates et les dissonnances furieuses que nos guerres civiles font hurler et gémir ensemble : près du suzerain auquel la restauration a rendu sa fortune, ce lecteur assidu de Voltaire, propriétaire d'un bien national acheté pendant la révolution ; non loin de lui le général de l'empire, qui coudoie l'avocat de la restauration renversée ; enfin quelque débris de la tourmente révolutionnaire, fidèle à ses croyances de 1793, voisin du jeune adepte des théories communistes, profondément hostiles à l'unité de la démocratie spartiate. Ces couches superposées se repoussent en se touchant; société composée de haines, concert de vengeances!

Le hameau français ou italien ne sait pas se gouverner. Il n'a ni l'instinct ni la science de l'autonomie. Nourri dans un autre berceau, formé d'autres éléments, il porte la vieille empreinte de l'autorité, ou, si l'on veut, de la servitude. Les passions rivales et jalouses y fermentent avec le souvenir des anciens griefs : non que les âmes y soient pires, — mais les habitudes y sont mauvaises.

Sans la prédisposition morale qui donne la faculté de l'autonomie, les institutions républicaines ne subsisteraient pas deux ans, même aux États-Unis. C'est le sentiment germanique et chrétien de solidarité active, de communauté réelle, de fraternité intime et un peu sauvage, qui les soutient et les fait vivre. L'*Abeille*, association volontaire des individus et des familles, marche toujours : après avoir établi l'impôt, elle institue la caisse d'épargne, dont elle fait une banque locale, ce qui est la transformation la plus facile du monde. La banque locale émet des billets qui ont cours dans la localité seule; elle fait profiter l'argent de chacun, et le laboureur qui a besoin d'acheter un cheval ou une charrue y trouve les fonds nécessaires. Tout le monde étant banquier, personne ne veut détruire l'État. On emploie les cours d'eau qui font mouvoir d'abord des moulins de peu d'importance, où chacun vient apporter son blé à moudre et ses planches à scier, puis de vastes moulins dont la prospérité attire tous les capitaux, même les moins considérables, ceux des veuves, des orphelins et des journalistes : qui oserait brûler ces moulins? ils appartiennent à tout le monde. Le capital ne s'accumule point comme en France; l'argent, que l'on aime beaucoup, passe dans des milliers de mains; les espèces ne dorment jamais, et le gros banquier ne se montre guère. Le ressort universel est la confiance. Rhode-Island, avec une population de cent mille âmes, compte soixante-cinq banques, dont le capital varie de 20,000 à 500,000 livres sterling et dont le total dépasse 10 millions de livres sterling. On jugera, d'après le tableau suivant que nous empruntons à un statisticien, de la manière dont sont réparties les actions de ces banques :

Femmes.	2,438 actions.
Ouvriers.	673
Fermiers et journaliers.	1,245
Caisses d'épargne.	1,013
Tuteurs.	630
Domaines privés.	307
Institutions charitables.	548
Corporations.	157

Fonctionnaires.	438
Marins.	434
Commerçants.	2,038
Détaillants.	191
Avocats.	977
Médecins.	326
Hommes d'Église.	220
Total.	11,645 actions.

On voit que tout le monde possède quelque chose dans cette petite banque ; chaque travailleur est capitaliste, achète une action, puis une seconde, et finit par acheter ou un magasin ou un vaisseau. La banque se paie de ses propres frais, la communauté bénéficie du reste.

Certes il est commode à l'homme de labeur d'avoir sous la main, près de lui, la boutique où l'argent s'achète, où fermiers et ouvriers puisent sans crainte, selon leurs moyens et leur crédit. L'habitant de la plus petite localité n'a pas besoin d'envoyer ses économies à la grande ville pour les y placer. Dans tel bourg insignifiant d'Amérique, tailleurs, cordonniers, veuves, orphelins, tous capitalistes, au nombre de cent cinquante ou cent soixante, sont propriétaires de la banque locale, qui prête à 6 pour 100 d'intérêt et qui rend à ses actionnaires ces mêmes 6 pour 100 de dividende. L'actionnaire active son commerce avec le capital qu'il prête, et augmente son capital par l'industrie que ce capital vivifie. Quel membre de la communauté, tel humble ou ignorant qu'on le suppose, n'est pas intéressé à la conservation d'une société qui en définitive est l'ensemble même des intérêts particuliers ?

Les maisons de bûches disparaissent. Voici des villes. Le spéculateur et le capitaliste, brochant sur le tout, exploitent la situation qu'ils n'ont pas créée, et qu'ils pourraient gâter ou détruire, si la force essentielle des mœurs ne triomphait pas de tout le reste. On voit les hommes d'argent ou ceux qui espèrent en gagner se servir de cette société naissante comme d'un tapis vert. Ils se ruinent ou s'enrichissent ; leurs fortunes croulent ou s'élèvent, montagnes de sable qui s'affaissent et se reconstruisent sous le vent du désert : le fond des choses ne change pas. Toujours le même réseau d'*abeilles* qui couvre le territoire et continue son travail ; toujours même ressort intérieur d'énergie morale et physique qui se prête et qui s'emprunte avec une égale facilité, même activité de secours mutuels, même esprit chrétien de lutte contre le mal, de fraternité dans la lutte, d'égalité dans les devoirs et les charges, de libre puissance dans l'expansion. On n'attend rien de l'État ; qu'est-ce que l'État ? On ne rêve point d'utopies ; à quoi bon ? Nul ne maudit un passé qui renfermait tous les germes de l'autonomie américaine, c'est-à-dire la grandeur des États-Unis ; c'est un véritable Anglais que l'Américain constructeur de vaisseaux, qui s'entend avec le propriétaire de chemins de fer, avec l'ingénieur, avec l'ouvrier, avec le colon, qui n'imagine pas avoir besoin d'un gouvernement pour le protéger, et dans l'esprit duquel cette croyance est enracinée, que la meilleure société est celle où tout le monde s'entend pour ne commander à personne.

Enlevez à l'Amérique son esprit de christianisme fraternel, de teutonisme antique et d'entreprise hardie ; supprimez un de ces trois éléments, sa prospérité disparaît.

De grands pays voisins et fertiles, les uns républicains, en apparence du moins, les autres soumis à une métropole lointaine, — le Mexique et le Canada, — l'un avec des institutions calquées sur celles des États-Unis, l'autre avec ses souvenirs français et sous la domination anglaise, ne peuvent arriver à rien. On sait dans quelle torpeur convulsive végètent les républiques espagnoles. Le fermier gallo-canadien, plein de cœur, de bravoure et souvent d'esprit, sociable, charitable, ingénieux, n'a pas su créer une société et la soutenir par lui-même. « Rien n'est plus frappant, dit lord Durham, que la différence de situation, de culture et de richesse entre les deux fractions d'un même pays, habitées et cultivées par deux races diverses. Le territoire canadien du côté des grands lacs est peut-être le meilleur de toute l'Amérique ; cependant il donne peu de produits. La vaste péninsule située dans le Haut-Canada, entre le lac Huron et le lac Érié, comprenant les terrains les plus fertiles en grains de tout le continent, est laissée aujourd'hui presque en friche. Entre Amherstburgh et la mer, la valeur vénale du sol est beaucoup plus grande du côté des États-Unis anglais que celui du vieux Canada français. Cette différence dans quelques localités est comme *mille* est à *cent*. L'acre, vendu *un dollar* dans le Canada français, en vaut cinq à deux pas de là, aux États-Unis. En face de la vieille ville française de Montréal, où tout est repos et silence, vous voyez s'élever et grandir la jeune cité anglo-américaine de Buffalo, où tout est activité, industrie et prospérité. Buffalo est d'hier, Montréal date du XVIe siècle. Partout même contraste : ici, forêts défrichées, champs cultivés, maisons bâties, fermes exploitées par la population anglo-américaine ; là, une solitude infertile, où végètent dans la pauvreté quelques colons, débris épars dans les bois des anciennes familles françaises, sans esprit d'entreprise, sans routes et sans marchés, séparés les uns des autres par des distances considérables. » C'est ce même génie chrétien et teutonique de l'association volontaire, de la sympathie industrieuse, qui, en Irlande, oppose la richesse de certaines cultures exploitées par les familles écossaises à la profonde misère des cantons voisins, livrés à l'incurie keltique.

Persuadez au paysan normand, picard ou gascon d'aller chaque semaine déposer ses épargnes dans une banque centrale ; dites à ce vigneron qui se défie du charron, à ce charron qui n'aime pas le médecin, à ce médecin qui déteste le curé, de s'associer l'un à l'autre : ils n'en feront rien. Chacun thésaurisant le peu qu'il gagne et se tenant en garde contre le voisin, toute communauté d'intérêt sera impossible. Supposez en outre que l'homme de l'Université couche en joue l'homme d'Église, que le percepteur des contributions soit en guerre avec l'instituteur, et que la voix tonnante des journaux ranime perpétuellement ces haines mutuelles sous la cendre qui les recouvre et les assoupit ; de cette accumulation d'antagonismes quelle harmonie pourra naître ?

Ce sont les hommes spéciaux et les statisticiens qu'il faut écouter à ce propos ; — ils nous disent qu'en France une population de trente-cinq millions d'hommes ne produit que cinq cent vingt millions de boisseaux de blé et de froment de toute espèce par an, qu'elle élève peu de bétail en proportion du nombre des habitants ; en un mot, qu'avec les plus beaux ports et le plus admirable sol, elle est relativement pauvre. Le ressort moral détendu, l'esprit d'entreprise manquant ou faisant fausse route, le cabaret remplaçant l'église, la jouissance présente absorbant l'avenir, l'esprit de famille attaqué, point de banques locales et populaires, une démoralisation profonde s'emparant des villes de manufactures ; — tout cela ne vient

25

pas du présent, mais du passé ; ainsi s'explique suffisamment la déperdition de forces qui, depuis deux siècles, n'a pas cessé d'appauvrir la France. Quel statisticien dressera le bilan complet du capital détruit par nos guerres inutiles ou malheureuses, par nos théories fausses, par notre inactivité ou notre incurie? Entre 1803 et 1815 la grande lutte contre l'Europe nous a coûté 6,000 millions de francs et un million d'hommes ; nous avons payé aux alliés 1,500 nouveaux millions, sans compter 1,500 autres millions de produits bruts de toute espèce anéantis par deux invasions : ce sont 9,000 millions de francs absorbés pendant douze années. Si l'on remonte ensuite de 1800 à 1789, on trouvera une somme à peu près égale annulée tant par les guerres de la Révolution que par les coups portés à l'industrie. Aussi, malgré les progrès de la science et des lumières, la plaie de la misère se fait-elle sentir plus poignante.

« Souvent, dit M. Cordier l'ingénieur, j'ai traversé, dans différents départements, vingt lieues carrées sans trouver un canal, une route, une manufacture ou même un domaine quelconque. Le pays entier semblait un désert ou un lieu d'exil abandonné à des malheureux dont les intérêts et les besoins sont également mal compris, et dont la détresse s'accroît constamment par la cherté des frais de transport et le bas prix de leurs produits. » — « L'état malheureux des classes ouvrières de France n'a pas de meilleure preuve, dit M. Newman, consul d'Angleterre, dans son rapport adressé au commissaire anglais sur les lois des pauvres, que la résolution prise récemment par les propriétaires des manufactures et les fermiers bretons de n'employer que les ouvriers qui consentent à laisser entre les mains du patron une somme hebdomadaire pour la nourriture de leurs femmes et de leurs enfants. En général, ce sont des gens vifs et actifs qui font de bons militaires, mais dont la force morale est nulle ; presque tous les petits fermiers s'en reviennent de la foire à moitié gris, et souvent l'argent de la semaine est dépensé le lundi. » — « On sait, dit un autre rapport, que l'abus du pouvoir paternel affaiblit la population dans le département du Nord. Un père veut se servir de son enfant pour gagner quelques centimes de plus. Il l'envoie à l'école et ne l'y laisse que jusqu'au moment précis où ses faibles et petits bras peuvent devenir utiles au père lui-même. Cet enfant, exténué avant d'être majeur, exècre, on doit le penser, le père qui n'a pas eu d'entrailles pour lui. »

Voilà ce que la race la plus active, la plus ingénieuse et la plus généreuse de l'Europe a fait de la terre que Dieu lui a donnée. Ce n'est pas elle qu'il faut accuser, c'est son passé. La tradition lui fait défaut.

Malgré les améliorations accomplies depuis soixante années, dans la sphère des intérêts matériels, il est évident que l'on n'est pas parvenu à vaincre le vieil esprit kelte, prompt à la guerre et aux arts, spirituellement désordonné, impuissant à se gouverner comme à fonder, et qui suscite la guerre actuelle du travail contre le capital.

Aux États-Unis, la tradition contraire a produit des effets contraires. Marcher dans sa force, se fier à soi, ne rien attendre que de ses égaux, ne rien demander au gouvernement, secourir le voisin et être secouru de lui, c'est le grand secret ; ce sont des habitudes tout anglaises qui, sous forme aristocratique, ont fait la prospérité de la Grande-Bretagne, et que l'Amérique porte à leur dernière limite.

De là espoir universel, industrie générale, désir ardent de faire avancer la race. Nées de l'élément chrétien mêlé à l'élément teutonique, ces trois forces surabondent en Amérique : charité, — sens droit, — activité. De ces trois forces combinées, pas une qui ne soit indispensable au jeu organique d'un État tel que l'Union : c'est l'amour, l'intelligence et la puissance. Une tradition fière et sympathique, devenue *self-government*, c'est-à-dire le gouvernement de la société par elle-même, se résout en gouvernement de la province par la province, de la commune par la commune, de la municipalité par la municipalité, de chaque groupe par lui-même, et enfin de l'homme par l'homme.

La vraie devise des États-Unis n'est pas chacun *pour* soi, devise de destruction, mais chacun *par* soi et pour les autres, devise de création et de sympathie. Rien n'étonne et ne scandalise, je ne dis pas un Américain, mais un paysan de Norwége, de Danemark ou d'Écosse, comme d'apprendre qu'il y a dans les vieux pays romains un pouvoir unitaire qui se charge d'agir pour tout le monde, qui défraie les écoles, paie le clergé, bâtit les ponts, soutient les théâtres, vend le tabac, vend le sel, érige les hôpitaux, entretient des armées de commis pour copier des lettres et des titres de lettres. Ce paysan teuton est bien plus surpris en apprenant que si le gouvernement retirait son secours, chacun se révolterait.

Il ne comprend rien à nos deux habitudes ; — la fureur de vouloir être gouvernés, jointe à celle de mordre la main qui nous gouverne.

§ III.

Accroissement des Républiques américaines. — Première et seconde ère de la civilisation américaine aux États-Unis.

Cette tradition de liberté dans l'unité, d'ordre dans l'indépendance, n'a pas besoin de lois pour se maintenir en Amérique. Le manufacturier est libre d'employer ou de renvoyer son ouvrier, l'ouvrier d'accepter ou de refuser un prix, le capitaliste de faire de son argent tel usage qu'il lui plaît, l'agriculteur et le marchand de capitaliser leurs gains. L'État, la loi n'interviennent d'aucune manière; la loi morale, le ressort intime, sont dans les caractères. Pas d'association forcée et théorique, mais une sympathie de fait et d'habitude, un *clubbing* anglo-saxon, perpétuel, ineffaçable comme les mœurs, qui régit le pays entier, et sans lequel le gouvernement du peuple par lui-même serait chimère : on s'unit partout et librement pour s'entr'aider. C'est si bien un souvenir de race, une tradition germaine et datant de l'époque des *Rachimbourgs* et du *Wittenagemot*, que les Irlandais répandus aux États-Unis ont grand'peine à s'y faire; leurs habitudes de désordre et d'isolement compromettent souvent les destinées de l'Union. Même parmi les demi-sauvages, qui vont, couverts de peaux et armés d'une hache, défricher les régions les plus éloignées du centre, ce sentiment créateur subsiste ; ils s'associent pour créer, jamais pour détruire. Sans cesse ils reproduisent le phénomène de l'association volontaire que l'on retrouve à l'œuvre sur une grande échelle dans les villes civilisées, à Boston, par exemple, cité des puritains.

En 1844, dit M. Mackay, le vaisseau anglais *Britannia*,

qui portait les dépêches et devait quitter le port de Boston le 1ᵉʳ février, se trouva emprisonné dans des glaces qui avaient sept pieds d'épaisseur près de l'embarcadère et deux pieds jusqu'à sept milles du rivage. Il fallait opérer, soit au moyen de chariots, soit à bras, le transport des marchandises que l'on voulait embarquer et les faire parvenir ainsi jusqu'au bord de la glace, où les attendaient les navires. Dès que la nouvelle de ce blocus se répandit à Boston, le *gathering of the bee* eut lieu aussi spontanément que dans les bois de l'Ohio ou du Ténessée. Cette ville opulente et littéraire fut debout pour délivrer la malle-poste anglaise. Les *workies* commandés par des ingénieurs tracèrent dans la glace de sept pieds d'épaisseur un canal de sept milles de long sur cent pieds de large ; deux sillons parallèles de sept pouces de profondeur furent creusés au moyen d'une charrue à glace tirée par plusieurs chevaux ; des blocs de glace de cent pieds carrés furent détachés au moyen de la scie et glissèrent vers la mer, entraînés par des câbles et des crampons, quelquefois poussés par cinquante hommes. Cette opération énorme, et qui n'était pas sans danger, fut accomplie en deux jours ; mais déjà la glace s'était reformée, épaisse de deux pieds. Les Bostoniens accoururent pour voir comment la *Britannia*, qui avait revêtu d'une cuirasse de fer ses écoutes en cuivre, ferait sa voie malgré ce nouvel obstacle. Elle y parvint sans trop endommager ses roues, s'élança à travers la glace, faisant sept milles à l'heure, et sortit triomphante du port, aux grandes acclamations de plus de vingt mille Bostoniens. Des tentes nombreuses avaient été dressées sur le rivage ; la bonne compagnie de la ville s'y était rendue en traîneaux. Une couche épaisse de neige, tombée pendant la nuit, couvrait la glace ; le soleil montait dans le ciel, de joyeux hurrahs retentissaient pendant que les uns poussaient au large le navire avec de longs avirons de fer, et que de plus hardis, montés sur des bateaux légers, l'escortaient en pleine mer. Pour compléter cette bonne œuvre, dont la gravure américaine a eu soin de perpétuer le souvenir, l'administration des postes de la Grande-Bretagne ayant offert aux Bostoniens une indemnité, ces derniers refusèrent galamment.

Il est curieux sans doute, il est utile de chercher comment de telles mœurs se sont formées, quelles institutions elles ont produites, comment les unes se soutiennent par les autres, quels vices s'y sont introduits ou en ont résulté, enfin quelle est la marche actuelle d'une société ainsi organisée, et vers quel avenir elle se dirige. Pour trouver la source vive de ces mœurs, il faut lire, non pas Benjamin Franklin ou Jefferson, qui appartiennent à la seconde époque de l'Amérique, mais bien les *Narratives of the first Pilgrims*, « extraits de documents primitifs relatifs aux voyages des vieux puritains, » et les bouquins ridicules ou fanatiques des prédicants de 1630 et de 1680, d'Increase Mather et de ses amis; là se trouve le premier noyau, le germe vif de l'Amérique. Le curieux récit de l'expédition astorienne par Alexandre Ross et le livre nouveau de Hildreth sur « l'histoire des États-Unis » nous apprennent à travers quels obstacles s'est développé le génie puritain.

Enfin, passant par-dessus une foule de voyages anglais qui ne sont que la satire inutile ou la vaine parodie de ces institutions et de leurs défauts, on doit consulter le nouvel ouvrage de M. A. Mackay (*the Western World*), où l'anatomie statistique du pays, tel qu'il s'est montré dans ces derniers temps, est examinée avec un soin extrême, ainsi que le livre de M. Carey, Américain, livre fatigant par le ton doctrinal, l'apologie excessive, le panégyrique ou plutôt l'apothéose métaphysique de l'Union américaine. A ces ouvrages, qui expliquent les origines réelles et le caractère actuel de ce grand peuple, il faut joindre la lecture de plus de soixante volumes de récits contradictoires : — mistriss Houstoun qui a visité l'Ouest, Revere et Wilkse sur la Californie, Lanman sur les Alleghanies, Mac-Lean sur les Montagnes Rocheuses. En contrôlant les uns par les autres les résultats de ces ouvrages, qui diffèrent par la tendance, le but et les détails, on sait quel avenir est réservé à l'Amérique et par quels ressorts son élévation s'est produite : non par le jeu politique des institutions, comme on l'imagine, mais par la sympathie, la raison, l'énergie ; non par la colère contre le passé, mais par le développement de la tradition ; non par l'abolition de l'esprit chrétien, mais par le christianisme ; non par des lois, mais par des mœurs ; non par des théories, mais par des faits ; non par des révolutions, mais par des évolutions. Aucun groupe en Amérique n'est révolutionnaire ; toute association y est *évolutive*. Or toute « évolution » est en elle-même organique, toute révolution inorganique ; l'une qui est la vie procède de la vie, l'autre qui porte la mort donne la mort. Les révolutions sont des crises qui tuent toujours les peuples en détruisant leurs principes, les évolutions sont des progrès qui les sauvent en développant leurs germes.

La ruche d'abeilles qui couvre l'Amérique n'est point sortie de terre à l'improviste, et n'est pas le fruit de combinaisons métaphysiques. Ce germe puissant était déjà renfermé dans les premiers établissements fondés par Walter Raleigh en 1585, et qui eurent peu de durée, parce que l'élément chrétien y était faible. En 1606, on envoya encore cent Anglais calvinistes en Amérique. Dès 1619, la première assemblée coloniale fut convoquée ; elle décida souverainement les questions relatives aux entreprises et aux intérêts de la colonie. Les puritains de 1620 continuent ce travail avec plus d'autorité et d'austérité. S'inquiétant peu des dangers et du labeur, ils plantent leurs premières tentes sur un roc flanqué par l'Océan et environné de sables stériles, sous un ciel rigoureux ; là ils font leur première *abeille*, heureux de travailler en liberté les uns pour les autres, rédigent leurs lois, choisissent leurs magistrats, agissent par délégués et représentants, reconnaissent un roi nominal, laissent la métropole se vanter d'être leur souveraine, et dans la réalité organisent une république. Ils paient leurs impôts, on ne leur demande rien de plus.

La première époque de la colonie commence vers 1620 et finit vers 1715 : c'est une période toute sauvage. Il n'y avait pas, en 1732, du temps de Voltaire, un seul peintre de portraits en Amérique (1), pas un seul collége avant 1639, pas une seule presse avant 1640. On ne s'occupait que de défricher, et à grand'peine; pour s'exciter au combat contre la nature, on avait choisi les terrains les plus rebelles. La première fondation de collége fut celle que le ministre Jean Harvard dota de 800 livres sterling en 1639; ce collége de Harvard est aujourd'hui le plus célèbre des États-Unis.

La première presse mise en mouvement dans la même localité de Cambridge, en 1639, servit à imprimer une détestable traduction calviniste des Psaumes de David. Pas

---

(1) Voyez Hildreth. — V. aussi *B. Franklin's Life* by Jared Sparks.

de ville anglo-américaine jusqu'en 1564. Dans toute l'Amérique du Nord, il n'y eut longtemps de villes que Saint-Augustin, fondée par les Espagnols de la Floride, et Santa-Fé, qui existe encore. Après un siècle, la population totale n'était que de cent trente-quatre mille six cents âmes, sans comprendre dans ce nombre la population des Peaux-Rouges, qui n'avait jamais été considérable, et qui, des Montagnes Rocheuses jusqu'aux bords de l'Atlantique, ne s'était pas élevée à plus de trois cent mille âmes. Le mot « Nouveau-Monde » est donc juste à tous égards.

Entre 1615 et 1715, ce que l'Europe rejette, les éléments réfractaires, bannis, régicides, mécontents, hommes d'aventure, catholiques repoussés par les protestants, protestants chassés par les catholiques, quelques rêveurs, beaucoup de pauvres gens qui ne savent que faire, viennent se fondre dans la masse anglo-saxonne des puritains qui fuient l'esclavage religieux et se dérobent au monopole oppressif de Jacques Ier et de son fils. Les puritains commandent, ou plutôt leur esprit viril et organisateur domine tout. On se forme en groupes, en *abeilles*. Les difficultés sont grandes, la pauvreté est extrême; on honore le labeur, la prière, la sévérité de la vie et la probité.

Pendant cette phase, barbare si l'on veut, héroïque assurément, ce peuple entreprenant, commerçant, colon, navigateur comme ses pères, a-t-il changé d'esprit et de race? Non. Tout commerce est un danger, il a donc du courage; toute culture est une fatigue, il a donc de la persévérance; toute association est une gêne, il a donc du dévouement. Le vieil esprit teutonique et chrétien ne cesse pas de pousser ses racines et ses rameaux, avec la vigueur du chêne qui est son emblème. Si Londres et Whitehall réglementent le sol et font des lois, c'est la tradition qui, en dépit des lois mêmes, organise la communauté, non pas la république des anciens conquérants grecs et des patriciens romains, mais le *commonwealth* (richesse commune) des hommes du Nord, mot qui n'indique pas le capital en numéraire, mais le bien-être (*weal*, *well-being*), le bien de tous. Cette république-là était partout : dans les provinces gouvernées par des chartes, et qui élisaient leurs gouverneurs, leurs juges et leurs députés; dans les provinces qui relevaient nominalement de la couronne, et qui élisaient les membres de leurs corps législatifs; enfin dans les provinces appartenant à des propriétaires par concession royale, lesquels essaient en vain d'annuler ou de modifier les résultats de l'élection : ils avaient le dessous. En définitive, un seul esprit, une seule âme, vivaient dans ces trois subdivisions de l'établissement politique aux États-Unis. Tous les colons voulaient se gouverner et se gouvernaient.

Dès 1643, sous Louis XIV, une ligue offensive et défensive des colonies fut formée; elles envoyèrent chacune deux commissaires au Congrès de la confédération. En 1776, la charte accordée à Rhode-Island, charte toute républicaine, compléta ce travail conforme aux vieilles affinités de la race. La métropole, soumise aux corporations du moyen-âge, pouvait-elle affaiblir dans ses colonies son propre ressort, l'esprit libre de ces corporations? Nous avons dit ailleurs (1) quelle part importante Shaftesbury et Locke son ami prirent aux destinées politiques des colonies; les lois méditées par Locke, dictées par son esprit de tolérance et de liberté raisonnées, sont restées en vigueur jusqu'en 1842, et toute la constitution républicaine

---

(1) *Études sur le XVIII*[e] *siècle en Angleterre*, 1er Volume.

de cette partie de l'Union date du philosophe, ami de Guillaume III.

J'ai dit que l'on était pauvre. Le père et le grand-père de Franklin recevaient encore en paiement ces coquillages tournés et travaillés qui servaient aux échanges, faute d'espèces. Le peu de numéraire métallique apporté par les premiers émigrés sur leur navire la *Fleur-de-Mai* n'avait pas tardé à reprendre le chemin de la métropole, qui vendait cher ses produits. De nouvelles émigrations y suppléèrent quelque temps ; bientôt l'argent manqua. Il fallut payer avec du blé, de la farine, des bestiaux, même avec ses meubles et sa maison, si l'on avait des dettes. Une loi spéciale déclara que l'appréciation des objets vénaux et leur valeur relative seraient fixées par l'arbitrage de « trois personnes *intelligentes*, » l'une choisie par le débiteur, la seconde par le créancier, la troisième par le juge (1). On se servit, pour payer, de peaux de castor et de balles de fusil ; ces dernières valaient un *farthing* pièce, et avaient cours jusqu'à concurrence d'un shilling. Les Hollandais de Manhattan enseignèrent aux puritains anglais un mode d'échange moins incommode, les *wampums*, petites billes ou graines cylindriques de deux couleurs, les unes blanches, les autres noires, fabriquées avec les coquillages dont j'ai parlé. Trois grains noirs ou six grains blancs passaient pour un penny. On enfilait ces grains, dont un collier valait trois pence, un shilling, cinq shillings et même six shillings, selon le nombre des grains réunis par le collier.

Le difficile travail de civilisation se poursuivait ainsi, non par la richesse, on le voit, mais par le labeur obstiné, *l'abeille*, en s'aidant mutuellement, en conservant les traditions et respectant l'individualité, la liberté de cha-

(1) *Narratives of the first Pilgrims*, etc.

que petit groupe. Chaque commune, concentrée sur elle-même, libre d'exister comme elle voulait, fidèle à ses mœurs personnelles, ne s'en soumettait pas moins aux grandes lois chrétiennes. Point de centre unique et absorbant, nulle prétention théorique, pas de rhéteurs, rien qui rappelât l'unité disciplinaire. Le sentiment de la propriété vivait partout, réunissant sur chaque famille le plus de bonheur possible; sur chaque village, le plus de richesse possible; sur chaque province, le plus d'influence et de commerce possible. Tous ces groupes, se balançant par leur force mutuelle, étaient comme pénétrés d'un mouvement d'électricité commune et générale; l'espoir, la vie, l'activité étaient là. Rien de violent ou d'ambitieux; rien de chimérique ou de hasardé; le développement simple et normal du génie teutonique et des institutions du moyen-âge chrétien dans leur essence même, leur variété, leur force et leur liberté.

Non-seulement les éléments féconds et utiles que cette grande époque contenait se retrouvent aujourd'hui en Amérique, mais des éléments plus farouches et appartenant au moyen-âge ne sont ni absents ni annulés : ils faisaient partie intégrante des germes solides d'où une nouvelle civilisation devait émaner, et qui possédaient toutes les qualités compatibles avec la vigueur, la résistance, la durée.

Ce n'est donc pas l'absence, c'est l'excès du sentiment chrétien qui a fondé l'Amérique; c'est lui qui s'y perpétue sous une forme de fraternité mitigée. Le puritain de 1620, inquisiteur calviniste, qui n'avait été lutter contre la nature que pour échapper à la vieille Europe, où la libre pratique de ses dogmes lui était refusée, nous ferait peur aujourd'hui, tout estimable qu'il fût. Armé du fer et du feu pour frapper à son tour les hérétiques, les magiciens et les magiciennes, ce martyr de la persécution catholique ou anglicane, libre enfin de ses actions, se permettait de terribles représailles. La première époque de la civilisation américaine est pleine de ses cruautés; on y voit apparaître comme types principaux, le fameux Increase Mather et son fils, deux figures plus froides que celle de Calvin, plus sanglantes que celle de Knox. Ces premiers colons, les Smith, les Elliot, les Williams, les Mather, grossiers et violents, farouches et austères, d'une implacable dureté, poussaient la crédulité et le fanatisme jusqu'à la dernière barbarie. Honnêtes d'ailleurs, sérieux et sincères, ils étaient surtout virils; ils savaient se battre à l'occasion contre les sauvages, le froid, la faim, la détresse, —même contre le diable; ils avaient pour ce dernier combat un goût tout particulier. S'ils ne rencontraient pas le démon sur leur route, ils le cherchaient résolument, et se donnaient trop souvent le plaisir de brûler des sorcières. Cependant ils n'ont pas détruit la société américaine; ils l'ont fondée. C'est que le fanatisme, exagération de la foi publique, n'en est pas le poison : astringent formidable, il prouve la vitalité sociale, dont il est l'excès et l'abus.

Les anciens registres municipaux de quelques bourgades du Massachussetts, entre 1640 et 1680, ont été imprimés récemment. « Jeanne Edwards sera mise en prison pour avoir serré la main de Jonathan Williams.—Le petit Johnson recevra trente coups de fouet et sera mis au pain et à l'eau, pour avoir dormi dans le temple. — Mary Merryvale fera pénitence publique, pieds nus, pour avoir prononcé le nom de Dieu sans respect. » Quant aux histoires de sorcières, elles abondent dans les annales de la première phase américaine, et rappellent tout-à-fait l'histoire d'Urbain-

Grandier et des possédées de Loudun. « Entre 1688 et 1692, dit un chroniqueur, nous eûmes à Boston un exemple singulier et formidable des ruses du démon. Dans une famille respectable, quatre jeunes enfants, dont le plus âgé était une fille de treize ans et le plus jeune un garçon de neuf ans, furent saisis d'une attaque violente de convulsions démoniaques, qui avaient tous les symptômes signalés par les meilleurs auteurs sur cette matière. Ces enfants se plaignaient d'être mordus, pincés et torturés par des êtres invisibles. Ils aboyaient comme des chiens et miaulaient comme des chats. Le père de famille effrayé alla chercher le grand médecin des âmes, le célèbre docteur Oakes, théologien expérimenté. Celui-ci déclara que les enfants étaient possédés. Une vieille Irlandaise, servante dans la maison, fut dénoncée comme sorcière par la fille aînée, qui avait eu des querelles avec cette femme, et qui l'accusa de lui avoir jeté un sort; les trois autres enfants confirmèrent la déclaration de leur aînée. Les quatre ministres évangéliques de Boston et celui de Charleston, qu'on envoya chercher tout exprès, se réunirent dans la maison du père et y firent de longues prières communes, au moyen desquelles le plus jeune garçon se trouva soulagé. Les trois autres persistèrent, et les magistrats mirent en prison l'Irlandaise. Interrogée si elle était sorcière, elle répondit : « qu'elle s'en flattait. » Comme elle était très-pauvre et peu considérée, elle estima apparemment que ses rapports avec le démon relèveraient son crédit, et qu'il y avait là de quoi se vanter. Elle fut pendue. »

Cela se passait pendant le voyage du fameux apôtre Increase Mather, qui était allé à Londres réclamer des secours en faveur de la colonie; il avait laissé à Boston un fils digne de lui, Cotton Mather, âgé de vingt-cinq ans, aussi ardent que son père dans la poursuite du démon et de ses influences. Celui-ci prit une part active à l'exécution de la sorcière irlandaise; puis, voulant examiner de plus près les opérations diaboliques, il fit venir chez lui la fille aînée, la logea dans sa maison, surveilla tous ses actes, suivit tous ses mouvements, et rédigea le curieux journal de la possédée, journal qui existe encore et qui a été imprimé sous le titre de : *Mémorables providences manifestées au sujet des possessions et des sortiléges*. Les quatre ministres attestèrent, dans un document spécial joint à l'ouvrage, l'exactitude de ce qu'il contenait, et Mather y joignit une préface foudroyante, où il ne manqua pas de s'élever violemment contre les « sadducéens, qui ne veulent pas croire au diable, et qui par conséquent sont des athées. » Le livre fut réimprimé à Londres avec une préface de l'honnête calviniste Baxter.

Pendant cinquante ans une épidémie de possessions démoniaques désola le Massachussetts. Quatre ans après que la jeune fille, n'étant plus l'objet de la curiosité populaire, fut rentrée dans l'obscurité de sa vie privée, tout le village de Salem (aujourd'hui Danvers) fut possédé. Des scènes bizarres se passèrent dans les églises ; les femmes ennemies et rivales se levaient au milieu du service et s'accusaient mutuellement de sorcellerie. Beaucoup d'innocents périrent, et ce mouvement ne s'apaisa que dans les supplices.

Au moment où ces farouches croyances commençaient à s'adoucir, où le germe chrétien, se débarrassant du fanatisme exalté, se transformait en charité plus humaine mêlée de prudence, quelquefois de finesse, en 1715, Franklin avait neuf ans. L'activité se conservait, l'énergie n'avait pas disparu, l'esprit religieux vivait au fond des cœurs, aussi puissant et moins âpre. Franklin et Washington, apôtres de la tolérance, de la douceur et de l'activité pacifique, s'élevèrent et grandirent au milieu de ce mouvement de réaction, soumis à cette impulsion nouvelle.

Franklin représente surtout la seconde époque qui expire aujourd'hui, et qui a été signalée par l'explosion de l'indépendance américaine.

§ IV.

Troisième ère de l'Amérique septentrionale. — Vestiges du fanatisme puritain. — Les Mormons et les Millérites. — Le catholicisme dans la vallée du Mississipi.

Une troisième ère commence. Maintenant que la colonisation, terminée sur le bord de la mer Atlantique, se continue victorieuse dans toute la vallée du Mississipi, et depuis les lacs supérieurs jusqu'à la Sierra Nevada, la nouvelle réaction se manifeste : c'est l'impulsion entreprenante, guerrière et conquérante. La vieille foi, dans son rigorisme, a laissé des traces éparses ; l'activité a pris un degré d'énergie extraordinaire ; la charité et l'accord mutuel se sont métamorphosés peu à peu en patriotisme; l'amour de la gloire et de la guerre éclate violemment. Néanmoins le passé vit dans le présent, et le vieux germe puritain n'est pas mort.

Les neuf dixièmes des citoyens des États-Unis sont encore protestants. Les États du nord conservent une partie de la séve puritaine ; ceux du sud penchent vers la tolérance, vers le presbytéranisme ou le catholicisme, dont l'activité se concentre dans la féconde et magnifique vallée du Mississipi. Tout le nord, surtout les campagnes où les Mather ont dominé, admet difficilement l'élément pacifique et tolérant de ce protestantisme modifié qui s'introduit en général dans les villes du sud et de l'ouest, protégé et favorisé par les hommes instruits, les capitalistes, les whigs, que l'on peut aussi appeler modérés ou conservateurs. L'élément nouveau d'entreprise guerrière et d'audace conquérante, spécial aux démocrates, aux gens des campagnes et aux ouvriers, à la masse active, véhémente, avide de remplacer le présent par l'avenir, se confond aisément et se mêle volontiers avec le vieil élément puritain. De là cette bizarre entreprise des *Mormons*, qui cherchent à reconstituer dans les Montagnes Rocheuses l'unité du pouvoir patriarcal biblique (1); de là aussi cette secte populaire des *Milléristes*, ou fanatiques de Miller, millénaires qui viennent de se réfugier à leur tour dans les Montagnes Blanches.

La folie millérite, comme la folie mormonite, est un des vestiges de cette alliance du génie populaire avec le levain puritain.

Le prophète Miller annonçait la fin du monde pour le 23 octobre 1844 ; l'événement ayant prouvé la fausseté de ses calculs, il remit au 23 octobre 1847, l'accomplissement de la catastrophe. Les masses populaires du nord furent ébranlées, et ce mouvement fanatique s'étendit jusqu'à Philadelphie. Fermiers et cultivateurs négligèrent les travaux des champs ; il fallut que des officiers publics nommés à cet effet s'occupassent de faire rentrer les grains. « J'espère, disaient

(1) Voyez plus haut, *Confessions d'un Mormon.*

les fermiers en acquittant leurs redevances, que ce sera pour la dernière fois. » Concorde, petite ville du New-Hampshire, fut entraînée tout entière dans le mouvement. Entre Plymouth et Boston, beaucoup de propriétaires vendirent leurs maisons et leurs domaines et concoururent de leurs deniers à la construction du tabernacle où devaient se réunir les fidèles, vêtus de robes blanches pour monter au ciel. La spéculation des Bostoniens fit de ces robes blanches une affaire lucrative ; on lisait partout des annonces conçues en ces mots : « Robes blanches magnifiques, à très-bon marché, pour toutes les tailles, du meilleur goût, et prêtes à livrer pour l'ascension du 23. » Quelques prédicateurs méthodistes et certains journaux encouragèrent cette étrange hallucination. Il y eut des habitants de New-York qui passèrent la nuit du 23 au 24, revêtus de leurs longues robes blanches, attendant la trompette et l'ange du Seigneur. Une jeune personne sur le point de se marier, ayant reçu de son fiancé un collier de prix, voulut, quand elle sut que la fin du monde approchait, consacrer ce présent de noce à l'œuvre du tabernacle. Le joaillier auquel elle le porta pour le vendre lui demanda si elle n'était pas millérite, et sur sa réponse affirmative : « Voici, lui dit-il, des couverts d'argent sur lesquels je fais graver les initiales de votre ministre ; puisque je dois les lui livrer à la fin du mois, il ne croit donc pas ce qu'il vous prêche. »

On éleva dans un des quartiers les plus fréquentés de Boston un hangar temporaire en planches mal jointes et assez grand pour contenir de deux à trois mille personnes. L'édifice allait crouler sur la tête des passants. Les magistrats intervinrent et exigèrent que l'on bâtît une salle plus solide. La troupe des hallucinés s'y rendit en effet le 23 octobre 1847, et y passa la nuit en prières. Vêtus de robes blanches, ils s'apprêtaient *à monter* (*to go up*), en chantant à perdre haleine :

> « Je suis tout blanc ; mon âme est prête,
> » Je vais monter, rien ne m'arrête ! »

La salle ornée de fleurs était éclairée par de grands chandeliers bibliques et tapissée de textes hébreux. La nuit s'écoula, l'aurore parut, personne ne monta, et la société fit banqueroute. La salle, vendue par autorité de justice, devint un théâtre. « J'y vis jouer, dit assez plaisamment M. Lyell, le *Macbeth* de Shakspeare, et je ne pus m'empêcher de rire quand j'entendis dans cette même salle les sorcières et leur reine la déesse Hécate chanter à leur tour à gorge déployée :

> « Oui, je suis prête, je suis prête,
> » Je vais monter, rien ne m'arrête ! »

Charlatanisme, spéculation, hypocrisie, viennent se mêler à ces mœurs et les exploiter. Un prédicant s'établit dans un village, allume les esprits, enflamme les cœurs et fait contribuer les crédules. Chez un grand nombre de prétendus fanatiques, le rigorisme est pure simagrée. « Madame, disait gravement un maître d'auberge à mistriss Houstoun, ceci est une maison orthodoxe ; les prières s'y font régulièrement selon la vraie loi ; mais (ajouta-t-il tout bas), si madame ne veut pas y assister, on fermera les yeux. »

La variété, la liberté, la tradition, règnent donc en Amérique dans la sphère religieuse comme dans la politique et dans les mœurs. Le fractionnement libre des sectes protestantes, subdivisées elles-mêmes en sections de sectes qui ne cessent pas de se morceler à leur tour, y réalise dans toute son étendue la prédiction de Bossuet (1). Les méthodistes comptent 1,200,000 communiants et 7,009 ministres ; le nombre des baptistes est un peu moindre ; les presbytériens ont à peu près 350,000 communiants et 3,000 ministres; les congrégationalistes, 200,000 communiants et 1,800 ministres ; les luthériens évangéliques, Allemands la plupart, 145,000 communiants et 7,500 ministres; les épiscopaux, 80,000 communiants et 1,300 ministres ; les universalistes, 60,000 communiants et 700 ministres. Ce sont les presbytériens, conservateurs de la sévère tradition puritaine, qui, malgré leur infériorité proportionnelle, l'emportent en richesse et en talent comme en influence ; les baptistes et méthodistes se distinguent par un zèle ardent, souvent excessif.

Le mouvement catholique de ce grand pays mérite surtout d'être étudié. Repoussés d'abord par le sentiment général des colons anglais et calvinistes, les émigrants catholiques qui donnèrent au Maryland le nom de leur reine Marie Tudor, et à leur capitale celui de lord Baltimore, n'ont pas cessé durant un siècle de se tenir sur la défensive ; cependant le principe même du calvinisme et le principe d'indépendance germanique s'élevaient en leur faveur et les protégeaient dans leur isolement. Ils comptent aujourd'hui 900 prêtres, 850 églises, plus de 1,750,000 communiants. Non-seulement leur nombre atteint presque celui de la secte protestante la plus florissante, mais dans toutes les grandes villes ils forment une puissante congré-

(1) *Histoire des Variations*, etc.

gation, des districts ruraux considérables sont sous leur loi, et la vallée du Mississipi, dont la population sera double dans un demi-siècle de celle des États protestants du nord, ne peut manquer de leur appartenir. Déjà les sœurs de la charité sont à l'œuvre dans le désert, les dix-neuf vingtièmes de la vallée sont semés de chapelles, la croix est suspendue aux branches des vieux arbres, et la messe est célébrée par les missionnaires sous les ombrages séculaires. A Saint-Louis comme à la Nouvelle-Orléans, les meilleures maisons d'éducation pour les jeunes personnes sont catholiques, et l'on voit se continuer sur une immense échelle cette conciliation du dogme catholique avec l'indépendance personnelle et l'énergie sociale que les régions du midi de l'Europe ont eu le tort irréparable de ne pas favoriser.

Témoin de cette usurpation de son domaine, le vieil esprit puritain se réveille; de là les *ravivements (revivals)*, accès de fièvre religieuse assez fréquents parmi les baptistes et que viennent exciter de temps à autre les prédicants nomades; au milieu des larmes, des sanglots et des convulsions, quatre ou cinq cents hommes se plongent tour-à-tour après le sermon dans le baquet régénérateur; débauchés, prodigues et adultères s'asseyent en face du peuple, dans une clairière des bois, sur la « sellette d'angoisse » *(anxious seat)* et confessent leurs crimes; cette fureur de « régénération » morale s'empare de provinces entières. Quelquefois aussi les gens sages prennent parti contre l'instigateur du mouvement et le citent devant les tribunaux, comme « troublant la paix, » ou comme « calomniateur, » s'il lui est échappé quelque personnalité un peu vive. « J'en ai vu un, dit un voyageur, qu'une bande de musiciens escorta, au moment de son départ, en jouant des airs grotesques et satyriques. Une collision s'ensuivit. Accusé pour ce fait, le juge lui demanda pourquoi il n'avait pas quitté la ville sans bruit. — J'avais mon idée; le diable a bien la sienne. — Vous mettiez le désordre dans la communauté. — Néhémie refusa de céder aux ennemis du Seigneur. — Il fallait suivre l'exemple de saint Paul, qui se fit descendre dans un panier : c'est un précédent plus paisible et plus moderne. »

Là-dessus avocats, juges et auditoire furent pris d'un accès de gaîté qui décida la question.

On voit que de telles mœurs ne ressortent pas du mécanisme politique.

Sous le suffrage universel et l'apparence d'une démocratie, il y a une réalité, la tradition. La vieille séve circule dans les veines de cette société composée de plusieurs millions d'Anglo-Saxons dignes de leurs pères, et qui, le marteau et la hache à la main, continuant leur œuvre, pratiquent une clairière immense pour l'avenir; — leurs instruments sont surtout moraux et valent mieux que le fer et l'acier.

§ V.

Système politique né de la tradition et des mœurs. — Harmonie fédérative. — Dangers. — Démocrates et Whigs; Séparatistes et Fédérés.

C'est une erreur profonde de regarder les institutions américaines comme nouvelles, comme simples et comme réductibles à un type abstrait. C'est précisément le contraire. La diversité, inséparable de la liberté, en est le caractère propre. Elles sont vieilles comme l'Europe de Charlemagne, variées comme l'humanité, pratiques comme la réalité même.

Le Mississipien catholique et le Mormon protestant, le Texien que Jonathan Sharp dépeint avec tant de vivacité et de colère, le *Nez-Bleu* du Maine qui sert de texte aux plaisanteries de Samuel Slick, l'Alabamien dont l'énergie osseuse épouvante M. Mackay, et quarante autres variétés de l'espèce américaine qui se pressent dans les limites du continent, ayant non-seulement des mœurs et des habitudes diverses, mais des intérêts en conflit perpétuel, veulent une législation et une formule politique d'une complexité égale à cette hostilité de nuances. Ce n'est pas par un travail ingénieux, par un habile agencement des rouages politiques, que les engrenages s'opèrent et que tant de petites sphères ennemies décrivent paisiblement leurs ellipses respectives sans se heurter et sans se briser. L'égalité de l'homme à l'homme une fois admise, et par conséquent la guerre des intérêts devenue légitime, il est clair que la société ne serait plus qu'un carnage, si les mœurs que nous avons signalées, si les traditions de la ruche calviniste et des laborieuses abeilles ne prévenaient la destruction universelle, résultat inévitable de la lutte de tant d'éléments contraires. Aujourd'hui trente et un États se meuvent librement, chacun dans sa sphère, enfermés tous dans la sphère commune, et s'il y a des chocs ou des frottements pénibles, le développement de la prospérité nationale ne cesse pas de s'effectuer.

Par quel moyen ce but difficile a-t-il été atteint? Est-ce par le système *à priori*, l'unité métaphysique, la méthode philosophique? A-t-on cadastré les États régulièrement?

A-t-on fait des révolutions partielles ou générales? Le vieux système féodal a-t-il été violemment brisé?

Les Américains ont effacé le mot roi, voilà tout. Le système électoral est le même; les États se gouvernent selon leurs anciennes lois; on n'a pas prétendu passer sur les diversités de caractères et de mœurs le rouleau des jardins de Versailles. On a développé au lieu d'étouffer.

De même que les corporations du moyen-âge se régissaient d'après des lois spéciales que le voisin n'avait pas le droit de changer, les trente et un États ont leur constitution propre, conforme non-seulement aux besoins du jour, mais se prêtant avec élasticité aux acquisitions de l'avenir. Il y a donc trente et un systèmes politiques locaux, trente et un pouvoirs exécutifs, trente et une législatures, trente et un pouvoirs judiciaires. Tout cela marche non sans collision, mais sans efforts. Les Américains n'ont pas imaginé qu'ils pussent briser les traditions teutoniques et chrétiennes de leur race anglo-saxonne, ni détacher l'idée de liberté de l'idée de la variété. Ils se sont bien gardés de travailler leurs institutions en rêveurs philosophiques. Apportant dans ce travail l'expérience du colon et la simplicité pratique du paysan, ce qui avait réussi à leurs pères, ils l'ont continué; ce qui ne valait rien pour eux, ils l'ont rejeté.

On leur conseillait d'instituer une seule chambre délibérante, d'après le mode romain, mode unitaire et par conséquent despotique : deux chambres ont été créées, toutes deux émanant du suffrage universel, l'une représentant le principe de l'union fédérale, l'autre consacrée plus spécialement aux intérêts des localités. Chacune des deux branches du pouvoir législatif tient l'autre en respect, non en échec; chacune a ses pouvoirs limités, sa circonscription déterminée; hors de ces limites, ni l'une ni l'autre ne peuvent agir. On n'a pas eu l'étrange idée de concentrer les pouvoirs dans une assemblée, le plus tyrannique des tyrans. Une des chambres dépasse-t-elle les bornes qui lui sont assignées, la suprême cour de justice casse le décret ou la loi ainsi rendus. La dualité des chambres américaines a été la plus puissante sauvegarde de l'Union contre les périls qu'elle a courus ; elle l'a empêchée de faire des lois à l'étourdie, c'est-à-dire de décréditer le caractère sacré de la loi par l'entraînement, la violence et la passion. Ce qui est encore extrêmement remarquable, c'est que, tout en privant le chef du pouvoir exécutif du titre de roi, de la durée dans le pouvoir et de l'hérédité, on a eu soin de compenser par le pouvoir réel qu'on donne au président la faiblesse relative de sa situation. Le veto du président, ce droit d'annulation contre lequel on s'est violemment récrié au commencement de la révolution française, suffit à repousser toute espèce de bill des deux chambres, à moins, chose fort rare ou plutôt impossible, que les deux tiers de l'une d'elles ne prennent parti contre le président.

Le pouvoir exécutif se trouve ainsi incarné au pouvoir législatif; les Américains, n'ayant pas à disposer des éléments stables de la monarchie constitutionnelle anglaise, ont remplacé par l'énergie de l'action la durée qui leur manquait. Il ne se passe guère de session où le président n'use hardiment de ce droit, et personne ne s'en étonne ; les Américains sont beaux joueurs ; habitués, et de race, aux coups de dés politiques, ils ne s'étonnent ni que l'on gagne, ni que l'on perde, pourvu que les choses se passent selon les règles et loyalement.

La chambre basse procède de l'élection directe, la chambre haute de l'élection à deux degrés. La chambre des représentants se renouvelle tous les deux ans ; elle se compose maintenant de deux cent trente membres environ; tous les dix ans, après le recensement, on élargit la base de la représentation. Les membres du sénat sont choisis par les législatures respectives des différents États. Chacun d'eux envoie deux députés au sénat, exactement comme en 1642, lorsque la ligue des provinces se forma sous la monarchie. Ce mécanisme politique ayant ses racines dans le passé et correspondant aux variétés de races, d'idées et de mœurs qui distinguaient autrefois l'une de l'autre les anciennes colonies est facile à saisir. La chambre basse représente la nation et les individus qui la composent; la chambre haute représente chacun des États considéré comme individu particulier.

Ce qu'on appelle gouvernement américain n'est donc pas un gouvernement de formes abstraites, mais une réalité vivante? Non, c'est le développement légitime et inévitable du passé, favorable à la variété, à la liberté, à l'expansion humaines, non moins favorable à l'esprit de famille, de cohésion et de fraternité chrétienne. De même que les familles américaines se répandent par groupes isolés sur les points éloignés du territoire pour y former leurs *abeilles* créatrices, de même que les sectes subdivisées en fractions de sectes se rallient toujours au drapeau commun, ces deux éléments de la dispersion et de la concentration, double ressort qui plonge dans la tradition commune du germanisme et de la chrétienté, constituent le mécanisme politique des États-Unis, et entretiennent la vitalité énergique de l'Union. Sur mille points, chaque membre de la communauté soutient son opinion et son intérêt distincts; manufacturiers, planteurs, hommes du nord, colons du sud, abolitionistes, ouvriers, fermiers, capitalistes, tous contrarient le voisin et portent dans cette lutte organisée un zèle effréné en paroles, peu effrayant en réalité; chaque *township* (et c'est là le plus petit cercle), chaque district, chaque comté, chaque État forment autant de sphères isolées et concentriques, toutes renfermées dans la grande sphère de l'Union ; dans chacune des sphères on se bat souvent pour des sujets peu importants, toujours sans danger ; même aux jours d'élection, point de discours inflammatoires ou de rassemblements tumultueux : on vote par petits groupes de cent, deux cents, trois cents hommes, en un jour tout est dit. Dans l'État de Vermont, où ce principe de la dispersion est poussé à l'extrême, et dont chaque *township* était autrefois représentée à la chambre basse, il arriva qu'une *township* déserte ne comptait plus que trois électeurs, un fermier, son fils et son domestique. « Ils s'arrangèrent, dit M. Mackay, pour ne pas faire d'élection, mais pour s'élire tous les trois et siéger tour-à-tour à la chambre; le père y représenta les intérêts de la propriété; le fils, les droits de l'avenir, et le domestique, les droits du travail. »

Ainsi la vie politique n'est pas une fièvre universelle et ne procède point par accès furieux; occupant peu de temps et peu d'espace, elle n'empêche ni le fermier de cultiver sa terre, ni le bûcheron de couper son bois ; on est membre de la communauté toujours et partout, simplement, comme on est mari, fils ou père, sans cesser de vaquer aux occupations de son état et aux soins de sa fortune ; mille considérations personnelles et locales, mille intérêts partiels arment celui-ci contre le tarif, celui-là pour les restrictions commerciales, tel autre en faveur de l'esclavage, tel autre en faveur de l'intérêt agricole; les questions subdivisées et localisées à l'infini n'agitent que des fractions infiniment petites de l'ensemble ; tel est homme politique dans son district qui ne l'est pas dans son comté, et qui ne le sera jamais à Washington; enfin, au moment où la législature centrale s'empare des questions brûlantes, l'agitation a cessé dans les provinces, et quelle que soit la violence avec laquelle le sang bouillonne au cœur de l'État, les pulsations, qui se ralentissent en atteignant les extrémités, n'ont plus la force d'en troubler la vie normale et régulière.

Telle est l'harmonie fédérative de ce grand ensemble, que l'on essaierait en vain de ramener à l'unité impériale ou monarchique. N'ayant pour éléments politiques que des groupes de familles éparses sur un immense continent, les Américains ont procédé par la concentration puissante de chaque groupe sur lui-même, système que l'Union substitue avec tant de raison à la centralisation qui la tuerait. Imaginez un mouvement purement central dans une société composée de tant de millions d'âmes toutes également habituées à la variété de l'action, au jeu libre et personnel de leur volonté : ce serait un gouffre où tout irait s'engloutir pour s'y perdre.

La vie sociale, qu'elle soit ou monarchique ou républicaine, n'est jamais qu'une harmonie variée qui concentre sur un certain nombre de points les forces normales et régulières et les balance l'une par l'autre.

La dispersion excessive des forces ou leur excessive concentration peuvent tuer le corps social. Parmi les Américains, certains esprits sont émus du premier danger, certains autres du second. De là leur grande subdivision fondamentale en démocrates et en whigs. Les démocrates (il ne faut pas prendre ce mot dans le sens que nous acceptons en Europe) s'opposent avec violence à toute centralisation, poussent à la dispersion des forces, réclament l'annexion de beaucoup d'États, veulent le Canada, demandent Mexico, et ne seront satisfaits que lorsque le continent américain tout entier ou plutôt les deux zones séparées par l'isthme de Panama formeront une double ruche couverte d'alvéoles séparées. « Au lieu de les nommer *démocrates*, dit M. Channing, mot qui n'a pas de sens chez les peuples modernes, on ferait peut-être mieux de les nommer les *disséminateurs*. » Ils prêchent la division de l'Union par petits groupes, par sphères concentriques, absorbant avec efficacité pour les faire rayonner avec énergie toutes les forces environnantes. Ils représentent la mobilité, l'activité et le changement; ils prennent parti volontiers contre le capital et ses détenteurs, surtout contre le capital manufacturier. Hommes du mouvement, ils poussent à la guerre et ne font pas grand cas de l'équité idéale et théorique. Une certaine dose d'injustice ne les arrête guère, pourvu qu'ils marchent. Ce sont eux qui montrent en général le moins de courtoisie envers les nations étrangères, « et je crois, dit M. Mackay, qu'ils ne reculeraient pas devant la violation de la Constitution. » Ce parti est le symbole extrême de la volonté, de la vie ardente. L'invasion du Texas et celle de Mexico, crimes politiques, ont été ardemment soutenues par l'unanimité du parti démocratique.

Ce qui fait sa force, c'est à la fois l'élément puritain qui s'y rallie en beaucoup de circonstances, comme je l'ai dit, et le besoin d'agrandissement populaire, de conquête guerrière, de passion hardie, qui caractérise la troisième époque américaine, époque qui s'inaugure aujourd'hui. Consolider le gouvernement central et s'opposer à la dispersion des forces, telle est la politique des whigs américains. La plupart des hommes d'argent, manufacturiers, capitalistes, grands propriétaires, sont de ce bord : ce sont eux qui ont soutenu par instinct la banque nationale, attaquée par le président Jackson dans la question du tarif, ceux qui ont combattu pour les intérêts du capital en opposition à ceux du travail et spécialement à ceux du travail agricole. Vingt autres questions, celles de l'esclavage, des manufactures, des chemins de fer, viennent traverser de leurs sillons contradictoires ces deux grandes zones de la vie politique. Dans les questions subsidiaires, démocrates et whigs se détachent, se croisent, se mêlent sans embarras; une portion du parti démocratique de Pensylvanie s'est rattachée aux whigs dans la question commerciale, de même que plusieurs whigs de l'ouest penchent, dans les mêmes questions, vers les opinions de leurs adversaires.

A l'extrémité du parti whig on trouve les défenseurs quand même du capital, les gentilshommes ; à la dernière limite du parti démocratique, les *nullificateurs*, qui voudraient réserver à chaque État le droit de frapper de *nullité* les arrêtés du Congrès; enfin les *séparatistes (seceders)* qui prétendent se retirer complétement de la fédération , suivant leur bon plaisir et leur utilité. Ceux-ci ne tendent à rien moins, on le voit, qu'à la destruction totale de l'Union , et il est impossible d'aller plus loin en fait de dispersion de forces. Les whigs donnent à leurs adversaires extrêmes le sobriquet de *loco-focos*, emprunté au lieu de leurs séances ; les démocrates confèrent à leurs antagonistes la dénomination de *fédéralistes*, c'est-à-dire partisans outrés du lien fédéral, titre injurieux que ces derniers n'acceptent pas.

Ce qui prouve la complexité des institutions américaines et du jeu des partis, c'est que les *seceders*, aspirant à briser l'Union, et les *nullifiers* tendant au même but et s'arrêtant en chemin, n'obéissent pas à des mobiles politiques, mais à des considérations d'intérêt : ce ne sont pas des démocrates de sentiment ou de théorie, mais des cultivateurs de coton, que les tarifs imaginés pour la protection des manufacturiers du nord appauvrissent ou menacent. La Caroline du Sud, centre de ce parti, et à sa tête M. Calhoun, de race irlandaise, d'une énergie de volonté rare et d'une grande puissance d'esprit (il est mort récemment), ont donné fort à faire à leurs concitoyens; les milices de la Caroline étaient prêtes à résister au Congrès, les fusils reluisaient au soleil de Charleston, les troupes locales défilaient en face des troupes fédérales, et l'on allait se battre, *seceders* et *unionistes,* quand des amis du président Jackson le décidèrent à temporiser et à céder. Quelques mots prononcés alors dans l'enceinte de la chambre basse firent tressaillir dans ses dernières et plus lointaines fibres le corps politique des États-Unis. Un orateur, après de longs débats qui avaient enflammé les esprits, parla de dissoudre l'Union, menace dont le pressentiment vague s'était fait entrevoir, mais qui, près de se réaliser, frappa l'assemblée d'une terreur solennelle. Pâle, les lèvres tremblantes et crispées, le proclamateur de la déclaration de guerre était là, debout, immobile, comme stupéfait de ses propres paroles. Tout se taisait. — Le divorce entre des cœurs aimants et passionnés allait peut-être se prononcer, le suicide de l'Amérique.

— Les Américains comprennent bien que l'élément de la variété et de la liberté ne faiblira jamais chez eux ; ils le savent. Mais c'est l'élément de l'association qu'ils protégent surtout ; sans celui-là, sans la vraie fraternité chrétienne, que deviendrait ce grand corps ?

§ VI.

Mécanisme et stratégie des partis.

On voit combien est délicat et nécessairement fragile ce mécanisme fédératif où les deux éléments de la variété et de l'unité se tiennent en échec perpétuel et se balancent.

Il s'agit de maintenir entre ces trente et un groupes distincts, souvent divisés d'intérêt, la force de cohésion, force toute morale; les armes n'y réussiraient pas. Il y a quelques années, la législature de Pensylvanie fut assaillie par une troupe d'émeutiers qui mirent en fuite les membres de l'assemblée, non sans danger pour leur vie; une partie de la population de Philadelphie était d'accord avec les chefs du mouvement, et la milice d'Harrisburgh et des environs était à moitié dans leurs intérêts. Jusqu'ici le sentiment national, favorisé et entretenu par la Constitution, a prévalu; la chambre basse ne représente pas les localités, mais l'Union; les soixante membres du sénat, représentants des trente États particuliers, agissent également dans leur capacité collective. Ainsi une base d'unité fondamentale relie les diversités, et continuera de les unir jusqu'au moment redouté des Américains, où des intérêts trop violents et trop hostiles, brisant définitivement ce lien, établiront, ce qui n'est pas impossible dans un avenir éloigné, des groupes de républiques séparées.

Nous avons montré à quelles origines se rattache dans le passé cet équilibre savant et complexe. La stratégie usitée depuis longtemps dans la mère-patrie est également mise en œuvre et perfectionnée par les partis américains ; une question intéressante pour le pays se présente-t-elle ? c'est à qui s'en emparera le premier. Les démocrates en général sont les plus actifs ; en s'appropriant de bonne heure la question de l'Orégon et celle du Texas, ils ont gagné de vitesse leurs ennemis. Les vieilles corruptions de la politique anglaise n'ont pas disparu au souffle des institutions fédérales et républicaines. En 1840, on a vu le général Harrison élevé à la présidence par des moyens peu orthodoxes. Ce qu'on appelait « l'agitation des bûches » (*log-cabin agitation*) consistait en excellents déjeuners mêlés de cidre, de bière, de jambon, assaisonnés de chansons politiques et servis dans les cabanes des bois aux *trappers* et aux *squatters* de ces solitudes. Le corps électoral des campagnes est un peu plus indépendant ; en revanche, on lui fait assez aisément croire ce que l'on veut. Les Irlandais qui arrivent par masses épaisses de Belfast et de Tipperary pour devenir citoyens de l'Union, étant très-nombreux sur le marché, ne coûtent pas cher. Les votes s'achètent souvent, et il y a des termes d'argot consacrés au maquignonnage électoral; la *pipe à bas*, par exemple, est répandue dans l'ouest. Vous vous asseyez ensemble dans une taverne, le corrupteur et l'électeur; celui-ci, dont vous marchandez le vote, fume la pipe à la bouche. Vous énoncez le prix que vous pouvez y mettre : *six dollars,* — *dix dollars,* — *trente dollars.* Tant que la pipe reste suspendue aux lèvres de l'électeur, il est vertueux ; la pipe à bas, il est vendu.

Ces habitudes singulières, corruptions inévitables, abus,

vices, caprices, volontés isolées, toujours en éveil, toujours prêtes à protester contre le joug, donnent beaucoup de peine à un chef de parti, on le pense bien : éléments indisciplinés, rétifs et réfractaires. Toujours quelque fraction fait effort pour se détacher, quelque membre de l'armée essaie d'aller seul. On ne se soumet guère qu'à la dernière extrémité, dans les questions vitales. Alors ces flots bouillonnants entrent dans un même lit, s'y précipitent, et la force en est irrésistible. Malheur à qui ne voudrait pas suivre le torrent et faire corps avec la masse devenue compacte dans son élan ! L'indépendance cesse, la discipline commence, avec elle la tyrannie. Dans toutes les questions subsidiaires, allez, venez, soyez libre, quittez le bataillon, harcelez le chef, attaquez le président, dénoncez ses lieutenants, raillez ses amis, criblez-le de pamphlets, soyez excentrique, humoriste, mauvais compagnon : nul ne vous en empêche, c'est votre droit; le parti une fois en marche, prenez rang, soutenez le drapeau et combattez. On veut bien que vous gêniez un peu les camarades, soldat indiscipliné ou isolé, à la bonne heure, mais ne désertez pas.

Les nations teutoniques comprennent très-bien ce mélange de liberté et de discipline, vieille tactique parlementaire de la Grande-Bretagne, combinaison singulière de la dispersion et de la cohésion, parfaitement étrangère aux municipalités romaines.

Le chef du parti ne le mène pas, il est mené ; on le pousse, il faut qu'il marche. Le moindre acte de déloyauté marquerait son front d'un stigmate ineffaçable; un millier de plumes indignées et de voix furieuses s'élèveraient contre lui. Son avenir politique serait étouffé. En revanche, fidèle au parti, le parti lui est fidèle. « A la lanterne quiconque ne se range pas auprès de son président! » disait à un voyageur récent un démocrate exalté. — « Vous faites de votre président plus qu'un Louis XIV ! — Mais le président c'est nous-mêmes. — Vous acceptez donc ses fautes, même la guerre du Mexique ? — La guerre du Mexique, nous l'avons exigée : c'est de la gloire et du pouvoir. — Cependant cette guerre du Mexique est un acte arbitraire, condamnable à tous égards. — Que voulez-vous ? pas une voix du parti ne s'est élevée contre une expédition qui plaisait au peuple et flattait son désir d'agrandissement. Quiconque eût osé proférer un mot de reproche ou de critique non contre les hommes, mais contre l'expédition, eût été dénoncé à la colère publique. — Que pensaient de cette guerre les Webster et les Calhoun ? — Il se seraient bien gardés de le dire. Chacun de ces personnages importants est entouré de rivaux prêts à saisir au vol les moindres paroles blessantes pour la majorité du parti, à s'en faire une arme et à détruire une influence qui les gêne. »

Voilà les mauvais côtés et les périlleux résultats de ces traditions anglaises. Chacun des petits groupes concentriques de l'Union exerce sur ses membres une pression tellement vive, que dans un pays où la liberté est sans bornes l'originalité est difficile. Quelques esprits rebelles tentent, comme le romancier Fenimore Cooper, de se soustraire à l'opinion de leur groupe; on les met au ban. De là un effacement intellectuel des individualités subjuguées, situation anti-littéraire, détestable pour les arts et l'exercice de la pensée, excellente pour continuer le grand combat contre la nature; de là aussi la difficulté, pour les capacités supérieures, d'atteindre non pas les positions secondaires, mais les plus élevées. La foule des petits esprits et des gens envieux se coalise souvent pour élire des médiocrités; à cela sont dûs les *présidents par compromis*. On cite, nous ne savons avec quel degré de justice, M. Polk pour les démocrates et le général Harrison pour les whigs. Il y a encore d'autres motifs pour nommer les insignifiants. Tel homme politique supérieur, tout en restant fidèle comme il le doit à la marche générale et aux grands intérêts du parti, n'a pas manqué de s'en détacher, quant à mille questions subsidiaires et accessoires dans lesquelles les intérêts fractionnaires des États et des provinces sont engagés. Il a blessé non son parti lui-même, mais certaines sections du parti, peut-être de la province. Il a dû lui arriver de déplaire à tel ou tel, et, s'il a beaucoup de talent ou d'activité, de déplaire à presque tout le monde. Aussi chaque parti semble-t-il choisir avec une préférence marquée les candidats à la présidence qui leur sont recommandés non par l'éclat du talent, mais par des qualités négatives. Ces derniers n'ont déplu ni aux partisans de l'esclavage, ni aux abolitionistes, ni aux fédéralistes, ni aux nullificateurs; enfin dans les nombreux sujets de dissentiments qui opposent le midi au nord, l'est à l'ouest, le capital au travail, la vallée du Mississipi à celle de l'Ohio, la Nouvelle-Orléans au Texas, ils sont restés purs de toute offense et de toute opinion tranchée.

Sur ce continent où la variété libre est si puissante, une capitale dans le sens européen de ce mot est aussi impossible qu'un roi. La métropole politique, déserte une partie de l'année, Washington, n'a aucune importance comme ville; New-York, Philadelphie, Baltimore, Charleston, Cincinnati, Saint-Louis, même Boston, occupent des situations excentriques près des limites de chaque province, et la législature n'y siége pas; de toutes les grandes villes américaines, Boston est aujourd'hui la seule qui soit centre politique. Le caractère même et la tradition de chaque cité se sont conservés intacts; la douce gravité, le vêtement modeste, la gaîté modérée des Philadelphiens, un certain degré d'élégance calme qui va quelquefois jusqu'à la recherche de la simplicité, rappellent Franklin et ses amis, et contrastent avec la turbulence, l'entrain, la vie en plein air, les bals, les amusements, les réunions nombreuses et le costume souvent exagéré des habitants de New-York. « Quel est ce personnage au gilet jaune et au jabot sans pareil? demandait une voyageuse à son cicérone. — Je le connais, c'est un fermier du Connecticut. — Quoi! de ce pays que l'on nomme *le pays des gens graves*? — Oui, mais il a passé par New-York. »

La physionomie de Boston n'est pas moins tranchée ; personne ne peut s'étonner que cette ville ait joué, comme nous le verrons tout-à-l'heure, un rôle presque aristocratique dans la vie commerciale du pays. C'est une ville plus anglaise que Londres. Écoutez un Bostonien, il vous dira que l'on ne parle bon anglais que dans sa ville. Là se sont maintenues les vieilles coutumes antérieures à la déclaration de l'indépendance; on y chante toujours les hymnes nasales des calvinistes de Cromwell, et l'on reste longtemps à table après le dîner. « J'ai rencontré plus d'une fois dans les rues de Boston, dit un voyageur récent, le vrai calviniste du Covenant et le brave gentilhomme anglais du temps d'Addison et de Steele. Ne vous permettez pas devant lui une seule remarque défavorable à son pays ; John Bull devenu Américain est plus susceptible que par le passé. »

Le Bostonien a ses raisons pour être fier de sa cité natale. La culture de l'intelligence, la sévérité des mœurs, la probité et l'économie y sont en honneur, et peu de villes de l'Union réunissent dans leur sein autant d'hommes distingués.

C'est à la ville puritaine que revient la gloire d'avoir porté dans la vie des manufactures la régularité des habitudes religieuses et la pureté des mœurs de famille, d'avoir concilié l'exploitation industrielle la plus active avec le respect de la liberté et les droits de l'humanité, enfin d'avoir moralisé le capital. Ce n'est point par la théorie, c'est par la pratique, en continuant et en creusant le sillon de la tradition chrétienne, que les puritains de Boston y sont parvenus. Ils n'ont pas cessé d'honorer profondément le capital; mais ils ont offert, comme perspective et récompense, à l'ouvrier qu'ils employaient l'indépendance prochaine, la propriété et la culture de la terre achetée de ses épargnes. La terre aux États-Unis étant immense par rapport au capital, ils n'ont pas eu grand'peine. Le champ est moral; le capital l'est moins. Le champ est religieux; il lie, il attache au sol; il relève l'homme. Les improbités dont on se plaint en Amérique viennent du capital libre et du spéculateur hardi; comme la base morale du champ à cultiver y est gigantesque, elle balance et fait plus que balancer les fraudes ou les aventures du capital qu'elle finit par moraliser.

§ VII.

Les ouvrières de Lowell. — Boston. — Les noirs. — Orgueil du sang.

On sait ce qu'est la vie des manufactures en France, comment existent les ouvrières de Paris, combien de victimes la situation des femmes jette à la prostitution, quels étranges et abominables métiers crée l'entassement des hommes dans les grandes villes; on sait aussi quelle éducation reçoivent dans nos rues et nos places publiques les enfants du peuple, et comment se développe l'intelligence de la jeune fille placée dans le même milieu. Lois, gouvernements, ministres, administrateurs que l'on accuse sans cesse, ne peuvent rien contre les entraînements faciles, les lectures perverses, la misère qui dévaste, l'exemple qui corrompt, l'angoisse qui désespère, l'indifférence qui irrite, la jalousie qui ronge, les jouissances que l'on convoite et l'iniquité qui aggrave le mal.

Pour guérir ces plaies il n'y a que le principe chrétien, que le calvinisme a poussé jusqu'à la dureté, et qui consacre le labeur de tous en le fondant sur la faiblesse de l'homme et son imperfection naturelle. Est-ce là le fonds moral que la civilisation française du passé a légué à nos ouvriers et à nos ouvrières? Cette fille du peuple, vive, généreuse, spirituelle et facilement amusée, dont un observateur récent (1) trace un portrait tristement gai, n'est ni moins laborieuse, ni moins bien douée que l'ouvrière américaine de Lowell; mais elle est placée dans un milieu tout différent. « Elle ne quitte l'aiguille que le dimanche à trois heures; de messe ou de service religieux, en général, pas d'apparence; elle prépare son sobre dîner et pense au bal, comme le nègre oublie le couscoussou pour la danse; enfin elle est heureuse, elle va au bal, ce qui n'est pas un grand crime. L'orage vient, sa belle robe blanche est flétrie, le travail de la semaine perdu. — C'est comme cela, dit-elle, qu'on achète toujours et qu'on n'a

(1) M. Robert Guyard, *Essai sur l'état du Paupérisme*, etc.

jamais rien. — Revenez le lundi suivant; la belle robe blanche est là, fraîche et brillante; on va danser. » A cette ouvrière isolée, dont le catholicisme ne soutient plus la jeunesse et l'inexpérience, qui n'a plus d'asile au couvent, que l'antique esprit de famille ne protége plus et dont les bals publics sont devenus le sanctuaire, opposons l'ouvrière américaine de Lowell, fille de fermier ou d'ouvrier, et exploitée par le capital bostonien. En employant sa force et son adresse, le manufacturier la moralise et l'enrichit, et c'est là le grand phénomène à étudier.

Le premier fait curieux qui se présente est celui d'une population de plus de trente mille âmes remplaçant aujourd'hui les deux cents âmes, seule population que Lowell comptât en 1820. Cette création d'hier, Lowell, village obscur il y a trente ans, situé, comme on sait, au point de jonction du Merrimack et de la Concorde, est aujourd'hui la seconde ville du Massachussetts et la douzième ou à peu près de toute l'Union. Il n'y avait en 1816 dans cette localité que deux ou trois cabanes de planteurs, formées comme à l'ordinaire par l'*abeille* traditionnelle. Une cabane faite de bûches dans les bois, un autre édifice revêtu de plâtre dominant le cours du Merrimack, une taverne couverte d'ardoises au service des voyageurs qui visitaient les cascades pittoresques de Pawtucket, voilà tout. Aujourd'hui les filatures de Lowell mettent en mouvement deux cent mille fuseaux; presque tous les moulins de quelque importance appartiennent à diverses corporations, qui étaient, il y a peu d'années, au nombre de onze, et dont la principale, connue sous le nom de *compagnie Merrimack*, est propriétaire du grand canal qui va prendre au niveau supérieur de la chute l'eau qui met en mouvement les machines. Non-seulement le canal est à elle et par conséquent elle dispose de la force motrice, mais elle a eu soin d'acheter à bas prix tous les terrains situés au-dessous des chutes. Reine de l'industrie du pays, si quelque compagnie d'ordre inférieur, possédant des usines ou des manufactures, subsiste à côté d'elle, c'est uniquement sous son bon plaisir. En 1844, ces diverses compagnies avaient fabriqué près de cent millions de mètres de cotonnade imprimée, teint plus de quinze millions de mètres de la même étoffe, et absorbé pour le transformer ainsi la huitième partie de tout le coton produit par l'Amérique.

Vous approchez de Lowell; point de fumée, de miasmes infects, d'exhalaisons putrides et de rues tortueuses; rien d'insalubre; la nature vierge fournit une atmosphère vive et saine, un volume d'eau considérable, et l'anthracite, que l'on brûle au lieu de houille, ne vomit pas ces colonnes de vapeurs noires qui pèsent sur Manchester et Sheffield. Tout est tranquille, ou plutôt tout est gai. La fraîcheur des visages, le sourire des femmes, l'animation réglée de la ville, l'extrême propreté des rues, vous séduisent. Si vous visitez l'intérieur des établissements, vous y trouverez la même satisfaction écrite sur tous les traits, le même contentement grave qui respire partout. Les écoles sont nombreuses ; les plus pauvres envoient leurs enfants dans les écoles primaires dont on ne compte pas moins de trente. Huit écoles supérieures donnent aux plus aisés une éducation complète. Les ouvriers, qui estiment la science, ont fondé de leurs deniers, sous le nom de *salle des gens de labeur*, une institution où ils vont recevoir des leçons de lecture, d'écriture et de langues modernes. Une population de 30,000 âmes envoie à l'école 6,000 enfants.

La vie des ouvrières de Lowell est bien plus remarquable encore. Comme un Américain n'emploie jamais l'activité humaine, surtout celle de son enfant, avant l'adolescence, l'ouvrière quitte la maison paternelle à quinze ans et se fait inscrire à Lowell. Elle y gagne 8 shillings 4 pence (9 fr. 20 cent.) par semaine, quelquefois davantage, sans compter la nourriture qui lui est fournie. On la paie mensuellement ; n'ayant presque rien à dépenser pour son logement et son vêtement qui est simple, elle dépose à la banque des ouvrières ses économies que l'on fait profiter, amasse ainsi 2 ou 3,000 francs, se marie à un aventurier de l'ouest, part pour les prairies et les forêts lointaines, aide son mari dans l'exploitation d'un lot de terre où la famille bâtit son manoir, vit propriétaire et fermière jusqu'à un âge en général fort avancé, et meurt paisible, après avoir élevé un douzaine d'enfants. Rien qui rappelle la vie de hasard, si commune dans les grandes villes d'Europe; rien n'affaiblit le sentiment religieux et le sentiment de famille. Un peu de pédantisme comme à Genève et à Glascow, se joint à ces mœurs. Ces ouvrières si morales ont le tort de se faire *bleues*, comme nous l'avons dit (1); mistriss Trollope les appelle les *Précieuses ridicules de l'industrie*.

Comme le capital de Boston a fondé Lowell, les Bostoniens s'enorgueillissent de leur œuvre, qui d'ailleurs est parfaitement d'accord avec le puritanisme et la grave régularité qui domine chez eux. Au fond de la prospérité de ces manufactures-modèles, nous retrouvons la grande question que nous avons touchée tout-à-l'heure, celle de la liberté respective des États et de leur mutuelle dépendance. Lowell a grandi par les causes mêmes qui ont insurgé la Caroline du Sud. Le tarif énorme et presque prohibitif de 1828, assurant au capital placé dans certaines condi-

(1) V. plus haut, l'analyse du *Lowell-Offering*.

tions un profit beaucoup plus considérable que dans tout autre emploi, a produit le magnifique développement de l'institution que nous venons de décrire; les corporations manufacturières jaillirent alors de mille points du sol, et le manufacturier capitaliste ne tarda pas à s'enrichir. Les corporations de Lowell prirent alors un accroissement immense; des fortunes gigantesques, entre autres celle de M. Appleton, un des hommes les plus estimés du pays, s'élevèrent; on cria beaucoup, et cependant on achetait par là l'établissement de Lowell, gloire et bienfait pour l'Amérique. Les Caroliniens du Sud et les États à esclaves reprochaient aux capitalistes manufacturiers du nord de mettre à profit l'élévation des tarifs et de s'enrichir aux dépens des consommateurs; ceux-ci de leur côté accusaient tout le sud de maintenir l'esclavage, de blesser les lois premières de l'humanité et de compromettre à la fois l'intégrité fédérale du pays, son unité morale et son honneur aux yeux du monde.

Ici se présente le problème de l'esclavage. Légalement la question semble minime. La Constitution américaine ayant établi l'autonomie de chaque État et fait de la question de l'esclavage une question d'administration locale, le Congrès n'a point le droit de prononcer l'émancipation des esclaves. A cela les abolitionistes répondent que Washington est situé dans un État à esclaves, que les règlements particuliers du Congrès lui permettent et même lui enjoignent de déterminer les mesures nécessaires à son repos et à sa dignité, et qu'en maintenant l'esclavage dans sa circonscription, il détruit l'équilibre et blesse l'équité. Tel est le terrain épineux et restreint où se renferment, sans pouvoir en sortir, la discussion et la chicane parlementaires : **c'est en dehors de ce cercle que se trouvent les vraies causes de la difficulté.**

Elles ont leurs racines, comme tout ce qui appartient aux États-Unis, dans la tradition, dans le respect pour la liberté des groupes, surtout dans l'esprit de race.

Non-seulement les noirs servent d'instruments nécessaires à la grande conquête des Américains, mais il y a des localités où les remplacer serait difficile ou impossible; dans presque toutes, l'orgueil du sang que la population du sud pousse à l'extrême, s'oppose à ce qu'ils soient considérés comme des frères et presque comme des hommes. Le noir n'est pas de la race, il n'est pas *fellow;* il ne ressemble en rien aux fils de Japhet; inférieur, rien au monde ne peut le relever. Pour concilier cette anomalie avec leurs principes, les puritains du nord disent qu'ils ont le droit de se séparer des noirs, comme les anabaptistes s'isolent des Mormons, et les Mormons des catholiques; aussi laissent-ils les Africains en possession de leurs églises, de leurs tavernes, de leurs wagons et de leurs bals. Une fois parqués dans ces domaines, les noirs ne sont plus dérangés; mais alors même que les traces du sang se sont affaiblies par le mélange des races, l'homme blanc ne veut pas se confondre et vivre d'égal à égal avec le mulâtre et la mulâtresse, avec le quarteron et la quarteronne. On n'a pas d'exemple de mariage entre un blanc et une créole; la loi va jusqu'à prohiber ces unions dans les États à esclaves. Le mépris public ne suffit pas à punir le coupable que la passion entraîne à conclure une telle alliance; on le prive de ses droits de citoyen. Avant de solenniser le mariage, il faut qu'il déclare sous serment qu'il a dans les veines du sang noir, c'est-à-dire qu'il est déchu de tout droit civil.

« J'ai connu, dit mistriss Houstoun, un jeune Américain, habitant la Nouvelle-Orléans, que l'amour ou la cupidité entraînèrent jusque là. La plus riche héritière du pays était une fille quarteronne, née d'un négociant juif et d'une mulâtresse, fille dont la beauté, la grâce, l'éducation, faisaient un admirable parti. Le père ne voulait la donner qu'à un blanc, en légitime mariage bien entendu ; personne ne se présentait. Enfin l'Américain dont j'ai parlé s'éprenant soit de la fortune, soit de la jeune personne, se décida à la demander en mariage. Il fallait pour cela prêter le serment de déchéance et mentir, puisqu'il était de race et de sang anglo-saxons. Voici l'expédient auquel il eut recours : avant de paraître devant les autorités compétentes, il ouvrit la veine de sa fiancée, qui consentit à l'opération, et introduisit une goutte de ce précieux sang dans une blessure légère qu'il s'était faite à la main. Armé après cette inoculation sentimentale et conjugale contre les scrupules de sa conscience, il se présenta le front haut, jura qu'il avait du sang noir dans les veines, épousa sa fiancée, et fut contraint de partir pour l'Europe. Se réfugier dans une autre province des États-Unis eût été impossible. »

La trace de la race africaine, le signe fatal, la forme et la couleur des ongles, ne s'effacent et ne disparaissent jamais. L'empereur d'Haïti ne recevrait pas l'hospitalité dans une taverne américaine de dixième ordre. C'est ce que le prince noir Boyer éprouva, à son vif chagrin, quand il traversa les États-Unis. *Astor-House*, ce modèle des hôtels garnis, lui ferma ses portes : *On n'y reçoit pas de noirs*, lui répondit-on. Il essaya vainement de se faire admettre dans les hôtels secondaires et ne put reposer sa tête sérénissime que dans un bouge dont le propriétaire, liquoriste et marchand de vin, logeait et couchait des noirs. Au théâtre, même accueil. Le parterre et les loges repoussaient le prince Boyer, qui se hâta de prendre congé de la ville inhospitalière.

Plus on avance vers le sud, plus ce levain teutonique, cette fierté de la race blanche, que les États puritains du nord ont su corriger et adoucir, éclate avec violence. Les grandes propriétés, la vie presque aristocratique, les goûts élégants de la Géorgie, de la Floride, du Maryland, de la Virginie, l'habitude d'avoir des esclaves qui suppléent à l'activité personnelle du maître, la crainte de voir toute la puissance et toute la richesse de l'Union se concentrer dans le nord dont la supériorité est déjà menaçante, les procédés un peu vifs et la ferveur des abolitionistes, l'impossibilité de donner aux planteurs, en émancipant leurs esclaves, une compensation suffisante, l'insalubrité pour les blancs de certaines provinces qu'ils font exploiter par leurs noirs, tout concourt à maintenir dans le sud cette flagrante et cruelle iniquité. Des scrupules vifs et des répulsions profondes empêchent même dans le nord, et parmi ceux qui favoriseraient, comme principe et comme sentiment, la destruction de l'esclavage, l'adoption de mesures décisives.

On craint de briser le lien national, d'irriter le sud, déjà si irritable, et de le détacher à jamais. On ne veut pas mettre d'obstacle et d'entrave à la conquête gigantesque qui n'a pas encore accompli le dixième de son œuvre, conquête à laquelle la race africaine a été forcée de donner ses bras et son sang. Démocrates et whigs s'entendent bien pour activer l'agriculture, supplanter les cousins d'Angleterre sur tous les marchés dont on peut s'emparer, vaincre les obstacles naturels par des travaux énormes qui souvent laissent des États insolvables ; — on s'étend pour *trouer l'ouest (tapping the west)* au moyen de canaux qui percent le continent de part en part, relient les Alleghanies à l'Atlantique et abaissent les terrasses naturelles qui séparent les uns de l'autre ; — pour continuer et compléter les lignes de chemins de fer déjà si nombreuses, enfin pour précipiter le mouvement de la civilisation matérielle.

Qu'il y ait ou non des esclaves, qu'importe à tout le monde ?

§ VIII.

Activité du pays. — Conquête du sol. — Rapidité des communications.

On sait que les Américains ont pris pour devise, *en avant!* (*going a head*), mot d'ordre de leur pays; l'équité morale ne les arrête pas toujours, l'impossibilité même ne les effraie pas; il faut que cette impossibilité soit parfaitement démontrée. *Essayons d'abord!* telles sont les premières paroles que l'on prononce. On essaie; une fois sur vingt, on réussit. Dès que l'importance du but est reconnue, l'Américain s'élance vers ce but avec une vigueur, un ressort, un acharnement extraordinaires. Il est question aujourd'hui d'un chemin de fer qui partira des lacs du Canada pour aboutir à l'océan Pacifique, plan gigantesque mais praticable, qui fera de l'Amérique le grand chemin d'Asie en Europe et d'Europe en Asie, et emploiera utilement des milliers de lieues stériles aujourd'hui; cela suffit pour que l'attention sérieuse des législateurs américains s'arrête sur le projet, et il est probable qu'on le verra s'accomplir.

Dans un tel pays le télégraphe électrique devait jouir d'une extrême popularité; suivant l'almanach américain pour 1848, il y avait en plein exercice, en 1847, 2,311 milles de fils électriques, 2,586 autres en construction ; 3,815 en projet ; total 8,712. Aujourd'hui, grâce à une station télégraphique placée sur le cap Anne, Washington reçoit les nouvelles d'Europe avant même que les navires aient touché le port de Boston. Une pulsation imprimée à cinq cents milles de fil de fer apprend au législateur du Congrès ce qui se passe à Paris et à Londres.

« J'étais un jour à Washington, dit un voyageur, et je m'étais assis par désœuvrement dans le bureau du télégraphe. Je m'avisai de demander au commis quel temps il faisait à Boston, à cinq cents milles de nous (cent soixante-six lieues) ; en trois minutes, nous savions qu'il faisait beau à Boston, que la chaleur y était grande et qu'un orage s'annonçait au nord-ouest. » La concurrence des journaux emploie le télégraphe électrique pour procurer à l'abonné les nouvelles les plus fraîches possibles. C'est à qui gagnera de vitesse le rival. On a vu des éditeurs de journaux faire stationner, sur le rivage où devait aborder le navire qui apportait les nouvelles, deux enfants, l'un à cheval, l'autre à pied. Un troisième agent, à bord du vaisseau, lançait les dépêches placées dans un bâton fendu, que ramassait le piéton et qu'emportait le cavalier partant au grand galop pour le bureau du télégraphe. Un compétiteur imagina de distancer les inventeurs de ce mécanisme; il plaça la dépêche au bout d'une flèche qui allait tomber un mètre plus loin, et qui ramassée plus tôt, parvenait plus vite. A voir cette ardeur qui dévore l'espace et anéantit le temps, ardeur dont les Américains sont possédés, on peut prévoir l'époque où les nouvelles de l'Europe passant en un clin d'œil de New-York à San-Francisco, et celles de l'Asie faisant avec une égale rapidité la route de San-Francisco à New-York, les deux extrémités du vieux monde se donneront la main et Rome causera avec Bénarès à travers les États-Unis.

De là le grand nombre des annonces dont les journaux américains offrent un forêt si épaisse. Le *Times*, le plus grand et le plus répandu des journaux anglais, dépasse rarement le chiffre de huit cents annonces ; on en trouve de douze à quatorze cents dans un journal américain. Il s'agit de pousser la conquête dans toutes les directions, d'expérimenter, de tenter toutes les chances. A quinze ans l'homme sait qu'il doit être l'architecte de sa propre fortune. Les liens de famille se détendent quelquefois et la virilité commence de si bonne heure, que l'on ne sait ni où finit l'adolescence, ni où s'arrête la minorité. On discute les affaires d'État en sortant de sevrage ; le champ des spéculations s'ouvre pour l'enfant qui bégaie. Des rêves d'ambition indéfinie flottent vaguement dans tous les esprits ; le nom de ce Gérard qui a gagné des millions de dollars sans un denier de capital est le fantôme dont chacun est fasciné. Enfant, on prend part à la politique et aux intrigues des factions. Devenir riche, grand et puissant, conquérir de l'influence, passer d'un élan de la misère à la plus splendide opulence, voilà ce que chacun se promet. La moralité nationale en souffre, l'activité, l'énergie, se développent aux dépens de vertus plus calmes ; le sol se défriche, les forêts tombent, le climat change, les ports se creusent, le progrès s'accomplit. Une telle situation ne fait pas des hommes aimables. Leur impatience d'acquérir et leur amour du lucre les éloignent du culte des arts et de cette heureuse situation qui se contente de jouir de la vie et d'en faire jouir les autres. On n'a de respect que pour la fortune et l'entreprise qui la donne. Le père n'est souvent estimé de son fils que comme un objet utile autrefois, et qu'on dépose dans un coin comme un vieux meuble hors de mode. Par cet affaiblissement même des sympathies domestiques, la race se répand au loin dans les directions les plus diverses, creusant des canaux, élevant des digues, desséchant des marécages et créant de nouvelles familles, qui bientôt vont se disséminer à leur tour ; c'est un plaisir pour l'Américain d'aller loin, le plus loin possible ; souvent des domaines fertiles sont négligés, comme trop rapprochés du hameau natal.

Cet *en avant* perpétuel (*go-a-headism*) est indispensable là où il y a tant à faire contre la nature. Les portions exploitées et mises en culture sont à peine au total du territoire comme 1 est à 3,000, et un voyageur original disait que, pour se faire une juste idée de la proportion à établir entre les défrichements opérés et les forêts, friches, étangs, marécages, bruyères, prairies sauvages, on devait imaginer un habit dont les coutures représenteraient les défrichements opérés et dont les terrains incultes seraient l'étoffe. Une telle situation réclame toutes les forces de la jeunesse ; cette adolescence du caractère américain se manifeste et éclate en mille traits. C'est une vivacité extrême, une susceptibilité souvent exagérée, un besoin de sensations nouvelles, et quelquefois une frivole et volage humeur.

Aussi l'Amérique est-elle couverte d'aventuriers de tous les pays, parmi lesquels les plus bizarres exploitent le midi, les plus hardis l'extrême nord.

§ IX.

Scènes de violence et de meurtre. — La tante Beck et ses fils. — La colonie astorienne. — Les Yankies.

Des scènes inouïes se passent dans les forêts des Montagnes Rocheuses et dans le monde incivilisé du Texas, de l'Orégon et de la Californie. Une vie impétueuse et neuve se meut sur des fleuves géants et dans des espaces immenses. Plus on avance du côté de la mer Pacifique, plus on rencontre sur sa route les efforts, les phénomènes, les prodiges douloureux d'un enfantement colossal. C'est quelque chose d'épouvantable que ce règne de la force brutale au milieu de la nature vierge ; le grotesque s'y mêle, et l'épouvantable est souvent grotesque.

« — Voilà une femme bien gaie, disait un voyageur à un Mormon en lui montrant la maîtresse de l'auberge, près de Mobile.

— Oui, sans doute, répondit-il, c'est une de nos saintes, et la sainteté rend toujours gai : il n'y a pas longtemps qu'elle s'est adjointe à nous ; elle avait à revenir de loin, continua-t-il en prenant un air hypocrite accompagné d'un sourire et d'un clin d'œil significatifs ; quand elle sera sortie (elle était occupée à des soins de cuisine), je vous conterai l'histoire de cette Macbeth populaire ; si vous aimez l'horreur, vous en aurez « à plein vase, » comme dit notre Shakspeare. En effet, dès que la tante Beck (comme on l'appelait dans le pays) fut sortie de sa chambre pour vaquer à d'autres soins domestiques, Joseph Smith commença sa narration.

« Vous ne trouverez qu'ici de tels personnages. C'est une Américaine née de races irlandaise et écossaise ; elle est subtile et maligne comme l'Irlande, entêtée et violente comme l'Écosse. Son mari, un de nos plus anciens colons, était venu de la Pensylvanie avec ses six enfants, tous du sexe mâle. La virago, notre tante Beck, n'avait jamais eu de fille. Les cinq premiers garçons, robustes échantillons de la race yankie, avaient chacun six pieds de haut ; le sixième, aux cheveux blonds et bouclés, à la voix douce et tendre, avait l'air d'une femme.

» C'était la gloire du père que cette couvée d'athlètes vigoureux dont les muscles puissants et le caractère sauvage constituaient une armée à son profit et à son exemple. Aucun exploit de brigandage ne les eût arrêtés ou effrayés, et personne n'approchait sans terreur d'une famille composée de tels éléments. Jusqu'au jour où le dernier des six garçons quitta la mamelle de sa robuste mère, et où l'on put distinguer la grâce svelte de ses mouvements et la délicatesse de ses traits et de sa figure, le ménage marcha bien. Cependant la prédilection de la tante Beck pour ce gracieux enfant devint dans la famille une pierre d'achoppement et de scandale : le père n'avait que du mépris pour cette faiblesse qui faisait l'admiration de la mère, et bientôt la préférence témoignée par celle-ci excita l'ardente jalousie des cinq aînés et de leur père. En grandissant, Joseph (c'était son nom) rendit plus vive la haine qu'il inspirait par le peu de sympathie qu'il témoignait pour le genre de vie de sa famille, et par son refus obstiné d'accompagner ses frères dans leurs excursions. A seize ans, malgré leurs reproches et leurs injures, il n'avait pris part à aucune expédition de vol ou de meurtre ; la mère commençait à trouver difficile de le protéger, et les querelles devenaient fréquentes dans la maison. Il était évident que d'autres goûts, d'autres idées, d'autres désirs, formaient la vie morale du jeune homme, dont le silence était une condamnation, presqu'une insulte.

— Allons, lui dit un jour le père, qu'on se prépare ! et vous comme les autres, ajouta-t-il en regardant Joseph ; je ne veux pas d'une femme parmi mes six garçons ; Joseph, voici un fusil, et vite ! — qu'on se dépêche.

» L'enfant, de sa voix douce et d'un ton calme, refusa. Le père ne s'était attendu à rien de pareil, et le paroxisme de sa colère fut d'une violence à effrayer les habitants mêmes de cette caverne. Joseph resta pâle et ferme au milieu de ses cinq frères, l'œil fixé sur l'œil de son père.

— Ah ! vous ne voulez pas ; eh bien ! je vous attacherai nu à ce pilier, et nous verrons si mes lanières vous apprendront à céder ; vous en aurez jusqu'à ce qu'il ne vous reste plus un souffle.

— Faites-le donc ! s'écria Joseph.

» Aussitôt le terrible poing fermé du père tombant sur la tempe délicate de l'adolescent le renversa mort, couvert de sang et sans qu'il eût poussé un seul cri ; la mère était restée en silence pour ne point animer la scène. Au moment où le coup avait été porté, elle s'était élancée, trop tard. Ce ne fut plus une femme, mais une tigresse. De ce terrible couteau *(bowie-knife)* dont les Américains de ces régions usent dans leurs rencontres, elle fit à son mari deux ou trois blessures successives dans les entrailles, puis, se jetant comme une furie sur ses cinq autres fils qui venaient défendre le père, elle leur porta des coups si violents, que deux tombèrent et que les trois autres prirent la fuite dans les bois, n'osant approcher d'elle. Leur vie devint plus désespérée, plus violente, plus farouche que par le passé; et en peu de mois il ne resta de la famille que la mère, seule habitante de cette taverne isolée; elle s'est convertie au Mormonisme, et vous voyez bien qu'elle était prédestinée à la sainteté. »

Toutes les marges des forêts inexplorées, toutes les lisières des bois et des rochers sauvages ont été témoins d'actes analogues; ainsi le progrès s'opère, mêlé de crimes, souillé de sang humain.

Washington Irving a déguisé sous les couleurs de l'idylle cette marche terrible et dévorante de la colonisation dans les lieux sauvages que l'*abeille* n'est pas encore venue civiliser. Veut-on assister au combat inégal de l'homme contre les grandes forêts, les grandes eaux et la férocité primitive de l'homme lui-même? qu'on lise le récit publié par M. Alexandre Ross sous ce titre : *Aventures des premiers colons (settlers) sur les bords de la rivière Colombie.*

Il y a trente ans, ou à peu près, un Allemand nommé Astor, devenu citoyen des États-Unis, consacra une partie de sa vaste fortune à la fondation d'une colonie qui n'eut aucun succès, et au sort de laquelle M. Irving, dans une narration touchante, a intéressé ses lecteurs. Sur ces mêmes plages que l'expédition astorienne ne parvint pas à défricher, l'*abeille* civilisatrice fait aujourd'hui son office : les cabanes de bois brut s'élèvent, et la résistance obstinée de la nature cède à des efforts fraternels.

L'expédition astorienne mit à la voile sur le vaisseau le *Tonkin*, commandé par un homme dont la violence, la dureté et la cruauté étaient extrêmes ; elle se composait de matelots européens, de Peaux-Rouges d'une tribu sauvage, de boutiquiers allemands, de marchands de New-York; M. Alexandre Ross était de ce nombre. A peine partis, le despotisme du capitaine révolta tout l'équipage. Mécontent d'un matelot, il le jeta par-dessus le bord; voulant se défaire de huit de ses hommes, il les mit sur une barque et leur fit passer la barre du fleuve, où ils périrent, ce qui était inévitable; enfin quatre ou cinq de ses partners lui ayant déplu et quelques passagers prenant parti pour eux contre lui, il les fit saisir et les abandonna dans une île déserte. Après avoir assuré son règne par la terreur, il débarqua son monde sur les bords de l'Orégon et continua sa route vers le nord, longeant les côtes de la mer Pacifique : c'était là que l'attendait la mort la plus affreuse, prélude des drames sanglants dont la colonie astorienne allait être victime.

On faisait le commerce avec les indigènes, qui apportaient à bord des pelleteries et recevaient en échange divers objets de coutellerie et de verroterie. Un de ces sauvages ayant endommagé avec son couteau le treillis qui entourait le bâtiment et s'étant enfui, le capitaine exigea des chefs qui l'avaient amené à bord qu'ils livrassent le coupable ; ils pensèrent sans doute que l'offense était trop légère et se contentèrent de sourire. Alors, retenus prisonniers, ils refusèrent obstinément de boire, de manger et de répondre : le lendemain le coupable ayant été livré, on les relâcha en leur offrant des présents qu'ils refusèrent avec dédain. La tragédie dont nous allons voir le dénoûment se préparait ; le surlendemain aucun Indien ne parut; mais le jour d'après ils firent demander si M. Mackay et M. Ross, par lesquels ils avaient été bien traités et qu'ils aimaient, voulaient venir leur rendre visite. Ces derniers y consentirent. — Eh bien! demandèrent-ils, le capitaine est-il toujours en colère ? — Non, et si vous voulez, vous pouvez revenir à bord en toute liberté. — Nous irons. — En effet, le lendemain ils arrivèrent en grand nombre et avec des intentions qui semblaient pacifiques.

Le capitaine, selon l'habitude de ces natures féroces et incomplètes, qui passent de la fureur aux protestations cordiales, crut devoir les rassurer en les accueillant à bras ouverts. « — Vous avez tort, lui dit M. Mackay, de ne prendre aucune précaution ; je connais les Indiens, il y a de la trahison sous jeu ; leur sourire et leur confiance apparente ne doivent pas vous tromper : armez vos hommes, croyez-moi. — Je leur ai donné une leçon, ils n'oseront bouger. » M. Mackay représenta au capitaine qu'il avait beaucoup pratiqué les sauvages, et que c'était toujours ainsi, dans un calme apparent, que se tramaient leurs plus terribles actes de vengeance. Cependant le commerce allait son train, les Indiens jetaient dans leurs pirogues, à mesure qu'ils les recevaient, les objets dont ils faisaient l'acquisition. Les femmes affluaient à bord, et tout semblait pour le mieux. Enfin, au bout d'une heure, les femmes descendirent dans les pirogues, et M. Mackay, ayant vu les chefs cacher des couteaux dans leurs ceintures, prit deux pistolets d'arçon et un poignard. Tout-à-coup le long hurlement de guerre des Indiens retentit de la poupe à la proue ; les femmes repoussent leurs pirogues en mer avec leurs pagaies et prennent le large. Chaque matelot sans défense est assailli par un Indien qui l'égorge ; M. Mackay, le seul armé, en tue deux, est massacré, et aussitôt jeté à la mer. M. Ross s'y élance lui-même et est recueilli par les femmes, qui, debout dans leurs pirogues, poussent de longs cris de fureur. En cinq minutes, tout était fini. Le seul blanc qui restât à bord était Étienne Weeks, armurier, qui avait saisi une hache, et qui, se défendant comme un lion, se réfugia dans la soute aux poudres. Sa vengeance fut digne de celle dont il était victime. Quelques minutes après, le navire sauta en l'air, et cent soixante-quinze Indiens sautèrent avec lui, couvrant la mer de débris et de cadavres, lançant jusque dans les pirogues les membres mutilés et noircis. Telle fut la terreur imprimée à la tribu par ce drame épouvantable que les femmes n'osèrent pas toucher à M. Ross et le déposèrent sur le rivage. Il alla retrouver, à travers les bois, les autres aventuriers que le capitaine avait déposés sur les bords de la Colombie.

Ici nouveaux désastres; l'expédition astorienne n'avait pas mesuré ses forces. Tout dans ce monde est un art. Planter un arbre, l'abattre, construire une maison, même une hutte, semer, recueillir, chacune de ces opérations simples a coûté des siècles à l'éducation de l'humanité, qui n'est grande que par le progrès, l'accumulation des connaissances et leur exploitation habile. Les grands arbres qui enveloppaient de toutes parts les aventuriers étaient tellement serrés et enlacés dans leurs rameaux et leurs branches, que la hache ne savait où frapper. Parmi ces hommes hardis et forts, pas un bûcheron; l'apprentissage qu'ils eurent à faire leur coûta beaucoup, comme on va voir. On commença par abattre avec beaucoup de peine des rameaux et des branches dont on fit une espèce d'échafaud qui s'élevait à côté de l'arbre gigantesque qu'il s'agissait de renverser. Des haches dont le manche avait de deux à cinq pieds commencèrent à travailler dans la forêt; le bruit de l'acier et du fer qui tombaient sur les troncs noueux de ces vieux colosses retentissait au loin. A peine le tranchant des meilleures haches faisait-il quelques impressions sur les géants séculaires. A chaque nouveau coup porté, à chaque frémissement du feuillage, les colons regardaient autour d'eux, non sans terreur. Tantôt l'arbre se précipitait, écrasant l'échafaud et ceux qui l'occupaient, tantôt il s'arrêtait sur les branchages supérieurs des chênes voisins ; souvent aussi les Indiens, attirés par le bruit, se cachaient derrière les halliers, et tuaient à coups de flèches les usurpateurs de leurs domaines. Lorsque trois ou quatre de ces vieux arbres, se penchant dans la même direction, venaient croiser leur tête chenue au-dessus de la forêt qui restait debout ; on avait une peine infinie à les dégager de ce dédale inextricable ; il fallait employer la poudre pour faire sauter les racines. Après trois mois d'un labeur pénible et incessant, à peine un acre de terre était-il défriché. « Dans cet espace de temps, dit M. Ross, mes cheveux noirs étaient devenus blancs : j'avais vieilli dans la lutte. » Ces hardis et imprudents pionniers avaient disparu en peu de mois ; tous étaient morts, à l'exception de M. Alexandre Ross, qui a survécu pour raconter leurs misères et détruire la charmante églogue que M. Irving leur a consacrée.

Ce n'est qu'après de tels désastres et ces terribles leçons que se forme *l'abeille*, à laquelle les aventuriers hardis, la plupart du temps sacrifiés, ont préparé la voie. Forêts incendiées, massacres exécutés par les sauvages, combats soutenus contre les ours et les loups, embuscades tendues par d'autres aventuriers sans pitié, ce roman de la vie primitive remplit les volumes de Lanman et de Revère, ainsi que le curieux livre écrit par un vieil Américain en retraite, *Jonathan Sharp ou Aventures d'un Kentuckien*. S'il faut l'en croire, les bandits du Texas n'ont pas leurs pareils dans le monde. L'Yankie (1) du nord, type

(1) Le mot *Yankie*, appliqué aujourd'hui comme sobriquet aux populations agricoles et commerciales du nord, n'est autre que le mot *English* (Anglais) transformé par la prononciation défectueuse

complet de l'ancien colon, avec sa finesse de spéculateur, son silence impassible, sa curiosité cauteleuse, son audace froide et sa redoutable sagacité, s'élève plus haut sans doute, mais ne s'éloigne pas moins des raffinements de la vie civilisée. On sent combien les convenances, les règles de la politesse, nées d'une société très-avancée, ont peu de faveur parmi de semblables personnages. Il faut répondre à une prétention par une prétention contraire, à un coude qui se plonge dans vos flancs par l'effort d'un coude hostile, à l'usurpation d'un voyageur qui envahit votre place par l'assertion de vos droits, et aux questions impertinentes du premier venu par une impertinence ou une froideur analogues. Cela blesse particulièrement les Anglais, surtout les Anglaises, qui ne veulent pas comprendre l'énorme distance qui sépare le quartier de Grosvenor et même celui de Westminster des forêts d'acacias et de châtaigniers noirs balancées par le vent au sommet des Alleghanies.

Les Américains ont le sentiment de cette situation ; ils savent qu'un *trapper* ne doit pas ressembler à un cardinal en bas rouges montant les degrés du Vatican, et que le spéculateur dînant tour-à-tour à table d'hôte dans les trois ou quatre cents tavernes publiques, entre Toronto et le Texas, n'a pas le temps de rivaliser de bonnes manières avec le gentilhomme et le dandy. C'est parmi les hommes politiques, les diplomates et les lettrés, à Boston, à Philadelphie, dans le collége Harvard de Cambridge, surtout chez les

---

des indigènes du Massachussetts, *Yenghis*, *Yanghis*, *Yankies*. Nous tenons de l'un des hommes les plus instruits de la province cette curieuse étymologie que ne donne aucun ouvrage américain ou anglais. Les Anglais, quand ils se moquent des *Yankies*, se moquent d'eux-mêmes.

familles honorables de Boston, que la civilisation du nord de l'Amérique a revêtu les formes les plus douces et les plus polies. Dans la Caroline et la Virginie, dans le Maryland et la Floride, l'existence opulente et animée des gentilshommes de campagne (*country-gentlemen*) anglais renaît au milieu des loisirs que donne l'exploitation des esclaves; tourelles gothiques, ornements de la renaissance, pelouses vertes en face du perron féodal, accueillent le voyageur, qui ne revient pas de sa surprise, et qui admire ensuite dans ces familles républicaines les connaissances variées, les goûts littéraires et l'élégance raffinée de la vieille Europe.

§ X.

L'interrogateur. — Scène de diligence. — L'Anglais.

Dans les tavernes et les hôtels, au milieu du mouvement actif de l'industrie, sur les grandes routes et les chemins de fer, on trouve les symptômes nombreux d'une civilisation enfantine, qui n'est ni la barbarie, ni la grossièreté. Les classes ouvrières ou marchandes se montrent souvent ingénues dans leur impertinence inquisitive, et beaucoup de nos voyageurs les représentent comme douées d'un curiosité très-gênante. — « Monsieur, disait dans un wagon un commerçant de Vermont à son voisin, qu'il sollicitait du coude assez brusquement, êtes-vous garçon? — Non. — Êtes-vous marié? — Non. — Alors vous êtes veuf? — Non. — Il se fit une pause, après laquelle l'interrogateur reprit avec colère : — Si vous n'êtes ni garçon, ni marié, ni veuf, que diable êtes-vous?—Divorcé! et laissez-moi tranquille. »

Ce roi des interrogateurs ne se tint pas pour battu ; découvrant à quelque distance, dans un coin du wagon, un voyageur qui avait une jambe de bois, il se tourna de son côté, et lui dit *ex abrupto* : — Je voudrais bien savoir comment vous avez perdu la jambe. — L'homme à la jambe de bois, Bostonien difficile à démonter, répliqua : — Je vous répondrai si vous me promettez de ne plus m'interroger. — Je vous le promets. — J'ai été mordu. — Les habitants du wagon trouvèrent ingénieux ce moyen de laisser dans son angoisse la curiosité interrogative et l'accueillirent d'un long éclat de rire.

Les récits des voyageurs que j'ai cités sont pleins de scènes semblables. Le docteur écossais Mackay, s'étant placé sur l'impériale d'un wagon, fut suivi dans son ascension par un petit homme sec en culotte jaune et en habit bleu-barbeau à larges boutons de cuivre brillant au soleil, dont les cheveux gris et durs se hérissaient sous son petit chapeau, et dont l'œil gris n'avait pas cessé de soumettre son compagnon de route à un examen acharné. Ses traits durs et son teint pâle, sa physionomie cauteleuse, dont l'expression était à la fois insinuante et déplaisante, n'avaient aucun attrait pour le voyageur anglais, qui essaya vainement d'échapper au point d'interrogation écrit dans les regards de notre homme. L'Américain mâchait du tabac, l'Anglais se détournait et reculait autant que possible. L'Américain se rapprochait toujours, et entre deux expectorations : — Bonjour, étranger, lui dit-il.

— Bonjour, répondit l'Anglais, qui, se retournant, fut étonné de voir que le regard de l'Américain se promenait au loin sur les montagnes bleues de l'horizon.

— Comment cela va-t-il ? reprit l'Américain, reportant tout-à-coup sur son voisin ce regard furtif et pénétrant qui allait aussitôt errer sur les collines éloignées.

— Aussi bien que l'on peut se porter par une chaleur pareille, répliqua M. Mackay s'essuyant le front. — Mâchez-vous du tabac? — Non. — Vous prisez ? — Non. — Vous fumez? — Quelquefois. — C'est une habitude malpropre, s'écria l'Américain en lançant sur le grillage de cuivre qui entourait l'impériale un jet empoisonné dont une portion tomba sur son pantalon et qu'il essuya avec sa manche. — L'usage du tabac n'est jamais propre, dit l'autre en regardant la manche.

L'interrogateur n'eut pas l'air ému le moins du monde, et reprit bravement : — Vous n'êtes point Écossais, par hasard ? — Vous pourriez vous tromper en croyant que je ne le suis pas. — C'est que vous portez un tartan. — En effet, il a l'air écossais. — J'avais donc raison ? — Je n'ai pas dit que vous eussiez tort. — Étranger, si je m'étais trompé, vous m'en auriez averti.

Cette conversation polie fut un moment suspendue par l'Anglais, qui, tirant son carnet de sa poche, eut l'air d'y inscrire des notes avec une profonde attention. Après deux minutes, l'autre lui frappant sur l'épaule : — J'aime les Écossais! — Ah! — Je suis d'Écosse moi-même. — Vraiment? — C'est-à-dire que je suis né en Amérique, mon père aussi, mon grand-père aussi, mais mon aïeul en était. — Je vois que vous avez des aïeux! — Oh! en Amérique, ces choses-là ne comptent pas ; nous pensons à ce qui est dessus, non à ce qui est dessous. Depuis combien de temps êtes-vous dans le pays? — Depuis quelques mois. — Et vous y restez combien de temps encore? — Cela dépend. — De quoi cela dépend-il? continua l'homme en expectorant par-dessus l'épaule du malheureux M. Mackay. — Si je vous disais de quoi cela dépend, nous serions arrivés avant que j'eusse fini. — Oh! mais, quand nous serons arrivés, nous pourrons continuer la route ensemble. — Non pas! —Vous venez pour affaire du gouvernement? — Qui sait? — Je ne crois pas que vous soyez dans le commerce, et vous n'avez pas l'air non plus de voyager pour votre plaisir; c'est singulier. — Oui, c'est singulier. — Très-singulier. Et vous partez bientôt? — Quand j'en aurai assez de l'Amérique.

Heureusement la petite ville d'Augusta fit apparaître son clocher libérateur. — C'est là Augusta? dit en soupirant M. Mackay à son voisin? — Je pense, si je suppute bien, répondit l'autre, qui selon la coutume américaine fit subir à sa réponse une élaboration normande, que ce pourrait bien être quelque chose comme la location qui s'appelle *Augusta.* »

Au milieu d'une civilisation si active et si variée, morale et naïve en certaines localités, rude et violente en certaines autres, la femme représente les élégances et les grâces bannies de la vie privée; elle représente aussi le progrès de la population, élément de force pour l'avenir. Les voyageurs étrangers s'étonnent de voir un peuple, que l'on accuse d'une rudesse de mœurs et d'une grossièreté à peine effleurées par l'éducation, professer pour ses femmes un amour chevaleresque. Aux États-Unis, les femmes, assez délaissées dans le fait, jouissent, comme nous l'avons dit, d'une considération singulière; les jeunes filles invitent, ce sont elles qui reçoivent. Dans des mœurs sans galanterie et qui en général sont pures, la domination du salon et du boudoir est sans danger.

En 1847, un Anglais, de l'espèce la plus farouche et la moins communicative qui se puisse imaginer, visitait les États-Unis. C'était un gros homme, robuste, riche apparemment et accoutumé à imposer sa volonté à tout le monde. Il avait retenu la première place de coin dans une voiture publique, et il ne manqua pas de se trouver de fort bonne heure à son poste. Les chevaux n'étaient pas attelés que notre homme, un journal sous les yeux, les deux pieds appuyés sur la banquette et tapi comfortablement dans son coin, ruminait sa lecture sous un rayon de soleil qui l'échauffait.

— Monsieur, lui dit le propriétaire de la voiture, ouvrant la portière assez brusquement pour déranger cette voluptueuse solitude, je vous demande bien pardon, mais il y a des dames qui vont vous tenir compagnie, faites-moi le plaisir de passer de l'autre côté.

Le nez de l'Anglais et ses yeux ronds se levèrent ensemble avec une expression de stupeur.

— Oui, monsieur, reprit l'autre, je vous assure que j'en suis bien fâché, mais nous ne pouvons pas faire autrement : la première place, vous le savez, appartient toujours aux dames.

L'indignation et l'ébahissement de l'Anglais se manifestèrent par un silence qui dura cinq minutes. Déjà solennel, digne, même terrible — il devint éloquent.

— Monsieur, dit-il, je l'ai retenue à Cumberland, je l'ai payée, elle est à moi, on ne me la prendra pas, et je défie l'Amérique entière de me la disputer. Non, monsieur, c'est mon droit! Je le soutiendrai par tous les moyens possibles...

Et il se mit à jurer d'une manière si effrayante, que le peuple s'attroupa autour de la voiture ; les quatre pauvres dames usurpatrices des coins se trouvaient dans la foule. Qui cédera ? — L'Angleterre et son droit, — ou l'Amérique et sa chevalerie ? Après avoir proféré le plus beau *bygod!* qui ait tonné d'une bouche anglaise, notre homme se renfonça dans son domaine, le sourcil froncé, et portant écrite sur son front la détermination invincible de braver l'Amérique insurgée.

— Comme vous voudrez, monsieur, reprit l'Américain, qui ferma doucement la portière en allongeant ses mots à la façon des Yankies : vous pouvez rester, si cela vous fait plaisir, jusqu'à l'éternité.

Sûr de la victoire et ne daignant pas même jeter un coup d'œil sur les visages mécontents qui l'entouraient, l'Anglais superbe se replongea dans sa méditation. Au bout de cinq minutes, la dignité de cette solitude lui pesant, il releva la tête, laissa échapper un second juron et se remit à l'étude ; cinq nouvelles minutes s'écoulèrent, il pensa que ces Américains étaient d'une lenteur ridicule, et remit la tête à la portière. On riait ; il regarda : les deux chevaux avaient été dételés sans bruit ; sur la route, une autre voiture emportait les quatre voyageuses et leurs compagnons.

L'Anglais ne se déconcerta pas : il s'élança, courut après la diligence subreptice, et fit un quart de lieue pour la rattraper. Enfin le conducteur américain daigna s'arrêter et lui faire place.

§ XI.

Les femmes aux États-Unis. — Éducation des enfants. — Progrès littéraires.

Une beauté délicate et fine qui s'évanouit bientôt, des mariages contractés de très-bonne heure, l'indépendance absolue des jeunes personnes, tradition anglaise et germanique exagérée encore par les Américains, enfin la préférence qu'ils accordent toujours à l'activité de la jeunesse, expliquent l'influence excessive que les très-jeunes filles usurpent sur la société au détriment de leurs mères, mises à la réforme *(put on the shelf)* dès qu'elles ont des enfants. De là cette frivolité de ton que mistriss Trollope et mistriss Martineau reprochent aux réunions américaines, frivolité à laquelle les hommes politiques les plus graves et les vieillards les plus respectés sont forcés de se soumettre. « J'en ai vu, dit un voyageur, qui prenaient pour amuser les jeunes personnes des airs singulièrement gracieux, qui leur parlaient rubans pendant une demi-heure ou se faisaient leurs danseurs avec une complaisance exemplaire, non dans l'intérêt de leur galanterie, mais par politique. »

Cette domination des femmes rend, à ce qu'il paraît, les enfants très-indisciplinés. Les familles ne peuvent pas toujours obtenir de leurs jeunes membres la soumission nécessaire aux ordres de la médecine ; M. Lyell affirme que l'on perd beaucoup d'enfants par suite de cette indépendance. Une *nursery* américaine est insupportable à cause du tumulte et de la révolte perpétuelle qui y règnent. L'indulgence des Américains pour leurs petits enfants a d'ailleurs une bonne raison ; à peine échappés au bas âge, ils prennent leur essor, et la première enfance est la seule époque où la tendresse du père et de la mère puisse se manifester librement. L'indulgence pour les enfants et le respect pour les femmes se confondent dans un même sentiment, l'amour de la race, et compensent les inconvénients que nous signalons.

La littérature, nous l'avons dit, est peu favorisée par un tel mouvement. Ce dont on doit s'étonner, c'est qu'elle ait produit des écrivains aussi élégants qu'Irving, des poètes tels que Longfellow et Bryant, des historiens tels que Bancroft et Prescott, des narrateurs tels que Pierrepoint, Halleck, Fenimore Cooper et Stevens, ce dernier à peine connu en France, assurément digne de l'être par le coloris, le mouvement et la vie qu'il donne à ses tableaux. Au lieu d'exiger de l'homme de lettres qu'il se fasse homme politique pour compter dans la société, au lieu de mépriser ou d'écraser l'historien épris seulement de l'histoire, le poète qui reste poète, le philosophe qui ne se mêle pas aux partis, le bon sens américain estime celui qui se tient à sa place; on va l'y chercher pour faire du romancier Paulding un ministre, de Bancroft, d'Everett, d'Irving et de Stevens des hommes d'État et des ambassadeurs; ils honorent leur mission, précisément parce qu'ils ne l'ont pas briguée à genoux ou conquise par la ruse. Loin de marchander les rémunérations scientifiques, les Américains semblent les exagérer à plaisir, et leur orgueil national comprend qu'il faut mettre la puissance intellectuelle à l'abri des atteintes de la jalousie démocratique. Un membre de l'Institut touchant 1,200 francs dans son dernier âge, les maîtres de la science payés à 5,000 francs par an, comme en France, leur sembleraient chose absurde. Il y a un institut à Boston, l'institut Lowell, où les hommes les plus célèbres du pays sont appelés à faire des leçons au prix de 10,000 francs pour vingt leçons, ou de 500 francs par heure. Cependant l'éducation populaire continue son œuvre, d'innombrables journaux couvrent le pays, qui s'approprie, par la facilité des communications, les découvertes, les lumières, même les frivolités de l'ancien monde.

La manière dont la littérature de l'Europe se répand aux États-Unis est tout-à-fait nouvelle. — « Dans les régions à peine défrichées que sillonnent des chemins de fer, de petits enfants colporteurs de journaux, de romans et de pamphlets, stationnent pour attendre les wagons. L'un d'eux, s'élançant sur le marchepied du nôtre, ne cessa pas de crier en se promenant au milieu des voyageurs assis sur leurs banquettes : « Un roman nouveau de *Paul le Cocher* (Paul de Kock) pour vingt-cinq centimes ! le *Bulwer français !* Tout le monde en veut ! c'est plus lu que *le Juif errant !* » Nous nous trouvions au milieu de la forêt de sapins qui se trouve entre Columbus et Chihaw : nous faisions quinze milles à l'heure ; l'enfant attendit que la vapeur ralentît un peu sa course, et, au moment précis où il lui fut possible de s'élancer à terre sans danger, il disparut. »

§ XII.

Résumé. — Tendance actuelle des États-Unis. — Avenir des Républiques anglo-américaines.

A travers les phases de la vie publique ou privée que nous avons attentivement parcourues, — éducation, politique, entreprises, situation des femmes, religion, passions, débats, — nous n'avons pas cessé de retrouver ces trois éléments du passé teutonique et puritain, anglo-saxon et chrétien : — variété, liberté, tradition, — labeur, énergie, charité. Ces vertus, je suis fâché d'employer un mot usé, font la force et constituent la puissance de l'Amérique actuelle ; par elles, non par ses arrangements politiques elle vit et s'élève. Ces derniers n'ont pour but que de la laisser faire, ou plutôt de ne point entraver le développement des forces vives ; s'il y a peu de gouvernement, il y a des caractères. Là où les caractères manquent il faut un gouvernement.

Les Irlandais eux-mêmes et leur amour du désordre, les Français et leurs habitudes administratives, les Allemands et leur respect séculaire pour la hiérarchie finissent par s'absorber (les enfants du nord plus facilement que les gens du Midi), dans le courant général de l'antique liberté anglo-saxonne. Ce qu'on appelle « révolution d'Amérique, » — « guerre de l'indépendance américaine, » paroles convenues, hochets qu'il faut laisser aux rhéteurs. Les colonies anglo-saxonnes, indépendantes dès l'origine, ont attendu le moment favorable pour se déclarer libres ; devenues fortes, elles n'ont plus voulu payer d'impôts à des gens qui ne leur servaient à rien : elles ont eu raison. Dès l'année 1715 elles étaient plus que mûres pour la forme républicaine ; la réalité avait préexisté à l'apparence ; le nom vint après la chose. Mais elles se sont bien gardées de rejeter leurs armes si bien trempées ; voici un demi-siècle qu'aidés du sentiment germanique, joint au sentiment chrétien et au respect anglais pour la loi, les Américains font naître le coton, germer et multiplier le tabac, le maïs, les chemins de fer et les dollars. Fidèles au teutonisme et au christianisme, — sources de cette civilisation américaine que le XVIIIᵉ siècle voudrait confisquer à son profit, — fidèles à leur langue même, selon laquelle il n'y a pas de *peuple* dans le sens ridicule que les races romaines ont attaché à ce mot, ils ne reconnaissent que des *fellows*, membres du même *Folk* ou *Volk*, terme qui, dans l'idiôme primitif, dans les antiques ballades comme dans l'histoire, embrasse à la fois le plus riche et le plus pauvre, le plus puissant et le plus insignifiant membre de la communauté, — race de frères. Comprenant qu'il n'y a pas d'association réelle hors de la sympathie, ils pratiquent après leurs pères cette parole de l'Imitation du Christ, « — il faut beaucoup se gêner et se donner de peine pour vivre en commun. »

En Suisse et en Norwége, en Danemark et en Islande, ainsi qu'en Amérique, le sentiment chrétien et germanique a produit l'association. On a des vaches et des brebis en commun, le gain des fromages et du lait se partage; cette communauté émane-t-elle des lois? elle naît des mœurs. Les Américains estiment, comme leurs pères calvinistes, que l'homme, être borné et faible, a besoin de secours, qu'il a besoin de charité, qu'il doit assister son semblable et travailler de concert avec lui. Avec de tels moyens on n'a que faire de gouvernement, les formes matérielles sont superflues; on possède l'indispensable, — amour religieux de l'humanité, — activité indomptée, — respect de la loi. Faute de ces trois éléments moraux de tout corps social organique, les Espagnols du Mexique et du Pérou, sous les pieds desquels l'or et l'argent germaient, plus tolérants, plus civilisés, plus sociables et plus aimables que les Mather et les Smith, sont tombés dans la dégradation et la décadence. Aujourd'hui le mécanisme politique des États de l'Amérique du

Sud, à proprement parler, n'existe pas ; celui des possessions anglo-françaises est languissant, contradictoire et incomplet; celui des États-Unis vigoureux, complexe et effectif.

Ce que l'Amérique deviendra, je l'ai démontré dans tous les chapitres de ce Volume ; une Europe agrandie, et quelle Europe ?

L'espace compris entre les Alléghanies parallèles à l'Atlantique, et les Montagnes Rocheuses parallèles à la Pacifique, est, comme on le sait, six fois plus grand que la France. Si l'on y joint les trois cent quatre-vingt-dix lieues des anciens États et les nouveaux territoires acquis récemment depuis les Montagnes Rocheuses jusqu'à la mer, l'imagination elle-même s'étonnera de ces proportions. C'est le dixième du globe entier. Aussi nul Américain ne voit-il sa patrie dans le clocher, mais dans la race et la société auxquelles il appartient. L'habitant de New-York passe sans peine à la Nouvelle-Orléans, et le Louisianais va s'acclimater dans le Kentucky. Pourvu que vous lui laissiez ces lois et ces mœurs qui lui permettent le libre développement de la forme américaine, il sent qu'il fait partie d'un grand corps organique et harmonique. Lois, sol, terrain, mœurs, souvenirs, désirs, institutions, orgueil, passions, qualités, tout est d'accord. Les démocraties partielles dont se compose l'Union sont aussi solides et aussi stables que les États les mieux organisés ; elles ont leurs racines dans les âmes et leur sève dans les habitudes. Obscure hier, marchant d'un pas hardi dans l'inconnu, l'Amérique soigne peu le présent; l'avenir est à elle. Un fait domine toute sa vie, c'est l'expansion ; — activité, énergie, tendance à la variété, *go-a-headism*. Sa vigueur morale, identique dans ses causes et dans son essence à la force intime de Rome sous les Scipions, de la France sous Louis XIV, de l'Espagne sous Isabelle, de l'Angleterre depuis les George, se meut dans un espace bien autrement vaste. L'âme américaine, profondément identifiée aux institutions de la patrie, ne désire que ce qui peut et doit résulter de ces institutions mêmes et des mœurs nationales. Partout on travaille ; on vit à l'hôtel ; on se marie jeune ; on aime les aventures ; on ne craint guère la banqueroute, ni le danger, ni même la mort, et l'on sait que la terre ne manquera jamais à un Américain courageux.

A cette vaste expérience sociale dont les États-Unis sont l'atelier, il faut ajouter l'expérience physique que la nature ne cesse d'y opérer. Les fleuves changent de lit, le Niagara recule, les forêts tombent, les prairies brûlent, la température devient par degrés plus douce et plus tempérée, les miasmes qui s'exhalaient d'une terre nouvellement remuée perdent leur force morbifique, les moyens de subsistance s'accroissent, la population double tous les vingt ans, et ce n'est encore qu'une œuvre préparatoire. L'âge héroïque, l'époque de la guerre s'annonce ; cette forte race, qui en absorbe plusieurs autres, est loin d'avoir rempli ses cadres.

Les tendances de l'Amérique septentrionale sont donc à la conquête d'une part, d'une autre à l'expansion des groupes fédératifs, et nullement, comme ont paru le croire quelques voyageurs anglais, à la transformation des républiques en monarchies.

Le brisement des États fédérés en deux ou trois groupes est probable, lorsque l'ensemble se composera de fractions trop nombreuses et trop puissantes pour le cadre destiné à les embrasser.

Déjà les habitants de la vallée du Mississipi, ont quelque penchant à se détacher des États qui forment la lisière de l'Atlantique; le Texas, la Californie et l'Orégon, aujourd'hui trop peu civilisés et trop peu peuplés pour entrer en ligne de compte, formeront une autre sphère qui prendra sa place dans l'Union.

Il est possible que Cuba, la Floride, la Nouvelle-Orléans, la Caroline et toute la vallée du Mississipi se relient ensemble, que les vieux États du nord sans esclaves, en y comprenant le Canada, constituent un second groupe, et que le troisième, stérile en partie, puissant d'ailleurs par les mines de la Californie, embrasse les contrées de l'ouest.

Avant 1845, les défrichements de la civilisation n'avaient point dépassé une ligne qui, prolongée depuis le fond du golfe du Mexique jusqu'au lac Supérieur, et formant un angle à l'extrémité de ce lac pour aller rejoindre l'embouchure de la rivière Saint-Laurent, comprenait à peu près le tiers de l'Amérique septentrionale. La pointe que les Américains viennent de pousser en Californie traverse le continent tout entier, depuis l'Atlantique jusqu'à la Pacifique; cet événement imprévu, l'un des faits les plus considérables du siècle où nous sommes, est important non-seulement par les métaux précieux qui entrent en circulation, mais par la solidarité qu'il établit entre les diverses parties du Nouveau-Monde qui achève ainsi de se constituer.

Pendant que l'Amérique marche dans cette voie de progrès, que devient notre Europe? — Ce vieux pays que le doux railleur Franklin appelait ironiquement « la bonne grand'mère », quel avenir lui est réservé?

Les enfants décrépits de notre monde blasé ont-ils raison d'imiter maintenant, en dépit de leur passé, l'autonomie américaine dont ils ne possèdent pas même le germe ? Réussiront-ils dans cet essai ?

On peut en douter.

Déjà le Midi de l'Europe s'est reconnu impuissant à porter le noble fardeau des institutions semi-démocratiques, semi-oligarchiques qui ont conduit l'Angleterre à une prospérité si haute.

Quant à l'institution Anglo-Américaine, développement hardi du même germe, elle demande encore plus de vigueur morale et d'énergie d'action. Ces éléments indispensables, les possédons-nous en France ?

L'avenir le dira.

FIN.

TABLE ALPHABÉTIQUE.

A.

	Page.
ABEILLE américaine......	424
— Gratuité de ses services.	437
ADDISON	6
ADDISON (Léonard). L'homme locataire de la création................	164
AIGLE (L') et le Cygne...	99
AMÉRIQUE septentrionale. (Enfance et avenir de l')	109
— Sa future suprématie..	110
— Sa tendance à s'allier ses voisins............	118
— Causes de sa supériorité................	431
ANCIEN MONDE. Sa décadence...........	112
ANDRÉ (le Major.) Ses relations avec la femme d'Arnold................	365
— Son portrait........	»
— Son entrevue avec Arnold	370
— Son retour..........	371
— Est arrêté.	373
— Sa lettre à Washington.	375
— Son entretien avec Talmadge.............	380
— Sa lettre à Clinton....	382
— Son jugement	»
— Sa mort.	385

	Page.
ANGLAIS (L') Scène de diligence	497
ANGLO-AMÉRICAINE (Littérature.) Ses premiers efforts	6
ARCHÉOLOGIE. Chaque ville a son histoire........	337
ARMSTRONG (le Major) poursuit Arnold sur le champ de bataille de Behmus.............	361
ARNOLD (le Major.)......	343
— Sa jeunesse.........	344
— Il s'établit.........	345
— Sa déloyauté, ses violences.............	»
— S'arroge un commandement.............	346
— Envoyé à Québec.....	350
— Ses qualités comme chef militaire	352
— Sa défense contre les Anglais	354
— Est créé major-général.	357
— Injustices dont il est victime	358
— Il combat sans commandement à Behmus et décide la victoire........	361
— Sa conduite en Pensylvanie................	362

510 TABLE ALPHABÉTIQUE.

— Est destitué.......... 363
— Conspire contre la République............... 364
— Demande le commandement de West-Point pour le livrer aux Anglais... 367
— Exige qu'André lui soit renvoyé............... 368
— Son complot est découvert................ 378
— Sert dans l'armée anglaise................ 386
— Vit et meurt méprisé et heureux.............. 387
Aston. (Colonie d').... 487
— Massacre de l'équipage. 489
— Aventures de Ross et de ses compagnons........ 490
Audubon le voyageur.... 68
— Son portrait.......... 69
— Son berceau.......... 70
— Son éducation........ 72
— Naturaliste.......... 73
— En Angleterre........ 78
— Voyage sur l'Ohio avec sa famille........... 84
— Dans les prairies..... 88
— La hutte sauvage..... 88
Autobiographies populaires. Fausses, en Angleterre............... 169
— Marie-Anne Wellington. 172
— Marguerite Russell... 173
— Zamba............. 174
— Vraies, en Amérique..
— Jonathan Sharp...... 176
— Confessions d'un Mormon................ 178
— Séjour de deux Américains à Noukahiva. (Voir Melville.)............ 190
Aylla. Symbole du bonheur humain......... 225

B.

Basil-Hall............ 248
Bayle................ 4

Beck (La tante) et ses fils. 484
Beverley-Robinson. C'est dans sa maison qu'Arnold conspire......... 369
Blancs (Les) Orgueil du sang................ 479
Borderers (Les)........ 61
Boston............... 475
Boufflers (M. de)...... 32
— Sa conversation avec Morris.............. id.
Bryant (William Cullen). —Fragments de ses ouvrages................ 29%
Brown (Brockden). Romans de cet écrivain.. 43

C.

Canada (Colonisation du) par les Anglais........ 109
— Moyens pour y envoyer des colons........... 114
Carlyle (Thomas). Panégyrique d'Ebenezer Elliott................ 130
Catholiques (Les) au Mississipi............... 453
Channing (Le docteur). Sa tolérance pour toutes les opinions.............. 64
Civilisation américaine. 1re et 2e époque...... 444
—Sévérité des lois municipales................ 446
—Superstitions.......... 447
—3e époque.......... 449
Clinton (Le général). Cas qu'il faisait d'André... 366
— Envoie André vers Arnold. Ses conseils..... 369
— Écrit à Washington en faveur d'André....... 382
Cobbold (Le Rév)....... 172
Code bleu............. 254
— Il punit le blasphème.. »
— — L'immoralité.. »
— — L'ivrognerie.. 255

TABLE ALPHABÉTIQUE.   511

— Sa rigueur contre les Quakers............ »
Communications aux États-Unis. Leur rapidité... 484
Conversation entre deux chapeaux............ 264
Cooper (Fenimore) romancier............ 50
— Son portrait par Mme de Mirbel............... 54
— L'Homère de son pays. 56
— Ses descriptions....... 57
— Ses portraits de femmes. 59
— En France ; ses observations.............. 242
Cooper (Thomas)....... 153
— Ses poèmes.......... 157
Corsaire (Le) rouge..... 61
Crabbe............... 128
Crèvecoeur (Sir John)... 11

D.

Dolly (La) relâche aux îles Marquises........ 185
— Son entrée dans la rade de Noukahiva......... 189
Danse des veuves........ 205
Dupetit-Thouars prend possession des Marquises. 186
— Son campement à Noukahiva............... 189
Dimanche (Le) du forgeron................. 143
Déclamateur (Le)....... 149
Daniel de Foe.......... 5
Devise des États-Unis.... 436

E.

Ebenezer Elliott........ 136
Éducation des masses.... 119
— Doit-elle être limitée.. 120
— Doit avoir pour base le bien-être physique..... 127
Edwards (Jonathan). Le Descartes américain.... 12
Émigration des populations européennes..... 113
Émigrés (Les) français... 37
Enfants. Leur éducation. 500
Ernest, ou la Régénération sociale.............. 158
Espion (L')............. 61
États-Unis (Les) manquent de perspective historique, non de grandeur................ 9
— Leur littérature...... 280
— Leurs tendances...... 502
Europe (Mouvements populaires en)......... 119
Leurs causes......... 127
Évangéline, (Ou la colonie acadienne)........... 303
— Décret d'expulsion.... 310
— Les colons sont embarqués et dispersés...... 311
— Elle est séparée de son fiancé............... 314
— Elle passe sa vie à le chercher............. 315
— Elle se fait religieuse.. 316
— Elle reconnaît son fiancé mourant et meurt... 316

F.

Fayaway, compagne de Melville............. 201
— Elle le conduit dans un tabou............... 202
Femme (La). Sa condition, pierre de touche de la civilisation.......... 251
— Sa nullité aux États-Unis................ 268
— Ses prérogatives...... 259
— Plus instruite et plus polie que l'homme aux États-Unis.......... 261
— Sa situation actuelle... 499
Fleur-de-Mai porte en Amérique les vingt premiers puritains....... 3

FORGERON de Sheffield (Le). 130
— Objet ordinaire de ses poésies............ 130
— N'envisage qu'incomplétement les questions... 139
— Chanson des Enfants de Preston............ 149
FRANCE. Obstacles à ses progrès sociaux......... 439
FRANKLIN (Benjamin) considéré comme écrivain.. 10
FRÈRE JONATHAN (Le).... 64

G.

GOUVERNEUR-MORRIS..... 13
— Son portrait......... 15
— Observateur à Paris de 1789 à 1792.......... 17
— Ses observations sur la Révolution française... 22

H.

HABITATION (Une) à Noukahiva............. 200
HALLIBURTON. Son livre.. 394
— Ce qu'il en faut conclure.............. 416
HARMONIE fédérative..... 460
HARRIS. Comment il sert son pays............ 244
HARVEY BIRCH.......... 61
HAUTIA, Symbole de la volupté................ 226
HELPS (Les). Leurs services................ 260
— Leur conduite avec leurs maîtres............ 278
HIBOU (Le)............. 98
— Barré.............. 99
HOFFMANN (Charles-Fenno) poète............... 286
HOGG (Le berger d'Ettrick) 166
HOLTHAUS............. 170
HUMORISTES (Les)....... 339

IMAGINATION (Qu'est-ce que L')............... 6

I.

INDIEN (L') des prairies... 88
INTERROGATEUR (L')..... 494
IRLANDE. Ses pauvres..... 116
IRVING (Washington.) Le plus agréable des conteurs anglo-américains.. 44
— Sa jeunesse 46
— Sa manière d'écrire... 49

J.

JARL. Compagnon de Melville dans sa seconde excursion............ 222
JEFFERSON. Son opinion sur la Révolution française. 27
JEM (Le braconnier)..... 142
— Son portrait. Sa vie... 143
JOURNAUX américains..... 330
— Leur tyrannie........ 332

K.

KARKI. Ses attributions... 205
KORI-KORI............. 201
— Surveillant de Melville. 207

L.

LAFAYETTE. Ses opinions et sa conduite.......... 28
— Prisonnier à Olmutz... 38
— Objet de la haine des émigrés et des démocrates................ 39
LANGUE anglo-américaine. Son caractère......... 264
LAWRENCE, gouverneur anglais, chasse les Français d'Acadie............. 310
LETTRES d'un cultivateur américain.......... 11
LITTÉRATURE aux États-

TABLE ALPHABÉTIQUE. 513

Unis.	1
— A bon marché.	338
— Ses progrès.	500
LONGFELLOW (Wasdworth) poète remarquable.	320
LONGUE-CARABINE (La).	60

M.

MARDI, (ou le monde politique moderne). Ouvrage de H. Melville, qui visite, loue et critique l'Europe et l'Amérique.	227
MASON, le Rob-Roy de l'Ouest aux États-Unis.	94
MÉHÉVI, roi des Taïpies. Son portrait.	199
— Donne l'hospitalité à Melville.	200
MELDRUM (Achab) est reconnu à Alabama par Slick.	408
— Comment il a fait fortune.	410
— Slick lui rappelle ses aventures.	»
— Leur conversation.	412
— Se fait korkornaïte.	414
— Pourquoi il a quitté Alabama.	415
MELVILLE (Hermann). Son excursion chez les Taïpies.	190
— Péripéties du voyage.	191
— Forêt de joncs.	»
— Son arrivée dans la tribu.	197
— Est l'objet d'une grande surveillance.	208
— Fêtes données en son honneur.	204
— Sa fuite, son arivée au camp français.	210
— Ses ouvrages sont-ils apocryphes.	213
— Sa vie.	217
MOHICANS (Le derniers des).	60
MOREAU (Le général). Son entretien avec Morris.	41
MORMONS et Milléristes (Les)	450
— Croyaient à la fin prochaine du monde.	»

N.

NECKER jugé par Jefferson.	29
NEW-ENGLANDER.	48
NOIRS (Les).	477
NORMANDS (Colons) en Acadie.	309
NOUKAHIVA.	185
— Ce qu'en disent les voyageurs.	187
— La description de Melville est exacte.	219

O.

OHIO (L').	81
OISEAU-MOQUEUR. Ses mœurs.	96
OPINIONS de Bacon, Montesquieu, Machiavel et William Pitt, sur les causes et les remèdes des crises politiques.	125
OURAGAN (L').	86
OUVRIERS des manufactures	122
— Comment ils vivent et meurent en Europe.	142
— Accroissement des populations ouvrières, source de misères et de troubles.	146—162
OUVRIÈRES de Lowell.	471
— Leur vie.	474
OUVRIÈRES-poètes.	335
OWEN (Le charpentier). — Les soirées d'un ouvrier.	164

P.

PANÉGYRIQUE d'un assassin.	275
PARTIS aux États-Unis. Leur mécanisme et leur	

stratégie............ 465
— Leurs luttes........... 468
Patriarche (Le) du village 149
Payne (Le poète)....... 287
— Son poème sur Washington............ 288
Paulding........... 64
Peaux-Rouges (Les)..... 83
Philanthropie. Comment on l'entend en Angleterre............... 168
Pilote (Le)........... 61
Pivert (Le).......... 103
Poésie de la Vengeance. Généalogie des poètes de la Vengeance........ 128
— Plus nuisibles que grands............. 167
Poètes Anglo-Américains. 186
Possessions Anglaises et Françaises en Amérique.
— En 1740........... 307
— En 1830........... 308
Prairie (La).......... 61
Préjugés sur l'éducation.. 134
Presse Américaine. Sa puissance............. 274
Progrès de la civilisation chez les sauvages..... 211
Puffer-Hopkins........ 326
Purgatoire des Suicides (Le).............. 153
Puritains (Les)........ 55

R.

Raincy (Le).......... 32
Ralph (Waldo Emerson). 297
— Son genre de poésie.. 298
Régulateurs (Les)...... 94
Réponse à Ch. Dickens. —
— Son adversaire le réfute mal............... 329
Républiques Américaines.
— Leur accroissement... 439
— Leur avenir........ 504
Révolution Française. Ses préludes............
Robert Burns........
Romanciers Américains. — Moore et Mathews...
Romans américains, en général très-faibles...

S.

Samuel-Slick (Le marchand d'horloges)....
— Son portrait........
— Ses habitudes.......
— Sa conversation avec un Anglais............
— Son opinion sur l'Amérique.............
— Rencontre Meldrum à Alabama...........
— Nouvelle rencontre à Thèbes............
Sankoan le Polynésien....
Sarah et Jacob........
Smith (Adam). Ce qu'il pense de la division du travail..............
Société française au xviiie siècle
Sol Américain. Sa conquête................
Sorcière des eaux (La)...
Stael (Mme de)........
— Sa lettre à Morris sur Lafayette...........
Stapleton (Tom)......
Style et dialecte anglo-américains ....
Système politique des États-Unis..........

T.

Taïpies et Happars (Les)
— Leurs combats... 20
— Triomphe des Taïpies.
Tinor (Éloge de) par Melville.............
Toby. Sa fuite avec Me

ville......................	190	— anglais en Amérique..	247
— Son séjour chez les Taïpies...................	197	**W.**	
— Sa mort présumée.....	207		
— Sa réapparition.......	215	WASHINGTON, protége Arnold................	364
UOM (Le tisserand). Souvenirs et vers...........	164	— Sa visite à West-Point.	377
UOM (William) d'Inverary	170	— Découvre le complot d'Arnold............	379
OURTERELLE (La)........	102		
RAVAILLEURS. Leur situation...................	124	— Ses égards pour André.	381
		WHIGS Américains, opposés aux démocrates....	463
V.		WORDSWORTH. Ses poésies populaires...........	167
ILLAGE américain. Sa formation................	426	WORONZOFF (Comte de). — Son entretien avec Morris..................	36
— Ses progrès...........	427		
— Mœurs des habitants..	428	WRAY (Enoch)	150
— Comparé à un village français.............	433	— Abaisse la barrière élevée entre l'intelligence et la force physique...	152
OYAGES américains (Livres de) préférables aux autres livres de ce pays.	333	**Y.**	
OYAGEURS anglo-américains................	239	YANKIES (Les)..........	249

FIN DE LA TABLE ALPHABÉTIQUE.

Coulommiers. — Imprimerie de A. MOUSSIN.

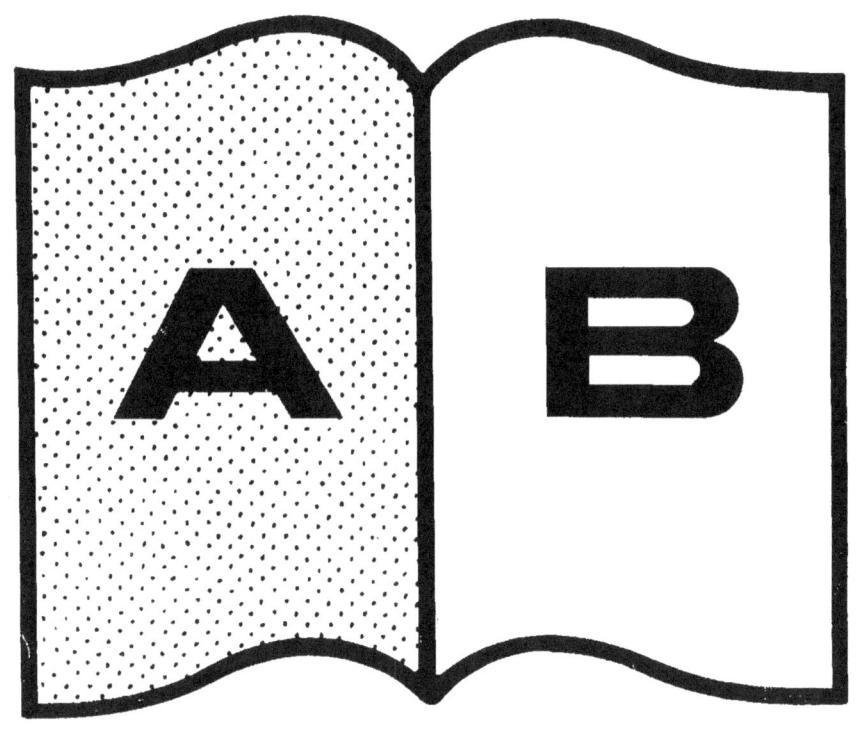

Contraste insuffisant

NF Z 43-120-14

www.ingramcontent.com/pod-product-compliance
Lightning Source LLC
Chambersburg PA
CBHW071935240426
43669CB00048B/1611